탈경계인문학 연구총서 4

김수영과 『논어』

김상환

연세대학교 철학과에서 학사 및 석사과정을 마치고 1991년 프랑스 파리4대학(소르본) 철학과에서 데카르트의 제1원리(코기토)에 대한 연구로 박사학위를 취득했다. 연세대학교 문리대학(원주) 철학과 조교수를 거쳐 1995년부터 서울대학교 철학과 교수로 재직하면서 프랑스철학을 가르치고 있다. 저서로는 『해체론 시대의 철학』(1996), 『예술가를 위한 형이상학』(1999), 『풍자와 해탈 혹은 사랑과 죽음: 김수영론』(2000), 『니체, 프로이트, 맑스 이후』(2002), 『철학과 인문적 상상력』(2012)이 있으며 편서로는 『라캉의 재탄생』(공편, 2002), 역서로는 이폴리트의 『헤겔의 정신현상학 1』(공역, 1986), 들뢰즈의 『차이와 반복』(2004) 등이 있다.

탈경계인문학 연구총서 4

김수영과 『논어』

2018년 8월 10일 초판 인쇄
2018년 8월 15일 초판 발행

지은이 김상환
교정·교열 정난진
펴낸이 이찬규
펴낸곳 북코리아
등록번호 제03-01240호
주소 [13209] 경기도 성남시 중원구 사기막골로 45번길 14 A동 1007호
전화 02) 704-7840
팩스 02) 704-7848
이메일 sunhaksa@korea.com
홈페이지 www.북코리아.kr
ISBN 978-89-6324-613-0 (93150)

값 19,000원

- 이 저서는 2007년 정부(교육과학기술부)의 재원으로 한국연구재단의 지원을 받아 수행된 연구임.(NRF-2007-361-AL0015).

탈경계인문학 연구총서 4

김수영과 『논어』

김상환 지음

북코리아

차례

머리말: 김수영과 함께 읽는 『논어』

김수영은 보통 한국적 모더니즘의 대변자로, 혹은 저항시인의 대명사로 불린다. 그러나 최근에 다시 읽은 김수영은 완전히 다른 모습이었다. 요컨대 김수영의 작품세계는 모더니즘 못지않게 동아시아 전통에 물을 대고 있었다. 모더니즘을 추구할 때든 참여정신을 실천할 때든 김수영은 부단히 유가 사상을 호흡하고 있었다. 그러므로 4·19 이후 저항시인으로 거듭나기 전부터 김수영의 핏줄에는 이미 선비정신이 흐르고 있었다고 해야한다. 이 책은 이런 놀라운 사실의 발견에서 시작되었다. 서로 배타적인 것처럼 보이는 모더니즘과 전통주의가 김수영에게서는 서로 맞물려 있는 것이다.

김수영과 동아시아 전통의 관련성은 그가 최초로 발표한 「공자의 생활난」(1945)부터 분명하게 드러난다. 여기서 김수영은 시적 인생의 동반자로 공자를 불러낸다. 그리고 "아침에 도를 들으면 저녁에 죽어도 좋다"는 공자의 말을 상기시키면서 끝을 맺는다. 김수영이 마지막으로 발표한 「풀」(1968)도 마찬가지다. 이 시에서 벌어지는 풀과 바람의 유희는 군자의 덕德을 바람에 비유하는 『논어』(2-1)의 문장을 새로운 차원으로 옮겨놓고 있다. 우리는 여기서 동아시아 존재론의 중심에 있던 바람의 이미지가 모더니즘의 언어 속에서 신선한 미학적 역량을 획득하는 사건과 만나게 된다. 김수영 전집의 처음과 끝에 오는 것들만이 아니다. 그사이에 오는 많은 작품들도 직간접적으로 동아시아 전통, 특히 유교의 자원을 되살리고 있다.

몇 가지 사례를 든다면, 「더러운 향로」(1954)는 군자를 청동향로에 비유하는 유교 전통과 이어져 있다. 게다가 도道 자체가 이 시의 핵심 주제다. 「나의 가족」(1954)이나 「가옥찬가」(1959) 같은 시는 유교적 가족윤리에 대한 자긍심을 노래한다. 「폭포」(1957)는 선비정신을 집약하는 직直의 개념과 그 안에서 꿈틀거리는 죽음충동으로 돌아가 읽어야 한다. 「모리배」(1959)는 군자와 소인을 대조하는 유가 담론의 현대적 번역이라 할 수 있다. 「중용에 대하여」(1960)는 유가철학의 최고선善에 해당하는 중용을 진보의 원리로 내세운다. 「술과 어린 고양이」(1961)에 나오는 '중용의 술잔'은 동서의 조화 개념을 함께 담아낸다. 김수영의 후기 걸작에 속하는 「사랑의 변주곡」(1967)은 인仁을 복사 씨와 살구 씨에 비유했던 주자朱子의 패러디라 할 수 있다. 같은 해에 발표된 「여름밤」(1967)은 유가철학에서 중요한 위치를 차지하는 천명天命을 주제로 한다.

앞으로의 논의를 통해 구체적으로 밝혀지겠지만, 이런 사례들은 김수영이 의식적으로든 무의식적으로든 유교 전통을 모더니즘의 세계로 번역, 운반하려고 애썼음을 말해준다. 이런 사실에 눈감을 경우 그의 몇몇 작품은 해석의 빌미를 찾기 어려워진다. 무작위로 한 가지 예를 들자면 「격문」(1961) 같은 것이 좋을 것이다. 제법 긴 이 시의 특징은 똑같은 말을 반복하여 과장의 효과를 의도한다는 점에 있다. 특히 의도적으로 반복되는 표현은 '편편하고'와 '시원하고'다.

> 땅이 편편하고
> 집이 편편하고
> 하늘이 편편하고
> 물이 편편하고
> 앉아도 편편하고
> 서도 편편하고
> 도회와 시골이 편편하고
> ……
> 하수도가 편편하고
> 시원하고
> 펌프의 물이 시원하게 쏟아져 나온다고
> 어머니가 감탄하니 과연 시원하고
> 무엇보다도
> 내가 정말 시인이 됐으니 시원하고
> 인제 정말
> 진짜 시인이 될 수 있으니 시원하고
> –「격문」(1961) 부분

'격문'이란 무엇인가를 대외적으로 공표한다는 의미가 있다. 발표연도로 보아 이 시는 김수영이 자신의 나이 40을 기념하기 위해 쓴 작품이라 추측된다. 김수영은 여기서 자신이 불혹의 나이에 걸맞은 시인으로 거듭났음을 만천하에 선언하는 셈이다. 그런데 왜 불혹의 시인 됨을 표현하되 '편편하고'와 '시원하고'를 반복하는가? 이 물음을 푸는 열쇠는 오로지 『논어』(7-37)에서 찾을 수밖에 없을 것이다. "군자는 마음이 평탄하고 물로 쓸어내린 듯 시원하다(君子坦蕩蕩)"는 표현이 그것이다. 김수영은 공자가 말했던 군자의 모습에 빗대어 자신이 독자적인 위상의 시인이 되었음을 공표하고 있음이 분명하다. 이 시는 김수영의 머릿속에서 시인과 군자가 둘이 아님을 말한다. 반면 『논어』의 문장과 겹쳐서 읽지 않는다면, 이 작품은 주관적인 언어유희에 그치는 난해 시로 비치기 십상이다. 다른 종류의 사례로 다음과 같은 구절을 읽어보자.

> 흰 쌀밥을 먹고 갔는데 보리알을 먹고 간 것 같고
> 그렇게 피투성이가 되어 찾던 만년필은
> 처의 빽 속에 숨은 듯이 걸려있고
> 말하자면 내가 찾고 있는 것은 언제나 나의 가장 가까운
> 내 곁에 있고
> 우물도 사닥다리도 애아愛兒도 거만한 문표도
> 내가 범인이 되기 전에
> (벌써 오래 전에!)
> 범인의 것이 되어 있었고
>
> 그 동안에도
> 그 뒤에도 나의 시는 영원한 미완성이고
> –「절망」(1962) 부분

유가철학을 인성론의 방향으로 발전시킨 맹자는 인간의 도덕

적 잠재력을 확신했다. 인간은 선천적으로 '타인의 고통을 차마 외면하지 못하는 마음'을 지녔다는 것이다. 이것을 설명하기 위해 맹자는 아이가 우물에 빠지는 장면을 사례로 들었다. 아이가 우물에 빠질 때 차마 나서지 않는 사람이 어디 있겠는가? 누구나 측은한 마음이 들지 않겠는가? 위의 시는 이런 물음이 시작된 맹자의 우물을 배경으로 끌어들인다("우물도 사닥다리도 애아도 거만한 문표도……"). 한 걸음 더 나아가 도덕적 자발성이 역설에 빠지는 어떤 궁극의 상황을 암시한다. 그것은 덕이 변덕에 빠지는 현대성의 상황이다. 그러나 이보다 더 중요한 것은 시적 상상력의 원천을 먼 곳에 가서 찾으려는 태도에 대한 반성이다. "말하자면 내가 찾고 있는 것은 언제나 나의 가장 가까운/ 내 곁에 있고"라는 문장은 도덕성의 원천을 가깝고 친근한 일상에서 찾으라는 공맹孔孟의 가르침과 공명한다. 공자는 『논어』(6-30)에서 이 점을 '능근취비能近取譬'라는 말로 표현했다. 멀고 아득한 진리도 가까운 곳에서부터 깨달아가야 한다는 것이다. 위의 시에서도 우리에게 가장 친근한 곳, 다시 말해서 우리의 곁에서 시적 상상력의 원천을 찾아야 한다는 당위의 목소리가 울리고 있다.

우리는 이런 종류의 시를 읽어가면서 김수영의 시적 사유뿐만 아니라 유가적 사유의 특징을 포착해보고자 노력했다. 그러므로 이 책은 김수영론인 동시에 공자론이다. 공자의 생각으로 돌아가 김수영의 시학을 다시 파헤치고 김수영의 상상력으로 돌아가 공자의 사상을 되살려보자는 것이 이 책을 처음 구상할 때 설정된 방법이자 목표였다. 이런 의도는 종종 동서의 사유 패러다임을 비교하는 작업으로 이어졌다. 동서를 횡단하는 철학적 탈주선을 찾아보자는 욕심으로 발전하기도 했다. 사실 우리는 세계화의 흐름을 타고 동서의 사상과 전통이 합류하는 시대를 살고 있다. 이런 시대를 맞아 동서의 문화를 포괄하는 제3의 교양 세계를 생각하지 않을 수 없다. 언제일지는 모르겠지만, 그런 통합적 교양의 세계가 열릴 날이 점점 가까워지고 있음이 분명하다. 미래 사상사의 주도권은 이런 추세를 확산하고 선도적으로 끌고나갈 역량에 의해 좌우될 것이다.

어려운 시절을 살아냈던 김수영의 시학은 이런 시대의 예언처럼 다가온다. 우리는 거기서 제3의 교양을 개척하는 실험정신뿐만 아니라 방법론적 지혜까지 찾을 수 있다. 한국 문화의 낙후성을 어떻게 넘어설 것인가? 첨단의 문명에 참여하기 위해서는 왜 전통을 부정하기보다는 오히려 지켜야 하는가? 이런 물음을 제기했던 김수영에게서는 전통과 모더니즘이 이미 천연덕스럽게 마주 서 있다. 서로 바라보면서 반어적인 질문을 던지고 있다. 김수영은 시적인 차원에서 두 문화를 교차시키는 실험을 의도적으로 반복했으며, 그런 가운데 어떤 위대한 도약을 꿈꾸었다.

우리는 비교철학의 관점에서 이런 교차의 실험을 심화시켜보고자 한다. 이런 심화작업이 향하는 일차적 도달점은 일종의 논리학이다. 동서의 사유 패러다임을 규정하는 각각의 논리적 형식은 어디에 있는가? 가령 『논어』의 문장 하나하나는 대부분 간결하고 이해하기 쉽다. 그러나 그 문장들 전체를 관통하는 일관된 논리를 파악한다는 것은 대단히 어려운 일이다. 『논어』를 제대로 읽기 위해서는 공자의 어법부터 파악해야 한다. 공자는 소크라테스처럼 말하지 않는다. 소크라테스가 가르친 것은 정확하게 정의하라는 것이다. 하나의 실체에 필연적으로 속하는 성질, 하나의 주어와 분리할 수 없는 술어를 대라는 것이다. 시간을 초월한 보편자를 향해 상승하는 기술이 소크라테스의 반어법이고, 서양의 논리학은 여기서 태어났다.

공자도 표면상 정의하는 것처럼 보인다. 그러나 공자의 정의는 실체와 속성을 결합하는 것도, 주어와 술어를 묶는 것도 아니다. 공자의 말에서 술어는 또 다른 주어에 불과하다. 인仁에 대한 공자의 설명은 대개 그런 식이다. 실체에 또 다른 실체를, 주어에 또 다른 주어를 결합하는 이상한 정의 방식. 그렇기 때문에 많은 사람들이 『논어』를 읽다가 절망에 빠졌다. 공자의 비논리와 모순을 질타하기도 했다. 공자의 어법에 숨어 있는 어떤 고유한 논리에 눈뜨지 못했기 때문일 것이다. 우리의 공자론이 일차적으로 의도하는 것은 독특한 공자의 논리학을 풀어내는 데 있다. 이 책에 나오는 몇 가지 용어들, 가령 이중분기, 잉여 수반적 반복, 상호 객체성, 무한판단, 반구反求, 원격감응 등과 같은 용어들은 공자의 논리학을 설명하는 위치에 있다. 이런 것들은 유가철학을 오랫동안 연구한 전문가일수록 낯설게 느낄지 모른다. 그러나 시대가 바뀔수록 공자를 옮기는 언어도 달라져야 할 것이다.

김수영의 작품세계 전체를 관통하는 이념으로 '성장'을 꼽을 만하다. 성장의 이념은 김수영과 공자를 이어주는 튼튼한 가교다. '일일신日日新, 우일신又日新' 같은 말로 표현되는 유가적 도야의 이념은 김수영에 의해 고스란히 계승된다. 유가철학에서와 마찬가지로 김수영에게도 자유란 자기도야의 완성을 의미한다. 그러나 김수영은 성장을 개인적 차원의 문제로만 받아들이지 않았다. 개인의 성장과 사회의 발전이 서로를 제약하는 조건임을 간파한 것이다. 김수영이 저항시인으로서 한국 문화의 낙후성을 극복의 과제로 설정한 것도 이런 문맥에서 바라보아야 한다. 개인이 자신의 한계를 넘는 것과 한 사회가 자신의 후진성을 탈피하는 것을 하나의 단일한 과정으로 정의할 때 김수영의 '온몸의 시학'이 시작된다. 그것은 시학이 정치학과 일체를 이루는 순간이다. 온몸의 시학에서 시적 공간은 현실과 분리된 추상적 공간이 아니다. 그것은 역사와 전통이 숨을 쉬는 구체적 삶의 공간이다. 김수영이 모더니즘과 동아시아 전통을 하나의 평면 위에 정돈하려 했던 것은 이런 관점에 연유할 것이다. 모더니즘을 창조적으로 전개하기 위해서는 먼저 그것을 이 땅의 전통과 연결할 수 있어야 한다는 것이다. 전통에 대한 이런 김수영의 태도는 역시 「거대한 뿌리」에서 가장 인상적으로 표명되었다.

> 버드 비숍 여사를 안 뒤부터는 썩어빠진 대한민국이
> 괴롭지 않다 오히려 황송하다 역사는 아무리
> 더러운 역사라도 좋다
> 진창은 아무리 더러운 진창이라도 좋다
> ……
> 제3인도교의 물속에 박은 철근기둥도 내가 내 땅에
> 박는 거대한 뿌리에 비하면 좀벌레의 솜털
> 내가 내 땅에 박는 거대한 뿌리에 비하면
>
> 괴기영화의 맘모스를 연상시키는
> 까치도 까마귀도 응접을 못하는 시꺼먼 가지를 가진
> 나도 감히 상상을 못하는 거대한 거대한 뿌리에 비하면 ……
> –「거대한 뿌리」(1964) 부분

모더니즘의 핵심은 혁신의 추구에 있고 그 혁신주의는 보통 전통의 부정과 궤를 같이한다. 그러나 김수영에게 모더니즘은 형식에 불과하고 그 내용은 전통의 긍정으로 채워지는 경우가 많다. 역사는 더럽고 썩어빠진 진창일수록 좋다고 외치는 위의 시가 좋은 사례다. 이 작품은 적어도 세 가지 측면에서 부연해볼 필요가 있다.

첫째는 전통의 크기를 숭고의 차원으로 끌어올리는 측면이다. 서양 미학에서 숭고는 그야말로 상상을 초과하는 압도적 크기로 정의된다. "나도 감히 상상을 못하는 거대한 거대한 뿌리에 비하면 ……." 칸트에 따르면 숭고미는 우리를 관능적 욕구에서 해방된 순수 사유(이념)의 차원으로 불러들인다. 우리에게 외부의 구속력에서 벗어난 자율적 내면에 대한 확신을 심어주고 마침내 도덕적 소명감을 일깨운다. 김수영에게서도 마찬가지다. 역사적 전통은 주체가 모든 우연한 계기들에서 벗어나 자신의 필연성을 깨닫게 해주는 크기, 다시 말해서 어떤 고유한 소명의식 속에서 다시 태어나게 만드는 숭고한 크기다. 김수영의 시적 자아는 그를 호명하는 전통 앞에서 비로소 참다운 주체가 된다.

둘째는 전통이 주체와 분리되어 과거시제 속에 존재하는 것이 아니라는 점이다. 전통은 현재진행형 속에 주체의 자기의식과 맞물려 커져간다. 이것은 '내가 내 땅에 박는 거대한 뿌리'라는 표현에서 암시되고 있다. 이때 주목해야 하는 것은 동사 '박는'의 시제다. 위의 시에서 한강대교는 물속에 철근기둥을 이미 박아놓았다('박은'/과거형). 반면 '나'는 자신의 땅에 거대한 뿌리를 박고 있는 중이다('박는'/현재진행형). 즉 전통의 크기는 이미 완료된 순수 객관적 사태가 아니다. 그것은 주체의 소명의식과 그에 따른 실천 속에서만 일정한 의미를 지니는 주관적 사태다. 이것은 전통이라는 것이 끊임없이 재발견되고 재구성되어야 할 어떤 것임을 말한다. 전통은 주체가 다시 탄생하는 모태이지만, 그것을 전유하는 주체가 없다면 전통 또한 자신의 잠재력을 드러낼 수도 되살릴 수도 없다. 전통은 거기에 뿌리내리는 주체가 자신을 상승적으로 변형해가는 만큼 새로운 삼투압 능력과 크기를 얻는다. 김수영의 전통주의가 모더니즘의 형식과 맞물릴 수 있는 이치는 바로 여기에 있다. 우리는 그것을 주체성의 원리라 부를 수 있을 것이다.

마지막으로 셋째는 김수영이 파악하는 전통이 결코 동질적이 아니라는 점이다. 그것은 오히려 복잡다기한 어떤 것이다. "괴기영화의 맘모스를 연상시키는/ 까치도 까마귀도 응접을 못하는 시꺼먼 가지를 가진……." 바로 이것이 전통의 복잡성을 상기시키는 대목이다. 이 책을 쓰게 된 처음의 동기는 김수영을 통해 유교와 모더니즘이 만나는 방식을 검토한다는 것이었다. 그러나 김수영이 의식하는 전통은 결코 유교로만 수렴되는 것이 아니다. 가령 「공자의 생활난」(1945)과 같은 해에 발표된 「묘정의 노래」(1945)는 전적으로 도교 전통을 배경으로 읽어야 한다. '풍자와 해탈'이라는 김수영의 표현 배후에는 불교 및 노장老莊 사상이 숨 쉬고 있다. 「원효대사」(1968)는 명백히 불교 관련 작품이다. 김수영은 자신과 전통을 잇는 뿌리가 어떤 가지들을 거느리는지 단정하지 않는다. 오히려 그 뿌리의 특징이 처음부터 어떠한 분류법도('까치도 까마귀도') 응접할 수 없는 거대한 복잡성에 있음을 선언한다.

김수영이 뿌리내리고자 하는 전통이 그런 만큼 그의 작품세계 자체도 손쉬운 분류법을 거부한다. 가령 우리는 위에서 김수영이 공자가 말했던 '능근취비能近取譬'의 정신과 공명하는 대목을 지적했다. 그러나 거꾸로 '능원취비能遠取譬'의 정신을 노래하는 시도 얼마든지 찾을 수 있다. 예를 들어 「먼 곳에서부터」(1961) 같은 시는 먼 곳에 대한 감응이 가까운 것과 감응하기 위한 조건임을 노래한다. 김수영의 작품세계는 모더니즘 일색이 아닌 것처럼 전통주의로 모두 정리되지 않는다. 거기에는 전통을 부정하고 무화하려는 파괴의 충동과 함께 전통을 긍정하고 창신하려는 보존의 충동이 공존한다. 공존하면서 서로에게 풍자의 미소를 보내기도, 해탈의 몸짓을 취하기도 한다. 이럴 때 생각나는 단어가 '혼종성'이다. 읽으면 읽을수록 김수영의 작품세계는 혼종적인 성격을 띠고 나타난다. 거기에는 동서고금의 언어와 유산들이 어떤 회오리 속에 뒤섞이고 있다. 그것은 기본적으로 모더니즘의 형식이 몰고 온 미래 지향적 상상력과 전통주의가 되살리는 과거 지향적 회상의 내용이 시대의 혼돈 속에 엇갈리면서 생기는 회오리일 것이다.

이 책은 이런 거대한 회오리에 뛰어들어 한바탕 헤엄쳐본 경험의 기록이다. 그동안 있었던 무수한 잠수와 솟구침의 기억에 비추어 볼 때, 이 기록을 통해 남아 있는 것보다는 오히려 지워진 것이 훨씬 더 많다는 생각을 떨칠 수 없다. 여기에 남겨진 몇 장의 그림은 장님이 만져본 코끼리('괴기영화의 맘모스')처럼 있는 그대로의 김수영과도, 하물며 있는 그대로의 공자와도 거리가 멀 수 있다. 때로는 논리적 일관성을 부여하려던 시도가 오히려 왜곡이나 축소를 범하는 함정이었을 수도 있다. 그럼에도 불구하고 배타적이고 이질적인 요소들을 온몸으로 끌어안고 가려 했던 김수영의 모습이나마 완전히 훼손되지 않고 남아 있다면, 긴 세월의 표류 끝에 미지의 해안가에 닻을 내린 뱃사람처럼 깊은 안식의 시간을 맞을 것이다.

1 공자의 생활난: 이중분기의 논리

꽃이 열매의 상부에 피었을 때
너는 줄넘기 작란을 한다

나는 발산한 형상을 구하였으나
그것은 작전 같은 것이기에 어려웁다

국수—이태리어로는 마카로니라고
먹기 쉬운 것은 나의 반란성일까

동무여 이제 나는 바로 보마
사물과 사물의 생리와
사물의 수량과 척도와
사물의 우매와 사물의 명석성을

그리고 나는 죽을 것이다
–「공자의 생활난」(1945) 전문

공자의 생활난

"동무여 이제 나는 바로 보마." 김수영은 세상에 처음 발표한 이 시에서 공자를 자신의 친구로 불러낸다. 시인으로서 걸어가야 할 험난한 인생의 출발점에서 자신의 결의를 다짐하는 동반자로 공자를 택한 것이다. 이 점에서 「공자의 생활난」은 김수영의 시적 여정 전체의 향방을 암시하는 작품이라 할 만하다. 최하림은 이 시의 핵심을 '바로 보려는 의지'에서 찾았다. 그리고 이 의지가 김수영의 작품세계 전체를 관통하는 정신을 이룬다고 논평했다. 김수영이 당대 모더니스트들의 관념적 유희와 거리를 두었던 것도, 혼돈스러운 시류와 억압적인 정국에 끊임없이 맞서게 된 것도 '바로 보마'의 정신 때문이라는 것이다.[1]

"동무여 이제 나는 바로 보마/ (……) 사물의 우매와 명석성을/ 그리고 나는 죽을 것이다." 이 마지막 구절은 『논어』에서 자주 인용되는 "아침에 도를 깨치면 저녁에 죽어도 좋다"[2]는 말을 옮기고 있다. 공자의 사상 속에 꿈틀대는 죽음충동이 분출하는 문장이다. 그 충동은 먼 훗날까지 조선의 선비정신 속에 살아있게 될 것이다. 19세기 초 다산 정약용이 강진으로 유배를 떠나기 위해 한강을 건널 때 마음에 새기고 새긴 것이 바로 이 문장이었다. 정약용만이 아니라 공자의 후예들은 위기를 맞거나 선택의 기로에 설 때면 으레 이 문장을 되뇌었다. 모든 것을 버리고 다시 시작해야 하는 순간 유가적 주체는 죽음충동과 대면하던 공자의 주위를 맴돌며 자신을 일으켜 세웠다. 시적 인생의 출발점에 선 김수영 역시 동일한 문장으로 돌아가 자신의 주체를 일으켜 세우고 있다.

김수영은 문학적 모더니티의 핵심이 죽음충동에 있음을 간파했다. 그리고 죽음충동과 관계하는 방식을 사랑에서 찾았다. 김수영에게 사랑은 '죽음의 고개'를 넘어가는 기술이다. 설움과 비애를 통과하는 기술……. 앞으로의 논의를 통해 밝혀지겠지만, 김수영은 사랑과 죽음을 모더니티의 핵심으로 파악하는 데 그치지 않고 공자로 돌아가 다시 번역하거나 연역하는 것처럼 보인다. 사실 『논어』에는 살신성인殺身成仁이라는 말이 있다. 특수한 자기 한 몸을 버려서 보편적인 사랑을 이룬다는 뜻이다. 이 문장이 암시하는 것처럼 공자의 사상은 사랑[成仁]과 죽음[殺身]이라는 두 단어로 집약될 수 있다. 사랑과 죽음은 김수영의 시학을 떠받치는 두 기둥인가 하면 공자의 사상을 끌고 가는 두 수레바퀴다.

이런 관점에서 읽으면 「공자의 생활난」은 오래된 공자의 사상과 막 태어난 모더니즘이 서로 교차하면서 태어난 작품이라 할 수 있다. 이 시가 단순히 복고적이지 않고 오히려 현대적인 느낌을 주는 이유는 여기에 있다. '마카로니' 같은 시어가 불러일으키는 서양의 문물이 '국수'로 대변되는 한국의 시장터와 엇갈리고 있다. '사물의 우매와 명석성' 같은 표현에 의해 연상되는 데카르트적 주체의 시선이 공자가 걸었던 도덕적 실천의 길 위에 정돈되고 있다. 동서 문화의 아이콘들을 하나의 문맥 속에 마주 세우는 김수영의 방법은 현재에서 과거로 돌아가는 복고의 전략이 아니다. 그것은 미래로 뻗어갈 원심력을 과거에서 찾는 방법이다. 『논어』에서는 그것을 온고지신溫故知新이라 한다. 우리는 앞으로 김수영이 공자와 함께한 온고지신의 길이 얼마나 멀리 이르는지 실감하게 될 것이다.

현대시의 일반적인 특징은 메타 시의 성격을 띤다는 데 있다. 메타 시는 시 자체를 소재로 한다. 시에 대한 시, 시가 무엇이고 시는 어떻게 써야 하는지를 성찰하는 시가 메타 시다. 과거로 거슬러 올라갈수록 시는 자연을 소재로 한다. 반면 현대로 내려올수록 시는 시인의 내면세계로 침잠한다. 그리고 급기야는 시인 자신의 초상과 자신이 추구할 이념을 소재로 한다. 시론詩論이 시가 되고 시가 시론이 되는 것이 메타 시다. 「공자의 생활난」이 구현한 현대성은 그것이 메타 시라는 데서도 찾을 수 있다. 이 작품에서 김수영은 결코 공자에 대해 이야기하는 것이 아니다. 다만 자기 자신에 대해, 시인으로서 자신이 걸어가야 할 인생에 대해 다짐하고 있다. '공자의 생활난'이라는 제목이 암시하는 것처럼 그것은 참된 시인으로서 거듭나기 위해 불가피하게 통과해야 할 험난한 여정 앞에서 외치는 어떤 기도이자 맹서였다.

도야의 이념

이 점을 생각할 때 안회의 단표누항簞瓢陋巷과 안빈낙도安貧樂道를 칭찬하던 공자의 말을[3] 떠올리지 않을 수 없다. 「공자의 생활난」은 시인의 길이 안빈낙도로 집약되는 군자의 길과 다르지 않음을 선언한다. 이런 선언은 물질적 궁핍을 감당해야 하는 시인의 운명을 객관화하는 데 그치지 않는다. 거기에는 훨씬 더 적극적인 두 가지 당위를 외치는 목소리가 담겨 있다. 첫 번째 목소리는 시작詩作이 단순한 심미적 실험에 그치는 것이 아니라 도덕적 실천과 구세救世의 이념을 따라야 한다는 당위를 말한다. 두 번째 목소리는 시인으로 살아간다는 것은 끊임없는 자기형성과 도야의 여정을 따라야 함을 말한다.

『논어』 전체는 학습의 즐거움을 노래하는 문장으로 시작한다.[4] 공자는 '공부하자'라는 청유형 명법의 화신이다. 공자의 명법 아래 형성된 공부 이데올로기에 따르면, 인간성은 자연적으로 주어지는 어떤 것이 아니다. 인간성은 학습을 대가로 획득·성취되는 제2의 천성이다. 사람은 오로지 배운 만큼만 사람다울 수 있다. 인간성의 함량은 혈통의 등급이 아니라 학문의 정도에 비례한다. 인간은 오로지 배움의 길을 지나서야 자기 자신뿐만 아니라 집안을, 나아가 세상을 일으켜 세울 수 있다. 천하의 중심에 바로 설 수 있는 길도 오로지 학문적 자기도야에 있다. 인문적 자기형성의 길이 입신양명立身揚名의 길임을 약속하는 공부 이데올로기는 모더니즘의 미학과 배타적이지만은 않다.

김수영은 국수와 마카로니 사이의 유사성을 유교적 세계상과 모더니즘의 세계상 사이에서 다시 발견하는 것처럼 보인다. 그것은 두 세계상의 주인공인 군자와 데카르트적 주체 사이의 유사성이다. 그 유사성은 무한한 도야의 이념을 공유한다는 점에 있다. 김수영의 작품세계 전체가 도야의 이념에 의해 관통되고 있다는 사실은 그의 또 다른 메타 시 「서시」에서도 분명하게 드러난다. "성장은 소크라테스 이후의 모든 현인들이 하여온 일/ 정리는/ 전란에 시달린 20세기 시인들이 하여놓은 일." 이런 대목을 지나면서 이 시는 성장을 시적 주체에 대한 절대적 명령으로 설정한다. 소크라테스에서부터 이어져 내려오는 성장의 이념이 여전히 현재의 역사를 규정하고 있는 보편적 명령이라는 것이다.

나는
아직도 명령의 과잉을 용서할 수 없는 시대이지만
이 시대는 아직도 명령의 과잉을 요구하는 밤이다
나는 그러한 밤에는 부엉이의 노래를 부를 줄도 안다

지지한 노래를
더러운 노래를 생기 없는 노래를
아아 하나의 명령을
–「서시」(1957) 부분

사실 소크라테스 이래의 사상사를 지배해온 도야의 이념은 독일 낭만주의 시대에서 정점을 찍은 뒤 다른 종류의 이념(가령 기술 교육의 이념)에 밀려 현대성을 상실했다. 그런 점에서 도야는 낡은 이념이자 부인되어야 할 명령이다. 성장의 노래는 어떻게 보면 '지지한 노래'이자 '더러운 노래', '생기 없는 노래'로 전락했다. 그럼에도 불구하고 김수영은 그 더럽고 생기 없는 노래가 자신의 운명임을 읊조린다. "이 시대는 아직도 명령의 과잉을 요구하는 밤이다." 그것은 아직도 전란의 폐허가 가시지 않은 1950년대의 한국이기 때문이다. 시대를 앞서가는 첨단의 노래를 불러야 하되 서양의 시인들처럼 부를 수 없다는 것이 한국 시인의 현실이다. 뒤처진 역사와 파괴된 환경, 진창에 처박힌 삶의 조건에서 성장의 명령은 과잉으로 넘칠 수밖에 없다. 시인의 길과 군자의 길을 이어놓은 「공자의 생활난」은 자기형성의 이념이 시인-됨의 이념임을 노래한다. 김수영은 여기서 시를 짓는다는 것의 의미를 말하고 있다. 즉 시를 짓는다는 것은 단순히 언어를 짓는 데 그치지 않는다. 그것은 무엇보다 자기 자신을 짓는 것이고, 자기 자신을 지으면서 역사를 짓는 것이다.

무감각한 비애

김수영의 시학은 어떤 분열된 역사의식을 배경으로 한다. 서양의 평범한 문물 하나하나가 시인이 살아가는 하루하루에 대한 반어이자 풍자가 되는 시대이기 때문이다. 가령 마카로니는 국수에 대한 풍자이고, 국수는 마카로니에 대한 반어가 될 수 있다. 김수영이 사는 시대는 풍자와 해탈이 머릿속이 아니라 일상의 주변에서, 사소한 물건의 차원에서 일어나는 역설의 시대다. 서양의 선진문명이 마치 시간 속에 현존하는 플라톤의 이데아처럼 당당하게 눈부신 광채를 뿜어낼 때, 시인은 잠시 돌아설 수밖에 없다. 시각을 보존하기 위해 몸을 낮추고 우회의 길을 걸을 수밖에 없다.

김수영이 공자로 돌아가야 했던 이유는 여기서도 찾을 수 있다. 말하자면 공자로 대변되는 동아시아의 문화적 전통은 망막을 깨뜨리며 침투하는 서양 문명의 파편을 막아주는 방어막과 같다. 병풍이라 해도 좋다. 모더니스트인 김수영에게 시적 취향을 일깨우는 자극은 분명히 서양적 실재에서 온다. 시적 흥분을 유발하는 원천은 서양적 첨단이다. 하지만 그 첨단은 뒤떨어진 문명에 사는 시인의 감수성에는 너무 날카롭고 파괴적이어서 직접 관계할 수 없다. 그것은 저만치 멀리 떨어뜨려놓고서야 제대로 바라볼 수 있는 어떤 것이다. 그러므로 김수영에게 시 짓기는 서양이라는 '외계의 소리를 여과하고 채색하는 숙제'로 다가올 때가 있다. 이것은 "시금치 밭에 거름을 뿌려서 파리가 들끓고 ……"로 시작하는 「장시 2」에 나오는 표현이다.

> 먼 데로 던지는 기적소리는
> 하늘 끝을 때리고 돌아오는 고무공
> 그리운 것은 내 귓전에 붙어있는 보이지 않는 젤라틴지紙
> — 나에게 남아있는 유일한 재산처럼
> 외계의 소리를 여과하고 채색해서
> 숙제처럼 나를 괴롭히고 보호한다
> –「장시 2」(1962) 부분

시금치 밭의 거름 위로 들끓는 파리 소리는 후진국의 실상이다. 그것과 엇갈리는 기차의 기적 소리는 근대적 문물의 상징이다. 땅에서 들리는 파리 소리와 하늘에서 들리는 듯한 기적 소리 사이에는 젤라틴지가 있다. "그리운 것은 내 귓전에 붙어있는 보이지 않는 젤라틴지." 그것은 두 세계를 연결하면서 차단하는 어떤 경계에 해당한다. 한쪽 세계의 취약성을 보호하는 동시에 다른 쪽 세계의 파괴적인 힘을 여과하여 안전하게 흡수하는 어떤 막, 가령 그것은 세포막과 같다. 지구상에 태어난 최초의 세포는 단일한 세포였을 것이다. 이 작고 연약한 세포가 계속 살아가기 위해서는 외부의 에너지를 흡수하는 동시에 그 에너지의 강력한 자극에 의해 파괴되지 않도록 자기를 보호할 수 있어야 하는데, 그런 흡수와 방어라는 이중의 역할을 떠맡는 것이 세포막이다.

이런 관점에서 보면 생명체에게 가장 중요한 기관은 세포막이다. 나머지 기관(가령 감각기관이나 소화기관)은 이 표면조직이 분화되어 나온 결과일 수 있다. 심지어 의식이라는 심리체계의 기원마저 세포막의 발달에서 찾으려 했던 프로이트는 그 표면조직의 특성으로 두 가지를 꼽았다.[5] 첫째, 생명체의 외부로부터 흡수되는 자극(에너지)을 내부의 환경에 적합하게 왜곡·날조·선택하거나 지연시킬 수 있어야 한다. 둘째, 외부의 충격에 의해 더 이상 변형되거나 훼손되지 말아야 한다. 죽어 있는 사물처럼 무감각해야 하는 것이다. 생명체는 자신의 일부를 스스로 죽여서 외부의 자극에 무감각한 표면—가령 손톱 같은 것—을 만든다. 외부의 에너지를 흡수하는 동시에 그로부터 자신을 보호할 수 있는 표면조직은 생명의 일부를 이루는 죽음이자 마비상태라 할 수 있다. 김수영은 세포막 같은 그런 표면조직을 '보이지 않는 젤라틴지'에 비유하다가 그것을 다시 '무감각한 비애'라 부른다.

> 구슬픈 어른들
> 나에게 방황할 시간을 다오
> 불만족의 물상物象을 다오
> 두부를 엉기게 하는 따뜻한 불도
> 졸고 있는 잡초도
> 이 무감각한 비애가 없이는 죽은 것
> –「장시 2」(1962) 부분

여기서 '무감각한 비애'는 살아있는 모든 물상의 표면조직에 해당하는 어떤 것이다. 그 조직이 없다면 불도 잡초도 죽어야 한다. 무감각한 비애가 없다면 모든 물상은 생명을 잃어버리는데, 이것은 시의 경우도 마찬가지다. 시는 어떻게 태어나고 어떻게 살아가는가? 그것 역시 무감각한 비애에서 태어나고 그 비애가 분화됨에 따라 자라난다. 무감각한 비애야말로 살아있는 시의 원천이자 보호막이며, 그래서 그것은 '나에게 남아 있는 유일한 재산'이다. 우리는 앞으로 김수영의 시 세계 전체를 떠받치는 근본 기분이 비애, 더 정확히는 서러움에 있음을 알게 될 것이다.[6] 서러움은 (귓속의) 젤라틴지처럼 첨단의 문명을 자랑하는 "외계의 소리를 여과하고 채색해서/ 숙제처럼 나를 괴롭히고 보호한다." 왜 보호하되 괴롭히는 숙제인가? 그것은 자신을 스스로 죽여야 하는 과제이기 때문이다. 생명체가 자신의 일부를 희생시켜 외부 자극에 무관심한 방패를 생산해야 하는 것처럼 시적인 사유 역시 자신의 일부를 스스로 파괴하여 외부의 에너지를 무감각하게 흡수·왜곡할 수 있는 껍질을 만들어야 한다.

「공자의 생활난」에서, 그리고 그 이후의 많은 시에서 김수영은 공자를 죽여 젤라틴지 같은 방패조직을 만든다. 자신의 유일한 재산인 무감각한 비애로 변형시키는 것이다. 무감각한 비애로 다시 태어난 공자는 서양에 속하지 않는 것처럼 동양에도 속하지 않는다. 공자는 이제 동서가 마주하는 경계에 속하며, 속한다기보다는 경계 자체를 형성한다. 공자는 동서의 경계에서 서양의 소리를 여과하고 채색하는 젤라틴지와 같다. "구슬픈 어른들/ 나에게 방황할 시간을 다오." 이 구절은 그런 경계의 구축이 쉽지 않은 과제임을 말하되, 과거('구슬픈 어른들')를 죽여 과거를 살린다는 역설을 수반한다. 김수영이 스스로 설정한 숙제는 전통의 가장 소중한 부분을 죽여 미래의 역사를 담을 가죽으로 만드는 데 있다. 우리는 앞으로 「더러운 향로」(1954), 「거대한 뿌리」(1964), 「미역국」(1965) 같은 시들을 읽으면서 이 점을 확인하게 될 것이다.

국수와 마카로니 사이

「공자의 생활난」 마지막 문장은 어떤 이행에 대해 말하고 있다. 그것은 죽음 속에서 완성되는 최후의 이행이다. "동무여 이제 나는 바로 보마/ (……) 사물의 우매와 명석성을/ 그리고 나는 죽을 것이다." 명증한 사물의 빛과 마주할 때, 사물의 눈부신 시선을 직접 향유할 수 있을 때 시인은 죽을 예정이다. 그것은 주체의 시선을 대신하여 사물의 시선이 주권을 찾는 순간, 사물과 사물이 서로 바라보는 황홀경의 순간이 될 것이다. 그 만물개상견萬物皆相見[7]의 순간 시적인 주체는 사라질 것이다. 그것은 사물이 상호 객체적 시선 속에 저마다 '발산하는 형상'을 자랑할 때 예고된 죽음이다. 그러나 시적인 죽음은 아무렇게나 일어나는 사건이 아니다. 그것은 무한히 통제·지연되는 방법적인 죽음이다. "나는 발산하는 형상을 구하였으나/ 그것은 작전 같은 것이기에 어려웁다."

공자의 생활난, 그리고 그것과 겹치는 시인의 생활난은 여기에 있다. 그것은 단순히 안빈낙도安貧樂道 속에 견뎌야 하는 물질적 궁핍만이 아니다. 그것은 어떤 방법과 작전에 의해서만 겨우 접근할 수 있는 높이, 다시 말해서 '발산하는 형상'이 기다리는 위태로운 높이 때문에 생기는 난해성이다. 빛은 죽음을 담보로 통과할 수 있는 가파른 높이 저편에서 사물을 비춘다기보다 사물로부터 뿜어 나온다. 빛은 사물의 외면에 있는 것이 아니라 사물의 자기함량운동 속에서 빚어져 바깥으로 발산한다. 앞으로 확인하게 될 것이지만, 바로 이것이 공자가 서 있는 '바로 보마'의 세상이다. 그 세상에서 바른 시선은 격물格物이라는 말로 지칭된다. 이때 격格은 원래 '똑바로 자란 높은 나무'라는 뜻이었다. 그리고 이로부터 '바르다', '바로 다다르다'

라는 뜻이 추가되었다. "동무여 이제 나는 바로 보마." 여기서 '바로 보마'는 한편으로는 명석 판명한 진리를 구하는 데카르트의 방법론적 시선을, 다른 한편으로는 격물치지格物致知의 이념이 가리키는 유가적 주체의 시선을 동시에 가리킨다.

유가적 주체와 데카르트적 주체는 분명히 서로 다른 학문의 길을 추구한다. 한쪽은 덕성의 함양을, 다른 한쪽은 회의 불가능한 지식의 확장을 의도한다. 한쪽은 체험 지시적인 장면을 연출하는 비유적 언어에 의지하여 깨달음의 차원으로 도약한다. 다른 한쪽은 논쟁적이고 분석적인 언어를 구사하여 연쇄적인 자기정당화의 논변을 완성한다. 유가적 주체의 시선은 주체와 객체가 교차반복의 논리를 따르는 촉각적 공감 속의 2차적 시선이다. 데카르트적 주체의 시선은 사물을 무한히 대상화하는 가운데 스스로 빛을 내뿜는 시선이다. 그럼에도 불구하고 두 주체는 배움의 길 위에서 태어난다는 점에서 서로 동무가 될 수 있다. 자연인 김수영이 국수집과 스파게티집을 왔다 갔다 하는 것처럼 그에게서 태어나는 시적 주체는 유가적 주체의 얼굴과 데카르트적 주체의 얼굴을 동시에 지닌다. '사물의 수량과 척도'를 재고 '사물의 우매와 명석성'을 추구하는 데카르트적 주체는 사물로써 사물을 바라보는 이물관물以物觀物의 주체와 하나로 겹쳐진다.

그렇게 겹쳐질 때 연습은 작란이 된다. "꽃이 열매의 상부에 피었을 때/ 너는 줄넘기 작란을 한다." '작란'은 원래 『논어』에 나오는 말이다. "윗사람 범하기를 좋아하지 아니하면서 작란作亂을 좋아하는 자는 아직 없었다."[8] 이때 작란이란 무질서와 분란을 일으킨다는 뜻이다. 공자는 갈등을 배제하여 원만한 집체정합集體整合의 질서를 추구하는 길을 엄격한 상하질서의 예禮에서 찾았다. 반면 김수영의 시에서 작란은 예술적 유희 그 자체에 대한 이름이 된다. 반란 같은 작란, 그것이 예술의 정체성을 정의한다. 그런 작란은 맹목적인 유희라기보다 '발산하는 형상'을 구하는 방법적 유희 자체다. 예술의 어려움과 그에 따른 시인의 생활난은 작란을 통해 카오스로 돌아가는 데 있다. 시인은 카오스에서 꽃처럼 피어나는 형상을 창조해야 한다.

이런 관점에서 접근하면 김수영의 시적 주체는 유가적 주체와 결코 친구가 될 수 없는 것처럼 보인다. 김수영은 여기서 과장법적 회의가 열어놓는 길을 따라 새로운 학문의 가능성을 열어갔던 데카르트적 주체나 고도의 반어법을 구사하여 기존의 언어를 침묵에 빠뜨리던 소크라테스로 돌아가고 있는 것처럼 보인다. 그러나 이것은 피상적인 인상에 불과하다. 김수영의 언어는 끊임없이 둘로 갈라지는 혀를 닮았다. 같아지는 것은 곧 달라지고, 달라지는 것은 곧 같아진다. 현실의 세계에서는 서양이 동양에 대한 반어와 풍자라면, 관념의 세계에서는 동양이 서양에 대한 반어와 풍자가 된다. 우리는 이런 것을 다음과 같은 시에서 읽을 수 있다.

쇠라여
너는 이 세상을 점으로 가리켰지만
나는
나의 눈을 찌르는 이 따가운 가옥과
집물과 사람들의 음성과 거리의 소리들을
커다란 해양의 한 구석을 차지하는
조그마한 물방울로
그려보려 하는데

차라리 어떨까
— 이것은 구차한 선비의 보잘 것 없는 일일 것인가
–「거리 1」(1955) 부분

도시의 문명은 김수영의 눈을 따갑게 찌른다. 그 날카로운 문명의 빛은 분석의 힘에서 온다. 근대 문명의 배후에는 그리스에서부터 이어져오는 논리적 분석의 전통이 있다. 자연을 원자로 환원하거나 사회를 개인 중심으로 표상하는 것은 분석적 사고의 귀결이다. 그림의 차원에서 서양의 분석적 사고를 대변하는 화가는 점묘화법의 창시자 쇠라Seurat다. 쇠라는 색채와 형태를 모두 점으로 환원하여 재구성했다. 위의 작품에서 김수영은 이런 쇠라에 '구차한 선비'를 마주 세운다. 물론 이때의 선비는 그림을 그리는 선비, 문인화文人畵를 그리는 선비일 것이다. 점묘화에 문인화를 마주 세우는 것은 마카로니에 국수를 교차시키는 것과 같다. 왜 마주 세우고 교차시키는가? 이는 단지 하나의 어색함을 다른 하나의 구차함으로 상쇄하기 위한 것만이 아닐 것이다. 그것은 무엇보다 반어적 물음을 유도하기 위함일 것이다. 이쪽에 있는 것과 저쪽에 있는 것이 서로의 전제를 묻도록 만들고, 서로의 망각과 수치를 일깨우기 위함일 것이다. 국수와 마카로니, 문인화와 점묘화 사이에서 긴장을 유발하는 것이 김수영의 작시법이라 할 수 있다. 공자와 데카르트, 파리 소리와 기적 소리, 선비와 쇠라 사이에서 풍자와 해탈의 가능성을 도모하는 김수영의 시적 상상력은 동서의 세계관이 마주하는 경계에서 펼쳐진다.

이중분기의 논리

그러므로 김수영의 사유는 끊임없이 두 축을 그린다. 하나는 당대의 역사를 주도하는 모더니즘에 대한 관심이다. 이것은 현재형 속에 펼쳐지는 객관적 현실에 대한 밀착과 같다. 다른 하나는 전통의 축인데, 이것은 수평적으로 진행되는 시간의 축에 수직적으로 간섭한다. 김수영의 모더니즘은 유교 전통에 의해 관통되고 있다. 우리는 앞으로 이 점을 하나하나 밝혀갈 것이다. 그러나 이 점 못지않게 밝혀야 할 과제는 유교 전통의 기원에 있는 공자 사상의 특질이자 문법이다. 공자의 사유를 지배하는 논리학은 무엇인가? 우리는 앞으로 이것을 이중분기의 논리, 잉여 수반적 반복, 무한판단 등으로 설명할 것이다. 먼저 이중분기의 논리라는 관점에서 공자 사상의 형식적 특징을 들여다보자. 그리고 이를 위해 『논어』에 나오는 아래의 두 문장에 주목해보자.

> 시를 통해 감흥하고 예를 통해 일어서며 음악을 통해 완성한다.[9]
>
> 사람이 어질지 않다면 예를 해서 무엇 하며 음악을 해서 무엇 하랴.[10]

시詩와 예禮와 악樂. 이것이 공자가 생각하는 학문의 세 단계다. 세 단계라기보다 어떤 논리적 연결망인데, 이 연결망은 두 가지 축에 의해 구조화된다. 먼저 가로축이 있고, 이것에 의해 시와 예가 이어진다. 다른 한편에는 세로축이 있으며, 이것에 의해 시와 음악이 이어진다. 중심에 놓인 시는 예와 짝을 이루어 수평축을 이루고, 음악과 짝을 이루어 수직축을 이룬다.

이것은 어떤 일반적인 패턴의 한 사례에 불과하다. 공자의 개념은 많은 경우 가로와 세로로 분기하는 두 가지 선에 의해 지탱된다. 여기서 수평선은 대상적 본질을, 수직선은 주관적 본질을 암시한다. 종교의 객관적 본질은 그것이 숭배하는 신에 있다. 일신교냐 다신교냐 하는 것은 종교의 객관적 본질과 관련된 문제다. 그러나 루터는 종교의 핵심을 신앙에서 구했다. 대상의 차원이 아니라 주관적 믿음의 차원에서 찾아야 하는 본질, 그것이 종교의 주관적 본질이다. 공자의 개념도 대개 하나의 본질만을 지시하지 않는다. 주관적 본질과 객관적 본질, 혹은 주관적 조건과 객관적 조건을 동시에 표현하는 것이 공자 개념의 논리적 특징이다.

이런 관점에서 읽는다면, “시를 통해 감흥하고 예를 통해 일어서며 음악을 통해 완성한다”는 말은 다음과 같이 풀어볼 수 있다. 원천에 있는 것은 시적인 감흥이다. 시적인 감흥 속에서 동물성과 구별되는 순수 인간성이 처음 싹튼다. 공자는 그 순수 잠재력을 사무사思無邪(비틀림이나 사특함이 없는 마음)[11]라 했다. 흥어시興於詩의 의미는 여기에 있다. 그러나 처음 자라난 잠재적 인간성은 예라는 객관적 질서에 의해 조형되어야 한다. 이른바 ‘사회화’라는 것이 그것이다. 인격적 자립성은 사회화의 산물이다. 그것은 공동체의 상징적 질서에 의해 자연적 욕망이 코드화되는 예속화 및 주체화 과정을 전제한다. 입어예立於禮의 의미는 여기에 있다. 예라는 장치에 의해 태어난 주체는 사회적으로 생산된 주체다. 그는 공동체의 구성원들과 더불어 합리적으로 의사소통하는 능력을 획득했다. 하지만 그 대신 자신의 고유한 실체를 이루던 자연적인 욕망을 포기해야 했다. 그런 의미에서 그것은 소외된 주체다. 상징적 의미의 질서로 진입하기 위해 자연적 실체를 상실한 주체. 그런 주체는 라캉이 정의한 것처럼 존재하지 않는 곳에서 생각하고, 생각하지 않는 곳에서 존재한다. 소외의 단계에서 유가적 주체는 자신의 분수分數에 맞는 장소에 위치한다. 예의 기능은 개인의 신분적 위계와 사회적 역할을 규정하는 데 있다. 예를 통해 주체화된다는 것은 사회 속에서 자신이 차지하는 위상과 그에 걸맞은 분수를 체득한다는 것이다.

그렇다면 이런 소외의 상태를 어떻게 극복할 것인가? 해방의 길은 음악에 있다. 음악에 있다는 것은 두 가지 의미를 지닌다. 먼저 즐거움에 있다는 것이고, 이는 자발성에 있다는 것과 같다. 예禮를 수동적으로 학습하고 기계적으로 실천하는 단계에서 벗어나 그것을 완전히 숙달하여 장인적인 수준에 이를 수 있다. 그때는 상황의 요구에 따라 예의 코드를 자유롭게 변형하거나 창조적으로 실천할 수 있다. 그럴수록 행동은 수동성이 아니라 자발성을 띠게 된다. 내적 충동에 따라 자발성을 띠는 만큼 행동에는 즐거움이 수반되고, 즐거운 행동은 음악처럼 생동한다. 다른 한편 음악에 의해 해방된다는 것은 타인과 조화로운 통일을 이룬다는 것이다. 전체의 조화 속에서만 자신의 고유한 욕망의 대상을 성취한다는 것이 유가적 주체의 특징이다.[12] 공자는 그것을 화이부동和而不同이라 했다. 주체는 음악에 힘입어 타인과 어울리되 자신이 짊어진 소외의 무게로부터 벗어나 본래의 자기 자신과 관계한다. 상승하는 자기감흥 속에서 자신만의 고유한 쾌락의 원천을 회복한다. 이것이 유가적 인간이 독특한 개성의 주체로 다시 태어나는 길인데, 성어락成於樂의 의미는 바로 여기에 있다.

공자가 제시한 도야의 이념은 『주역』에서 자강불식自彊不息[13]이라는 말로 표현된다. 자강불식은 끊임없는 상승적 자기형성을 의미한다. 그러나 자강불식의 이념 역시 그것의 지도 아래 있는 개념들과 마찬가지로 똑같은 논리를 따른다. 객관적 차원과 주관적 차원, 대타적 차원과 대자적 차원을 동시에 거느리는 것이다. 상승적 자기형성이 성립하기 위한 주관적 조건이 있는가 하면 또한 객관적 조건이 있다. 이는 자강불식의 이념이 『중용』에서 성誠의 이념으로 진화할 때 분명해진다.

> 성誠은 사물의 처음이자 끝이다. 성이 없으면 어떠한 사물도 있을 수 없다. (……) 성은 스스로 자기 자신을 형성하는 것에 그치지 않는다. 그것은 사물을 형성하는 원인이다. 자기를 형성함[成己]은 인자함이고, 사물을 형성함[成物]은 지혜로움이다.[14]

성誠은 사물을 비로소 있게 한다는 점에서 존재자의 존재이자 사물의 가장 탁월한 존재론적 본성이다. 그 탁월한 본성 안에서 사물의 안과 바깥이 합해진다.[15] 성誠은 내외 통합의 원리로서 사물의 객관적 근거와 주관적 근거를 동시에 겸한다. 존재자의 존재인 성誠은 스스로 자기 자신(원격감응의 연락망)을 형성하기 위해 사물을 형성하고, 사물을 형성하면서 자기 자신을 형성해간다. 존재자의 수준에서도 사물의 생성은 향외적 대타관계와 향내적 대자관계의 맞물림 속에서 일어난다. 두 차원 중에서 좀 더 중요한 것이 있다면, 그것은 대자적 차원이다. 공자의 논리학에서 대타관계는 생성의 필요조건에, 대자관계는 생성의 충분조건에 해당한다. 다시 공자의 문장("시를 통해 감흥하고 예를 통해 일어서며 음악을 통해 완성한다")으로 돌아가면, 시적 감흥은 예에 의해 객관의 세계로 소외된다. 이것이 정신적 성숙의 필요조건이다. 그러나 시적 감흥은 동시에 음악에 의해 주관의 세계로 복귀한다. 이것이 정신적 성숙의 충분조건이다. 하나는 일반화의 길이고, 다른 하나는 개체화의 길이며, 두 길이 만나 성립하는 벡터 위에 구체적 보편성(독특성)이 태어난다. 시의 주관적 본질과 객관적 본질은 이런 식으로 동시에 실현된다.

주관적 본질과 객관적 본질

공자는 예와 음악이 서로 발산하거나 수렴되는 원점에 시 대신 인仁을 두기도 한다. "사람이 어질지 않다면 예를 해서 무엇 하며 음악을 해서 무엇 하랴." 인이 예와 음악의 핵심이 되어야 함을 말하는 문장이다. 좀 더 정교하게 풀이하면, 인은 먼저 예와 음악의 조건이자 바탕이다. 그러나 다른 한편 인은 예와 음악에 의해 비로소 실현된다. 인은 그 자체로 현상하는 것이 아니라 예와 음악 같은 것을 통해 현상한다. 이 점에서 인은 예와 음악에 의존적이다. 인은 시적 감흥처럼 예와 더불어 객관적 차원을 획득하고 음악과 더불어 주관적 내면성을 정초한다.

주지하는 바와 같이 인仁은 공자 사상의 중심에 있다. 그렇다면 공자 철학의 핵심에 해당하는 인이란 무엇인가? 그것은 공자 자신마저 상세하게 설명하기를 꺼려했을 정도로 모호한 개념이다.[16] 그것은 다른 덕들과 구별되는 한 가지 특수한 덕인가 하면 다른 모든 덕의 원천이자 수렴 지점이기도 하다.[17] 확실한 것은 그것이 인간에게 완결된 형태로 주어져 있는 덕이 아니라는 점이다. 그것은 인간을 인간답게 만들어주는 그 무엇이되 인간이 도달해야 할 최후의 그 무엇에 해당한다. 인간에게 가장 가깝고 친근하되 가장 멀고 소원하다는 것, 이것이 인의 역설이다. 인은 예와 음악 같은 것과 더불어 이미 드러나는 듯하지만, 다시 예와 음악 같은 것을 통해 도달해야 할 최후의 높이다. 도덕적 실천의 배후에서 이미 꿈틀대는 잠재력이지만, 다시 도덕적 실천에 의해 실현되어야 할 마지막 가능성이다.

인仁의 잠재력이 현실화되는 과정 역시 이중분기의 논리를 따른다. 이는 특히 공자의 제자들이 인을 충忠과 서恕로 정의할 때 훨씬 더 명료해진다.[18] 여기서 충은 자기 마음[心]의 중심[中]을 지킨다는 뜻이다. 그것은 대자적 자기관계(내면의 이념에 대한 수직적 관계)를 확고히 한다는 것과 같다. 서는 타인의 마음과 자기의 마음[心]을 같게[如] 한다는 뜻이다. 구체적으로는 자신이 타인에게 바라는 것을 먼저 베풀고 자신이 스스로 원하지 않는 것을 결코 남에게 베풀지 말라는 것인데, 이는 사회적 대타관계(타인들에 대한 수평적 관계)와 관련된 지침이다. 인이 무엇인지 묻는 안회에게 공자가 한 그 유명한 대답, 극기복례克己復禮도 마찬가지다.[19] 복례(예로 돌아가는 것)는 인의 객관적 조건에, 극기(상승적 자기형성)는 인의 주관적 조건에 해당한다. 복례는 인의 실현을 향도하는 대타관계의 측면이고, 극기는 인의 실현에 수반되는 대자관계의 측면이다. 『논어』에 나오는 다음과 같은 구절 역시 동일한 논리에 따라 해석해야 할 것이다.

> 나는 하찮은 것에서부터 배워서 수준 높은 것에 이른다.[20]
>
> 도道에 뜻을 두고 덕德에 근거하고 인仁에 의거하고 육예六藝에 노닐어라.[21]

"나는 하찮은 것에서부터 배워서 수준 높은 것에 이른다"는 말은 인仁에 대한 이해와 맞물려 있다. 인은 수준 높은 것, 그중에서도 가장 높은 것의 경계를 표시하는 말뚝이다. 공자의 학문은 그 경계로 나아가기 위한 상승적 자기도야의 여정이다. 그러나 그것은 이상한 기술이다. 왜냐하면 위로의 상승을 아래로의 하강 속에서 도모하기 때문이다. 높이 날기 위해서는 그만큼 먼저 아래로 내려와야 한다. 상달上達의 꿈은 오로지 하학下學 속에서 실현된다. 이 점을 구체적으로 설명하고 있는 것이 "도에 뜻을 두고 덕에 근거하며 인에 의거하고 육예에 노닐어라"는 말이다. 이 문장은 차라리 거꾸로 읽어야 한다. 공자의 의중에 있는 배움의 길은 아래쪽에 속하는 육예(예법, 음악, 활쏘기, 마차 다루기, 서예, 수학)에 자유롭게 노니는 것에서부터 시작해야 하기 때문이다. 그런 연후에라야 비로소 자기 주변에서 인을 실현할 수 있고(依於仁), 그런 연후라야 타인에게 널리 힘을 미칠 수 있는 도덕적 역량이 확고하게 뿌리내릴 수 있다(據於德). 그리고 그런 연후에야 마침내 중용의 길에서 벗어나지 않을 수 있다(志於道). 이때 육예는 인을 체득하는 객관적 조건에 해당한다. 반면 덕은 인이 구현되는 주관적 조건이다. 인은 육예에 통달할 뿐만 아니라 갖가지 덕을 내면화할 때 비로소 현실화된다.

아버지와 친구

김수영의 '온몸의 시학'에서도 이런 이중분기의 논리가 반복된다. 온몸이 거느린 사회적 대타관계의 측면은 '죽음'이라는 말로 압축된다. 온몸이 갖는 대자적 자기관계의 측면은 '사랑'이라는 말로 요약된다. 앞으로 이런 점을 자세히 다루기 전에 우선 「공자의 생활난」에서 남아 있는 문제를 일단락지어보자. 이 시에서 김수영은 공자를 친구로 호명한다. "동무여 이제 나는 바로 보마/ (……) 사물의 우매와 명석성을/ 그리고 나는 죽을 것이다." 이 대목에 등장하는 '동무'라는 말은 『논어』의 첫 부분에 등장하는 문장을 상기시킨다. "벗이 먼 곳에서 찾아오면 또한 즐겁지 않은가?"[22]

여기서 벗의 원어는 붕朋이다. 이 글자는 원래 봉새를 뒤따르는 새의 무리를 가리켰다. 왼손과 오른손이 결합된 모습을 그린 우友라는 글자가 대칭적인 우정 관계를 지칭한다면, 붕朋은 비대칭적 동료 관계를 가리킨다. 전문가들 역시 『논어』를 여는 문장을 이런 관점에서 새겨야 한다고 본다. 여기서 등장하는 벗은 동등한 관계의 친구가 아니라 공자를 추종하는 문하생을 두고 하는 말이라는 것이다. 이런 해석은 공자 이래의 사회 개념과 상통한다. 유가적 관점에서 사회는 언제나 위계적 질서를 바탕으로 한다. 특히 군신君臣, 부자父子, 부부夫婦, 형제兄弟의 관계가 사회적 질서의 근간을 이룬다. 붕우유신朋友有信이라는 말처럼 친구 관계를 중시하는 언급이 없는 것은 아니지만, 유가 전통에서 우정은 다른 종류의 관계에 밀려 점차 중요성을 상실해갔다. 심지어 평등한 우정 관계는 사회적 위계질서를 깨뜨리는 위험한 요소로 간주되기도 했다.[23]

이것은 서양 문화에서 우정이 차지하는 위상과 좋은 대조를 이룬다. 서양에서는 이미 플라톤과 아리스토텔레스부터 시작하여 사회적 질서의 근간을 평등한 우정 관계에서 찾는 전통이 면면이 이어져왔다. 고대 그리스의 폴리스, 고대 로마의 공화정, 중세의 수도원과 교회, 근대의 주식회사와 민주사회 등은 모두 이런 전통에서 비롯되는 것으로 평가된다. 『논어』에서 서양인의 우정에 견줄 만한 지위의 개념을 찾자면, 그것은 효孝가 된다. 이 책에서 효는 백행百行의 뿌리요 인仁의 원천으로 정의된다. 심지어 효자가 되는 것이 정치적 실천의 최고 형식으로 간주되기도 한다.[24] 아리스토텔레스적 사회상의 중심에는 우정을 나누는 친구가 있다. 그러나 공자적 사회상의 중심에는 아버지를 따르는 자식이 있다.

헤겔이 중국에는 가족정신밖에 없다고 비꼰 것은 이런 점에 닿아 있다.[25] 그러나 이는 중국 문화에 대한 두터운 편견에서 나온 논평이므로 정교한 교정이 뒤따라야 한다. 헤겔의 가족정신은 사적인 생활의 원리이면서 공공의 세계와 완전히 분리되어 있다. 반면 중국적 가족정신은 공公과 사私의 대립 이전에도 있고 그 이후에도 있다. 가족정신은 공동체 정신 자체로서, 공적 질서와 사적 질서가 분화되기 전에 있다가 사회발전의 한 국면에서 공적 정신과 대립하는 사적 정신으로 축소된다. 그리고 마침내 공과 사의 대립이 사라진 원래의 위치로 다시 돌아간다. 이것이 중국적 사유를 지배하는 잉여 수반적 반복의 논리인데, 이런 논리는 공자의 인仁 개념을 통해서도 펼쳐진다. 공자의 인은 원래 다른 덕들과 대립하거나 구별되기 전에 있는 어떤 포괄적인 덕이다. 하지만 이것이 일정한 자기전개의 국면에서 다른 덕들과 대조되는 특수한 덕의 위치로 분화되었다가 다시 분화 이전의 상태로 복귀한다.[26]

소포클레스의 비극 『안티고네』에서 이미 분명히 드러나는 것처럼 서양인은 사회의 영역과 가정의 영역을 엄격하게 구분하고 대립시킨다. 두 영역의 대립은 남자와 여자, 낮과 밤, 이승과 저승, 이성과 감성 등의 이항대립과 맞물려 확고해진다.[27] 이런 이항대립의 논리에서 교육, 특히 덕성의 추구는 남성의 영역으로 할당된다. 인격의 도야는 여성의 원리가 지배하는 가정이 아니라 가정의 바깥에서 이루어져야 하는 것으로 간주된다. 반면 공자의 후예들에게 모든 교육은 가정에서부터 이루어져야 한다. 가정이 가장 중요한 훈육의 도장이자 자기형성의 터전이다. 유가철학에서 효孝가 정치적 실천과 구별되지 않는 것은 가정이 국가보다 넓은 개념이기 때문이다. 이것은 아버지가 군주나 왕보다 넓은 개념이라는 것과 같다. 공자의 세계에서 아버지는 모든 윗사람(군주, 어머니, 형, 상급자 등)을 포괄하는, 그래서 모든 사회적 위계의 원천에 해당하는 개념이다.

이때 효는 단순히 부모를 봉양한다는 것이 아니라 포괄적인 의미의 불위不違(어기지 않음)나 불상범不上犯(윗사람을 범하지 않음)[28]의 원형으로 간주된다. 문제는 위계적 질서를 어기지 않는 능력, 상위의 명령을 범하지 않으면서 문제를 해결하는 능력을 습득하는 데 있다. 이것이 유가적 효 개념의 진정한 의도인 바, 그렇기 때문에 효의 의미는 예의 주관적 조건에 해당하는 경敬의 개념으로 추상화된다.[29] 유가철학에서 효의 의미는 경의 개념으로 발전하고, 경의 개념은 다시 존재자의 존재인 성誠과 짝하는 원리로 도약한다. 즉 천도天道의 원리가 성에 있다면, 인도人道의 원리는 경에 있다는 것이다. 송명 신유학에서 성誠과 경敬은 각각 도道의 객관적 본질과 주관적 본질로서 상호 호응·일치하는 관계를 이룬다.[30]

바로 보기와 숨어 보기

『논어』뿐만 아니라 유가 전통 전체를 통해 지고한 존경의 대상으로 절대화된 공자는 그의 후예들에게 대칭적인 관계를 맺을 수 없는 위치에 서게 되었다. 이는 결코 대등한 친구가 될 수 없다는 것과 같다. 기독교의 신이 그런 것처럼 유교 문화권에서도 공자는 오로지 숭배의 대상이 될 수 있을 뿐이다. 김수영의 「공자의 생활난」에 나오는

"동무여 이제 나는 바로 보마"는 이런 문맥에서 읽어야 한다. 여기에는 공자를 더 이상 숭배의 대상이 아니라 단지 우정의 대상으로 삼겠다는 의지가 담겨 있다. 수직적 위계질서의 사회가 아니라 수평적 상호 질서의 사회 안에서 공자와 만나겠다는 것이다. 그것은 한편으로는 공자를 모더니즘의 이념 안에서 변형하고, 다른 한편으로는 공자로 대변되는 동아시아의 문화적 전통을 매개로 모더니즘을 왜곡해보겠다는 의지라고 할 수 있다.

이런 왜곡의 의지는 삐딱한 시선을 요구한다. 공자든 모더니즘이든 비스듬하게 바라보아야 한다는 것인데, 이는 그것이 역설적으로 현실을 똑바로 볼 수 있는 조건이기 때문이다. 김수영에게 공자와 모더니즘은 현실을 바라보기 위해 끼어야 하는 렌즈와 같다. 다만 공자는 오래된 렌즈이고, 모더니즘은 새로운 렌즈일 뿐이다. 문제는 그 렌즈들이 하나같이 당대 한국인의 현실적 감각과 어울리지 않는, 말하자면 도수가 너무 작거나 크다는 데 있다. 그러므로 렌즈에 해당하는 공자와 모더니즘을 각각 삐딱하게 바라보아야만 현실을 바라보는 초점이 똑바로 맺힐 수 있게 된다. 공자를 모더니즘 쪽에서 비스듬히 바라보고, 모더니즘을 공자 쪽에서 비스듬히 바라보는 것이 김수영의 '바로 보마'의 정신 배후에 숨어 있는 방법적 전략이다. 삐딱하게 보기의 전략은 김수영의 초기 시에서 다음과 같이 표현되고 있다.

도립한 나의 아버지의
얼굴과 나여

나는 한 번도 이를

보지 못한 사람이다

어두운 옷 속에서만
이는 사람을 부르고
사람을 울린다

나는 한 번도 아버지의
수염을 바로는 보지
못하였다

신문을 펴라

이가 걸어나온다
행렬처럼
어제의 물처럼
걸어나온다
–「이」(1947) 전문

이 시에서 이(피부에 기생하는 곤충)는 문자를 상징하는 것처럼 보인다. 문자에 담기는 시대정신이라 할 수도 있다. 그런데 여기서 이는 두 종류다. 옷 속에 숨어 있어 볼 수 없는 이가 있고, 신문을 펴면 행렬을 이루며 걸어 나오는 이가 있다. 하나는 쉽사리 읽을 수 없는 오래된 문자이고, 다른 하나는 매일 읽을 수 있는 오늘의 문자다. 그 두 종류의 문자 사이에 있는 것이 '도립한 나의 아버지의 얼굴'이다. 그 얼굴은 거꾸로 서 있기 때문에 똑바로 볼 수 없다. "나는 한 번도 아버지의/ 수염을 바로는 보지/ 못하였다." 오로지 비스듬하거나 삐딱하게 바라보았을 뿐이라는 것이다. 그러나 중요한 것은 바로 그렇게 아버지의 수염(과거 문화의 유산)을 삐딱하게 바라보는 덕분에 신문에서 행렬을 이루며 기어 나오는 현실의 문자를 제대로, '마치 어제의 물처럼' 친숙하게 읽을 수 있다는 점이다. 다른 시에서는 삐딱하게 보기가 훔쳐보기 혹은 숨어서 보기로 변용된다.

아버지의 사진을 보지 않아도
비참은 일찍이 있었던 것

돌아가신 아버지의 사진에는
안경이 걸려있고
내가 떳떳이 내다볼 수 없는 현실처럼
그의 눈은 깊이 파지어서
그래도 그것은
돌아가신 그날의 푸른 눈은 아니요
나의 기아처럼 그는 서서 나를 보고
나는 모오든 사람을 또한
나의 처를 피하여
그의 얼굴을 숨어서 보는 것이요

영탄이 아닌 그의 키와
저주가 아닌 나의 얼굴에서
오오 나는 그의 얼굴을 따라
왜 이리 조바심하는 것이요

……

나는 모든 사람을 피하여
그의 얼굴을 숨어 보는 버릇이 있소
-「아버지의 사진」(1949) 부분

이 시는 앞에서 읽은 「이」와 동일한 문제의 주위를 맴돌고 있다. 문제는 언제나 맨눈으로는 '떳떳이 내다볼 수 없는 현실'을 바로 보는 데 있고, 바로 보기 위해 안경을 비스듬히 조정하는 데 있다. 현실을 제대로 바라보기 위해 껴야 하는 안경은 여전히 아버지에게 구할 수밖에 없다. "돌아가신 아버지의 사진에는/ 안경이 걸려있고 ……." 시의 화자는 이제 그 안경을 빌려 세상을 바라보고자 한다. 그런데 비참한 역사를 살다간 아버지의 안경은 영탄의 대상도 저주의 대상도 아니다. 다만 훔치려는 자의 은밀한 시선의 대상이다. "나는 모든 사람을 피하여/ 그의 얼굴을 숨어 보는 버릇이 있소." 아버지의 얼굴은 여전히 바로 볼 수 없는 대상이다. 단지 비스듬한 각도에서 보거나 숨어서 볼 수 있을 뿐이다. 그런 이상한 시선은 아버지를 단순히 인정하는 것도 부정하는 것도 아니다. 그것은 인정하면서 부정하고 부정하면서 긍정하는 애매한 태도의 시선이다.[31]

이런 애매한 태도는 공자에 대해 취하는 태도와 정확히 겹친다. 김수영은 공자를 경탄하지도 저주하지도 않는다. 열렬히 긍정하지도 과격하게 배척하지도 않는다. 다만 비스듬히 바라보거나 숨어서 바라볼 뿐이다. 훔쳐서 보고 일그러뜨리며 바라보는 것인데, 이는 그렇게 일그러진 공자의 이미지가 현실을 바로 보기 위한 렌즈가 될 수 있다는 생각 때문일 것이다. 모더니즘을 통해 공자를 왜곡하는가 하면 공자를 통해 모더니즘을 왜곡하는 것, 그런 동서 이념의 상호 왜곡과 정돈이 김수영 식 격물치지格物致知의 방법이다. 그것은 동서의 서로 다른 역사적 속도와 문화적 상징들을 부단히 교차시킨다는 점에서 공자 식 이중분기의 논리와 구별되는 또 하나의 이중분기의 논리라 할 수 있다.

2 시인의 탄생: 김수영의 역사인식

남묘南廟 문고리 굳은 쇠 문고리
기어코 바람이 열고
열사흘 달빛은
이미 과부의 청상이어라

날아가던 주작성朱雀星
깃들인 시전矢箭
붉은 주초柱礎에 꽂혀있는
반절이 과過하도다

아아 어인 일이냐
너 주작의 성화星火
서리 앉은 호궁胡弓에

피어 사위도 스럽구나

한아寒鴉가 와서
그날을 울더라
밤을 반이나 울더라
사람은 영영 잠귀를 잃었더라
–「묘정廟廷의 노래」(1945) 전반부

김수영의 처녀작

김수영이 공식적인 데뷔작으로 꼽는 작품은「공자의 생활난」과 같은 해에 발표된「묘정의 노래」다. 두 처녀작은 모두 동아시아의 문화 전통과 관련된 내용을 담고 있다는 점에서 일치한다.「공자의 생활난」에서 시인의 길은 공자가 걸은 군자의 길과 겹쳐진다.「묘정의 노래」에서 시적 주체는 자신을 옛 사당을 복원하는 화공畵工과 동일시한다. 공자가 유교의 창시자라면, 묘정(사당의 앞뜰)과 거기서 이루어지는 제사는 동아시아 제례 문화의 상징이다. 두 시 모두 김수영이 마음에 품은 고향이 모더니즘에 있다기보다 동아시아의 전통에 있음을 말해준다. 게다가「묘정의 노래」는 김수영이 단지 유교 전통만을 고수하는 것이 아님을 증언한다. 동아시아의 전통으로 돌아가되 노장과 불교를 아우르는 폭넓은 태도를 유지하고 있음을 말하는 것이다. 사실 여기서 언급되는 남묘南廟는 도교 전통의 유적임에 주목하자. 남묘는 원래 임진왜란 때 명나라 원군이 들어오면서 세워진 중국 도교의 도관道觀이요 위풍당당한 관제묘關帝廟였다. 그러나 일제 강점기와 한국전쟁을 겪으면서 완전히 소실되었다가 1956년 재건되었다.[1] 조선 중기 이후 한국사의 질곡을 실감하게 해주는 남묘는 1960년대 서울에 있던 여러 건축물 중에서 이국적인 느낌을 물씬 풍겨주던 곳으로 짐작된다. 시인은 왜 하필 이런 남묘를 두고 노래했을까? 그것도 공자와 더불어? 이것은 김수영이 모더니즘의 이념과 더불어 공자를 노래한 것 못지않게 역설적이고 불가사의한 사실이다.

우리는 앞으로 '바람의 상상력'이나 '스스로 도는 힘'과 같은 제목 아래 동아시아의 존재론적 직관을 다루는 대목에서 김수영과 도가 전통의 관련성을 설명할 기회를 찾을 것이다. 「묘정의 노래」에도 등장하는 바람은 김수영의 시에서 자주 사용되는 시어인데, 「채소밭가에서」(1957)나 「풀」(1968) 같은 작품에서 볼 수 있는 것처럼 자연을 지배하는 어떤 근원적인 힘이되 통제를 벗어나는 어떤 혼돈의 원천에 해당한다. 그 밖에 시전矢箭은 화살이다. 호궁胡弓은 두 줄이나 네 줄로 된 현악기이고, 한아寒鴉는 '서리 맞은 기러기'라는 뜻이다. 사위스럽다는 것은 불길하다는 말이다.

이 작품은 해방 후 최초의 문학 동인지였던 《예술부락》에 발표되었는데, 당시의 정황을 김수영은 이렇게 회고한다. "그때 나는 (편집자였던) 조연현에게 한 20편 가까운 시편을 주었고, 그것이 대체로 소위 모던한 작품들이었는데, 하필이면 고색창연한 「묘정의 노래」가 실려졌다."[2] 과연 이 시에서는 김수영 하면 떠오르는 모더니스트나 저항시인으로서의 면모를 찾기 어렵다. 온몸의 시학이니 자유의 시학이니 하는 이야기를 꺼낼 만한 어떠한 빌미도 구할 수 없다. 전통 문화의 상징인 제례祭禮 관련 이미지에서 소재를 구하고 있기 때문이다. 도대체 복고적인 향수가 물씬거리는 이런 시에서 어떻게 현대성에 대한 탐구의 의지를 읽을 수 있단 말인가?

계속되는 회고에 의하면, 이 시는 발표 이후 주변 친구들에게 '묵살의 대상'이었다. 김수영 자신에게는 '자학의 재료'가 되었다. 절친한 친구 김인환에게는 두고두고 '낡았다'는 수모를 겪는 계기가 되었다. 그래서인지 김수영은 자신의 공식적인 처녀작을 스스로 폐기하는 듯한 제스처를 취한다. "「묘정의 노래」야말로 내가 생각해도 얼굴이 뜨뜻해질 만큼 유창한 능변이다. 그 후 나는 이 작품을 나의 마음의 작품목록에서 지워버리고 (……) 좋게 생각하면 '의미가 없는' 시를 썼다는 증거는 될 것 같다." 진정성이 결여된, 말장난에 불과한, 기껏해야 무의미한 시의 습작에 지나지 않는 작품이라는 것이다.

모더니즘과 죽음충동

그렇다면 김수영은 어떤 시를 자신의 참된 처녀작으로 꼽는가? 이런저런 작품을 곰곰이 되돌아보다가 그는 결국 이렇게 맺는다. "나의 처녀작은 (……) 아직도 발표되지 않은 「미역국」이라는 최근작 같기도 하고, 또 좀 더 깊이 생각해보면 아직도 나는 진정한 처녀작을 한 편도 쓰지 못한 것 같다." 물론 이렇게 적기 몇 년 전에 김수영은 이미 "그 동안에도/ 그 뒤에도 나의 시는 영원한 미완성"[3]이라고 절망한 바 있다. 왜 영원한 미완성인가? 작품의 기준이 너무 높아서? 이상적인 시의 모델에 아직 미치지 못해서? 아니면 어떤 완결된 문법을 구축하지 못해서? 그런데 이런 것은 모더니즘의 창조 개념, 그리고 궁극적으로는 '무로부터의 창조creatio ex nihilo'라는 기독교 전통의 창조 개념에서 비롯되는 질문일 것이다. 서양 근대 미학은 예술가를 창조주 신의 자리에 올려놓았다. 즉 예술가는 신처럼 자유로운 입법자에 해당한다. 예술작품은 신의 피조물처럼 예술가의 의지의 산물로 간주되어 전적으로 저자의 책임과 권리 아래 놓인다. 이런 점에서 주체, 저자, 작품, 독창성 등과 같은 개념에 기초한 모더니즘 예술은 인간을 중심으로 재편된 기독교 신학이라 할 수 있다.

문제는 모더니즘 예술가는 신의 자리에 오르자마자 광기에 시달리게 된다는 데 있다. 서양에서 진선미眞善美가 하나로 수렴되는 합리적 질서는 존재론적으로 무한한 신의 담보 위에 가능했다. 유한한 인간이 신을 대신하여 무한한 자유를 감당해야 하는 예술의 세계에서 독창성은 기존의 신학적 합리성이 베풀던 모든 것과 맞바꾸어야 하는 값비싼 대가였다. 이것을 요즘의 우리는 니체나 프로이트에게서 배운다. 하지만 김수영은 미국의 비평가 트릴링Trilling의 논문(「쾌락의 운명」)을 번역하면서 이것을 알게 되었다. "트릴링은 쾌락의 부르주아적 원칙을 배격하고 고통과 불쾌와 죽음을 현대성의 자각의 요인으로 들고 있으니까 그의 주장에 따른다면 나의 현대시의 출발은 「병풍」 정도에서 시작되었다고 볼 수 있다."[4] 형식상의 처녀작이 아닌 실질적인 처녀작은 「병풍」이라는 것인데, 일단 한 대목만 읽어보자.

병풍은 무엇에서부터라도 나를 끊어준다
등지고 있는 얼굴이여
주검에 취한 사람처럼 멋없이 서서
병풍은 무엇을 향하여서도 무관심하다
……
가장 어려운 곳에 놓여있는 병풍은

내 앞에 서서 주검을 가지고 주검을 막고 있다
–「병풍」(1956) 부분

이 시는 앞에서 우리가 읽었던 작품들과 여러 가닥의 연락망을 구축하고 있다. 여기서 언급되는 얼굴은 「이」와 「아버지의 사진」에 나왔던 아버지의 얼굴을 반복한다. 시적 주체가 바로 보지 못하던 얼굴, 다만 비스듬히 바라보던 그 얼굴은 여기서도 시선을 등지고 있다. 이 시에 나오는 병풍은 「장시 2」에 나온 젤라틴지紙를 예상하는 위치에 있다. 이 기름종이가 '외계의 소리를 여과하고 채색'하는 어떤 막膜과 같다면, 병풍도 나와 시신을 가로막으면서 연결하고 있는 일종의 보호막이다. 「장시 2」에서는 그런 중간 매체를 '무감각의 비애'라 한다. 여기 「병풍」에서는 "병풍은 무엇을 향해서도 무관심하다"고 되어 있다. 안과 밖 혹은 이편과 저편을 나누면서 이어주는 경계는 외부의 자극에 무관심하거나 무감각해야 한다. 그런 무감각하고 죽어 있는 듯한 표면이 외부를 호흡하며 살아가는 모든 생명의 조건이다.

근대 예술은 신의 죽음과 더불어 시작되었다. 이는 인간이 신에 의해 차단되던 죽음충동과 직접적으로 마주칠 수밖에 없음을 말한다. 「병풍」은 예술의 위치가 죽음충동 앞에 있음을, 시가 과거의 신을 대신하여 죽음을 방어하는 병풍의 역할을 짊어져야 함을 노래한다. "가장 어려운 곳에 놓여있는 병풍은/ 내 앞에 서서 주검을 가지고 주검을 막고 있다." 모더니스트로서 김수영은 현대시의 핵심을 '죽음의 고개를 넘어가는 기술'[5]로 압축했다. 그러나 죽음과 더불어 김수영 시론의 두 축을 이루는 것이 있는데, 그것이 사랑이다. 공자는 공허한 형식으로 전락한 예禮에 인仁이라는 활력을 불어넣었다.

김수영은 서양에서 온 모더니즘에 사랑을 주입하여 한국의 낙후한 현실에 뿌리내릴 수 있는 강인한 식물로 키웠다. 김수영이 노린내 나는 모더니즘을 요리·소화하기 위해 조미료처럼 쏟아 넣은 사랑. 우리는 앞으로 그것이 공자의 사랑과 무관하지 않다는 것을 알게 될 것이다.

주지하는 바와 같이 김수영은 당시의 궁핍한 현실에 밀착하여 모더니즘을 재조정하는 길을 걸어갔다. 이런 변용의 노력은 지금 우리가 읽고 있는 산문에서는 이렇게 나타난다. “그러나 트릴링을 떠나서 다시 나대로 또 한 번 생각해보면, 나의 처녀작은 지난 6월 2일에 쓴 아직도 발표되지 않은 「미역국」이라는 최근작 같기도 하고, 또 좀 더 깊이 생각해보면 나는 진정한 처녀작을 한 편도 쓰지 못한 것 같다.” 트릴링을 떠나서 생각한다는 것은 모더니즘을 떠나서 생각한다는 것이다. 이는 죽음의 원리와는 다른 원리를 찾는다는 것과 같다. 김수영이 보기에 「미역국」은 모더니즘과는 다른 시작詩作의 원리를 구현한다. 모더니즘과는 다른 곳을 향하는 출발점이고, 그런 의미에서 이 시는 그의 진정한 처녀작으로 꼽을 수 있다.

미역국에 뜨는 기름: 독창성에 대한 새로운 인식

그렇다면 이 작품의 처녀성은 어디에서 오는가? 김수영은 ‘미역국 위에 뜨는 기름’을 가리킨다. 첫 연부터 읽어보자.

미역국 위에 뜨는 기름이
우리의 역사를 가르쳐 준다 우리의 환희를

풀 속에서는 노란 꽃이 지고 바람소리가 그릇 깨지는
소리보다 더 서걱거린다—우리는 그것을 영원의
소리라고 부른다
–「미역국」(1965) 1연

미역은 얼핏 보기에 말라비틀어져 죽어 있는, 때로는 고약한 냄새를 풍기는 부패한 해초에 불과하다. 그러나 미역국 위에 뜨는 기름은 가난한 한국인에게 활력의 원천이었다. 미역국은 가장 토속적인 한국 음식이다. 위의 시는 미역국 위에 뜨는 기름을 시간 속에 뜨는 영원의 기름인양 노래한다. 한국의 토속적 문화에서 움트는 어떤 보편성의 함량인 것처럼 감격한다. 그것은 역사적 전통 속에 발아하는 어떤 초역사적인 표면이라 할 수 있다. 전통은 초역사적이고 영원한 것처럼 보이는 그런 정신적 요소에 의해 의미를 획득한다. 모더니즘이 새로움의 추구로 정의된다면, 그 새로움은 미래를 향하여 과거의 중력에서 벗어나는 힘으로 규정된다. 반면 「미역국」의 처녀성은 모더니즘이 배격하는 역사적 전통의 긍정에서 온다. 김수영은 모더니즘의 핵심인 새로움을 추구하되 진창이 되어버린 한국의 역사적 현실에서, 그 속에 죽어 있는 과거의 시간에서 찾을 수 있다고 생각했던 것 같다.

그렇지만 이런 전향은 「미역국」보다 먼저 발표된 「거대한 뿌리」(1964)에서 이미 일어나고 있지 않은가? "전통은 아무리 더러운 전통이라도 좋다 (……) 버드 비숍 여사를 안 뒤부터는 썩어빠진 대한민국이/ 괴롭지 않다 오히려 황송하다 역사는 아무리/ 더러운 역사라도 좋다/ 진창은 아무리 더러운 진창이라도 좋다/ 나에게 놋주발보다 더 쨍쨍 울리는 추억이/ 있는 한 인간은 영원하고 사랑도 그렇다."

썩었다는 것은 시효를 잃었다는 것을, 나아가 죽었다는 것을 말한다. 그러나 죽었으되 다른 생명이 태어날 밑거름이 될 수 있다는 것에 썩었다는 것의 또 다른 의미가 있다. 썩음은 죽음과 생명을, 생명을 부르는 사랑을 동시에 의미한다. 김수영의 최종적인 시학에서 사랑은 '온몸에 의한 온몸의 이행'이라는 '시의 형식'[6] 자체를 의미한다. 그것은 죽음에서 생명을, 절망 속에서 희망을 온축해가는 이행이다. 죽어 있는 시간 전체를 일으켜 다시 앞으로 나아가게 하는 기술, 움직이는 과거의 이마에 영원의 땀이 흐르게 만드는 기술이다.

온몸의 시학은 역사적 전통에 대한 긍정에서 시작했다. 이런 긍정은 "제3인도교의 물속에 박은 철근기둥도 내가 내 땅에/ 박는 거대한 뿌리에 비하면 좀벌레의 솜털/ 내가 내 땅에 박는 거대한 뿌리에 비하면"이라는 절창을 낳았다. 그럼에도 불구하고 김수영은 왜 자신의 진정한 처녀작으로 「거대한 뿌리」가 아니라 「미역국」을 꼽는가? 산문을 쓰던 당시에 작성된 작품이어서? 물론 그럴 수 있다. 생생한 몰입의 기억이 과거의 작품을 잠시 가릴 수 있다. 그러나 두 작품 사이에 어떤 진화나 도약이 있었다는 가설도 생각해볼 수 있다. 가령 김수영은 「거대한 뿌리」에서 일어난 전향의 귀결들을 「미역국」을 쓸 당시에야 비로소 자각한 것이 아닌가? 이때에야 비로소 과거에 대한 긍정이 갖는 시학적 의미를 명료하게 인식할 수 있었던 것이 아닌가? 사실 「미역국」의 두 번째 연은 "해는 청교도가 대륙 동부에 상륙한 날보다 밝다"라는 문장으로 시작한다. 어떤 위대한 발견을 암시하는 구절인데, 세 번째 연은 그것이 역사 속에서 일어나는 어떤 역설과 관련되어 있음을 말한다.

미역국은 인생을 거꾸로 걷게 한다 그래도 우리는

30대보다는 약간 젊어졌다 60이 넘으면 좀 더
젊어질까 기관포나 뗏목처럼 인생도 인생의 부분도
통째 움직인다—우리는 그것을 빈궁貧窮의
소리라고 부른다
–「미역국」(1965) 3연

한국의 산모는 출산 후 미역국부터 먹는다. 한국의 생일 식탁에는 미역국부터 올라온다. 한국인에게 미역국 위에 뜨는 기름은 생명의 기름과 같다. 위의 시는 미역국을 삶을 때 끓어오르는 기름을 먹을수록 젊어지는 묘약, 인생을 거꾸로 가게 하는 영약으로 그린다. 그리고 거기서 기관포나 뗏목처럼 시간이 통째로 움직이며 새로워지는 기적을 기대한다. 이것은 독창성에 대한 새로운 인식이라 할 수 있다. 즉 독창성은 기독교 신학에서 가르쳐온 것처럼 무無에서 유有를 창조하는 데 있는 것이 아니다. 독창성은 죽어 있는 듯한 과거 전체를 미역국처럼 통째로 삶을 수 있을 때 우러나오는 새로움이다. 이것은 시간에 대한 새로운 인식이라 할 수 있다. 즉 미래는 자기 자신을 온몸으로 옮기는 과거 속에서 비로소 발아한다. 시간은 베르그손이 말한 것처럼 끊임없이 자기 자신 전체를 수축·이완하며 앞으로 나아가는 어떤 원뿔이다. 그러므로 몇 년 후 김수영은 「엔카운터 지」(1966)에서 이렇게 썼다. "우리들은 빛나지 않는다. 어제도 빛나지 않고,/ 오늘도 빛나지 않는다. 그 연관만이 빛난다./ 시간만이 빛난다. 시간의 인식만이 빛난다." 온몸의 시학이 어떤 시간철학, 어떤 역사철학 위에 서 있음을 알 수 있는 대목이다. 「미역국」은 온몸의 시학을 떠받치는 역사철학이 발아하는 작품이다. 우리는 이것을 이 시의 마지막 두 연에서도 읽을 수 있다.

오오 환희여 미역국이여 미역국에 뜬 기름이여 구슬픈
조상이여
가뭄의 백성이여 퇴계退溪든 정다산鄭茶山이든 수염 난 영감이면
복덕방 사기꾼도 도적놈 지주라도 좋으니 제발 순조로워라
자칭 예술파 시인들이 아무리 우리의 능변을 욕해도—이것이
환희인 걸 어떻게 하랴

인생도 인생의 부분도 통째 움직인다—우리는 그것을
결혼의 소리라고 부른다
–「미역국」(1965) 4~5연

'빈궁의 소리'가 욕망의 소리라면, '결혼의 소리'는 사랑의 소리다. 그것은 온몸을 통한 온몸의 움직임에서 울리는 소리다. 김수영 시에서 환희는 성장, 실재, 투쟁 등의 체험과 관련되어 있다. 예술파 시인들에 대한 냉소는 내면적 성숙이나 현실과의 투쟁을 결여한 환희, 공허한 환희에 대한 노여움이다. 문질빈빈文質彬彬으로 집약되는 공자의 미학을 생각나게 하는 노여움인데, 여기서는 팍팍하게 찌든 이 땅의 역사적 기억이 결코 추상될 수 없다는 사실이 강조된다. 한마디로 환희는 미역처럼 찌든 전통을 펄펄 끓일 때, 다시 말해서 완전히 죽여 그 형질을 변형시킬 때 솟아오르는 어떤 기름과 같다. 역사 속에서 뜨는 기름, 그것이 독창성의 함량이자 미래의 가능성이다. 또한 그것이 시적 환희의 실체가 되어야 한다. 김수영은 정확히 미역국에 뜨는 기름 위에서 온몸의 시학을 떠받치는 사랑의 이념을 발견한 것이 아닌가?

이런 여운을 남기며 말을 맺을 때 김수영은 역사를 소급하여

'구슬픈 조상'을, '가뭄의 백성'을, 그리고 퇴계와 다산을 소환한다. 왜 세종이나 이순신이 아니고 퇴계와 다산인가? 왜 단군이나 다른 정치가가 아니고 하필 유학자인가? 이것은 우연이 아닐 것이다. 김수영이 자신의 중요한 전환점으로 지목하는 작품에서, 역사 속에 움트는 환희를 노래하는 작품에서 한국을 대표하는 유학자가 등장한다는 사실은 그냥 지나칠 문제가 아니다. 이런 구절은 김수영이 썩어문드러진 과거 유학의 전통을 모더니즘의 세계 안에 되살려 미래의 원동력으로 삼으려 했음을 말해준다. 우리는 「더러운 향로」(1954)의 마지막을 장식하는 대목에서도 유사한 증거를 찾을 수 있다. "더러운 것 중에서도 가장 더러운/ 썩은 것을 찾으면서/ 비로소 마음을 취하여 보는 이 더러운 길." 향로는 제례祭禮를 중시하는 유교 전통의 상징이다. 이 시에서 시인은 '자기의 그림자를 마시고 있는 향로' 옆을 지나며 도취에 빠진다. 그것은 향로가 서 있는 그 길이 오히려 더럽고 썩은 길이기 때문에, 그래서 사랑이 자라고 생명이 움틀 수 있는 길이기 때문일 것이다.

시인과 화공

「미역국」은 이미 「더러운 향로」나 「거대한 뿌리」에서 모습을 드러냈던 역사인식이 김수영 자신에게 확신과 긍정의 대상으로 거듭나는 계기라 할 수 있다. 우리는 거기서 온몸의 시학을 떠받치는 어떤 역사존재론을 읽을 수 있다. 이런 결정적인 사실을 놓칠 때 김수영을 읽는 독자는 많은 대목에서 해석의 어려움을 겪을 것이다. 가령 4·19 이후 김수영은 저항시인으로 거듭났다. 그러나 김수영의 실천적 면모는 그의 몸속에 흐르던 유가적 선비정신이나 도가적 유토피아 정신에서부터 설명해야 한다. 무엇보다 김수영 자신이 '자학의 재료'가 되었다고 혹평한 공식적인 처녀작 「묘정의 노래」부터 이런 관점에서 읽어야 할 것이다. 그럴 때에만 비로소 그 작품이 김수영 전집의 첫 페이지를 장식할 위엄을 되찾을 수 있을 것이다. 이 시의 후반부는 이렇게 이어진다.

백화百花의 의장意匠
만화萬華의 거동이
지금 고요히 잠드는 얼을 흔들며
관공關公의 색대色帶로 감도는
향로의 여연餘烟이 신비한데

어드메에 담기려고
칠흑의 벽판 위로
향연香烟을 찌어
백련白蓮을 무늬 놓는
이 밤 화공의 소맷자락 무거이 적셔
오늘도 우는
아아 짐승이냐 사람이냐
-「묘정의 노래」(1945) 후반부

의장은 장식적인 색채와 무늬를 가리킨다. 관공은 관우 장군의 다른 말이다. 『삼국지』의 문맥에서 관우는 충효의 상징이다. 그러나 도교의 관점에서는 신장神將의 왕이자 최고의 신격神格이다. 향로는 제례의 상징이며, 거기서 피어나는 연기(여연, 향연)는 (전반부 첫 연에서) 남묘의 문고리를 열던 바람과 대조를 이룬다. 바람은 동아시아의 문화적 전통을 침범하고 들어오는 시대의 역운이다. 이 점에서 그것은 「가옥찬가」(1959)의 '하얗게 마른 마루 틈 사이에서/ 들어오는 바람'이나 「풀」(1968)에 나오는 '비를 몰아오는 동풍'과 공명한다. 향로의 연기는 그 바람 앞에서 사라질 위험에 처해 있는 옛날의 정신이다. 마지막 연을 보면 결국 이 시의 주인공은 죽어가는 전통을 되살리려는 화공임을 알 수 있다. 묘廟는 동양적 이미지 세계를 대변한다. 죽은 자의 모습과 삶을 그림과 색으로 재현하는 곳이 사당이다.[7] 화공의 울음은 (전반부 마지막 연에 등장하는) 서리 맞은 기러기의 울음소리와 상응한다.

김수영의 처녀작 「묘정의 노래」는 20년 후에 발표된 「거대한 뿌리」나 「미역국」과 비교해도 손색없는 역사인식을 담고 있다. 같은 해에 발표된 「공자의 생활난」과 같이 놓고 보면, 이미 등단 시절부터 김수영은 전통의 갱신과 모더니즘의 수용을 분리해서 생각하지 않고 있음을 알 수 있다. 두 시에서 갱신과 수용이라는 두 계기는 "나는 어떤 시인이 되어야 하는가?"라는 물음 속에서 결합된다. 그리고 시인의 정체성에 대한 그 물음은 일단 전통에서 호출한 화공과 공자에서 답을 구하고 있다. 그렇다면 화공과 공자 그리고 시인은 어떤 점에서 같은가? 시인과 화공은 장인匠人이라는 점에서 같다. 하나는 언어의 장인이고, 다른 하나는 그림의 장인이다. 육예六藝에 정통했던 공자 역시 장인정신의 표본이라 할 수 있다. "도道에 뜻을 두고 덕德에 근거하고 인仁에 의거하고 육예六藝에 노닐어라"[8]라는 『논어』의 문장은 기예가 공자 세계의 중요한 일부임을 선명하게 드러내고 있다.

아리스토텔레스에게서도 그렇고 칸트에게서도 그렇듯이 서양에서는 보통 기예techne, 실천praxis, 이론theoria이 서로 분리된 영역으로 간주되었다. 서로 다른 목표를 추구하고 서로 다른 원리나 방법을 따른다는 것이다. 가령 아리스토텔레스에게서 이론은 변하지 않는 영원의 세계와 관계할 때, 기예는 변화하고 운동하는 세계와 관계한다. 이론적 사변이나 실천적 행위는 그 자체가 목적일 때, 기술적 행위는 상위의 목적을 위한 수단의 위치에 있다. 그러므로 기예는 오랫동안 이 세 영역 중에서 가장 저급한 영역으로 취급되어왔다. 외부에서 부과된 목표나 유용성에 따르는 도구적 위치에 있다는 것이 결정적인 이유다. 이론적 관조나 도덕적 행위처럼 그 자체가 자기합목적성이나 내재적인 가치를 지니는 영역이 아니라는 것이다.

반면 동아시아에서는 이론, 실천, 기예가 엄밀히 구별되지 않는다. 세 영역은 하나의 전체 속에서 서로 보완하고 촉발하는 관계, 연속적인 관계에 있다. 공자가 '육예에 노닐어라(遊於藝)'라고 할 때의 '노닐다'라는 말에 담긴 심오한 의미도 여기에 있다. 이 말의 원어 유遊는 경계나 수준을 오가는 것을 가리킨다. 육예 내의 경계를 넘나든다는 것만이 아니다. 무엇보다 그것은 효용성의 논리에 따라 외적으로 부과된 목적에 봉사하는 수준을 넘어 그 자체가 목적이 되고 이상理想이 되는 유희의 단계로 나아간다는 뜻이다. "도道에 뜻을 두고 덕德에 근거하고 인仁에 의거하고 육예六藝에 노닐어라"라는 말은 그런 상승적 이행을 통해 육예의 단계에서 인과 덕의 단계로, 그리고 마침내 도의 차원에 이르러야 한다는 것을 역순으로 표현하고 있다. 궁극의 보편적 원리인 도뿐만 아니라 인 같은 최상의 도덕적 가치도 하찮은 기예 속에서 터득해야 할 비밀이라는 것이다.

원시유가와 샤머니즘

이런 상달上達의 이념은 공자 자신이 탁월한 예술적 기예의 소유자라는 사실과 밀접한 관련이 있다. 만년의 공자는 누군가 그의 장인적인 재능에 감복하자 "나는 젊었을 때 비천했기 때문에 비루한 일에 능숙했다"[9]고 대답했다. 사마천의 『사기』나 여타의 기록을 보면,[10] 공자는 젊은 시절 홀어머니를 모시고 어렵게 살았다. 먹고살기 위해 자질구레한 일에 얽매여야 했으나 그런 팔자를 원망하지 않았다. "나는 하늘을 원망하지 않았고 남을 탓하지 않았으며 하찮은 것에서부터 배워 수준 높은 것에 이르렀다."[11] 아래로부터 배워 형이상학적 높이에 도달한다는 것이 유교적 인문주의의 특성이다.

이런 특성은 공자의 삶과 그의 운명애에 빚지는 점이 많은 것 같다. 공자는 자신의 궁핍한 삶이 강요하는 '공부하라'를 자발적인 향유의 구호인 '공부하자'로 바꾸어놓았다. "나는 관직에 등용되지 못했기 때문에 예능을 갖추었다"[12]는 말에서도 공자의 운명애를 감지할 수 있다. 당시에는 소수의 귀족이 관직을 독차지하고 있었기 때문에 비천한 출신인 공자는 높은 관직에 나아갈 수 없었다. 창고를 관리하고 가축을 기르는 자리에 그쳐야 했다. 그러나 그런 운명적인 악조건 덕분에 호학好學의 취미를 마음껏 살리고 다양한 기술을 익힐 수 있었다. 남에게 봉사하여 대가를 받는 공부[爲人之學] 대신 자기 자신의 수양을 위한 공부[爲己之學]로 나아갈 수 있었다.[13] 그리고 마침내 "군자는 기물이 아니다"[14]라는 정의에 도달할 수 있었다. 이런 말들에는 군자가 되기 위한 학문적 수련이 어떤 상위의 목적을 위한 도구나 수단이 아니라는 뜻이 담겨 있다. 자강불식自彊不息은 그 자체로 자기합목적적인 의미를 갖는 최고의 이념이라는 것이다.

그렇다면 젊은 공자는 얼마나 비천했을까? 사마천은 공자를 송나라 왕족의 후예로 기록했지만, 최근의 보고에 의하면 공자의 어머니인 안징재顔徵在는 은殷나라 유민인 무녀였고, 공자는 그녀의 사생아였다. 오늘날 공자의 출생 장소로 지목되는 부자동夫子洞은 그의 어머니가 산신山神에게 제사를 지내고 기도하던 동굴이었다. 공자의 제자나 측근 중에 안顔 씨가 많았던 것도 암시하는 바가 크다. 안씨 집안은 장례가 가업이었다. 이런 외가의 내력 때문에 공자는 어려서부터 자연스럽게 장례나 제사와 관련된 예악을 익혔다. 공자가 만년에 천하를 주유할 수 있었던 것도 여러 나라에 흩어져 살던 샤먼 카르텔 조직의 지원을 받은 덕분이었다.[15] 공자가 어려서 제사 그릇을 펼쳐놓고 제례를 흉내 내면서 놀았다는 사마천의 기록이나 유가를 장의사 집단으로 매도한 장자莊子의 지적은 이런 문맥에서 읽을 수 있다.

여기서 원시유가와 샤머니즘 사이의 관계에 물음을 던지지 않을 수 없다. 사실 유儒라는 글자는 머리를 묶지 않고 풀어 내린 사람, 다시 말해서 무당의 모습에서 왔다. 원래 기우제를 지내는 사람을 의미했다고도 한다. 이런 어원을 돌아볼 때 원유는 신사神事에 종사하던 집단으로 추측해볼 수 있다. 예악 상사喪事와 관련된 유술儒術은 무술巫術에서 오지 않았을까? "나는 젊었을 때 비천했기 때문에 비루한 일에 능숙했다"는 공자의 말에서 '비루한 일'은 종국에는 장례와 제사에 관련된 일은 아니었을까? 어쨌든 공자는 아래쪽의 하잘것없는 일에서부터 수련을 쌓아 당대의 고급문화를 집대성하는 최고의 위치에 올랐다. 죽은 자를 위한 제례의 기술을 산 자를 위한 위대한 기술, 정치의 기술로 변형시켰다. 귀신을 달래는 기술을 인간성을 도야하고 백성을 안정시키는 기술[16]로 발전시켰다. 공자의 사상을 선도

하는 도야의 이념은 샤머니즘의 세계를 출렁이게 만드는 어떤 낭만주의적 충동에 뿌리내리고 있는 것이 아닐까? 이런 관점에서 보면 김수영이 최초로 발표한 두 시에 등장하는 화공과 공자는 서로 압축하는 관계에 있다고 할 수 있다. 쓰러져가는 사당의 복원자인 화공은 자기 안에 구도의 길을 가는 공자를 압축하고 있는 장인이다. 도야의 모든 단계를 거쳐간 공자는 자기 안에 기예에 노니는 예술가를 압축하고 있는 철학자다. 김수영은 「묘정의 노래」와 「공자의 생활난」에서 이런 두 가지 이미지를 다시 근대적인 시인의 이미지와 하나로 압축하고 있다.

공자와 낭만주의

서양 사상사에서 도야의 이념에 가장 커다란 중요성을 부여했던 것은 독일 낭만주의였다. 슐레겔을 비롯한 대부분의 낭만주의자들은 자기도야와 형성Bildung을 인간이 추구해야 할 최고선의 위치에 올려놓았다. 이로써 도야는 이러저러한 삶의 목적을 위한 수단이 아니라 모든 목적을 하위의 수단으로 거느리는 최고의 목적 그 자체가 되었다. 개인에 내재한 잠재력을 실현하는 일보다 더 중요한 것은 이 세상에 없다는 것이다. 낭만주의자들은 심지어 개인의 자기실현을 국가보다 우위에 두었다. 국가를 위해 개인의 자기실현이 있는 것이 아니라 국가가 개인의 자기실현을 위해 있어야 한다는 것이다.[17]

공자나 그의 후계자들은 이런 개인 우위의 사상을 받아들이지 않을 것이다. 그럼에도 불구하고 참된 공동체로 가는 길을 무한한 자기형성의 길과 동일시했다는 점에서 원시유가와 독일 낭만주의는 공명한다. 공자와 마찬가지로 낭만주의자들은 개인의 인격을 그 자체로 합목적적인 예술작품으로 조형해가는 작업을 정치적 실천 자체와 구별하지 않았다. 실러와 더불어 개인의 자기실현을 극대화하기 위한 교육, 지덕체智德體를 고루 발달시키기 위한 전인 교육을 꿈꾸었는데, 이 모든 것이 예술 위주의 교육에서만 성취될 수 있다고 믿었다. 『논어』에는 낭만주의적 도야의 이념과 자연스럽게 이어놓을 수 있는 있는 대목을 얼마든지 찾을 수 있다. 가령 앞에서 인용된 "시를 통해 감흥하고 예를 통해 일어서며 음악을 통해 완성한다"[18]는 문장이 그것이다. 예에서 객체화되는 도덕적 역량이 시적인 차원에서 비롯되고 음악적 조화 속에 완성되어야 한다는 것인데, 이런 생각은 정확히 낭만주의적 정치학의 근간을 이룬다.

공자의 등장 배경으로 종종 지적되는 것은 사士 계급의 출현이다. 주나라의 봉건적 질서가 쇠퇴기를 맞으면서 천자는 패권을 두고 경쟁하는 제후들의 꼭두각시로 전락했다. 제후들도 '대부'라 불리는 권문세가의 손아귀에 놀아나는 일이 빈번했다. 심지어 권문세가의 가신들이 정권을 농락하거나 반란을 일으키는 경우도 많아졌다. 종법적인 위계질서가 무너지고 능력과 수완에 따라 권력판도가 끊임없이 재편되는 이 시절에는 야심가마다 사병과 인재를 모아들였다. 당시 실업 지식인으로 전락한 귀족의 후예들은 무사나 행정가로 대부나 가신에 봉사하여 생계를 도모했다. 일반적으로 공자는 이런 선비계급 출신으로 간주되고, 유가는 선비계급을 기반으로 발전해온 것으로 평가된다.[19]

여기서 독일 낭만주의도 중대한 계급적 변동을 배후로 등장한 사조임을 기억하자. 사실 계몽주의와 낭만주의의 차이는 계급적 차이에 기초한다. 중세의 봉건체제를 비판하고 개인의 자유를 옹호하면서 프랑스혁명의 이념적 기초를 제공했던 계몽주의자들은 여전히 귀족 출신의 지식인이었다. 반면 독일 낭만주의는 부르주아 계급이 고급문화의 주역으로 등장하는 첫 번째 역사적 국면에 해당한다. 낭만주의가 자기형성과 도야를 중시했던 현실적인 이유는 이런 계급적 변동에서 찾아야 할 것이다. 문제의 핵심은 귀족-됨의 본성을 다시 정의하는 데 있었다. 전통적인 통념에 따르면, 인간은 피와 혈통에 따라 귀족이 된다. 반면 부르주아는 이런 오래된 관념에 맞서 학습과 인격적 성취의 정도에 따라 귀족이 되어야 한다고 보았다. 낭만주의는 이런 신흥 계급의 염원에 발맞추어 인간다움의 본성을 새롭게 탐구했고, 그것을 사랑과 아름다운 영혼Schöne Seele이라는 개념을 통해 구체적으로 표현했다.

출신이야 어쨌건 공자가 사士 계급의 구심점이 될 수 있었던 것은 단순히 출중한 학문적 능력이나 도덕적 인격 때문만은 아닐 것이다. 자공이나 염유 같은 제자들의 세속적 성공으로도 공자의 신격화를 미처 다 설명하기 어렵다. 결정적인 이유는 새롭게 요구되는 인간다움의 이념에 부응하여 인仁의 개념을 중심으로 군자를 정의했고, 이로써 당시 출현한 선비들에게 집단적 정체성을 부여함은 물론 계급적 자긍심을 불러일으켰다는 데 있을 것이다. 공자는 제자들에게 특정한 목적을 위해 소모되는 상품이 되지 말고 군자(왕족의 일원)와 같이 고귀한 인간이 되라고 가르쳤다.[20] 공자는 직업도 없고 재산도 없는 선비들에게 도구적 합목적성의 질서에서 벗어난 아름다운 영혼의 나라를 증언하라고 가르쳤다.

이런 가르침을 담은 말이 "군자는 기물이 아니다(君子不器)"라는 문장이다. 이 말이 선비가 성취해야 할 이상적 정체성을 소극적으로 정의하고 있다면, '자기 자신을 위한 공부[爲己之學]'는 그 정체성을 적극적으로 정의한다. 군자는 학식과 재주를 팔아서 재산과 명예를 얻으려는 사람이 아니라는 것이다. 군자는 자기 자신의 인격을 그 자체로 의미 있는 예술작품처럼, 따라서 값을 매길 수 없는 보석처럼 조형해가는 사람이라는 것이다.[21] 즉 군자가 어떤 그릇이라면, 그것은 속세를 위해 사용하는 그릇이 아니다. 그것은 신을 위해 사용되는 그릇, 옥으로 장식된 청동 그릇, 제사의 중심에 놓이는 '호련瑚璉'이다.[22]

이인里仁과 시적 거주

공자는 독일 낭만주의자들처럼 시와 음악을 중시했고, 이 점에서 소크라테스나 플라톤과 구별된다. 서양의 주류 사상사는 시적 사유와 이론적 사유 사이의 헤게모니 투쟁 속에서 전개되어왔다.[23] 가령 그리스 철학은 호메로스 이래 시인들이 거머쥐었던 문화적 패권에 도전하면서, 당대를 지배하던 시인-왕의 이념을 무너뜨리면서 등장했다. 반면 독일 낭만주의는 오래전 철인-왕에게 빼앗겼던 시적 사유의 지고한 권위를 되찾는 역사상 가장 과격한 국면이었다. 공자는 분명히 시를 독일 낭만주의자들과는 다르게 이해했다. 하지만 시적 교양을 학문의 바탕으로 생각했고, 시를 역사와 철학의 동반자로 간주했다는 점에서는 다르지 않다. 그렇기 때문에 공자는 자식에게 몸소 일러 시를 읽지 않으면 말의 세계로 들어갈 수 없다고 강조했다.[24] 시를 읽지 않는 제자들을 보고는 이렇게 꾸짖었다.

너희들은 왜 『시경詩經』을 배우지 않느냐? 시는 감흥을 일으킬

수도, 관찰의 눈을 뜨게 할 수도, 한데 모여 어울리게 할 수도, 원망하게 해줄 수도 있다.[25]

시는 감흥을 일으킨다(詩可以興). 정서를 자극하고 상상력을 유발한다. 두터운 정서와 왕성한 상상력은 먼 곳에 이르는 사유의 구도를 열고 약동하는 관념과 샘솟는 이미지의 원천이 된다. 시적 감흥 안에서 생각은 조형적인 활력을 획득한다. 따라서 시는 관찰의 시선을 열어준다(可以觀). 『시경』에는 옛 사람들의 인정이나 풍속이 기록되어 있으므로 그것을 읽으면서 삶을 바라보는 교훈적인 시선을 얻을 수 있다. 그러나 시의 진정한 힘은 내용과는 무관한 데서 온다. 일상적 언어는 자연과 분리된 정신적 조형의 차원을 증언한다. 반면 시적 언어는 세속적 관심에서 해방된 순수 유희의 관점을 입증한다. 시가 선물하는 시선은 사적인 이해관계에서 벗어난 천진난만한 시선이다.

그러므로 공자는 『시경』에 담긴 시 300 편을 "생각에 사악함이 없다"[26]는 말로 요약했다. 사악함이 없는 장소에서는 누구든 함께 모이고 어울릴 가능성이 자라난다(可以群). 시가 선물하는 원망의 가능성(可以怨)은 논쟁의 가능성, 소송이나 다툼의 가능성과 구별되어야 한다. 시는 소원한 거리를 말소하고 친밀함의 공간을 연다. 그 친밀함의 공간에서 우리는 천편일률의 늪에 빠지지 않으면서 하나일 수 있다. 서로 다른 목소리로 말하되 같은 것을 말할 수 있다.[27] 시적인 원망은 타인의 생각을 존중하되 자신의 주관을 견지하는 화합의 형식이다. 그것은 화합의 형식이라기보다 화답의 형식이고, 그 화답의 형식은 자발적 응답의 충동에서 온다. 공자가 언급한 '사악함이 없는 생각'은 아마도 이런 자발적 응답의 충동에서 샘솟는 생각일 것이다. 사악함이 없다는 것은 순결하다는 것과 같다. 무사無邪하다는 것은 무탈하다는 것, 순수하고 건강하다는 것이다. 서양적 의미의 성결聖潔은 여기에 원천을 둔다. 이와 관련하여 독일어 heilig(성스러움)와 영어의 heal(치유), 영어의 holy(성스러움)와 whole(온전한 전체) 등은 모두 같은 뿌리에서 나온 단어들임을 기억하자. 이런 어원적 유래가 말하는 것처럼 서양적 의미의 성스러움은 차마 흠을 내기 두려울 정도로 지극한 순결함, 다시 말해서 무사-무탈함에 대한 희구에서 비롯되었다.

공자의 인仁 개념은 성스러운 제단 앞에서 일어나는 상승적 자기정화의 체험을 반영하지만, 그에 못지않게 시가 주는 성결의 체험에 의해 각인되어 있는 듯하다. "시를 통해 감흥하고 예를 통해 일어서며 음악을 통해 완성한다"[28]는 문장은 이런 관점에서 새겨야 할 것이다. 즉 예가 시적인 감흥을 객체화해야 한다면, 이는 무엇보다 시적인 감흥이 종교적 성스러움의 체험을 불러일으키기 때문이다. 예는 시적인 감흥 속에 피어오르는 성스러운 분위기에서 시작되어야 하고, 그 분위기를 입체화해야 한다. 아마 이 점에서도 공자는 독일 낭만주의자들과 한자리에 놓일 수 있을 것이다. 왜냐하면 이들은 모두 종교적 성스러움의 원천을 예술적 아름다움에서 찾았기 때문이다. 그들은 심미적 체험의 원천인 시적인 요소들로 돌아가 기독교를 대체할 새로운 종교의 가능성을 끌어내기도 했다. 가령 청년기의 헤겔, 횔덜린, 셸링이 함께 구상했던 '새로운 신화학의 계획'[29]이 이를 대변하는 좋은 사례다. 그렇다면 왜 기존의 종교를 대체해야 하는가? 그것은 새로운 시대의 정치적 공동체와 유리되었다는 자각 때문이다. 기독교는 근대 시민사회에 들어와 개인들을 하나로 묶는 힘을 상실했으며, 직업의 분화가 초래한 문화의 파편화 앞에서 무력해졌다는 것이다.

사막화된 사회를 다시 적실 수 있는 물, 파편화된 문화를 다시 묶을 수 있는 끈을 미美의 이념에서 찾는 시적 신화학은 새로운 공동체의 구상을 뒷받침하기 위한 종교적 계획이다. 어떤 공동체인가? 그것은 실러의 심미적 국가의 이념으로 거슬러 올라가야 할 문제다. 실러는 법률적 국가(권리의 왕국)와 윤리적 국가(의무의 왕국)보다 상위에 있는 국가를 가리켰다. 그것이 예술적 유희와 의사소통에 기초한 심미적 국가다. 심미적 국가의 이념에 따르면, 예술적 아름다움 속에서만 인간은 최고의 자유에 도달할 수 있다. 미적인 상태야말로 가장 본래적이고 건강한 사회성의 모태다.[30] 이런 실러의 생각은 독일 낭만주의자들의 공동체 개념의 근간이 되었다. 횔덜린과 하이데거가 표명했던 이른바 '시적 거주dichterische Wohnen'의 이념[31]도 여기서 유래한다. 헤겔은 낭만주의의 그늘에서 벗어나 자신의 독자적인 길을 모색하면서 심미적 국가의 이념을 포기한다. 그럼에도 불구하고 고대 그리스의 폴리스를 예술작품으로 해석하는 헤겔의 글에는 여전히 심미적 국가의 이념이 살아있다.

> 고대에는 아름다운 공적인 삶이 모든 구성원의 인륜이었다. 이 아름다움은 보편자와 개별자의 직접적인 통일에 해당한다. 그것은 하나의 예술작품과도 같은바, 여기에서는 어떠한 부분도 전체와 분리되지 않으며, 오히려 스스로 아는 자기[= 공동체 정신]와 이 자기의 표현이 천재적인 통일을 이루고 있다.[32]

정명正名과 철학자의 탄생

헤겔은 『정신현상학』에서도 아름다움을 고대 그리스의 인륜적 세계를 규정하는 일차적 특징으로 간주한다(VI장 A). 그리스의 신화와 시의 세계는 예술종교로 분류한다(VII장 B). 공자는 시와 예술에 대해, 그리고 인륜과 정치에 대해 헤겔이나 그 이전의 독일 낭만주의자들과는 완전히 다르게 생각했을 것이다. 그럼에도 불구하고 정치가 구현해야 할 마지막 요소가 시적인 감흥에 있고, 가장 이상적인 인륜적 질서의 징표가 아름다움에 있다고 본다는 점에서는 양편을 나눌 필요가 없을 것이다. 사실 공자가 말하는 인仁이란 인륜적 공동체 안에서 경험되고 추구되어야 하는 가치이되 아름다움 속에서 완성되는 개념일 것이다. 이것을 웅변적으로 말해주고 있는 것이 『논어』의 4장(「이인里仁」)을 여는 첫 문장이다.

> 인仁에 거주하는 것이 아름답다. 인에 거처하지 않는 쪽을 선택한다면 어떻게 지혜롭다고 할 수 있겠는가?[33]

여기서 첫 문장[里仁爲美]은 이렇게도 옮길 수 있다. "인이 넘치는 마을은 아름답다." 인이 넘치는 마을은 성스러움을 불러들이는 시적 감흥이 꿈틀거린다. 예禮가 바로 선 가운데 음악적 조화가 그 모든 것을 감싼다.[34] 공자는 아름다운 예술작품 같은 공동체의 원형을 예악禮樂이 흐르는 제사의 현장에서 발견한 것처럼 보인다. 사실 예禮라는 글자에서 풍豊은 제사 그릇에 제물을 가득 담은 모습을 나타낸다. 글자의 어원이 가리키듯 예는 인륜적 규범이기 전에 종교적 희생제의의 절차였다. 공동체의 구성원이 한자리에 모여 공동의 염원을 표명하는 경건한 제사의 현장에서 중요한 것은 구성원 사이의 위계를 구별하는 일이다. 각각의 지위와 몫에 따른 역할을 배당해야 하기 때문이다. 종교적 희생제의의 절차를 뜻하던 예가 세속의 규범적 질서와 제도를 의미할 수 있게 된 것은 이런 구별과 분배의 차원 때문일 것이다.

사실 제사는 공동체의 문화적 기표가 고안되고 위임되는 절차이자 그 기표에 의해 주체가 호명되는 절차라 할 수 있다. 신성한 제사의례 속에서야 군주는 비로소 군주로서, 신하는 신하로서 자신이 맡아야 할 가장 이상적인 역할에 소환된다. 아버지와 아들은 각각 그 이름에 걸맞은 명분 속에서 자신이 증명해야 할 정체성을 위임받는다. 이런 생각을 집약하는 공자의 정명正名이론[35]은 호명이론에 가깝다. 즉 정명이 호명의 수준에 이를 때에야 예는 비로소 예다워지고, 그럴 때에야 비로소 낯선 구별의 형식에서 벗어나 소명의식이 발아하는 숭고한 현장이 된다. 인간이 도덕적 의무의 자발적 담지자로서 다시 태어나는 무대가 되는 것이다. 공자는 아마 제례祭禮가 지닌 강력한 호명의 힘을 깨달았을 때, 그 호명의 힘에 의존해서만 무너진 천하의 질서를 다시 구축할 수 있다고 판단했을 때 독자적인 사상가로 일어설 수 있었을 것이다. 공자는 스스로 "서른 살에 자립했다"[36]고 했는데, 사실 그가 정명이론을 제시한 것은 노魯나라를 처음 벗어나 제齊나라에 갔던 35세 때의 일이라 한다.

> 제나라 경공이 공자에게 정치에 관해 묻자 공자가 대답했다. "임금은 임금답고 신하는 신하답고 아버지는 아버지답고 아들은 아들다운 것입니다." 이에 경공이 말했다. "좋은 말씀입니다. 진실로 임금이 임금답지 않고 신하가 신하답지 않고 아버지가

아버지답지 않고 아들이 아들답지 않다면, 비록 곡식이 있다 한들 내가 그것을 먹을 수 있겠습니까?[37]

개인마다 자신의 신분이 요구하는 이상적 역할이 있을 것이다. 그리고 개인마다 그 이상적 역할에 비추어 자신의 행위를 조율한다면 공동체는 저절로 아름다운 질서를 회복할 것이다. 이것이 공자가 정명正名 개념에 담고자 하는 생각일 것이다. 그러나 정명은 단순히 윤리적 차원의 이상적 역할만을 지시하는 것이 아니다. 그것은 무엇보다 심미적 차원의 이상적인 형태를 가리킨다. 이것을 말해주는 것이 "고觚가 고답지 않으니 이것이 고라 할 수 있느냐! 고라 할 수 있느냐!"[38]라는 공자의 탄식이다. 제사 술잔인 고觚는 원래 위가 둥글고 중간은 가늘며 아래는 네 개의 각진 테두리를 대어 사각형을 이루고 있어야 한다. 이때 윗부분이 이루는 원형은 하늘을, 아랫부분이 이루는 사각형은 땅을 상징한다. 이런 형태상의 상징성 때문에 고는 하늘과 땅을 잇는 제사 술잔으로 기능할 수 있었다. 공자가 탄식하는 술잔은 이름은 여전히 고인데, 형태가 변형된 술잔이다. 아래쪽이 각진 테두리 장식 없이 그저 둥근 형태를 띠는 것이고, 그래서 산 자와 죽은 자를 매개한다는 상징적 의미를 잃어버렸다. 그런 술잔을 과연 제사에 사용해도 되는 것인가? 이것이 공자의 탄식에 담긴 물음이다.

심미적 형식과 정치적 형식

이런 사례는 공자의 정명이론이 단순한 정치이론이 아님을 말해준다. 즉 정명은 정치이론을 뒷받침하는 초석이되 예악禮樂의 심미적 형식을 중심에 두는 개념이다. 공자철학에서 정치적 형식은 정명의 개념을 매개로 심미적 형식과 하나로 겹친다. 공자가 생각하는 정치적 질서는 심미적 형식에 의해 생성·보존되는 상징적 질서 안에서 비로소 생명력을 얻는다. 이 점을 설명하는 또 하나의 사례가 있는데, 그것이 공자가 제齊나라에 처음 갔을 때 들었다는 소韶 음악과 관련된 일화다. 공자는 당시 순 임금 시절부터 전해오던 전통적인 왕실 음악을 듣고 석 달 동안 고기 맛을 모르다가 마침내 외쳤다고 한다. "음악을 짓는다는 것이 이런 경지에까지 이를 수 있다고는 상상조차 못했구나!"[39] 어쩌면 이런 감탄과 더불어 공자는 정명의 철학자로 태어날 수 있었을 것이다. 왜냐하면 당시의 상황에서 예와 악은 서로 분리될 수 없는 관계에 있었기 때문이다. 음악의 압도적인 힘을 경험한다는 것은 의례의 위대한 힘을 체험한다는 것과 같다. 아마 공자는 예술적 공연처럼 연출되는 의례 앞에서 당대의 정치적 무질서를 바로잡을 방도를, 나아가 이상적 공동체의 모델을 찾았을 것이다.

앞에서 언급했던 것처럼 서양에서 정치적 형식과 심미적 형식을 하나로 간주했던 것은 독일 낭만주의자들이었다. 그러나 정치의 심미적 차원에 대한 자각까지는 아닐지언정 윤리의 심미적 차원에 대한 자각은 이미 고대 그리스에서부터 싹트기 시작한 것처럼 보인다. 가령 아리스토텔레스 철학에서 기예(제작)와 실천(행동)은 변하는 세계를 대상으로 한다는 점에서 변하지 않는 세계(영원한 법칙의 세계)를 다루는 이론과 대별된다. 둘은 우연으로 점철된 세계에 개입하여 특정한 목적을 실현한다는 점에서 같다. 차이가 있다면 그것은 생각의 길고 짧음에 있다. 즉 도덕적 실천은 성찰을 많이 동반해야 하는 반면, 기술적 제작은 생각이 필요 없거나 단순한 생각으로 족하다.[40] 자연이 아무 생각 없이 사물을 생산하듯이 기술자 역시 복잡한 생각 없이 물건을 제작한다는 것이다. 이에 비해 도덕적 지혜phronesis는 불안정하고 예측 불가능한 세계 속에서 형통한 삶eudaimonia을 계획해야 한다. 그런 장기 계획의 목표가 실현되기 위한 수단을 찾아야 하며, 그런 목적과 수단에 맞추어 매번의 행동을 선택해야 한다.

기예와 실천, 제작과 행동의 또 다른 차이는 목적에 관계하는 방식에 있다. 기술적 제작의 결과는 외부에서 요구하는 목적에 부합해야 한다. 일단 생산된 결과는 기술적 제작 자체와 무관하게 존재한다. 반면 실천적 행동은 그 자체가 목적이고, 결과는 행동 자체와 분리될 수 없다. 이런 차이에도 불구하고 아리스토텔레스는 윤리적 행동을 기술적 제작에 비유하여 설명한다. 장인에 준거하여 지혜로운 행위자의 모습을 유추해내는 것이다.[41] 이는 형통한 삶이 계획과 설계의 대상이라는 점에서 비롯된다. 윤리적 주체는 장인이 물건을 제작할 때처럼 행복한 삶을 디자인할 뿐 아니라 그 삶의 디자인을 생애 전체를 통해 하나씩 실현해가야 한다. 여기서 좀 더 정확한 설명을 구하기 위해서라면 기술적 제작 대신 (근대적 의미의) 심미적 예술을 끌고 들어와야 할 것이다. 심미적 행위는 공예와 달리 자기 이외의 다른 목적을 가지지 않으며, 이 점에서 아리스토텔레스가 생각했던 윤리적 행위와 유사하다. 윤리적 행위와 심미적 행위는 다른 목적에 종속되지 않는다는 점에서, 다시 말해서 그 자체가 자기합목적적인 가치를 지닌다는 점에서 서로 일치한다. 윤리적 행위가 종종 심미적 아름다움을 뿜어내고 심미적 아름다움은 종종 숭고한 도덕적 이념을 상기시킨다는 사실은 이런 유사성에 기초하여 설명해볼 수 있을 것이다.

3 사랑의 변주곡: 원격감응과 잉여 수반적 반복

아들아 너에게 광신을 가르치기 위한 것이 아니다
사랑을 알 때까지 자라라
인류의 종언의 날에
너의 술을 다 마시고 난 날에
미 대륙에서 석유가 고갈되는 날에
그렇게 먼 날까지 가기 전에 너의 가슴에
새겨둘 말을 너는 도시의 피로에서
배울 거다
이 단단한 고요함을 배울 거다
복사 씨가 사랑으로 만들어진 것이 아닌가 하고
의심할 거다!
복사 씨와 살구 씨가
한 번은 이렇게

사랑에 미쳐 날뛸 날이 올 거다!
–「사랑의 변주곡」(1967) 부분

사랑의 변주곡

동서를 막론하고 철학은 사랑의 개념이 다시 태어날 때 시작되었다. 서양철학의 출발점인 플라톤은 에로스에 새로운 의미를 부여했다. 육체적 사랑을 의미하던 것을 아름다움과 선善을 향한 정신적 충동으로 정의하여 진리 사랑(필로소피아)의 모태로 삼았다. 유가 전통의 출발점에 있는 공자의 경우도 마찬가지다. 남성적 매력이나 귀족적 면모를 의미하던 인仁이[1] 인간의 도덕적 성품을 가리키는 말로 뒤바뀌어 인륜적 질서를 정초하는 최후의 원리로 승격되었다. 공자가 말하는 인의 정확한 의미에 대해서는 아직도 의견이 분분하지만, 적어도 그것이 타인에 대한 사랑을 함축한다는 점에 대해서는 이의가 없을 것이다.[2] 그러므로 사랑은 유교와 기독교를 이어주는 주제일 수도 있다. 예수는 유대교의 율법주의에 맞서 사랑을 가르쳤다. 법률적 정의보다 한 단계 더 높은 차원에 죄의 용서라는 사랑이 있음을 설파했다.[3] 공자가 맞서 싸우고자 한 것도 공허한 형식주의였다. 기계적인 형식으로 전락한 예禮에 인仁이라는 활력을 불어넣고자 한 것이 공자가 일으킨 혁명의 원동력이다.

사랑은 김수영에게서도 중요한 주제다. 사랑은 죽음과 더불어 그의 온몸의 시학을 끌고 가는 수레바퀴다. 그렇다면 온몸의 사랑이란 무엇인가? 김수영의 사랑은 공자의 인仁과 어떤 관계에 있는가? 왜냐하면 「사랑의 변주곡」 마지막 대목에 나오는 '복사 씨'와

'살구 씨'는 성리학의 완성자인 주자가 공자의 사랑을 설명하기 위해 끌어들인 사례에 해당하기 때문이다. 인의 개념이 역사적으로 계승되는 중요한 대목을 의도적으로 끌어들이고 있는 셈인데, 그런 만큼 이 시는 공자의 개념을 미래로 전송하는 실험으로 읽을 수 있다. 이 점을 좀 더 부연하기 위해서는 사랑을 생물학적 관점에서 해석했던 정명도로부터 출발하는 것이 좋을 것이다.

한의학에서는 지각상의 마비나 퇴행의 증상을 가리키는 불인不仁이란 용어가 있다. 정명도는 인仁을 불인의 반대말로 새길 것을 권했다. 인을 건강이 넘치는 상태, 활력적으로 살아있는 상태로 보자는 것이다. 주자는 이런 생각을 발전시켜 인에 우주론적 차원을 부여했다. 인을 자연에 내재하는 생명력, 낳고 또 낳는 생생生生의 힘으로 다시 정의한 것이다. 사실 仁이라는 글자에는 원래 씨앗이라는 뜻도 담겨 있다. 씨앗은 생명 현상의 출발점이다. 주자는 정명도의 관점을 과격화하여 인을 모든 생명의 존재론적 기원으로 승격시켰다. 천지에는 자연생명을, 인간 심성에는 도덕생명을 낳는 씨앗으로 정의한 것이다. 주자는 이 점을 설명하기 위해 복사 씨와 살구 씨의 예를 들었다. 복사와 살구가 씨앗에서 나온 열매이듯, 세상만사가 인이라는 씨앗의 산물이라는 것이다.[4]

"복사 씨와 살구 씨가/ 한 번은 이렇게 사랑에 미쳐 날뛸 날이 올 거다." 광기의 도화선이기도 한 사랑은 합리적으로 설명하기 어려운 개념이다. 단순한 이항대립의 논리를 정지시키는 어떤 역설을 함축하기 때문이다. 그것은 주체와 객체, 소유와 상실, 생명과 죽음 사이에서 일어나는 역설이다. 사랑이란 결국 타인 속에서 찾는 생명이자 안식이다. 헤겔은 사랑을 '타자 속의 자기일치' 혹은 '타자 속의 자기 내적인 삶Leben in sich in einem Anderen'[5]으로 정의했다. 이런 정의가 말해주는 것처럼 사랑 속에서 주체는 어떤 역설에 빠진다. 자신의 고유한 자립성을 포기할수록 자유를 획득하기 때문이다. 사랑의 주체는 타자 속에서 자신의 정체성을 상실할수록 거듭 확고한 정체성을 획득한다. 자기를 버리고 바깥으로 멀리 향할수록 자기 자신으로 깊숙이 복귀한다. 헤겔에게서 이런 사랑의 역설은 자유의 역설과 거의 같아진다. “자아는 다른 것 안에 있으면서 자기 곁에 있다. 우리는 이와 같은 자유를 이미 감정의 형태로 가지고 있다. 예를 들면 우정과 사랑에서.”[6]

예속이 해방이 되고 상실이 성취가 된다는 것이 사랑의 역설이다. 헤겔의 변증법은 이런 사랑의 역설을 맴돌면서 싹트기 시작했다. 공자 또한 자기는 객체화될수록 주체화되고 외면화될수록 내면적 깊이를 더한다는 사랑의 역설을 가르쳤다. 인仁을 극기복례克己復禮로 풀이하는 그 유명한 대목의 의미는 여기에 있다. 공자의 인은 예禮를 통해 자기를 사물화해야 비로소 자유로운 내면의 세계에 도달한다는 논리적 모순을 핵으로 한다. 인의 개념이 후대에 전승되면서 망각된 것이 바로 이 점인데, 이는 공자의 묵시적인 논리학을 포착하지 못한 까닭일 것이다. 인을 남을 측은히 여기는 마음으로 정의했던 맹자는 그것을 사람이 태어나면서부터 선천적으로 갖추고 있는 자연적 본성[心卽性]으로 간주했다. 인간의 본성을 하늘이 부여한 이치[性卽理]로 정의했던 주자는 인을 형이상학적 원리로 발전시켰다. 공자의 인은 맹자의 인성론적 해석을 거치면서 분명해졌고, 주자의 성리학적 해석을 거치면서 광대한 적용범위를 획득했다. 그러나 『논어』를 들여다볼수록 문제는 복잡해진다. 인은 역설로 가득 찬, 거의 정의할 수 없는 개념으로 나타난다.[7]

가령 인仁은 도덕적 행위에 선행하는 조건인가 하면 어떤 행위의 귀결이기도 하다. 언제 어디서든 쉽게 경험하고 실천할 수 있는 덕인 듯하다가 죽어서야 내려놓을 수 있는 무거운 과제로 언급된다. 개인의 도덕적 역량인가 하면 공동체 차원에서 발현되는 집단적 역량으로 보이기도 한다. 공자는 인에 대해 자주 말하지 않았다. 그러나 대화 상대와 문맥에 따라 사랑을 서로 다르게 설명한 공자의 드문 언급들조차 하나로 꿰어지지 않는다. 이런 모호성에도 불구하고 유가 전통에는 널리 합의된 사실이 있다. 그것은 공자의 인仁이 최소한 두 가지 개념과의 연관 아래 파악되어야 한다는 점이다. 바로 예禮와 충서忠恕가 그것이다. 이런 전통에 기대어 먼저 인과 예의 관계부터 다루어보자.

잉여 수반적 반복

춘추시대 인문의 세계를 집약하는 개념인 예는 그 내용이 대단히 복잡하고 중층적이다. 그것은 당시 사회의 제도적 질서를 정초하는 공적 규율이었으며, 인간 사이의 다양한 관계를 조정하는 기준이었다. 일상생활의 규칙이자 종교적 교의였으며, 지배집단의 이념이자 백성을 교화하는 규범적 장치기도 했다. 요컨대 예는 풍속에서 법률에 이르는 인륜적 질서 일반을 가리키는 개념이다. 당대의 사회적 혼란의 원인을 주나라의 종법예제宗法禮制의 붕괴에서 찾았던 공자에게 천하를 바로 세우는 길은 주례周禮의 창조적 복원에 있었다. 인仁이나 정명正名 같은 공자의 독창적인 개념은 이런 정치적 이상을 배경으로 한 성찰의 소산으로 평가된다. 인과 예의 관계를 언급하는 공자의 말로는 다음과 같은 것이 있다.

> 사람이 어질지 않다면 예를 해서 무엇 하며, 사람이 어질지 않다면 음악을 해서 무엇 하랴?[8]

> 자기 자신을 이기고 예로 돌아가는 것이 인仁이다. 하루라도 자기를 이기고 예로 돌아가게 되면 온 천하가 이 사람을 어질다고 할 것이다.[9]

이 유명한 두 문장은 일견 상충하는 내용을 담고 있는 것처럼 보인다. 첫째 문장에서 인仁은 예의 바탕으로 언급된다. 사랑이 담기지 않은 예악은 무의미하다는 이야기이고, 형식적인 예악보다는 사람됨이 먼저라는 이야기다.[10] 반면 둘째 문장에 의하면 인은 예에 바탕을 둔다. 인은 예악으로 복귀할 때 비로소 실현되는 덕성이다. 올바로 정립된 예악 속에서야 비로소 우리는 사람다운 사람으로 다시 태어난다는 이야기다. 그러므로 종합하면, 인은 예의 근거인 동시에 예의 귀결이다. 예는 인 속에서 비로소 완성되는가 하면 인을 실현하는 특권적인 수단이다. 첫째 문장에서 예는 사랑에 의존하되 사랑은 예에 의존하지 않는 것처럼 보인다. 반면 둘째 문장에서 사랑은 절대적으로 예에 의존하는 것처럼 보인다.[11] 첫째 관점에서 보면 공자의 가르침은 덕의 윤리로 발전할 소지가 있다. 여기서 인은 주체의 자발적인 자기자극(동기화)의 능력과 유사하게 된다. 둘째 관점에서 보면 공자의 가르침은 규칙의 윤리나 의무의 윤리로 발전할 소지가 있다. 여기서 인은 모든 질책과 원망에서 해방된 상태에 가깝다.[12] 이런 모순을 어떻게 피할 수 있는가?

이런 모순은 중국적 사유를 지배하는 독특한 반복의 논리로 돌아갈 때에만 해소될 수 있을 것이다. 여기서 반복은 어떤 잉여를 낳는다. 그것은 보편자라는 잉여다. 중국철학, 특히 기氣철학의 전통에서 특수한 것은 순환적 반복의 한 정점에서 보편자(역사적 선험성)를 낳고 다시 특수로 돌아간다. 가령 질료[氣]는 자기전개의 특정한 고비에서 일반적 형식[理]을 생산하고 다시 질료로 돌아간다. 기분에 따라 움직이던 마음[情]은 자신의 정수精髓로서 어떤 보편적 심성[性]을 낳지만 다시 특수한 마음[心]으로 복귀한다. 한 개인이 걷는 길[吾道]은 일정한 국면에 이르러 만인이 걷는 보편의 길[大道]로 발전하더라도 원래의 특수성을 잃어버리는 것은 아니다. 좀 더 일반적인 수준에서 정식화하자면, 형이하학적 현상[用]은 순환의 정점에 이르러 형이상학적 본체[體]를 낳고 다시 현상으로 복귀한다.[13] 예禮와 인仁의 관계도 이런 잉여 수반적인 반복의 논리에 따라 접근해야 할 것이다. 예는 역사-질료적 특수성을 띤다. 하지만 의례가 실행되는 특정한 높이에서 정신적 차원이 개시된다. 그것은 인이 체험되거나 객체화되는 창발의 사건이다. 예의 실천은 절정에 이르러 인이라는 상위의 잉여를 낳고 다시 자기로 돌아간다.

"사람이 어질지 않다면 예를 해서 무엇 하랴?" 이 문장에서 공자는 인仁이라는 잉여가 창발하지 않는다면 예의 실천이 무의미함을 강조한다. 인이 빠진 의례는 앙꼬 없는 찐빵이요 불 꺼진 항구라는 것이다. "자기 자신을 이기고 예로 돌아가는 것이 인이다." 이 문장은 예와 인의 논리적 관계 자체를 핵심으로 한다. 여기서 공자는 인이 예의 창발적 잉여임을 역설한다. 문제는 이런 논리적 필연성을 확신하느냐에 있다. 너희가 예를 믿느냐. 미역을 푹 삶으면 기름이 뜨듯이 예를 극진히 실행하면 거기서 신비한 인의 힘이 발현하는 것을 믿느냐. 이런 미역국의 논리가 도道의 논리 자체임을 너희가 아느냐. 공자가 안회에게 가르치고 싶었던 것은 바로 이 점이다. 즉 인은 선험적으로 주어진 도덕적 역량도, 개인의 내면적 삶 속에 침전되는 심리적 속성도 아니다. 인은 사람들이 사회적 삶 속에서 예를 수행하는 가운데 절정의 순간을 맞아 꽃처럼 피어나는 어떤 '마술적인 힘'[14]이다.

예의 조건으로 사랑을 끌어들이는 첫째 인용문은 원시유가의 전통을 반영하는 것처럼 보인다. 공자 이전부터 예는 그 자체로 자립적인 체계로 간주되지 않았다. 그것은 다른 것에서 근거를 빌려와야 하는 어떤 형식적 체계였다. 전문가들에 따르면, 고대 문헌에서는 경敬(공경), 충신忠信(진실한 믿음), 의義(정의, 의로움) 같은 것이 예의 형식을 채우는 질이나 내용으로 거론되어왔다. 『논어』에도 의가 예의 내용으로 언급되는 대목이 있다. "군자는 의로움을 바탕으로 삼고 예로써 실행한다"[15] 같은 문장이 그것이다. 예는 종교적 의례에서 형사법에 이르는 인륜적 질서 전체를 망라하는 개념이다. 반면 의義는 합리성 혹은 공정성(정당성)에 해당하는 개념이다. 그러므로 적어도 법률적 체계를 의미하는 한 예는 의를 바탕으로 해야 할 것이다. 법률의 제정과 집행은 합리적이고 공정한 절차를 따라야 한다는 의미에서 예는 의에 뿌리를 둔다.

그렇지만 오해는 하지 말자. 의義가 예禮의 토대라 해서 의가 언제나 예의 바깥에, 예와 독립하여, 예보다 먼저 존재하는 것은 결코 아닐 것이다. 즉 예는 단순히 자기보다 먼저 있는 의를 표현하는 형식에 그치는 것이 아니다. 예는 오히려 스스로 의라는 내용을 생산하는 역동적인 형식이기도 하다. 이때 의는 전통을 대변하는 예가 탄생·진화하는 과정에서 발현하는 어떤 잉여다. 의는 예의 전개과정 속에서 자라나는 자기조절 및 계산의 능력과 관련된 개념이다. 그러므로 공자의 의義는 판단의 기준으로 먼저 주어진 것이라기보다 상황에 맞추어 새롭게 고안될 발견의 대상에 가깝다.[16] 이 점에서 의는 인仁과 다르지 않다. 인 역시 예의 상승과 하강의 순환 속에 펼쳐지는 창발의 차원에 있다. 인과 의는 모두 예의 잉여 산출적인 반복의 산물이되 다시 예가 새로운 주기의 진화로 들어서기 위한 바탕이다.

그렇다면 인仁과 의義, 양자의 차이는 무엇인가? 간략히 말해서 의가 예禮의 합리적 기초라면, 인은 이념적 기초다. 의가 예의 계산 가능한 차원을 가리킨다면, 인은 계산 불가능한 차원을 가리킨다. 의는 예의 보편성을 담보하는 반면, 인은 예의 독특성을 존중한다. 의는 이익사회의 근간이지만, 인은 혈연사회의 원리다.[17] 의가 (칸트적 의미의) 규정적 판단의 이념이라면, 인은 반성적 판단의 이념이다. 그러나 이보다 더 중요한 것이 있는데, 그것이 (앞의 1장에서 언급된) 이중분기의 논리에 따른 차이다. 이 논리에 따르면, 시의 객관적 실현은 예에, 주관적 실현은 음악에 의존한다("시를 통해 감흥하고 예를 통해 일어서며 음악을 통해 완성한다"). 그리고 인은 시와 똑같이 예에 의해 객관화되고 음악에 의해 주관화된다("사람이 어질지 않다면 예를 해서 무엇 하며 음악을 해서 무엇 하랴"). 음악은 안을 닦는 방편이고, 예는 밖을 닦는 방편이다.[18] 그런데 이번에는 분기의 중심에 예가 놓인다. 예가 분기되는 두 축에 해당하는 것은 이제 인仁과 의義다. 예는 의(정의)를 바탕으로 객관적 합리성을 획득하고, 인(사랑)에 따라 주체의 반성적 내면성을 넓혀간다. 이런 이중분기의 논리가 분명하게 드러나는 것은 『논어』보다는 『중용』이다. 가령 이런 대목을 들 수 있다.

> 인仁은 사람의 기본적인 특성이니 그중에서 친족을 사랑하는 것[親親]이 가장 크다. 의義는 마땅하다는 것이니 현명한 이를 높이는 것[尊賢]이 가장 크다. 친족을 사랑하는 정도의 차이와 현명한 사람을 높이는 등급의 차이에서 예禮가 나오는 것이다.[19]

이 문장에 따르면, 예의 주관적 본질은 친친親親으로 수렴되는 인에 있다. 반면 예의 객관적 본질은 존현尊賢으로 수렴되는 의에 있다. 공자의 순환적 반복의 논리에서는 무엇이 나오는 원인은 무엇에 의해 나오는 결과와 같다. 예는 인과 의에서 나오지만, 동시에 예에 의해 인과 의가 나온다. 예를 중심으로 한 이런 이중분기의 논리는 다시 인과 의에서 반복된다. 그래서 의義는 신信이나 용勇이라는 수직축(계산 불가능성의 축)과 지智라는 수평축(계산 가능성의 축)으로 분기된다. 반면 인仁은 충忠과 서恕를 수직축과 수평축, 대자관계의 축과 대타관계의 축으로 분기된다. 이런 이중분기의 논리를 잉여 수반적 반복의 논리와 통합하여 이야기하자면 다음과 같이 된다. 예는 실천상의 정점에 이르러 창발적인 잉여로서 인과 의를 낳는다. 하지만 인과 의는 예의 순환적 운동으로 환원되지 않는 독자의 궤도에 따라 진화해가면서 각기 다시 이중으로 분기된다.

충서忠恕의 재해석

공자는 이중분기의 논리에 따라 인仁의 수직축으로 살신殺身이나 극기克己를, 인의 수평축으로서 애인愛人이나 복례復禮를 언급했다.[20] 반면 증자와 그 후계자들은 공자의 인을 충서忠恕로 집약했고, 이것이 『중용』을 거쳐 인을 정의하는 일반적인 관행으로 자리 잡았다.[21] 이런 차이에도 불구하고 충忠은 여전히 인을 실현하는 대자적 복귀의 원리에 해당한다. 서恕는 인을 실현하는 대타적 외출의 원리에 해당한다. 인을 언제나 주관적 본질의 축과 객관적 본질의 축으로 나누어 풀이한다는 점에서 공자의 설명과 증자의 설명은 동일한 형식을 따른다. 이 점을 확인하기 위해 일단 『논어』에서 충서와 관련된 가장 중요한 두 대목을 읽어보도록 하자.

> 공자께서 "삼아! 나의 도道는 처음부터 끝까지 하나로 관통된다"라고 하시자 증자께서 "예!" 하고 대답하셨다. 공자께서 나가시자 문인들이 물었다. "무엇이라고 말씀하셨습니까?" 증자께서 말씀하셨다. "선생님의 도는 충서忠恕일 뿐이다."[22]

> 자공이 "평생토록 실행할 만한 말 한마디가 있습니까?"라고 여쭈어보자 공자께서 말씀하셨다. "아마도 서恕이리라! 자기가 원하지 않는 일을 남에게 하지 말라."[23]

그렇다면 충서忠恕란 무엇인가? 충忠은 보통 '공경스럽고 극진한 마음'으로 새긴다. 지극하고 성실한 마음이라는 것인데, 어원으로 돌아가서 보면 마음[心]의 한가운데[中]를 지키는 모습에서 왔다. 반면 서恕는 글자의 조합만 보더라도 타인과 더불어 똑같은[如] 마음[心]을 유지한다는 것인데, 보통 자신의 입장과 타인의 입장을 바꾸어 생각하는 마음가짐으로 풀이된다. 공자는 인仁을 묻는 궁중에게는 제사를 드리거나 손님을 환대하는 마음으로 충서를 풀이했다. "대문을 나서면 큰 손님을 만난 듯이 하고, 백성을 부릴 때는 큰 제사를 받들 듯이 하여라. 자기가 원하지 않는 일을 남에게 하지 말라."[24] 충忠은 큰 손님을 대하거나 큰 제사를 올릴 때 갖는 마음이고, 서恕는 자신을 미루어 타인을 생각하는 마음이다. 손님맞이와 제사는 유가적 영감과 상상력의 원천이다. 유가적 주체의 이미지를 결정하는 가장 중요한 요소도 여기서 온다. 귀한 손님이나 제단 앞에서 마음을 다잡고 추스르는 모습, 그것이 유가적 주체의 초보적 이미지다. 이런 초보적인 이미지는 다른 이미지에 의해 보충된다. 그것이 자신이 원하지 않는 것을 타인에게 하지 않는, 나아가 자신이 원하는 것을 타인에게 먼저 베푸는 모습이다.

> 어진 사람은 자신이 나서고 싶은 자리가 있으면 다른 사람을 그 자리에 내세우고, 자신이 가고 싶은 곳이 있으면 다른 사람을 그곳에 보낸다. 가까운 것을 통하여 깨달음을 얻을 수 있다면, 그것이 바로 인仁에 이르는 방법이라 할 수 있다.[25]

자신에게 미루어 타인에게 나쁜 것을 행하지 않는다거나 자신에게 미루어 좋은 것을 타인에게 먼저 베푼다는 것은 인간적인 차원을 넘어서는 어떤 것이다. 그것은 인간 안에 있는 인간 이상의 가능성을 드러내는 행위로서 세속의 차원을 넘어 성스러움의 차원으로 이어진다. 그것은 어찌 해볼 수 없는 타인에 대한 관심에서 오는데, 그런 관심에 충실하다는 것은 순결한 것을 차마 범하지 못하여 자신의 개인적 욕망을 포기하는 행위처럼 종교적 초월성을 지금 여기에 구현하는 행위라 할 수 있다. 위의 인용문에 나오는 "가까운 것을 통하여 깨달음을 얻는다(能近取譬)"는 것은 일상의 실천 속에 발현되는 성스러움의 체험과 크게 다르지 않다. 공자는 장엄한 예식 같은 특별한 장소에서만이 아니라 지극히 일상적인 것에서 발아될 수 있는 성스러움의 체험에서 인仁에 도달하는 길을 가리켰다.[26] 이런 가르침에 따라 유교 전통에서는 특히 부모에게 효도하고 형제 사이에 도리를 다하는 것을 '인의 근본(仁之本)'[27]으로 간주했다.

주자는 충忠을 진기盡己로, 다시 말해서 '자기 자신을 다하는 것'으로 새겼다. 반면 서恕는 추기推己로, 다시 말해서 '자기 자신을 타인의 자리로 옮기는 것'으로 해석했다.[28] 여기서 충이 내향적 대자관계인 반면, 서는 외향적 대타관계임이 분명하게 드러난다. 주자는 한 걸음 더 나아가 충과 서의 관계를 체용體用의 관계로 파악했다. 충은 인의 실체이고, 서는 인의 작용이라는 것이다. 이런 관점에서 보면 충은 내면적으로 축적된 도덕적 역량을 가리킨다. 반면 서는 그런 도덕적 역량이 타인과의 관계에서 구체적으로 나타나는 효력에 해당한다. 내면과 외면, 실체와 작용을 구별하는 형이상학적 관점은 『중용』의 중화中和나 성誠 개념에서는 이미 분명하게 드러난 바 있다. 중화의 중中은 감정이 일어나지 않은 상태를, 중화의 화和는 감정이 일어나 역동적인 조화를 이루는 상태를 의미한다.[29] 중은 내면적 실체이고, 화는 외면적 현상이다. 사물의 존재론적 원리인 성誠은 자기 자신을 이루면서 사물을 이루고, 사물을 완성하면서 자기 자신을 완성한다. 성실은 자기 자신의 내면과 외면에 동시에 관계하되 둘을 다시 통합하는 원리다.[30]

주자는 충서忠恕를 중화中和나 성誠 같은 고차적 개념으로 승격시켜 그의 형이상학에 고유한 이분법적 구도에서 해석했다. 이런 해석은 일상적 실천에 밀착된 공자의 개념을 왜곡하거나 과장한다는 지적을 피하기 어렵다. 그럼에도 불구하고 주자의 형이상학적 이분법은 이미 공자의 주요 개념들에서 싹트고 있었다. 공자의 이중분기의 논리를 분명히 드러낸다는 점에서는 주자의 해석보다 나은 것을 찾기 어려울 것이다. 그 밖에 주자의 해석은 개념의 재창조로 나아간다는 점에서 높이 평가하지 않을 수 없다. 주자는 고전의 주석과 개념의 주조를 분리하지 않는 중국식 철학하기의 전범을 보여준다.

합리와 비합리 사이

이쯤에서 김수영의 시를 하나 읽어보자. 그는 햇빛이 쏟아지는 어느 여름날 마당을 바라보면서 이렇게 적었다.

> '조심하여라! 자중하여라! 무서워할 줄 알아라!' 하는
> 억만의 소리가 비오듯 내리는 여름뜰을 보면서
> 합리와 비합리와의 사이에 묵연黙然히 앉아있는
> 나의 표정에는 무엇인지 우스웁고 간지럽고 서먹하고 쓰디쓴 것마저 섞여있다
> 그것은 둔한 머리에 움직이지 않는 사념思念일 것이다
> –「여름뜰」(1956) 부분

위의 시는 시중時中의 지혜를 현대적으로 재해석하는 작품이라 할 수 있다. 중용에 이르는 실천적 판단의 역설적 구조를 건드리고 있기 때문이다. 그 구조는 '합리와 비합리' 사이의 팽팽한 긴장 속에 마침내 거경居敬에 이르는 사고의 유희를 통해 드러난다. 공자의 이중분기 논리는 특정한 판단의 형식을 끌어안고 있다. 가령 인仁이 극기克己와 복례復禮로 분기한다면, 극기는 주관적 조건에 기초한 판단의 절차에 해당한다. 반면 복례는 객관적 규칙에 따른 판단의 절차에 속한다. 복례가 일반성(합리)의 차원을 가리킨다면, 극기는 독특성(비합리)이 성립하는 차원에 있다. 다른 예를 들자면, 시에 대해 주관적 본질은 음악에 있는 반면, 객관적 본질은 예에 있다('興於詩, 立於禮, 成於樂'). 이때 예는 계산 가능한 차원을, 음악은 계산 불가능한 차원을 대변한다. 하나는 규정적 판단(이미 주어진 규칙을 특수한 사례에 적용하는

판단)을, 다른 하나는 반성적 판단(기존의 범주로 분류되지 않는 것을 위해 새로운 개념을 찾아가는 판단)을 요구한다. 하나는 분석적 판단을 위주로 하는 반면, 다른 하나는 종합적 판단을 위주로 할 수밖에 없다.

제자 자장이 덕을 쌓는 일을 물었을 때 공자는 이렇게 대답했다. "충성과 신의[忠信]를 주로하고 정의[義]를 향해 옮겨가는 것이 덕을 쌓는 것[崇德]이다."[31] 이 경우에도 숭덕은 충신과 정의로 분기한다. 이때 충신은 계산 불가능한 주관적 차원에, 정의는 계산 가능한 객관적 차원에 해당한다. 충서忠恕를 이런 관점에서 접근한다면, 충忠은 계산 불가능성의 심연을 통과해가는 반성적 판단, 나아가 종합적 판단의 절차를 대변한다. 반면 서恕는 계산 가능한 차원에서 성립하는 규정적 판단이나 분석적 판단의 절차를 함축한다. 그러므로 충서는 공정하고 일반적인 규칙에 따라 판단하는 절차와 특정 상황의 독특성을 절대적으로 존중하는 판단의 절차를 동시에 함축한다.[32] 유가적 판단론에 충실하자면, 일반적 규칙에 따른 판단은 경經이라 하고, 상황의 독특성에 따른 판단은 권權이라 한다. 공자의 충서 개념은 이런 두 종류의 판단이 서로 대립하는 것이 아님을 암시한다. 오히려 도덕적 판단은 배타적으로 보이는 두 가지 판단이 서로 교차하는 가운데 이루어지고, 상황에 부합하는 제3의 판단으로 향해야 함을 말한다.

이것은 플라톤의 생각과도 상통한다. 『국가』에는 이런 대목이 나온다. "음악성mousike과 혼화된 논리성logos이 덕arete의 유일하고 확실한 수호자다."[33] 여기서 도덕적 판단은 비합리적인 음악성과 합리적인 논리성을 두 축으로 하는 어떤 벡터로 정의되고 있다. 도덕적 판단을 구성하는 논리성은 계산 가능성, 일반성, 무한한 분석과 설명 가능성을 의미한다. 보편적 정의는 이런 가능성에 의해 담보된다.

반면 음악성은 일반적 규칙으로 환원되지 않는 독특성, 계산 불가능성의 심연을 통과하는 결단을 대변한다. 미래에 대한 희망과 다짐의 차원은 이런 심연 속에서 열린다. 그것은 종교적 차원이라 할 수 있다. 기독교 전통의 용어로 말하면, 도덕적 판단에 개입하는 음악성은 구원의 약속과 믿음이 샘솟는 숭고한 차원에 해당한다.

공자 또한 "사람이 어질지 않다면 예를 해서 무엇 하며, 사람이 어질지 않다면 음악을 해서 무엇 하랴?"[34]라고 했다. 예의 규칙과 음악적 조화는 인仁이라는 도덕성의 뿌리가 지상으로 뻗어나가는 두 줄기에 해당한다. 그러나 앞에서 설명한 것처럼 예와 음악은 거꾸로 인이라는 최후의 열매가 열리기 위한 근간이기도 하다. 인을 실현하는 최후의 도덕적 판단은 예의 합리성과 예를 초과하는 음악성이 함께 함께 만들어내는 아슬아슬한 균형점에서 이루어진다. 인을 충서忠恕로 옮길 때도 마찬가지다. 충忠은 인을 구성하는 계산 불가능한 차원을 대변하고, 이 점에서 음악성과 겹친다. 반면 서恕는 인을 구성하는 계산 가능한 차원을 대변하고, 이 점에서 논리성과 겹친다. 충서는 계산 초과적인 긍정과 다짐을 함축하는 충 때문에 성스러운 차원으로 이어진다. 공자가 충서를 제사와 손님맞이를 통해 설명한 것은 이런 관점에서도 생각해보아야 한다.

인仁과 원격감응

인仁이 제사나 환대 같은 예의 실천 속에서 발현되는 어떤 마술적인 힘이라면, 그 힘은 구체적으로 어떤 힘인가? 우리는 앞에서 주자가 인을 '생명력'으로 정의하는 것을 보았다. 그렇다면 생명력으로서의 인은 최종적으로 어떻게 정의할 수 있는가? 아마 주변 환경과 더불어 자발적으로 감응하고 화답하는 능력으로 돌아가서 정의할 수 있을 것이다. 『논어』에는 공자가 다른 사람들과 어울려 노래하는 장면이 있는데, 이 장면이 공자의 인을 이런 관점에서 해석할 수 있는 출발점이 될 수 있을 것이다. "공자는 다른 사람과 함께 노래를 부르다가 그 사람이 노래를 잘하면 반드시 다시 부르게 하고, 그런 다음에 화답했다."[35] 이런 대목이 암시하는 것처럼 인은 사람 사이의 아름다운 관계를 가리킨다. 그것은 사람들이 서로 착한 마음을 자극할 때 성립하는 활력적 관계다. 인의 원초적 의미는 착한 마음 사이에서 일어나는 상호 감응과 화답에서 찾을 수 있다. 멋진 노래를 들으면 덩달아 장단을 맞추고 싶은 법. 마찬가지로 좋은 행실로 진실한 반응을 유발하고 선한 마음에 자발적으로 호응하는 것이 공자 식 사랑법이다. 김수영 식 사랑법도 크게 다르지 않다. 김수영에게 인자仁者에 해당하는 시인은 살아있는 눈과 함께 호흡하며 화답의 유희를 벌이는 사람, 자연의 생명에 참여하는 사람이다.

눈은 살아있다
떨어진 눈은 살아있다
마당 위에 떨어진 눈은 살아있다.

기침을 하자
젊은 시인이여 기침을 하자
눈 위에 대고 기침을 하자
눈더러 보라고 마음 놓고 마음 놓고
기침을 하자

눈은 살아있다
죽음을 잊어버린 영혼과 육체를 위하여
눈은 새벽이 지나도록 살아있다

기침을 하자
젊은 시인이여 기침을 하자
눈을 바라보며
밤새도록 고인 가슴의 가래라도
마음껏 뱉자
–「눈」(1956) 전문

유가적 주체는 자신의 안과 밖에 인仁의 함량을 늘려가는 부단한 자기형성의 길 위에 있다. 자기형성의 정점에 이르렀을 때 유가적 주체는 성인聖人이라 불린다. 유가 전통에서 성인은 보통 천지만물과 더불어 일체를 이루는 사람으로 정의된다. 이런 정의의 배후에는 『주역』에 나오는 다음과 같은 말이 자리한다. "무릇 대인은 천지와 더불어 덕을 합하고, 일월과 더불어 밝음을 합하며, 계절과 더불어 순서를 합하고, 귀신과 더불어 길흉을 합한다."[36] 궁극적으로 인仁은 자연 전체와 하나가 되는 일체화의 역량을 가리킨다. 인은 인간 사이에서만이 아니라 식물과 동물, 나아가 귀신과 별들에게까지 감응을 유도하는 능력으로 확장된다. 자기형성의 여정에서 인의 함량이 증가할수록 유가적 주체는 점점 더 넓은 범위의 주변 환경과 하나가 된다. 주변 환경과 교감하는 능력이 커지고, 마침내 세상 전체와 원격감응의 연락망 속에 놓인다.[37]

김수영의 시들 중에는 이런 원격감응의 유희를 내용으로 하는 것들이 많다. 위에서 인용된 작품 외에도 「먼 곳에서부터」(1961)와 「풀」(1968)을 꼽을 수 있을 것이다. 「사랑의 변주곡」(1967)의 마지막 문장 "복사 씨와 살구 씨가/ 한 번은 이렇게/ 미쳐 날뛸 날이 올 거다"도 이런 문맥에서 읽어야 할 것이다. 그것은 세계 전체가 어떤 방대한 교감의 연락망 안에서 하나가 되는 순간을 노래하고 있다. 인仁이 응답의 충동을 핵심으로 하는 원격교감의 능력이라면, 『논어』는 그 능력을 "가까운 사람을 기쁘게 하고 멀리 있는 사람을 오도록 만든다"[38]는 말로 알기 쉽게 기술한다. 『주역』에서는 사람들이 함께 교감하여 하나가 되는 상황을 동인同人이라 한다. 동인 괘(䷌)의 단사彖辭는 군자를 이렇게 묘사한다.

> 동인은 (두 번째의) 부드러운 선이 자리를 얻고 중심에 위치하여 (다섯 번째의) 단단한 선과 호응하므로 동인이라 했다. (……) 문명하면서 강건하고 중앙을 바르게 지키면서 호응하는 것이 군자의 바른 자세다. 오직 군자라야 천하의 뜻에 통할 수 있다.[39]

그러므로 다른 사람들과 뜻이 통하기 위해서는 먼저 상위의 권위와 호응해야 한다. 두 번째 선(--)의 위치에 있는 인물은 다섯 번째 선(—)의 위치에 있는 강건하고 문명한 인물(군주)과 연락을 주고받으면서 그 밖의 모든 사람들과 뜻을 나누게 된다.[40] 이것은 사람들 사이의 수평적 교류의 조건이 수직적 구도의 교감에 있음을 말한다. 좀 더 일반화해서 말하자면, 하늘로부터 오는 허락과 축복이 대지에서 일어나는 회동의 범위를 결정한다. 옛날에는 수직적 교감의 대상이 임금이나 조상이었다. 하지만 역사가 진화해감에 따라 정치적 이념이나 대의大義가 하늘의 자리를 차지하게 된다. 『주역』에는 사람들끼리 교감하는 것이 아니라 사물들이 교감하는 모습을 그린 대목도 있다. 함咸 괘(䷞) 단사彖辭인데, 여기서는 사람들(특히 남녀) 간의 감응도 자연적 사물들 사이에서 일어나는 원격교감의 연장선상에서 서술된다.

> 두 기운이 감응하여 함께한다. 그치는 가운데 기뻐하며 남자가 여자에게 낮춘다. (……) 천지가 감응하여 만물이 화생하고 성인이 사람의 마음을 감화시켜 천하가 화평하다. 그 감응하는 바를 보면 천지만물의 실정을 볼 수 있다.[41]

남자가 여자에게 낮춘다는 것은 높은 것이 낮아지고 낮은 것이 높아진다는 것이다. 이것은 강한 것이 부드러워지고 부드러운 것이 강해진다는 것과 같다. 감응의 교환 속에서는 강한 것과 부드러운 것이 서로에게 호응하기 위해 각기 스스로 자기 자신과 달라진다. 이것은 사물의 성질을 불변의 실체적 형상으로 파악하는 관점에서는 상상하기 힘든 점이다. 서양 과학은 자연을 인과의 체계로 표상한다. 형상인, 질료인, 작용인, 목적인 같은 것이 자연 속의 생성소멸을 설명하는 원리였다. 반면 고대 중국에서 자연은 감응의 체계로 이해된다. 감응의 체계에 놓일 때 사물은 외부의 원인에 의해 강제적으로 변한다기보다 외부에 호응하여 자발적으로 변한다. 이런 감응의 체계 안에서는 물리적인 것과 심리적인 것의 경계가 한없이 약화된다. 사람에서 시작된 감응과 소통은 식물과 동물, 나아가 별에게까지 미친다. 그리고 여기서부터 인간은 천지와 더불어 만물화육萬物化育의 공동 운영자로 거듭난다.[42]

그러나 무엇보다 중요한 것은 이 모든 것의 바탕에는 믿음이 있어야 한다는 사실이다. 믿음과 확신이 없다면 어떠한 감응도, 어떠한 소통도 일어날 수 없다. 이 점을 말하는 것이『주역』의 중부中孚괘(☴☱)다. 중부라는 이름은 새가 알을 품고 있는 모습(괘 자체의 형상)에서 왔고, 확고하여 흔들릴 수 없는 믿음을 의미한다. 중부 괘는 이런 믿음을 본능적으로 응답을 주고받는 어미 새와 새끼 새의 관계로 설명한다. "우는 학이 그늘에 있거늘 그 새끼가 화답한다."[43] 어미 학이 나무 속 어두운 그늘에 있다가 끼룩하고 울면 그 주변에서 놀던 새끼 학이 끼룩하고 응답한다. 새끼의 울음은 어떠한 강제도 없는 자발적 응답이다. 그런 순수한 자발성은 어미에 대한 무한한 신뢰에서 온다. 그렇다면 그 무한한 신뢰는 어디서 오는가? 그것은 어미의 진실함에서 온다. 어미는 새끼에게 진실하되 무엇보다 먼저 어미로서 자기 자신에게 충실하다. 우리는 여기서도 이중분기의 논리를 떠올려야 한다. 어미 새와 새끼 새 사이의 신뢰관계는 어미의 내향적 자기관계에 의해 조건화된다. 이는 수평적 구도의 동인同人(선비와 선비)이 수직적 구도의 동인(선비와 임금)에 의존하는 것과 같다. 어미는 자신의 믿음에 충실하기 때문에 비로소 새끼에게 진실할 수 있다. 우리는 우리 자신을 스스로 확신할 수 있을 때만 타인의 신뢰를 받을 수 있다. 공자는 위의 효사에 이런 설명을 붙였다.

> 군자가 집안에 거처하면서 말을 하는 것이 선하면 천리 밖에서도 응답하거늘, 하물며 가까이 있는 사람에 있어서이랴. 집안에 거처하면서 말을 하는 것이 선하지 못하면 천리 밖에서도 떠나가니, 하물며 가까운 사람에 있어서이랴.[44]

공자가 지향하는 가치를 이보다 잘 반영하는 문장도 많지 않을 것이다. 공자가 말하는 인仁, 공자가 그리는 군자, 공자가 생각하는 대동大同사회는 모두 이 문장이 장면화하는 원격응답의 유희를 중심에 둔다. 공자의 인은 의사소통적 합리성이 성립하기 위해 먼저 있어야 하는 어떤 원초적 응답의 충동을 핵으로 한다. 그것은 소원한 거리를 해소하는 감응 유발의 역량이라 할 수 있다. 그러나 외향적 대타관계(서恕의 관계)를 형성하는 감응 유발의 역량은 내향적 자기관계(충忠의 관계)를 전제한다. 공자가 그리는 군자는 자기관계에 충실하여 천리 밖에서까지 순수하고 자발적인 호응을 불러일으키는 사람이다. 다른 것을 돌아보지 않고 단지 이상적인 것에 대한 자신의 믿음을 굳건하게 지킨 군자는 역설적으로 점점 더 넓어져가는 소통의 범위를 획득한다. 이것을 말하는 것이 『논어』를 여는 첫 문장들이다.

> 무언가를 배우고 때맞추어 그것을 복습한다면 역시 기쁘지 않겠는가. 친구가 먼 곳에서 찾아온다면 역시 즐겁지 않겠는가. 남이 나를 알아주지 않더라도 노여워하지 않는다면 역시 군자답지 않겠는가.[45]

첫 문장은 내향적 자기관계 속에 부단한 도야의 길을 걷는 군자의 기쁨을 말한다. 둘째 문장은 자신의 믿음이 먼 곳으로 전파되어 응답이 돌아올 때의 기쁨을 가리킨다. 첫 번째 문장이 말하는 학습의 즐거움은 두 번째 문장이 말하는 화답의 즐거움 속에서 배가 된다. 세 번째 문장은 군자와 천명 사이에서 일어나는 상호 감응을 암시한다. 군자가 세속적 인정에서 자유로울 수 있는 것은 천명과의 교감 속에 얻는 확신 때문이다. 여기서 타인의 인정이 자기형성의 목표 자체가 아님이 분명해진다. 그것이 목표라면 2차적이거나 간접적인 목표에 불과하다. 처음부터 다른 사람의 마음을 얻고자 하면 오히려 어떠한 호응도 얻을 수 없다는 것이 사랑의 역설이다. 구하면 잃고 버리면 얻게 된다는 것이 덕德의 아이러니다. 먼 곳의 호응을 얻기 위해서는 오히려 자기 속으로 침잠해 들어가야 한다. 공자가 염원하는 대동大同사회는 천명에 충실한 지도적 인물들에 의해 그 믿음이 돼지와 물고기에까지 미치는 사회다.[46]

온몸과 본체

김수영이 「사랑의 변주곡」에서 노래하는 '복사 씨와 살구 씨가/ 한 번은 이렇게/ 미쳐 날뛸 날'은 그런 대동사회의 도래를 그리고 있는 것처럼 보인다. 그것은 사랑[仁]의 꽃이 만발하는 가운데 주체하기 힘든 쾌락이 온 세상에 출렁이는 사건으로 묘사된다. 이 대목에서 언급된 '인류 종언의 날'은 전 인류가 웃음에 웃음으로 화답하는 새로운 역사의 시작을 암시하는 듯하다. 새로운 역사는 원격감응의 그물망이 천지만물로 퍼져가며 숨 쉬는 모든 것에 도취를 선물하는 사건과 함께 열린다는 것이다. 성리학의 용어로 말하면, 이것은 자연의 본체本體가 각각의 개체를 통해 자기를 현시하는 사건이다. 성리학의 관점에서 자연의 본체는 원격감응의 체계와 다르지 않다. 도야의 정점에 도달한 인간(성인)은 자신의 신체를 통해 자연의 감응 체계와 하나를 이룬다. 자신의 신체를 통해 본체로, 자신의 몸을 통해 자연의 온몸으로 나아간다. 『중용』(22)에서 말하는 "천지의 화육을 돕는다(贊天地之化育)"는 말의 의미는 여기에 있다. 그러나 대동사회에서는 성인만이 아니라 온갖 개체가 본체에 참여할 수 있다. 몸이 있는 모든 개체 속에는 본체가 자신의 정체를 드러낸다. 김수영의 온몸의 시학은 이런 성리학적 본체 개념에서부터 다시 재구성해볼 필요가 있다. 이것은 또한 「먼 곳에서부터」(1961), 「X에서 Y로」(1964), 「풀」(1968) 같은 시를 제대로 해석하기 위한 준비 작업이기도 하다. 일단 첫 번째 시부터 읽어보자.

먼 곳에서부터
먼 곳으로
다시 몸이 아프다.

조용한 봄에서부터
조용한 봄으로
다시 내 몸이 아프다

여자에게서부터
여자에게로

능금꽃으로부터
능금꽃으로 ……

나도 모르는 사이에
내 몸이 아프다
-「먼 곳에서부터」(1961) 전문

몸은 이미 데카르트 이래의 서양 인식론이 위기에 빠지는 함정이다. 서양 인식론은 주체와 객체, 내면과 외면, 능동과 수동을 구분한다. 그러나 몸은 능동적인 주체인가 하면 수동적인 객체다. 가령 손은 만지는 주체이면서 만짐의 대상일 수 있다. 몸은 내면적 체험의 영역이면서 바깥에 놓인 지각대상이다. 위의 시에서는 이런 몸의 역설이 더욱 심화된다. 몸은 여기서 선험성과 후험성, 고귀함과 천박함, 숭고한 높이와 바닥 모를 깊이가 하나로 수렴되는 장소로 변해간다. 몸이 자기자극을 더해감에 따라 아득한 거리와 무거리의 가까움, 쾌락과 고통이 점점 더 식별하기 불가능해진다. 그리고 마침내 메를로퐁티가 '세계의 살chair du monde'[47]이라 불렀던 것에 자리를 내준다.

세계의 살은 성리학적 의미의 본체와 같이 현상계 일반을 잠재적으로 구조화하는 원격감응의 체계에 대한 이름이다. 개체의 생성과 나타남의 배후에는 부단한 자기자극과 조절을 통해 '먼 곳에서부터 먼 곳으로' 감응의 범위를 넓혀가는 세계의 살이 있다. 현상계의 존재자는 세계의 살이 자기 자신을 자극하면서 일으키는 원거리의 감응 속에서 비로소 개방·보존된다. 그리고 그 속에서 사라진다. 사라진다기보다는 차라리 어떤 순수한 잠재력 속으로 함몰하여 미지의 형태변화를 준비한다. 그것이 이 시에 나오는 '아프다'의 의미일 것이다. '조용한 봄에서부터 조용한 봄으로' 감응이 이어질 때 '내 몸이 다시 아프다.' 왜 아픈 것인가? 내 몸이 동참하게 된 세계의 살 속에는 어떤 다형성多形性과 변전變轉의 가능성이 들끓고 있기 때문이다. 하지만 아픈 것은 내 몸 만이 아니다. 먼 곳을 우회하여 '여자에게서부터 여자에게로' 도달하는 원격감응에 의해 여자의 몸은 다시 아프게 된다. 새로운 형태변화의 몸살은 여자의 몸에서도 시작되어 다시 먼 곳으로 전송된다. 왜냐하면 하필 그때 세계의 본체(살)가 잠시 잃어버린 균형을 회복하기 위해 재차 자기 자신을 자극하기 때문이고, 그런 본체적 자기자극은 다시 '먼 곳에서부터 먼 곳으로' 이어지는 원격감응을 유발하기 때문이다.

메를로퐁티가 '세계의 살'이라 명명한 것은 동아시아의 사상사에서는 지나치게 오래된, 그래서 진부하기까지 한 어떤 것이다. 이는 마치 원자론이 서양인에는 너무 익숙한 나머지 상식이 되어버린 것과 같다. 노장의 만물병작萬物竝作의 도道나 천망天網, 불가의 연기緣起, 특히 화엄종의 사사무애事事無碍 같은 개념은 메를로퐁티가 살의 개념을 통해 계획한 미완의 존재론을 이미 완벽하게 성취하고 있다. 송나라 이후의 유학자들은 이런 선행의 존재론을 본체本體 개념에 담아내고자 했다. 『중용』은 그런 본체를 천도天道라 했고, 천도의 역량을 "만물이 함께 자라면서도 서로 방해하지 않고, 작은 도道들이 함께 행해져도 서로 어긋나지 않는다"[48]는 말로 표현했다. 천도로서의 본체는 자연의 뼈대를 이루는 원격감응의 체계에 해당한다. 그것은 스스로 자기를 조직해가는 상호 감응의 연락망이다. 온갖 사물은 그 연락망 안에서 자라난다. 이것은 자연의 본체가 사랑의 체계라는 것과 같다. 성리학자들은 사물들 간의 원격감응을 유발하는 능력을 때로는 인仁으로, 때로는 성誠으로 옮기고자 했다. 김수영의 「먼 곳에서부터」는 신유학의 본체 개념이나 메를로퐁티의 살 개념이 복잡하게 설명하려 했던 존재론적 사태를 단순한 시어들의 여백 속에 기입해놓은 위대한 작품이다. 이 점에서 이 시는 김수영의 몸 개념뿐만 아니라 온몸의 개념을 재구성하는 출발점이 되어야 할 것이다.

4 만물개상견萬物皆相見: 반구의 논리와 상호 객체성의 질서

나는 아직도 앉는 법을 모른다
어쩌다 셋이서 술을 마신다 둘은 한 발을 무릎 위에 얹고
도사리지 않는다 나는 어느새 남쪽 식으로
도사리고 앉았다 그럴 때는 이 둘은 반드시
이북 친구들이기 때문에 나는 나의 앉음새를 고친다
–「거대한 뿌리」(1964) 도입부

의사소통적 합리성의 전제

인仁이라는 글자는 두 사람이 같이 있는 모습, 같이 있으면서 친밀함을 나누는 모습에서 왔다. 아마도 가장 친밀한 모습은 아기를 품고 보호하는 여인에 있을 것이다.[1] 그러나 유가 전통에서 두 사람은

오륜五倫으로 일컬어지는 다섯 가지 관계(군주와 신하, 아버지와 자식, 남편과 아내, 형과 아우, 친구와 친구) 속에 놓인 두 사람으로 굳어진다. 농경문화의 산물인 인(=충서)의 개념이 우리 시대에 어울리는 개념으로 다시 태어나기 위해서는 이런 오륜의 틀부터 깨뜨리고 나와야 할 것이다.

이런 과제를 설정할 때 참고할 수 있는 것이 하버마스의 의사소통적 합리성이다.[2] 이 개념은 일관성을 유지하기 힘들 만큼 다양한 의미를 지니고 있지만, 대충 세 가지 관점에서 그 내용을 정리할 수 있다. 먼저 의사소통적 합리성은 행위상의 합리성이고, 합리성이라기보다 차라리 어떤 충동이다. 인간은 본성상 타인과 소원한 거리를 제거하고 서로 소통하려는 실천적 충동을 지니고 있다는 것이 하버마스의 생각이다. 즉 모든 사회적 질서의 기원에는 의사소통적 행위의 충동이 숨 쉬고 있다. 사회적 질서뿐만 아니라 언어적 질서도 마찬가지로 소통의 충동에서 비롯된다.

다른 한편 의사소통적 합리성은 포괄적 합리성이다. 실천적 합리성뿐만 아니라 이론적 합리성과 심미적 합리성을 모두 합쳐 가지고 있다는 뜻이다. 막스 베버의 사회학을 통해 두드러지게 강조되는 것처럼 근대화는 왕성한 직업의 분화, 가치의 분화, 전문화를 특징으로 한다. 문화의 영역 각각은 고유한 제도적 규칙을 거느릴 뿐만 아니라 스스로 그 규칙을 정당화하는 토대를 확립해간다. 외부의 간섭에서 해방된 자율적 입법의 영역으로 자리 잡는 것이다. 이런 추세는 문화의 파편화로 귀결된다. 문화의 각 영역이 제도적 안정성을 획득해감에 따라 점차 서로 무관심하게 되기 때문이다. 이론적 합리성, 실천적 합리성, 심미적 합리성은 서로 다른 토대와 원리에 의존하면서 분열된다. 하버마스는 의사소통적 합리성의 개념을 끌어들여 근대화에 수반되는 문화적 파편화에 대처코자 했다.

마지막으로 의사소통적 합리성은 절차적 합리성이다. 공적인 토론의 참여자는 성실한 자세로 자신의 주장을 뒷받침하는 근거를 제시하고 열린 마음으로 타인의 비판을 수용해야 한다. 수용된 비판 앞에서는 자신의 주장을 정당화할 수 있는 새로운 근거를 모색해야 한다. 의사소통적 합리성은 이런 이상적인 토론의 절차를 인도하는 합리성이다. 의사소통적 합리성이 이런 세 가지 측면(소통의 충동, 포괄적 합리성, 절차적 합리성)에서 각각 반대의 논변을 견딜 만큼 견고한 개념인지는 많은 논란이 있어왔다. 게다가 "이상의 세 가지 측면이 어떻게 모순 없이 하나의 개념 속에 맞물릴 수 있는가?"라는 물음은 심각한 회의를 불러일으키기도 했다.[3] 그러나 허점투성이임에도 불구하고 하버마스 의 개념은 공자의 인仁을 현대적으로 옮기는 징검다리가 될 수 있다.

무송無訟의 이념

공자의 인仁이 하버마스의 개념처럼 절차적 합리성을 함축한다고 보기는 어렵다. 절차적 합리성은 서양적 합리성의 가장 중요한 특징에 해당한다. 서양적 합리성 자체는 장구한 논쟁 문화의 산물로서 증명의 개념과 맞물려 있다. 서양에서 어떤 것이 합리적이라는 것은 그럴 만한 이유가 있다는 것을, 반대 주장에 맞서 자신의 주장을 입증할 수 있음을 말한다. 거칠게 요약하자면, 서양적 합리성의 배후에 있는 논증의 개념은 일상화된 쟁의의 상황에서 유래한다. 동일한 대상을 두고 권리를 다투는 양편이 상대의 주장을 부정하고 자신의 주장에 근거를 대는 관행에서 비롯된 것이 증명의 개념이다. 해상무역이 번창하던 그리스에서는 쟁의의 상황이 일상의 삶으로까지 조장되었다. 쟁의의 상황에 뿌리를 두고 있는 서양적 합리성은 이미 소크라테스에 의해 확고한 외형을 획득하기 시작했다.

반면 공자와 그 이후의 전통에서는 쟁의 해소적인 합리성이 추구되어왔다.[4] 공자가 제시한 덕치德治의 이념은 집체정합集體整合의 논리와 맞물려 있다. 인仁이나 충서忠恕 같은 개념은 무송의 합리성을 구현하는 위치에 있다.[5] 이 점에서 공자의 인은 절차적 합리성을 핵심으로 하는 하버마스의 의사소통적 합리성과는 짝하기 힘든 위치에 있다. 둘은 완전히 다른 패러다임에 속한다. 그럼에도 불구하고 공자의 개념은 진선미眞善美를 포괄한다는 점에서, 그러나 무엇보다 소통의 충동을 핵심으로 한다는 점에서 하버마스의 개념과 닮았다. 소통의 충동이라기보다는 응답의 충동이라 하는 것이 더 좋을 것이다. 공자가 안회에게 인을 실현하는 길로 가리킨 복례復禮는 정명正名의 절차와 같고, 정명의 절차는 소명召命의 경험에서 절정에 이른다. 공자의 인은 호명이나 소명의 가능조건에 해당하는 응답의 충동에서부터 정의되어야 한다. 이때 응답의 충동은 단순한 심리적 사태나 생물학적 사태로 그치는 것이 아니다. 그것은 무엇보다 대대對待나 반구反求로 명명되는 논리적 사태의 저변이다.

공자는 이렇게 말했다. "사람이 어질지 않다면 예를 해서 무엇하며, 사람이 어질지 않다면 음악을 해서 무엇 하랴?"[6] 인仁이 빠지면 예는 무의미해지고 음악은 공허해진다는 것이다. 이는 예와 음악이 모두 상호 공명을 생명으로 하기 때문이다. 공자의 인은 예와 음악을 살아 있게 만들어주는, 나아가 사회 전체에 활력을 불어넣는 화답의 충동을 가장 중요한 요소로 한다. 그러나 단지 예와 음악만이 아니라 자연적 질서 전체는 인이 가리키는 자발적 호응의 능력에 힘입어 비로소 활력적인 역동성을 유지할 수 있다. 우리는 남과 어울려 노래를 주고받는 공자의 모습에서,[7] 그리고 마당에 떨어진 눈에 장단을 맞추는 김수영의 기침에서 그런 응답의 충동을 설명할 수 있는 사례를 찾은 바 있다.

"기침을 하자/ 젊은 시인이여 기침을 하자/ 눈을 바라보며/ 밤새도록 고인 가슴의 가래라도/ 마음껏 뱉자." 이렇게 마무리되는 김수영의 「눈」(1956)에서 기침을 한다는 것은 시를 쓴다는 것과 같다. 그리고 시를 쓴다는 것은 마음을 자극하는 생명의 율동에 참여한다는 것과 같다. 시심은 원초적인 생명으로 돌아가는 데 있고, 원초적 생명으로 돌아간다는 것은 상호 응답의 유희로 돌아간다는 것에 다름 아니다. 이 시에 준하여 말하자면, 살아있다는 것은 어떤 것이 '아!' 하면 거기에 '어!' 하고 장단을 맞추는 자발적 호응의 능력이 있다는 것이다. 하버마스가 말하는 의사소통의 개념은 이런 호응의 유희에 비하면 너무 추상적이다. 공자의 인仁 개념에 담긴 핵심은 살아있는 모든 것에 환원 불가능한 요소로 내재하는 어떤 원초적인 리듬에 대한 감수성이다. 그것은 자발적으로 일어나는 감응의 역량이나 환대의 의욕과 유사한 어떤 것이다. 중국적 사유의 패러다임을 특징짓는 대대對待나 반구反求의 논리는 이런 요소들에 뿌리내리고 있다. 김수영의 다른 시에서 이런 요소들은 정확히 '사랑'이라 불린다.

지상의 소음이 번성하는 날은
하늘의 소음도 번쩍인다
여름은 이래서 좋고 여름밤은

이래서 더욱 좋다
……
사람이 사람을 사랑하다 남은 날
땅에만 소음이 있는 줄만 알았더니
하늘에도 천둥이, 우리의 귀가
들을 수 없는 더 큰 천둥이 있는 줄
알았다 그것이 먼저 있는 줄 알았다
–「여름밤」(1967) 부분

지상의 소음이 천상의 화답을 불러들이는 비밀은 사랑에 있다는 내용이다. 좀 더 분석적으로 정리하자면, 지상에 소음이 일어나기 위해서는 먼저 사람과 사람 사이의 사랑이 있어야 한다. 사랑으로 인해 지상에는 온갖 소음이 번성하게 된다. 그러다가 사람 사이의 사랑이 극치에 이르면 어떤 기적이 일어난다. 갑자기 천상에서도 소리가 들리기 시작한다. 그것은 "우리의 귀가/ 들을 수 없는 더 큰 천둥이" 지상의 소리에 화답하는 사건이다. 이 사건은 어떤 인식론적 전도를 수반한다. 지각의 순서에서는 지상의 소음이 먼저 있고, 그 다음에 천상의 소리가 들린다. 그러나 실재 순서에서는 천상의 소리가 지상의 소음보다 먼저 있다. 나아가 지상의 소음을 있게 한 사랑보다 먼저 있는 것이 하늘의 천둥이다. 이때 먼저 있다는 것은 가능케 해준다는 것이다. 천둥은 사랑보다 먼저 있으면서 사랑을 가능케 해준다. 그렇다면 사랑보다 먼저 있으면서 사랑을 비로소 가능케 해주는 천둥은 무엇을 의미하는가? 그것은 아마 공자의 천명天命을 옮기는 시어라 할 수 있을 것이다.

천둥과 천명: 세 가지 선에 대하여

김수영은 부단히 사랑의 주제와 씨름했다. 때로는 유가 전통의 사랑을 현대적으로 되살려보고자 했다. 「사랑의 변주곡」(1967)의 말미에 나오는 '복사 씨와 살구 씨'가 주자의 인론仁論에서 연유한다는 사실이 이 점을 말해준다. 앞에서 설명했던 것처럼 인仁이라는 한자에는 사랑 이외에도 씨앗이라는 뜻이 담겨 있다. 한의학에서 불인不仁이라는 말은 기능장애, 마비상태를 가리킨다. 인은 원래 생명을 낳고 활력을 불어넣는 힘을 연상시키는 글자다. 주자는 이런 관점에서 인을 자연의 생명과 도덕의 활력을 동시에 정초하는 형이상학적 원리로 끌어올렸다. 그리고 새로운 인의 개념을 설명하기 위해 복사 씨와 살구 씨를 예로 삼았다. 복사와 살구가 씨앗에서 나온 열매이듯, 세상만물이 인이라는 씨앗에서 나와 다시 그곳으로 돌아가는 열매라는 것이다. "복사 씨와 살구 씨가/ 한번은 이렇게/ 사랑에 미쳐……"라는 문장은 이런 역사적 문맥을 배경으로 읽어야 한다. 김수영은 유가적 사랑의 개념이 변용되는 역사에 개입하여 당대에 부합하는 새로운 사랑의 개념을 창조코자 했다. 그렇게 해서 나온 것이 '온몸에 의한 온몸의 이행'이라는 새로운 사랑의 정의다.

> 이 말은 곧 온몸으로 바로 온몸을 밀고나가는 것이 된다. 그런데 시의 사변에서 볼 때, 이러한 온몸에 의한 온몸의 이행이 사랑이라는 것을 알게 되고, 그것이 바로 시의 형식이라는 것을 알게 된다.

온몸의 시학이 개진되는 산문 「시여, 침을 뱉어라」(1968)에 나오는 문장이다. 이런 사랑의 개념은 공자의 사랑과 어떻게 연결되는가? 이런 물음을 위해 『논어』에서 인仁과 관련된 가장 중요한 풀이로 꼽히는 대목을 읽어보자. 그것은 인을 극기복례克己復禮로 설명하는 대목(12-1)과 충서忠恕로 정의하는 대목(4-15)이다. 극기복례는 자기 자신의 특수하고 사적인 욕망을 이겨내어 예로 돌아간다는 뜻이다. 예로 돌아간다는 것은 보편적 규범에 따라 활력적인 상호 주관적 질서를 회복한다는 것을 말한다. 종교는 그것이 숭배하는 신에 의해 정의된다(일신교, 다신교, 범신론 등). 그러나 종교의 핵심은 무엇보다 신을 따르는 자의 믿음에 있다. 신이 종교의 객관적 본질이라면, 신앙은 종교의 주관적 본질이다. 이런 관점에서 보면 극기克己는 사랑의 주관적 본질과 같다. 반면 복례復禮는 사랑의 객관적 본질에 해당한다. 충서忠恕도 극기복례와 마찬가지로 사랑의 두 가지 측면을 동시에 언급한다. 충서의 충忠은 자기의 내면적 중심을 지킨다는 것이다. 서恕는 자신이 원하지 않는 것을 타인에게 베풀지 않는다는 것, 자신이 원하는 것을 타인에게 먼저 베푼다는 것이다. 충은 내면으로 돌아가 자신의 기준에 일치하려는 노력이다. 서는 자신의 관점과 타인의 관점을 횡단하여 제3의 질서를 여는 노력이다. 충忠은 내향적 감응(자기자극)이고, 서恕는 상호적 감응이다. 공자의 사랑은 내향적 복귀(충)를 주관적 본질로 한다. 그리고 서로 다른 삶의 전망을 가로질러 공통의 도식을 그리는 능력(서)을 객관적 본질로 한다.

『논어』 전체를 마무리하는 문장은 "천명을 모르면 군자가 될 수 없다"[8]로 시작한다. 군자가 될 수 없다는 것은 인자仁者가 될 수 없다는 것과 같다. 이 문장이 암시하는 것처럼 공자의 사랑은 천명과 교신하는 원격감응 속에서 완성된다. 그러므로 공자의 사랑은 대충 세 가지 선線으로 도식화할 수 있다. 하나는 주체의 자기관계로 귀결되는 내향적인 선이다. 다른 하나는 상호 주관적 관계로 나아가는 외향적인 선이다. 마지막은 그 두 가지 선을 하나로 통합하는 추상적인 선이다. 중요한 것은 천명이라는 아득한 구심점을 우회하여 어떤 추상적인 선이 그려질 때라야 비로소 사랑의 범위와 구도, 내용과 형식이 결정될 수 있다는 점이다. 『논어』 전체를 여는 세 문장[9]은 각각 사랑을 규정하는 세 가지 선에 해당한다. "배우고 때맞추어 익히면 과연 기쁘지 아니한가." 학습이라는 주체의 자기함량 운동은 어떤 내향적 회귀의 선에 따라 쾌락을 분비한다. "먼 곳에서 친구가 찾아온다면 역시 즐겁지 아니한가." 거리를 초과하여 감응하는 상호적 관계는 어떤 수평적인 선을 그리며 즐거움을 빚어낸다. "남이 알아주지 않아도 노엽지 않다면 역시 군자답지 않는가." 군자가 세속적 인정에 초연할 수 있는 것은 그의 사랑이 천명이 그리는 선을 따라 처음 시작되기 때문이다.

공자의 인은 이제까지 주로 수직적인 선(충, 극기)이나 수평적인 선(서, 복례)을 중심으로 해석되어왔다. 그러나 김수영의 새로운 사랑의 개념에서 가장 중요한 축은 천명(「여름밤」의 '천둥')에서 비롯되는 추상적인 선이다. 천명을 요즘의 말로 옮기자면 '시대정신'이나 '미래의 이념' 같은 것이 될 것이다. 김수영의 사랑은 시대정신과 교통하는 원격감응의 선에 의해 때로 고독의 정념이 되고, 때로는 외출의 정념이 된다. 수직의 고독과 수평의 외출은 상호 촉발적인 관계 속에서 맞물린다. 미래의 하늘에서 벼락처럼 떨어지는 추상적인 선은 옛 것과 새로운 것을 나누는 원리이자 미지의 모험에 확신을 부여하는 영감이다. 이 점을 형상화하는 작품으로 「풀」(1968)을 꼽을 수 있다. 하지만 「먼 곳에서부터」(1961)도 그에 못지않은 걸작에 속한다. "먼 곳에서부터/ 먼 곳으로/ 다시 몸이 아프다/ (……) 능금꽃으로부터/ 능금꽃으로 ……/ 나도 모르는 사이에/ 내 몸이 아프다.” 먼 곳을 어림하는 원격감응의 선을 따라 몸은 고통을 분비하는 어떤 자기함량운동 속에 놓인다. 그것은 남모르게 몸이 성숙해가는 운동이자 세상을 바라보는 새로운 높이에 이르는 운동이다. 따라서 몸은 과거와 다르게 외부와 관계할 수 있게 된다.

『논어』에서 공자는 능근취비能近取譬[10]의 방법을 강조했다. 가까운 것을 비유하여 먼 것에 이르는 것이 능근취비의 방법이다. 유교 전통이 먼 것에 대한 감각을 점차 상실하게 된 까닭은 여기서 찾을 수 있다. 사랑이 열린 보편주의로 나아가지 못한 채 충효忠孝로 축소되거나 가족적 온정주의로 흐르게 된 것은 유교적 근시안의 폐단이다. 그러나 김수영의 새로운 사랑의 개념에 충실하자면 먼 곳으로 가서 가까운 것의 척도를 찾아야 한다. 사랑의 방법은 능근취비가 아니라 능원취비能遠取譬가 되어야 한다. 이때 먼 곳은 안과 밖을 나누는 어떤 경계와 같다. 자신의 정체성을 규정하는 경계로 나아가는 것, 그 문턱과 같은 한계를 넘어 타인과 공유할 미래로 향하는 것, 그것이 온몸에 의한 온몸의 이행이라는 새로운 의미의 사랑이다. 김수영은 그런 미래로 향하는 온몸의 이행을 다음과 같이 노래했다.

아픈 몸이
아프지 않을 때까지 가자
온갖 식구와 온갖 친구와
온갖 적들과 함께
적들의 적들과 함께
무한한 연습과 함께
–「아픈 몸이」(1961) 부분

만물개상견萬物皆相見

『주역』에서 감응의 충동과 대대對待의 논리는 존재론적으로 심화되어 "모든 사물이 서로를 바라보는 가운데 빛을 낳는다"는 만물개상견萬物皆相見[11]의 차원이 열린다. 동아시아 존재론의 개성을 담고 있는 이 문장이 서양철학에 던지는 문제는 '보다'라는 것의 의미에 있다. 이 문제는 김수영이 최초로 발표한 「공자의 생활난」(1945)에서 제기된 바 있다. 이 시는 "아침에 도를 들으면 저녁에 죽어도 좋다"는 공자의 말을 "동무여 이제 나는 바로 보마/ (……) 사물의 우매와 사물의 명석성을/ 그리고 나는 죽을 것이다"로 고쳐 썼다.

그렇다면 '본다'는 것은 무엇인가? '본다'는 것을 두고 김수영은 공자를 얼마나 위반하고 있는가? 왜냐하면 고대 중국에서 '본다'는 것은 근대인이 생각하는 것과는 완전히 다른 것을 의미했기 때문이다. 빛에 대한 이해부터가 그렇다. 데카르트적 주체에 대해 사물을 밝히는 빛의 원천은 주체 자체 안에 있다. 세상의 어둠을 몰아내는 빛은 이성에서부터 발원한다. 그러나 고대 중국에서 빛은 주체에서 사물로 나아가는 것이 아니다. 오히려 사물의 내면에서 움터서 바깥으로 넘치는 것이 빛이다. 그러므로 시선은 인간의 눈에서 시작된다기보다 사물에서 시작된다. 시선의 주체는 인간의 눈이라기보다 사물의 눈이다. 진정한 시선의 주체는 서로를 바라보는 사물의 눈에 있다. 진리의 빛은 보다 많은 사물이 시선을 주고받을수록 강도를 더해간다. 이것이 동양적인 의미의 명석-판명이다. 그러므로 『주역』의 저자는 만물개상견萬物皆相見에서, 다시 말해서 모든 사물이 서로를 바라보는 상태에서 최고의 밝음을 구했다.

인仁이나 중용 같은 공자철학의 주요 개념 뒤에는 이런 특이한 존재론이 자리한다. 이것은 개체보다는 전체를, 실체보다는 관계를 앞세우는 존재론이다. 여기서는 빛마저 전체가 분절되는 과정 속에서 파생된다. 개체의 정체성은 전체를 조직하는 특정한 관계 내에 위치한다. 모든 윤리학이 사람과 사람의 관계를 중심에 둔다면, 공자의 윤리학에서는 자아의 시선보다는 타인의 시선이 우세하다. 자아의 시선은 언제나 타인의 시선에 의해 매개·조정된다. 이때 타인의 시선은 서로를 바라보는 다수의 시선이다. 만인개상견萬人皆相見, 즉 모든 사람이 서로 바라보는 상태. 그런 이상적인 상태가 공자의 공동체 개념은 물론 그의 군자론을 제약하는 궁극의 전제다. 공자의 인간은 타인의 시선들 속에서, 그 시선들이 만들어가는 어떤 상호 인정의 질서 안에서 태어나고 성장해간다. 다음과 같은 구절들을 보자.

> 남이 자신을 알아주지 못할까 걱정하지 말고 내가 남을 제대로 알지 못함을 걱정해야 한다.[12]

> 나는 자리가 없음을 걱정하지 않고 어떻게 자리에 설 것인가를 걱정한다. 남이 나 자신을 알아주지 않는 것을 걱정하지 않고 남이 알아줄 만하게 되도록 노력한다.[13]

> 남이 나를 알아주지 않는 것을 걱정하지 말고 자신의 능력 없음을 걱정하라.[14]

> 나를 알아주는 사람이 없구나![15]

> 군자는 죽은 뒤에 이름이 일컬어지지 않을까를 근심한다.[16]

위에서 인용된 문장들을 보면 유가적 욕망은 순치된 인정의 욕망이라는 생각이 든다. 헤겔은 『정신현상학』(IV장 A)에서 인륜적 질서가 '생사를 건 인정투쟁'을 통해 탄생하는 과정을 서술했다. 이때 인정관계는 주인과 노예의 관계다. 한 사람이 다른 사람에게 주인으로서 인정받기 위한 투쟁, 타인의 욕망의 대상이 되기 위한 투쟁. 그런 투쟁은 자신의 자립성을 관건으로 하는 싸움이므로 죽음의 위험을 통과할 수밖에 없다. 죽음의 공포를 견디지 못하고 동물적 자립성(자연적 생명)에 만족하는 자는 노예로 전락한다. 죽음의 공포를 무릅쓴 자는 주인으로서 인정받고 동물적 충동의 세계와 구별되는 상징적 가치의 세계로 진입한다.

헤겔의 주노主努 변증법은 동물적 삶(본능의 세계)이 인륜적 삶(가치의 세계)으로 전환되는 최초의 국면에 대한 서술이다. 언어학적 관점에서 보자면 그것은 지시의미와 구별되는 내포의미의 세계가 열리는 사건이다. 가령 집의 지시의미는 사람이 사는 곳이다. 그러나 집은 사람마다 서로 다른 내포의미를 지닌다. 누구에게는 천당이고 누구에게는 지옥이다. 누구에게는 부동산이고 누구에게는 꿈을 대신한다. 이런 상징적 의미에 의해 조직되는 역사의 세계는 자연의 세계와 완전히 다른 평면 위에서 펼쳐진다. 역사-인륜적 세계에서 욕망은 순수 자연적 충동과 성격을 달리한다. 왜냐하면 여기서 욕망—가령 위대한 작가가 되고자 하는 욕망—은 자기 자신의 욕망이기에 앞서 타자에 의해 매개된 욕망이기 때문이다. 그것은 자기와 타자를 함께 추동하는 욕망이면서 타자에게 인정받고자 하는 욕망이다.

인륜적 질서에서 주체가 지닌 욕망은 부모의 욕망이거나 친구의 욕망이다. 사회의 욕망이거나 국가의 욕망이다. 하늘의 욕망이거나 신의 욕망일 수 있다. 욕망은 주입되거나 학습된 욕망이고, 그런 의미에서 타자의 욕망이다. 이런 욕망의 마지막 지향은 타자가 욕망하고 인정하는 대상이 되는 데 있다. 가령 국가나 신이 욕망할 수 있는 대상이 되는 것, 국가나 신에게 사랑을 받을 수 있는 대상이 되는 것, 바로 거기에 인간적 욕망의 고유한 특징이 있다. 역사-인륜적 세계에서 욕망은 타인의 욕망을 욕망한다. 『논어』에서 가져온 위의 문장들은 공자의 욕망 개념이 이런 헤겔-라캉적인 욕망 개념과 통하는 점이 있음을 말해준다. 우리는 그 행간에서 인생의 의미 전체를 타인의 인정에 두는 유가적 주체의 욕망과 그 시선의 방향을 읽을 수 있다. 유가적 욕망은 타자의 욕망의 대상이 되는 데 있다. 유가적 주체는 타인의 시선을 사로잡을 위치를 열망한다. 이런 주체에게 본다는 것은 타인의 시선에서 본다는 것, 궁극적으로는 자기 자신을 보여준다는 것을 의미한다. 이 점에서 유가적 시선은 연극무대 위의 시선과 유사하다.

노발리스의 극장

김수영은 시인이 되기 전에 상업학교를 졸업하고 일본으로 건너가 연극학교에서 공부하다가 돌아왔다. 그런 김수영은 고대 그리스의 비극을 잘 알고 있었을 것이다. 무대적 상황이 무엇인지도 잘 알고 있었을 것이다. 「누이야 장하고나!」(1961)나 「누이의 방」(1961) 같은 작품을 읽을 때는 이런 점을 충분히 고려해야 할 것이다.

누이야
나는 분명히 그의 앞에 절을 했노라
그의 앞에 엎드렸노라
모르는 것 앞에는 엎드리는 것이
모르는 것 앞에는 무조건 숭배하는 것이
나의 습관이니까
동생뿐이 아니라
그의 죽음뿐이 아니라
혹은 그의 실종뿐이 아니라
그를 생각하는
그를 생각할 수 있는
너까지도 다 함께 숭배하고 마는 것이
숭배할 줄 아는 것이
나의 인내이니까
–「누이야 장하고나!」(1961) 부분

이런 시는 소포클레스의 『안티고네』를 염두에 두면서 읽어야 제 맛일 것이다. '풍자가 아니면 해탈'이라는 공식이 나오는 이 유명한 시에서 김수영은 마치 자신이 크레온인 듯, 마치 누이가 안티고네인 듯 적어가고 있다. 시인이 되기 전에 연극을 전공했던 김수영의 경력이 묻어난 작품이라 하겠다. 하지만 이렇게 고대 그리스의 인륜으로 돌아갈 때도 김수영은 여전히 공자 시대의 인간을 다시 생각해볼 수 있는 실마리를 만들어가고 있다. 서양의 학자들은 중국사상사에서 루소-칸트적 의미의 자율성에 해당하는 것을 찾기 어렵다고 본다. 자연적 자발성spontaneity과 관련된 개념은 풍부하다 해도 자신의 책임과 권리의 한계를 명확히 의식하면서 행동한다는 의미의 자율성autonomy 개념은 없다는 것이다.[17] 근대적 의미의 자율성은 사회적 규범으로 환원되지 않는 개인의 고유한 내면성을 전제한다. 그런데 이런 내면적 주체성은 고대 중국 못지않게 고대 그리스에서도 찾아볼 수 없다. 헤겔에 따르면 고대 그리스인은 개인적 자율성도, 인격성personality도 지니지 않는다. 다만 성격character을 지닐 뿐이다.[18] 고대 그리스 비극작품에 등장하는 주인공은 로마인처럼 법적으로 규정된 인격이 아니다. 근대적 인간처럼 도덕적 양심에 기초한 자율적 행위의 주체도 아니다. 다만 인륜적 법칙과 습관에 의해 형성된 어떤 성격에 지나지 않는다.

그렇다면 성격이란 무엇인가? 그것은 인륜의 세계를 조직하는 법칙들(남자의 법과 여자의 법, 인간의 법과 신의 법 등)과 맞물린 정념적 성향이다. 햄릿에게서 볼 수 있는 것처럼 근대적 드라마의 주인공은 양자택일의 선택지 앞에서 고민에 빠진다. 반면 고대 비극의 주인공에게는 절대 그런 일이 일어나지 않는다. 왜냐하면 인륜적 법칙에 의해 할당된 역할을 자신의 본질로 알기 때문이다. 성격에 대해 인륜적 법칙의 명령은 자연적 본성 자체이자 내면적 실체 자체에 해당한다. 그러므로 크레온은 조국을 배반했다가 죽은 자신의 조카에게 아무런 주저 없이 장례를 금지했다. 남자의 법, 국가의 법, 인간의 법에 따르는 것이 그의 천명이기 때문이다. 반면 안티고네는 아무런 주저 없이 국법을 어기면서 오빠의 시신을 거두어 장례를 치렀다. 여자의 법, 가족의 법, 신의 법을 따르는 것이 안티고네의 천명이기 때문이다.

성격은 천명이 개인을 통해 가감 없이 드러나고 실현되는 본성이다. 그렇기 때문에 성격에 의한 행위는 반성이 끼어들기 전의 직접적이고 필연적인 행동이다. 성격이란 천명에 의한, 천명을 위한, 천명의 정념이다. 천명은 선험화된 습관에서 온다. 그렇기 때문에 "모르는 것 앞에는 엎드리는 것이/ 모르는 것 앞에는 무조건 숭배하는 것이/ 나의 습관이니까"라는 김수영의 문장은 대단히 고대적인 어투의 말이라 할 수 있다. 마치 사극史劇에 나오는 것 같은 문장이라 하겠다. 우리는 송대 이후 유학의 방향을 결정한 『중용』의 첫 문장을 이런 고대인의 시각에서 읽을 필요가 있다. "천명을 일러 본성이라 하고, 본성을 따르는 것을 도라 하며, 도를 닦는 것을 가르침이라 한다."[19] 고대 중국에서도 인간은 배타적인 선택지 앞에 서 있는 도덕적 양심도, 갈등하는 권리들 앞의 법적 주체도 아니다. 인간의 본성은 천명으로 의식되는 인륜적 법칙에, 그 법칙이 요구하는 역할에, 그 역할에 수반되는 성격이나 정념적 태도에 있다.

헤겔이 그리는 고대 그리스의 폴리스처럼 공자가 그리는 이상적 사회는 거대한 극장과 흡사한 듯이 보인다. 여기서 개인은 미리 작성된 대본과 배역에 따라 연기하는 배우와 같다. 다만 자신이 배우인지 모르는 배우, 내면화된 인륜적 법칙을 자신의 고정불변의 본질로 아는 배우일 뿐이다. 배우는 자신의 정체성을 자신의 안쪽이 아니라 자신의 바깥에서 찾는다. 배우의 내면은 바깥에 있다. 배우에게 시선은 자기 자신의 시선이기 전에 먼저 자기를 바라보는 타인의 시선이기 때문이다. 이런 관점에서 보면 인仁과 관련하여 공자가 안회에게 한 대답(克己復禮)보다는 중궁에게 해준 대답이 더 중요할 수 있다. "대문을 나서면 큰 손님을 만난 듯이 하고 백성을 부릴 때는 큰 제사를 받들 듯이 해야 한다."[20] 큰 손님을 맞이할 때나 큰 제사를 올릴 때 우리는 각자의 역할에 충실한 배우가 되어야 한다. 배우는 타인의 시선을 통해 자신을 바라본다. 타인의 시선에 맺힌 자신의 이미지를 자신의 실체로 간주한다. 배우의 정체성은 타인과 나누는 역할에, 배우의 탁월성은 관객의 빛나는 눈빛 속에 있다. 관객의 눈빛을 빨아들이며 정념을 토해내는 배우는 향로 앞에서 제사지내는 사람과 크게 다르지 않다.

향로인가보다
나는 너와 같이 자기의 그림자를 마시고 있는 향로인가보다

내가 너를 좋아하는 원인을
네가 가지고 있는 긴 역사였다고 생각한 것은 과오였다

길을 걸으며 생각하여 보는
향로가 이러하고
내가 그 향로와 같이 있을 때
살아있는 향로
소생하는 나
덧없는 나
–「더러운 향로」(1954) 부분

상호 객체성의 질서

"나는 너와 같이 자기의 그림자를 마시고 있는 향로인가보다." 향로는 유교 전통(제사문화)의 상징이다. 시의 화자인 나는 자기 자신을 향로와 동일시한다. 그것은 '자기의 그림자를 마시고 있는 향로'다. 향로가 마시고 있는 그림자는 이제 생명력을 잃은 듯한 과거의

문화적 전통일 것이다. 그러나 죽음의 연기를 뿜어내던 향로는 다시 살아난다. "내가 그 향로와 같이 있을 때/ 살아있는 향로/ 소생하는 나." 그것은 나와 향로가 더불어 있을 때 일어나는 기적이다. 나로 인해 향로가 살아나고, 향로로 인해 내가 소생한다. 서로 감응하고 기다리는 대대對待의 관계로 들어서기 때문일 것이다. 이때 '나'는 모더니즘을, 향로는 유교 전통을 대신하는 것처럼 보인다. 이 시는 모더니즘으로 인해 유교 전통이 현재 속에 소생할 수 있음을, 거꾸로 유교 전통으로 인해 모더니즘이 한국 땅에 뿌리내릴 수 있음을 노래하는 것이 아닌가?

"향로인가보다." 이 구절에서 중요한 것은 '향로'이지만, 그에 못지않게 눈여겨볼 만한 것은 '~보다'라는 어미다. 왜냐하면 이 어미에는 대단히 독특한 보기[視]의 의미가 전제되어 있기 때문이다. 그것은 물론 향로가 중심에 있던 세계의 시선과 유사하다. 향로는 공자가 염두에 둔 예악의 질서를 대변한다. 고대적 예악의 질서는 노발리스가 그린 국가처럼 무대적 상황이 일반화된 세계라 할 수 있다. 여기서는 타인의 시선이 주체의 정체성을 규정하는 가장 결정적인 요소다. 그러므로 『논어』나 다른 유가 경전에 빈번히 등장하는 '나'라는 말은 현대인이 이해하는 '나'와 완전히 다른 의미를 지닌다. 옛날 책에서 개인을 지칭하기 위해 '나[我]'라는 말보다는 '몸[身]'이나 '자기[己]'라는 말이 빈번히 사용된 이유도 마찬가지다. 이런 말들은 타인의 시선과 분리된 주체가 아니다. 이것들은 타인의 시선 속에 관찰·평가·확정되는 주체를 가리킨다.[21]

이런 구분법은 『주역』에서 '관아생觀我生'과 '관기생觀己生'[22]의 차이로 나타난다. 이것은 한 사람의 삶을 바라보는 두 가지 관점에 해당한다. 관아생이란 자기의 삶을 바라보되 자신의 눈으로 바라본다는 것이다. 반면 관기생은 자기의 삶을 바라보되 타인(백성)의 눈으로 바라본다는 것이다. 두 가지 관점 중에서 우월한 것은 물론 타인의 관점이다. 자아의 관점보다 타인의 관점으로 바라본 삶이 더 정확하고 공정하다는 것이다. 이런 타자 우위의 관점은 통치자의 시선을 백성의 관점에 두어야 한다는 정치적 지혜의 소산이다. 『상서』는 이 점을 "하늘은 백성이 보는 바에 따라 보고, 하늘은 백성이 듣는 바에 따라 듣는다"[23]는 말로 표현한다. 중국의 학문은 기본적으로 통치를 염두에 둔 제왕학이었다. 모든 정치적 시선이 그런 것처럼 제왕학적 시선은 내면으로 향하기 전에 먼저 외면으로 향한다. 정면을 향하기 전에 먼저 옆쪽을 향한다. 중국적 객관성은 정치적 객관성이고, 중국적 시선은 눈치와 더불어 빛난다.

『주역』에서는 주변으로 발산하는 눈치가 사물로까지 확장되어 "모든 사물이 서로를 바라본다(萬物皆相見)"[24]는 말을 낳는다. 이것은 밝음[離/明]의 형상을 풀이하는 표현이다. 데카르트적 의미의 명증성은 주관적 시선을 전제한다. 그것은 주관적 성실성 속에서 성립하는 객관성이다. 그러나 중국적 명증성은 내면에서 성립하는 것도, 내면과 외면 사이에서 성립하는 것도 아니다. 그것은 외부에서, 사물과 사물 사이에서 성립한다. 명료함과 자명성의 정도는 사물과 사물이 서로 바라보는 정도에 비례한다. 그리고 마침내 모든 사물이 서로를 바라볼 때 밝음은 극치에 도달한다. 밝음은 주객 관계 속에서 발생하는 것이 아니라 사물과 사물의 관계 속에서, 상호 객체성의 질서 속에서 발생한다. 이런 중국적 시선의 특성을 가장 정교하게 표현하는 공식은 송대의 유학자 소강절의 붓끝에서 나왔다.

사물의 눈으로 사물을 바라보는 것(以物觀物)이 (객관적) 본성이고, 나의 눈으로 사물을 바라보는 것은 (주관적) 정서다. 본성은 공정해서 밝고 정서는 치우쳐서 어둡다.[25]

자아의 관점에 맡기면 정서가 생기고, 정서는 곧 가려져 있음이요, 가려져 있다는 것은 곧 어둡다는 것이다. 사물의 관점에서 비롯되는 것이 본성이요, 본성은 곧 정신적이고, 정신적인 것은 곧 밝은 것이다.[26]

자아의 관점이 뚜렷할수록 제한과 은폐가 생기므로 어두워질 수밖에 없다. 객관성은 자아의 관점(능동적 종합의 관점)을 환원하고 사물 속에 자라나는 관점(수동적 종합의 관점)에 자리를 내줄 때 확보된다. 사물의 본성이 은폐에서 벗어나 자신의 얼굴을 밝게 드러내는 것은 오로지 사물의 눈으로 사물을 관찰할 때, 사물로써 사물을 바라볼 때다. 그렇다면 사물로써 사물을 본다는 것, 이물관물以物觀物이란 무엇인가? 이것은 서양적 시선이 추구하던 질서와는 완전히 다른 질서에 대한 열망을 전제한다. 서양적 시선은 사물들 사이에 귀납적 질서나 연역적 질서를 찾는다. 반면 중국적 시선은 사물들 사이의 집체정합集體整合의 질서를 구한다. 사물들이 자기들끼리 서로 대오를 맞추고 장단과 리듬을 맞추면서 이루어지는 상호 감응의 질서, 그 역동적이고 자기형성적인 상호 객체성의 질서, 그것이 동아시아의 시선이 열망하는 밝음의 원천이자 객관성의 원천이다.[27]

동아시아의 우주에 코스모스라는 말을 적용할 수 있다면, 그것은 사물들 사이의 상호 객체적인 정합성이 증가함에 따라 빛이 더해지는 형상이다. 동아시아의 자연 개념은 집체정합으로 나아가는 상호 객체성의 질서를 핵심으로 한다. 동아시아의 세계관에서 자연적

인 것이란 객관적이라는 것이고, 객관적이란 상호 객체적이라는 것이다. 상호 객체적이란 서로 기다리고 조정한다는 것이고, 상호 조정한다는 것은 서로 바라보며 눈치를 본다는 것이다. 그리고 서로 눈치를 본다는 것은 서로를 보살핀다는 것이다.

이런 것은 멀리 갈 것 없이 위에서 인용된 김수영의 시에서도 읽을 수 있다. "나는 향로인가보다." 이 구절에 나오는 어미 '~보다'는 주관적 추측이나 확신을 표현하는 것이 아니다. 그것은 주체들 혹은 사물들 사이의 상호 조절과 보완 속에서 형성되는 객관적 확신이다. 사물들이 서로 바라보기 시작할 때 생기는 확신. 그러나 사물과 사물 사이에서 일어나는 상호 조율적인 시선은 무관심하고 중성적인 시선이 아니다. 그것은 서로 기다리고 보조하는 대대對待의 시선이다. "내가 그 향로와 같이 있을 때/ 살아있는 향로/ 소생하는 나"라는 구절이 바로 이 점에 닿아 있다. 나와 향로는 같이 있게 되자 시선을 주고받으면서 서로를 소생시킨다. '~보다'라는 어미 속에 전달되는 동아시아적 시선의 특색은 사물들 사이에서 일어나는 제3의 시선이라는 데 있다. 그것은 저희들끼리 서로 눈을 맞추고 시선을 합하는 사물들 사이에서 성립한다. '~보다'는 상호 배려적인 사물들의 시선 속에 태어나는 객관적 자명성의 빛을 전달한다는 점에서 대단히 독특한 어미다. 이런 '~보다'의 의미는 김수영의 다른 시에서도 살아나고 있다.

오늘은 필경 여러 가지를 합한 긍지의 날인가보다
암만 불러도 싫지 않은 긍지의 날인가보다
모든 설움이 합쳐지고 모든 것이 설움으로 돌아가는
긍지의 날인가보다

이것이 나의 날
내가 자라는 날인가보다
–「긍지의 날」(1955) 부분

존재의 빛과 중용의 빛

여기서 다시 소강절의 문장으로 돌아가보자. "자아의 관점에 맡기면 (주관적) 정서가 생기고, 정서는 곧 가려져 있음이요, 가려져 있다는 것은 곧 어둡다는 것이다. 사물의 관점에서 비롯되는 것이 곧 (객관적) 본성이요, 본성은 곧 정신적이고, 정신적인 것은 곧 밝은 것이다." 그러므로 사물의 본성이나 본질은 서로 마주한 사물들의 시선에서, 서로 감응하고 배려하는 시선에서 온다. 정신[神] 역시 사물들이 서로 바라볼 때, 사물들의 시선이 서로 부딪쳐 광채를 발할 때 태어난다. 모든 것은 사물들이 서로 눈길을 주고받으며 각기 자신의 위치를 조정하는 집체정합의 운동 속에서 시작된다. 이상과 같은 이물관물以物觀物의 세계상은 『주역』이 말하는 만물개상견萬物皆相見의 경지만이 아니라 『중용』의 성誠 개념을 흡수하고 나온 결과일 것이다.

> 성실[誠]을 통해 밝아지는 것을 본성이라 한다. 밝음을 통해 성실해지는 것을 가르침이라 한다. 성실하면 밝아지고 밝아지면 성실해진다.[28]

『중용』에서 성실은 사물의 처음이자 끝이다. 사물을 있게 해주되 다시 데려가는 것이고, 이 점에서 성실은 하이데거가 말하는 존재자의 존재에 해당한다. 위의 문장은 동아시아의 존재이해를 담고 있다는 점에서 오래도록 숙고해야 할 과제를 던진다. 이 문장에 담긴 존재이해의 특징은 빛을 존재의 바깥에 설정하지 않는다는 데 있다. 즉 빛은 존재의 내부에서, 존재의 자기자극과 원격감응을 통해 점진적으로 발생한다. 빛은 존재의 성실한 정도에 따라 내면에서부터 밝기를 더하며 사방으로 퍼져나간다. 이때 성실하다는 것은 사물을 이루면서 자기를 이루고 자기를 이루면서 사물을 이룬다는 이중적 형성의 과정이다.[29] 존재는 성실하게 자기를 이루어가는 가운데 사물의 본성을 형성한다. 이때 자기를 이룬다는 것은 본체를 이룬다는 것이고, 본체를 이룬다는 것은 어떤 상호 감응의 체계를 확장해간다는 것이다.

존재(본체)는 자기 자신을 상호 감응의 체계로 일으켜 세우고 확장해간다. 각각의 사물은 그런 상호 감응의 체계 안에서야 비로소 어떤 본성을 획득하여 특정한 생성 소멸의 주기에 놓일 수 있다. 밝음은 사물의 본성이 본체(상호 감응의 체계) 내에서 싹트면서 뱉어내는 빛이다. 그러므로 그 빛은 플라톤이나 데카르트 같은 서양 철학자들이 생각하는 빛과 확연히 다른 성격을 띤다. 이는 동서의 존재이해가 그만큼 커다란 차이가 있음을 말해준다. 만물개상견萬物皆相見의 존재론이나 이물관물以物觀物의 인식론은 공자의 인仁 개념과도 밀접한 관련이 있다. 차라리 그 둘은 인의 개념에 뿌리를 두고 있는 줄기라 할 수 있다. 앞에서 강조했던 것처럼 인 개념의 핵심에는 어떤 응답의 충동이 숨 쉬고 있다. 그 응답의 충동이 존재론의 차원에서는 만물개상견의 세계상으로, 인식론의 차원에서는 이물관물의 관점으로 뻗어나간 것으로 보아야 할 것이다. 논리학의 차원에서 그 응답의 충동은 대대對待의 논리로 발전한다. 그리고 그 논리에 부합하는 독특한 학습이론을 끌어들이는데,『논어』에서 그것은 반우反隅 혹은 반구反求라는 말로 표현되고 있다.

> 한 모퉁이를 들어 보이면 나머지 세 모퉁이는 스스로 뒤집어봐야지(三反隅) 그렇지 않으면 다시 반복해주지 않는다.[30]

> 군자는 자기 자신에게서 찾고(求諸己) 소인은 남에게서 찾는다.[31]

> 활쏘기는 군자가 자신의 행동을 돌아볼 때와 유사하다. 활을 쏘아서 정곡을 맞히지 못하면 돌이켜 자신에게서 원인을 찾는다(反求諸其身).[32]

학습이나 수양의 문맥에서 보면 공자가 그리는 인간은 그저 자발적인 것만은 아니다. 그는 끊임없이 자기로 돌아가 이유를 찾고 규칙을 찾는다. 원리를 찾되 바깥에서 찾지 않고 자기 자신에게서 찾는다. 이런 점에서 공자의 인간은 일견 서양의 반성적 주체와 유사해 보인다. 그러나 반성은 일어나되 자아의 내면에서 일어나지 않는다. 공자의 인간에게 반성은 그의 외부에서 일어난다. 이는 객관적 시선이 사물들의 상호관계 속에 놓이고 자명성의 빛이 사물들 사이의 상호 객체적 질서에서 오는 것과 같다. 위의 인용문은 모두 이런 점과 관련된 공자의 말이다.

반구의 논리

먼저 "한 모퉁이를 들어 보이면 나머지 세 모퉁이는 스스로 뒤집어 봐야지(三反隅) 그렇지 않으면 다시 되풀이하지 않는다." 이것은 교육의 원칙을 말하는 문장이다. 하나의 사례를 들어 무언가를 일러주면, 가급적 유사한 사례들을 모두 찾아 스스로 검증하고 확인해야 한다는 것이다. 나머지 세 모퉁이를 뒤집어본다는 것은 검증의 절차일 수도, 유추의 절차일 수도, 귀납의 절차일 수도 있다. 물론 반증의 절차일 수도 있다. 그러나 무엇을 검증하거나 반증하는가? 중요한 것은 네 모퉁이를 서로 비교하여 각 부분들 간의 상응관계를 확인하는 데 있다. 한 모퉁이를 들면 나머지 세 모퉁이를 든다는 것은 맞장구를 친다는 것이다. 이는 네 모퉁이가 서로 바라보고 대오를 맞추는 상호 조정의 리듬을 일으킨다는 것과 같다.

이런 관점에서 읽어야 두 번째와 세 번째 문장이 말하는 '반구제기反求諸己'의 의미를 제대로 파악할 수 있다. "군자는 자기 자신에게서 찾고 소인은 남에게서 찾는다." 무엇을 찾는가? 보통 잘못의 원인을 찾는 것으로 해석된다. 군자는 잘못의 책임을 남에게 돌리지 않고 자기 자신에게 돌린다는 것이다. 이것을 말하는 것이 세 번째 문장의 활쏘기 비유다. "활쏘기는 군자가 자신의 행동을 돌아볼 때와 유사하다. 활을 쏘아서 정곡을 맞히지 못하면 돌이켜 자신에게서 원인을 찾는다(反求諸其身)." 유가적 주체가 잘못의 원인을 자기 자신에게서 찾는 것은 그 일을 계획했다거나 제안했기 때문이 아니다. 그 일에 대한 권리를 독점하기 때문도 아니다. 그렇다면 왜? 그것은 어떤 일이든 전체의 조화를 위해 일어나야 하기 때문이다. 조화는 매번 전체의 중심과 균형을 다시 만들어가야 한다. 이 점에서 조화의 원리인 중용은 아낙시만드로스의 디케dike와 유사한 어떤 것이다. 디케는 원래 습관이나 습관이 낸 길을 가리켰는데, 이후 선악善惡과 시시비비를 가리는 기준이라는 말로 전용되었다. 이 말을 보통 정의justice로 옮기는 이유는 여기에 있다. 서양 최초의 철학적 언명에 해당하는 아낙시만드로스의 단편을 보면, 생겨났다가 소멸하는 모든 사물은 시간의 흐름 속에서 보상과 처벌을 받는데, 이런 시간의 판정과 분배(수명의 분배)를 가져오는 것이 바로 디케다.

> 사물들을 낳는 것은 또한 사물들을 죗값에 따라 거두어간다. 왜냐하면 사물들은 자신들의 부정의로 말미암아 시간의 순서에 따라 서로 보상하고 벌을 받기 때문이다.[33]

하이데거는 이 단편에 나오는 정의를 시간의 흐름에 따라 상황을 조율하는 어떤 짜임새Fuge로 번역한다. 그렇다면 사물이 범하는 부정의란 무엇인가? 그것은 상황을 구조화하는 역동적인 짜임새가 탈구되는 사건Un-fug과 같다. 그러나 디케는 현전과 부재, 빛과 어둠 등 모든 대립적 이항을 대대對待의 관계로 전도시키면서 자신의 균형을 이어간다.[34] 이 점에서 '디케'라는 개념은 하이데거가 강조하는 것처럼 플라톤 이후의 서양 형이상학과는 완전히 다른 존재이해를 담고 있다. 그리고 이 점에서 그것은 동아시아의 중용 개념과 상통한다. 중용이란 부단히 부분에서 일어나는 비대칭과 부조화를 해소해가며 중심을 회복하고 평정을 유지하는 논리적 리듬이기 때문이다. 여기서 다시 활쏘기의 비유로 돌아가자. "활쏘기는 군자가 자신의 행동을 돌아볼 때와 유사하다. 활을 쏘아서 정곡을 맞히지 못하면 돌이켜 자신에게서 원인을 찾는다." 공자의 인간은 잘못의 이유를 자신에게서 구하되 중용을 위해 구한다. 유가의 도道는 언제나 중용에 있다. 그리고 중용을 위해 구한다는 것은 자기 자신의 주장을 버리거나 수정한다는 것이다. 그런데 어떻게 수정하는가? 타인의 주장과 권리에 주목하면서 수정한다. 중국적 사유 전체의 논리적 핵심을 반구제기反求諸己로 집약했던 박동환은 이렇게 설명한다.

> 반구라는 것은 자기에게 돌아가 자기를 찾고 자기의 뜻을 세우는 것이 아니다. 자기에게 돌아가 자기를 지키는 것이 아니다. 반구는 자기의 모습과 자기의 할 바를 타자의 소리—그것이 민심이든 천명이든—에서 찾는 것이다. 말하자면 자기로부터 타자에게 요구되는 것이 아니라 타자에게서 자기에게 요구된 것을 찾는 것이다. 타자의 소행에 비친 자기의 소행을 되돌아보고 그것을 바로잡으려는 것이다.[35]

얼마나 정확한 주석인가. 반구의 논리는 중용의 이념에 따른 처신의 방법이자 만물개상견萬物皆相見으로 향해가는 인식의 전략이다. 여기서 덧붙여 강조해야 하는 것은 이런 것들이 대단히 독특한 존재론적인 평면을 전제한다는 점이다. 처신處身의 원래 의미는 주변 환경 속에 자신의 위치를 마련한다는 데 있다. 하지만 그것은 데카르트가 설정한 XY축 속에 자신의 위치를 설정한다는 것과는 완전히 무관하다. 중용의 이념이 설정되는 공간은 근대과학이 전제하는 동질적 공간이 아니다. 그것은 오히려 끊임없이 시간에 따라 성격을 달리하는 공간이다. 새로운 반전과 전치가 이어지는 이질적 공간에서 편안한 거주의 장소는 매번 달라진다. 객관적 일치의 조건도 항시 변할 수 있다. 따라서 처신의 윤리학은 모든 상황을 초월한 일반적 행위 준칙을 알지 못한다. 처신의 주체에게 어떤 초월적이고 유일한 명법이 있다면, 그것은 그때그때 달라지는 상황 속에서 자신의 위치를 나아가 행위 준칙을 다시 설정해야 한다는 것이다. 우리가 이번 장을 시작하면서 인용했던 김수영의 시는 처신의 윤리학을 지배하는 반구의 논리를 해학적으로 그려내고 있다.

나는 아직도 앉는 법을 모른다
어쩌다 셋이서 술을 마신다 둘은 한 발을 무릎 위에 얹고
도사리지 않는다 나는 어느새 남쪽 식으로
도사리고 앉았다 그럴 때는 이 둘은 반드시
이북 친구들이기 때문에 나는 나의 앉음새를 고친다
–「거대한 뿌리」(1964) 도입부

5 예禮와 정명正名: 유가적 주체의 기원

> 시작詩作은 '머리'로 하는 것이 아니고, '심장'으로 하는 것도 아니고, '몸'으로 하는 것이다. '온몸'으로 밀고 나가는 것이다. (……) 즉 온몸으로 동시에 온몸을 밀고 나가는 것이 되고, 이 말은 곧 온몸으로 바로 온몸을 밀고 나가는 것이 된다. 그런데 시의 사변에서 볼 때, 이러한 온몸에 의한 온몸의 이행이 사랑이라는 것을 알게 되고, 이것이 바로 시의 형식이라는 것을 알게 된다.[1]

온몸의 사랑과 죽음

번지와의 대화에서 공자는 인仁을 애인愛人(타인에 대한 사랑)으로 정의했다.[2] 애인은 외향적 대타관계 속에서 실현되는 인의 객관적 조건이다. 이와 짝을 이루는 주관적 조건은 "자신을 죽여서 인을 이룬다"[3]고 할 때의 살신殺身에 있다. 이때 살신이란 생물학적 신체의 죽음을 말하지 않는다. 다만 새로운 변신을 위해 과거의 자기와 작별한다는 것을 말할 뿐이다. 인의 주관적 조건은 살신이라는 부정적 자기관계에서 실현된다. 인은 자기 자신의 형태변화를 주관적 조건으로, 타인의 사랑을 객관적 조건으로 한다. 인은 의사소통적 합리성이 성립하기 위해 전제되어야 하는 어떤 응답의 충동이자 거리 소거의 역량이다. 이런 잠재적 역량은 사랑과 죽음이라는 두 축을 따라 분기하면서 실현된다.

김수영의 온몸도 두 축에 따라 분기한다는 점에서 공자의 인仁과 다르지 않다. 온몸의 시학에서 온몸의 주관적 조건은 개인의 자유에, 객관적 조건은 정치적 자유에 있다. 온몸의 시학은 자유의 시학이며, 이 점에서 개인적 자유가 무엇인지 모르는 공자의 윤리학과는 완전히 다른 패러다임에 속한다. 온몸의 시학에서 개인의 자유는 시의 형식에, 정치적 자유는 시의 내용에 해당한다.[4] 물론 이것은 참여시에 국한된 이야기일 수 있다. 포괄적인 관점에서 접근하자면, 온몸의 시학에서 시는 시-쓰기와 시-논하기라는 두 축으로 분기한다. 이때 시작은 형식의 측면과 맞물리는 반면, 시론은 내용의 측면을 이룬다. 시작과 시론이라는 두 차원의 대립은 다시 예술성(음악)과 현실성(산문)의 구별로 이어진다.[5] 온몸은 시-쓰기(시의 형식, 예술성)의 측면에서 먼저 등장하는 개념이다.

온몸은 우선 머리와 심장 혹은 이성과 감성을 포괄하되 그것들을 넘어서는 수준에 있다. 어디로 넘어서는가? 어떠한 분석도 거부하는 무의식과 애매의 차원을 향해 넘어선다. 시-쓰기는 무의식과 애매를 경계로 하는 온몸의 이행이되 온몸에 의한 온몸의 이행이다. 이렇게 정의할 때 김수영은 되풀이해서 강조한다. 무의식과 애매는 "무한대의 혼돈에의 접근을 위한 유일한 도구"[6]라고……. 온몸의 시학이 존재론적 차원에서 전제하는 세계는 혼돈에 의해 중심화된 체계다. 시-쓰기는 어떠한 이론적 접근도 완강하게 거부하는 존재의 중심을 향해, 거기서 끝없이 회오리치는 혼돈을 향해 나아가는 이행이다. 그 무한대의 혼돈으로 나아가기 위해서는 이성과 감성의 대립을 넘어서는 온몸의 중량에 의지할 수밖에 없다.

시-쓰기를 통해 무한대의 혼돈으로 나아가면 나아갈수록 명석한 의미와 판명한 형상은 어둠 속으로 사라진다. 거기서 논리는 사라지고 음악만 남는다. 그렇게 남는 음악이 시의 형식이자 예술성의 핵심을 이룬다. 반면 시-논하기는 반대의 방향과 절차를 밟는다. 시론詩論은 산문이고, 산문은 존재의 표피로 향한다. 현실 세계로 향한 개진開陳의 모험이 산문이다. 산문은 존재의 중심에서 회오리치는 혼돈의 파장에 맞서 사물과 그 주변의 환경에 안정된 형상의 질서를 부여한다. 분석과 비판의 절차를 지나면서 모호성을 제거하고 그 자리에 의미를 생산한다. 이런 산문적 모험은 시론으로 귀결되는 동시에 시의 내용 자체를 이룬다.

온몸의 시학에서 시는 음악성과 현실성, 예술성과 산문성, 무의미와 의미, 다시 말해서 시작詩作이라는 형식과 시론詩論이라는 내용 사이에 그려지는 벡터다. 공자의 인은 사랑[愛人]과 죽음[殺身]을 두 날개로 날아가는 새였다. 마찬가지로 김수영에게 시의 정수는 사랑과 죽음, 풍자와 해탈의 대극 구조를 뚫고 나타나는 도주선에 있다. 다만 공자가 사랑을 외향적 대타관계(恕, 復禮)의 축에, 죽음을 내향적 대자관계(忠, 克己)의 축에 놓을 때, 김수영은 거꾸로 사랑을 대자적 자기관계(詩作, 해탈)의 축에, 죽음을 대타적 현실지향(시론, 풍자)의 축에 설정한다는 점이 다르다. 김수영은 이렇게 말한다.

> 죽음과 사랑의 문제는 만인의 만유의 문제이며, 만인의 궁극의 문제이며, 모든 문학과 시의 드러나 있는 소재인 동시에 숨어있는 소재로 깔려있는 영원한 문제이며, 따라서 무한히 매력 있는 문제이다. (……) 모든 시는—마르크스주의의 시까지 합해서—어떻게 자기 나름으로 죽음을 완수했느냐의 문제를 검토하는 방법이라고 해도 과언이 아니다. 그리고 모든 시론은 이 죽음의 고개를 넘어가는 모습과 행방과 그 행방의 거리에 대한 해석과 측정의 의견에 지나지 않는다. 죽음과 사랑을 대극에 놓고 시의 새로움이라는 것을 생각해볼 때 (……)[7]

현실의 산문적 개진에 해당하는 시론은 '죽음의 고개를 넘어가는' 모험이자 그 모험에 대한 성찰이다. 이런 시론적 성찰이 시의 내용을 이룬다. 반면 시의 형식을 이루는 시작詩作은 「시여, 침을 뱉어라」가 말하는 것처럼 온몸에 의지하여 온몸을 끌고가는 이행이며, 이런 온몸에 의한 온몸의 이행이 사랑에 해당한다. 죽음의 고개를 넘어가는 시론은 현실을 향해 "너무나 많은 자유가 없다"고 말한다. 현실과 맞서는 비판의 언어는 죽음충동이 넘실대는 풍자의 언어, 해체의 언어가 된다. 그리고 그때야 비로소 온몸에 의한 시작의 몸부림은 "너무나 많은 자유가 있다"는 해탈의 형식에 도달한다.[8] 이렇게 풍자의 언어와 해탈의 자유가 교차할 때, 다시 말해서 죽음과 사랑이 서로 꼬리를 물며 이어질 때 온몸의 시학은 절정에 이른다. 그리고 여기서 새로운 차원이 열린다. 그것은 시의 형식과 내용이 하나로 통합되는 차원이다.

> 시는 온몸으로, 바로 온몸을 밀고나가는 것이다. 그것은 그림자를 의식하지 않는다. 그림자에조차도 의지하지 않는다. 시의 형식은 내용에 의지하지 않고 그 내용은 형식에 의지하지 않는다. 시는 문화를 염두에 두지 않고, 민족을 염두에 두지 않고, 인류를 염두에 두지 않는다. 그러면서도 그것은 문화와 민족과 인류에 공헌하고 평화에 공헌한다. 바로 그처럼 형식은 내용이 되고, 내용이 형식이 된다. 시는 온몸으로, 바로 온몸을 밀고나가는 것이다.[9]

김수영의 온몸은 내용과 형식의 대립을 넘어서고자 한다. 내용과 따로 놀던 온몸은 내용과 식별 불가능한 형식이 되어야 한다. 죽음과 맞서 있던 사랑은 죽음이면서 사랑이 되어야 한다. 온몸에 의한 온몸의 이행이라는 사랑은 죽음의 고개를 넘어가는 기술이 된다. 이것은 비애와 설움 혹은 진창과 폐허를 통과하는 기술이 된다는 것과 같다. 반면 죽음충동이 번득이는 풍자와 해체의 언어는 현실의 압도적인 중력에서 해방된 자유와 해탈의 춤이 된다. 이는 미쳐 날뛰는 사랑의 춤이 된다는 것과 같다. 그런 역설적인 의미에서 "시는 온몸으로, 바로 온몸을 밀고나가는 것이다." 시는 온몸으로 온몸을 밀어 죽음의 고개를 넘어가는 이행이고, 죽음의 고개를 넘으면서 비로소 온몸의 중량을 잊는 사랑의 기술이다. 공자가 안회에게 인仁을 실현하는 길로 언급한 극기복례克己復禮도 마찬가지다. 극기는 인의 주관적 조건이고, 복례는 인의 객관적 조건이다. 극기는 인의 형식이고, 복례는 인의 내용이다. 그러나 인은 대자성과 대타성, 형식과 내용의 대립이 해소되는 지점에서 가까스로 발현되는 어떤 것이다. 극기와 복례는 어떤 인과적 전후 관계에 있는 것이 결코 아니다. 극기는 복례를 통해, 복례는 극기를 통해 이루어진다는 것이 공자의 가르침이다.

이때 빼놓을 수 없는 것은 두 가지 조건이 서로 일치할 수 있는 상위의 조건에 대한 물음이다. 인仁의 객관적 조건과 주관적 조건이 하나가 될 수 있는 원리는 어디에 있는가? 그것은 앞에서 언급한 바와 같이 천명에 대한 자각에 있다. 천명과의 교감이 없다면 극기와 복례는 일관성을 결여한다. 상호 수렴되지 않으며 지향점을 상실한다. 이것은 온몸의 시학에서도 마찬가지다. 시의 내용과 형식이 하나로 맞물리고, 그 맞물림이 상황의 변화에 따라 자유로운 균형을 유지하기 위해서는 공자의 천명과 유사한 어떤 것과 감응할 수 있어야 한다. 김수영은 「먼 곳에서부터」(1961)에서 그것을 '먼 곳'이라 했다. 「여름밤」(1967)에서는 '천둥'이라 했다. 그것은 보통 때에는 '우리의 귀가 들을 수 없는 더 큰 천둥', 말하자면 미래의 하늘에서 떨어지는 어떤 추상적인 선이다. 온몸은 피뢰침처럼 먼 곳의 낙뢰와 교감할 때야 비로소 내용과 형식이 하나가 되는 황홀한 일치에 도달할 수 있게 된다.

예禮와 하비투스

서양에서 윤리학의 어원적 기원은 성격을 의미하는 mores와 습관을 의미하는 ethos에 있다. 영어 moral과 ethics는 이 두 단어에서 파생되었다. 이런 어원적 관계에 비추어보면 고대 윤리학의 기본적인 주제는 성격과 습관에 있었음을 쉽게 알 수 있다. 윤리학은 곧 좋은 덕성과 습관을 기르는 문제에서 시작된 것이다. 유가 윤리학에서 이것은 예禮를 습득하고 실천하는 문제로 집약된다. 이는 개인에 대해 사회-문화적 환경에 적합한 정신적 외피를 갖추는 문제와 같다. 동물이 환경에 편안하게 거주하기 위해 갖추어야 할 일차적 조건은 신체의 내면을 바깥의 폭력으로부터 지켜줄 털과 가죽에 있다. 그런 털과 가죽에 해당하는 것이 정신에 대해서는 규범적 관습의 체계인 예다. 『시경』에는 다음과 같은 노래가 있다.

쥐를 보아라, 가죽이 있거늘
사람이면서 예의가 없구나.
사람이면서 예의가 없다면
죽지 않고 무얼 하리오.[10]

사람이 죽게 되는 이유 중의 하나를 가르쳐주는 노래다. 사람은 무언가 부족해지면 죽음에 이른다. 때로는 돈과 음식이, 때로는 사랑과 온정이, 때로는 용기와 의지가 모자라서 목숨을 다한다. 그 많은 이유들 중에는 사람이 동물과 공유하는 것이 있는가 하면 그렇지 않은 것도 있다. 위의 노래는 사람에게만 고유한 죽음의 이유로 예의의 결핍을 든다. 그리고 예의의 중요성을 쥐의 가죽에 비유하여 설명한다. 사실 가죽이 없다면 동물의 신체는 외부의 자극에 함몰되어 형체를 잃어버릴 것이다. 동물은 가죽이 있어 비로소 안정된 신진대사의 질서를 유지할 수 있다. 인간의 정신적 삶에서 그런 보호막에 해당하는 것은 예의범절이자 그것을 지탱하는 도덕적 성품이다.

도덕성이라는 보호막이 없다면 인간의 마음은 심리적 흥분에 노출되는 즉시 격정의 혼란에 빠져들 것이다. 도덕적 역량은 쥐의 신체를 보호하는 가죽과 같이 인간의 내면적 삶을 에워싸는 정신적 외피다. 도덕성이라는 정신적 피부가 갖추어질 때라야 사람은 비로소 일정한 무게의 인격을 형성·유지할 수 있다. 그런데 피부가 신체의 내면을 보호할 수 있는 것은 어느 정도 감각능력을 잃어버렸기 때문이다. 외부의 자극이 강렬한 환경일수록 보호막은 두텁고 딱딱해야 한다. 이것은 그만큼 무감각의 정도가 커야 한다는 것과 같다. 손톱이나 발바닥 같이 단단해진 피부는 신체가 스스로 표면조직의 감각능력을 죽여서 만든 방패다. 웬만한 자극에는 무관심한 방패인데, 도덕성이나 습관이라는 것도 이와 다르지 않을 것이다. 이런 점을 생각하면서 앞에서 읽었던 김수영의 시를 다시 읽어보자.

아픈 몸이
아프지 않을 때까지 가자
온갖 식구와 온갖 친구와
온갖 적들과 함께
적들의 적들과 함께
무한한 연습과 함께
–「아픈 몸이」(1961) 부분

이것은 온몸이 완성되기 위한 조건을 노래하는 시다. 온몸은 아르토의 '기관 없는 신체'를 떠올리게 하는 개념이다. 온몸은 내용과 형식이 나뉘기 이전의 신체, 여러 기관으로 분화되기 이전의 신체라 할 수 있다. 그러나 온몸은 다른 기관은 없더라도 최소한 피부는 있어야 한다. 온몸이 현실에 자유롭게 거처하기 위한 일차적 조건은 가죽의 형성에 있고, 이차적 조건은 피부를 바꾸는 능력에 있다. 동물은 계절이 바뀌면 털갈이를 한다. 온몸도 환경이 달라지면 피부를 갈아야 한다. 시대에 걸맞은 도덕성, 현실에 어울리는 습관을 새롭게 갖추어야 한다. 김수영은 낙후한 당대의 현실을 직시하면서 모더니티를 추구했던 시인이다. 근대적인 자유의 세상을 향해 나아가되 전근대적인 현실이 강요하는 절망의 무게를 회피하지 않았다. 오히려 절망의 무게를 스스로 살아내고 희망으로 전도시키는 길에서 자유를 찾고자 했다.

"아픈 몸이/ 아프지 않을 때까지 가자/ (……) 무한한 연습과 함께." 무한한 연습, 그것은 죽음의 연습이다. 절망이 더 이상 절망이 되지 않고 아픔이 더 이상 아픔이 되지 않기 위해 온몸은 자기의 일부를 변형해야 한다. 적과 친구의 대립을 넘어서고 포용할 수 있기 위해 자기의 일부를 죽여야 한다. '온몸에 의한 온몸의 이행'이라 정의된 김수영의 사랑은 죽음을 동반하는 사랑이다. 이때 죽음이란 온몸의 자기변형을 도모하는 어떤 '무한한 연습' 속에서 경험된다. 이것은 공자의 사랑이 살신殺身이나 극기克己를 주관적 조건으로 하는 것과 같다. "자기 자신을 이기고 예로 돌아가는 것이 인仁이다." 공자가 인仁을 정의하는 극기복례克己復禮는 정신적 털갈이를 위한 무한한 연습에 대한 요구라 할 수 있다.

극기복례克己復禮와 온고지신溫故知新

주자학의 전통에서 극기는 사적인 욕망을 제거하는 과정으로 해석된다. 개인 안에 들끓는 특수를 환원하여 보편을 회복하는 것이 극기복례라는 것이다. 반면 청나라의 고증학적 전통에서 극克은 '능숙하게 되는 과정'으로 풀이된다. 따라서 극기복례는 예를 반복하는데 익숙해져가는 학습과 체득의 절차를 가리킨다.[11] 하지만 어떤 해석의 전통에서든 극기복례는 인간이 문화적 상징의 질서 안에서 다시 태어나야 함을 말한다는 점에서는 이견이 없다. 다시 태어나기 위해서는 과거의 자기와 작별해야 한다. 인간은 동물과 달리 상징적 질서 안에서 제2의 천성을 획득한다. 키케로가 말한 것처럼 인간이 제2의 천성을 얻는 것은 습관을 통해서이며, 습관은 어떤 무한한 연습 없이 형성될 수 없다.

주자는 『중용』의 첫 구절("天命之謂性")에 의존하여 인간 본성의 기원을 천명에 두었다. 이때 천명은 선험적 초월성으로 이해된다. 인간의 본성은 자연의 형이상학적 이치가 인간 안에 내재화된 결과라는 것이다. 그러나 공자에게 있어 인간의 본성은 오히려 '학이시습學而時習'의 기쁨으로 표명되는 배움의 열망에 있을 것이다. 인간에게 배움의 충동을 능가하는 다른 욕망이 있을 수 없음을 말하는 것이 "아침에 도道를 들으면 저녁에 죽어도 좋다"는 문장이다. 이 문장에서 도道는 자연의 선험적 원리라기보다는 전통 속에서 들리는 도덕적 명령이나 약속에 가깝다. 도가 선험적인 어떤 것이라면, 그 선험성은 형이상학적 선험성이라기보다 전통 속에서 발현되는 역사적 선험성이라 해야 할 것이다. 도는 전통 안에서 자라나는 자기정향이나 자기조형 능력에 해당한다. 전통 자체가 자기 자신을 재전유하고 갱신하는 힘, 전통 자체가 스스로 길을 만들어가는 비밀이 인간의 본성을 낳는 도다. 『예기』에는 예와 역사-문화적 전통의 관계를 언급하는 인상적인 대목들이 엿보인다.

> 예라는 것은 근본으로 돌아가 옛것을 닦고 그 시초를 잊지

않는 것이다.

예라는 것은 그것이 생긴 근원으로 돌아가는 것이다.

군자는 옛날로 돌아가 시초를 반복해서 그것이 생겨난 근원을 잊지 않는다.[12]

이런 구절은 예라는 규범체계의 원천이 전통에 있음을, 나아가 과거와 미래를 잇는 길이 예로서 실현되고 있음을 말한다. 예는 객관화된 전통이자 기원의 명령을 미래로 전하는 추모의 형식이다. 공자는 그런 추모의 형식을 온고지신溫故知新이라 했다. "옛것을 익혀서 새로운 것을 알면 스승이 될 수 있다."[13] 공자의 머릿속에서 군자가 된다는 것은 스승으로서 가르치는 위치에 오른다는 것과 같다. 스승의 자리는 인간성이 탁월하게 구현되는 위치다. 집안을 통솔하는 가장家長의 자격이나 국가를 다스리는 군주의 자격도 스승의 위치에 설 수 있는 한에서만 허락되는 2차적 속성인지 모른다. 군자의 핵심이 되는 스승의 자질은 전통을 깊이 체득하여 거기서 약속된 미래를 전달하는 능력에 있다.

어떤 미래인가? 더불어 누리는 삶의 가능성이다. "가까이 있는 자를 기쁘게 하고 멀리 있는 자를 오게 한다"[14]는 유가의 정치적 이념은 스승의 길에서만 실현될 수 있는지 모른다. 유가철학에서 덕치德治는 예치禮治에, 예치는 온고지신의 길에 근거한다. 여기에는 전통적 가치의 공유가 경제적 이익이나 혈통의 공유보다 훨씬 강력한 사회적 결속의 초석이 된다는 믿음이 담겨 있다. 온고지신은 모범적 인간으로 거듭나기 위한 개인적 학습의 방법에 그치는 것도, 전통을 개혁하는 학문의 방법에 그치는 것도 아니다. 그것은 평화로운 정치적 질서를 약속하는 사회통합의 방법이기도 하다. 공자가 언급한 극기복례는 이런 이중적 의미의 온고지신과 겹쳐서 이해해야 한다. 사적인 욕망을 극복하고 예로 돌아가는 것이든, 예를 반복하는 데 능숙해지는 것이든 극기복례는 전통적 문화유산을 계승하는 과제를 가리킨다. 공자는 전통의 창조적 계승이 참된 인간성에 도달하는 왕도王道이자 바람직한 공동체를 실현하는 정도正道임을 말한다. 이 점에서 극기복례는 온고지신의 방법과 결코 다르지 않다. 온고지신이 세상에 인仁을 실현하는 극기복례이고, 극기복례가 사도師道를 실현하는 온고지신 자체다. 이런 등식은 인간의 본성을 배움의 열망에서 찾는 공자의 인간학적 직관에 기초한다.

극기복례나 온고지신이라는 말에 담겨 있는 것은 전통에 대한 확고한 신뢰만이 아니다. 거기에는 또한 전통에 대한 불안이 담겨 있다. 전통은 경화되기 쉽다. 타성에 빠진 관습, 각질처럼 굳어진 습관만큼 진보를 가로막는 장애물도 없다. 그러므로 전통이나 관습은 종종 타파의 대상으로 낙인찍혀왔다. 습관적 사고나 행동은 자유의 반대말로 간주된다. 습관은 일종의 소외 상태라는 것이다. 그러므로 위대한 정신적 혁명은 도덕이 타성적 형식으로 굳어질 때 종종 일어났다. 예수가 바리새인의 율법주의에 맞서 사랑의 길을 가리킨 것이 좋은 사례다. 공자가 인仁의 길을 가리킨 것도 다를 바 없다. 그것은 기계적 형식으로 전락한 기존의 예에 정신적 활력을 불어넣기 위한 전략이었다. 그러나 소외와 자유, 죽음과 생명을 이분법적으로 대립시킬 필요는 없다. 오히려 소외를 자유의 필수불가결한 조건으로 보아야 할 것이다. 즉 자유는 오직 기나긴 소외의 여정 속에서, 그 여정을 벗어나기 위한 '무한한 연습'의 길 위에서 열린다. 이런 관점에서 헤겔은 근대 유럽의 정신이 태어나는 과정을 소외의 상태를 극복해가는 장구한 도야의 역사로 기술하기도 했다.[15] 공자의 생각도 비슷하다. 극기복례는 자발적인 자기소외가 참된 자유로 가는 유일한 길임을 함축한다. 유가적 주체의 탄생 내력도 여기서 찾아야 한다.

예禮와 유가적 주체의 탄생

헤겔도 습관에 대해 말할 때는 무엇보다 먼저 그것의 해방적 기능을 강조한다.[16] 가령 습관이 없다면 영혼은 우연하고 특수한 외부 자극의 범람 속에 함몰해버린다. 극단적인 경우 분열증이나 정신착란으로 떨어진다. 습관은 일종의 기계적인 자극과 반응의 체계다. 기계처럼 경화된 감각운동의 체계 덕분에 영혼은 매 순간 자신에게 영향을 미치는 외부 자극에 비로소 무관심할 수 있게 된다. 그런 무관심 속에서 영혼은 처음으로 자기 자신과 관계하고 자신의 고유한 관심에 집중할 수 있다.

농부는 손과 발에 익힌 두터운 습관 덕분에 거친 밭일에 완전히 적응해 있다. 습관habitus이라는 말은 원래 소유하다habere라는 말에서 왔다. 농부는 습관 속에서 환경에 단순히 적응할 뿐만 아니라 편안하게 거주한다. 거주한다는 것은 또한 소유한다는 것이다. 습관화되지 않은 것은 우리에게 편안하고 익숙하지 않은 것, 즉 아직 낯선 어떤 것이다. 그런 한에서 그것은 아직 우리에게 속하는 것이 아니다. 습관은 외부에 속하던 것이 우리에게 고유한 어떤 것이 될 수 있기 위한 일차적 조건이다. 습관에 의지하여 우리는 비로소 고유한 자신의 영역, 고유한 자신의 속성, 고유한 실체적 중량을 얻게 된다. 이는 습관이 있고서야 비로소 '나'라고 하는 고유한 자기가 있게 된다는 것을 말한다. 자기감정이나 자기의식은 습관의 선물이다.

그러므로 헤겔은 신체적 활동에서 순수 사유에 이르는 인간의 모든 활동이 습관에 의해 조형되고 유지된다는 결론에 이른다. 즉 인간은 습관에 의해 비로소 동물과 구별되는 인간, 다시 말해서 직립보행을 하고 생각하는 동물로서 다시 태어난다.[17] 습관은 동물성과 구별되는 인간성(제2의 천성)을 생산한다는 점에서 해방적일 뿐만 아니라 조형적이다. 자세, 행동, 지각, 인식, 사고, 말투 등 인간성을 구성하는 대부분의 요소는 습관에 의해 비로소 구성되고 보존된다. 인간의 본성마저 우연한 내용의 습관화가 맺은 결실이다. 습관은 우연한 것이 본질적인 것이 되고 경험적인 것이 선험적인 것이 되는 절차다. 습관에 의해 무질서는 질서 혹은 스타일이 된다. 인간이 자신에게 고유한 것이라 여기는 본성, 본질, 질서 등은 대부분 습관의 산물이다. 이것은 헤겔의 생각만이 아니다. 이미 아리스토텔레스는 적어도 인간의 성격과 이와 결부된 도덕성이 모두 습관에 의해 결정되는 것임을 역설했다.

> 성격상의 덕은 습관의 결과로 생겨난다. 이런 이유로 성격을 이르는 에토스e-thos도 습관을 의미하는 에토스ethos로부터 조금 변형하여 얻은 것이다. (……) 따라서 어린 시절부터 죽 이렇게 습관을 들였는지, 혹은 저렇게 습관을 들였는지는 결코 사소한 차이를 만드는 것이 아니다. 그것은 대단히 큰 차이, 아니 모든 차이를 만드는 것이다.[18]

『논어』에서도 우리는 습관의 무한한 조형력을 언급하는 대목을 만날 수 있다. "사람은 본성에서는 서로 가깝지만 습성에서는 서로 멀어진다”[19]는 말이 그것이다. 여기서 본성[性]은 맹자의 심성론적 해석이나 주자의 성리학적 해석에서 주장하는 것처럼 선천적으로 결정된 도덕적 본성이 아니다. 그것은 자연적으로 주어진 천성이되 아직 형태가 결정되지 않은 잠재성이다. 아직 습관에 의해 조형되기 이전의 미결정 상태. 그것이 제1의 천성이라면 인간은 학습과 습관을 거쳐 제2의 천성을 획득한다. 도덕적 본성은 제1의 천성이라기보다 예禮를 익혀 후천적으로 얻는 제2의 천성이다. 그런 제2의 천성이 천차만별일 수 있음을 말하는 위의 문장은 결국 습관의 놀라운 구성력을 암시한다. 공자가 인仁을 이루는 방편으로 언급한 극기복례克己復禮는 이런 습관의 조형력, 다시 말해서 예의 무한한 조형력을 염두에 둔 설명일 것이다.

헤겔에 따르면, 아리스토텔레스로 대변되는 고대 그리스에서 인간은 습관에 의해 다듬어진 예술작품으로 이해되었다.[20] 조각가는 망치와 정釘으로 형상과 질료가 완벽히 조화를 이루는, 그래서 마치 정신이 감도는 것 같은 신체를 조각해낸다. 이와 마찬가지로 습관은 신체와 정신이 서로 삼투하는 조화로운 인간을 형성한다는 것이다. 공자의 생각도 이와 유사하다. 인간의 됨됨이는 타고난 운명이나 선천적 본성에 의해 결정되는 것이 아니라 학습과 훈련 여하에 따라 결정된다는 것이다. 자공은 이런 공자의 생각을 『시경』을 인용하여 표현했다. “자른 것 같고 간 것 같고 쫀 것 같고 닦은 것 같구나.”[21] 자르고 갈고 쪼고 닦는 것, 다시 말해서 절차탁마切磋琢磨는 옥그릇을 만드는 네 가지 절차에 해당한다. 학문이 예를 익히고 내면화하는 것이라면, 극기복례는 습관의 차원에서 자신의 인간됨을 옥그릇이나 호련瑚璉 같은 아름다운 예술작품으로 조형해가는 과정이다.[22]

유가철학에서 윤리는 자기조형의 문제로 귀착한다. 자기를 만들어가는 문제, 주체를 형성하는 문제가 유가 윤리학의 중심에 있다. 유가적 주체의 실체적 내용은 예의 습득과 실천 속에 형성되는 인간성이다. 인간성은 태어날 때 주어지는 것이 아니라 예의 학습과 실천을 통해 축적되는 습관의 산물이다. 습관을 갖기 전에 우리는 우리 자신의 본성도, 안식도, 사물과의 가까움도 말할 수 없다. 그렇다면 습관은 어떻게 얻을 수 있는가? 당연히 연습을 거듭하는 길밖에 없다. 습관은 능숙함을 의미하고, 능숙해지기 위해서는 반복적인 훈련이 있어야 한다. 반복적인 훈련은 낯선 거리, 소외의 그늘을 제거하는 절차다. 부자유의 중력을 환원하여 자유의 부력을 조성하는 과정, 아픈 몸이 아프지 않을 때까지 가는 과정이다. 적이 친구로, 친구가 식구로 변할 때까지 가는 과정이며, 그것이 김수영이 파악한 극기복례克己復禮라 할 수 있다.

예禮의 황홀경

습관을 갖기 전에 기대할 수 없는 것 중의 하나는 숙련이다. 습관을 들인다는 것은 특정한 동작에 숙달한다는 것과 같다. 숙달은 통달로 이어지고, 그때 우리는 자유를 말할 수 있다. 특히 동아시아의 전통에서 자유의 문제는 정치적인 참여의 차원보다는 장인적인 기술의 차원에서 제기되어왔다. 『장자』에 나오는 포정庖丁의 소 잡는 이야기는 중국적 자유 담론의 전형이다. 포정은 소를 잡았다기보다는 멋진 춤을 추었고 아름다운 음악을 연주했다.

> 포정이 문혜군을 위해 소를 가른 일이 있다. 손을 대고 어깨를 기울이고 발로 짓누르고 무릎을 구부리는 동작에 따라 [소의 뼈와 살이 갈라지면서] 서걱서걱, 빠득빠득 소리를 내고 칼이 움직이는 대로 싹둑싹둑 울렸다. 그 소리는 모두 음률에 맞고 [은나라 탕왕 때의 명곡인] 상림桑林의 무악에도 조화되며 [요 임금 때의 명곡인] 경수經首의 음절에도 맞았다.[23]

기술이 통달하면 인위가 사라진다. 몸짓이 춤과 음악이 되고 연습이 예술적 연출이 되는데, 이런 경지가 동양적 의미의 자유다. 공자의 인仁도 어떤 심리적 속성이나 성격상의 탁월성보다는 이런 의미의 자유를 함축하는 개념으로 보아야 한다. 동양적 의미의 자유는 장인적인 숙련이 뿜어내는 놀라운 힘에서 경험되는 어떤 것이다. 문혜군의 감탄에 포정은 이렇게 대답했다. "제가 좋아하는 것은 도道입니다. 기술보다 더 나아간 것이지요."[24] 기술은 도에서 완성된다. 도에서 완성된다는 것은 기술보다 더 나아가는 것[進乎技]을 전제한다. 도는 기술을 넘어선 기술에서 열린다. 이런 점을 설명하는 대목에서 각별히 주목해야 하는 것은 유遊나 교巧 같은 글자다. 가령 포정은 도의 경지에 이른 칼놀림을 '유희'라는 말로 표현한다.

> 평범한 보통 소잡이는 달마다 칼을 바꿉니다. 뼈를 자르니까 그렇습니다. 그렇지만 제 칼은 19년이나 되어 수천 마리의 소를 잡았지만 칼날은 방금 숫돌에 간 것 같습니다. 뼈마디에는 틈새가 있고 칼날에는 두께가 없습니다. 두께 없는 것을 틈새에 넣으니 널찍널찍합니다. 바로 그렇기 때문에 어김없이 칼을 마음대로 가지고 놀[遊刃] 수 있는 여지가 생깁니다. 그러니 19년이

되었어도 방금 숫돌에 간 것 같은 것입니다.[25]

평범한 기술은 물품을 제작하는 데 그친다. 그러나 기술이 비범해지면 제작의 차원을 넘어 유희의 차원으로 들어선다. 유희의 차원으로 들어선다는 것은 자연의 순수한 자발성에 참여한다는 것과 같다. 그렇다면 자연의 순수한 자발성이란 무엇인가? 그것의 핵심은 앞에서 설명한 어떤 호응의 충동에 있다. 김수영의 「눈」(1956) 같은 시에서 신선하게 형상화되는 응답의 충동, 상호 감응과 화답의 유희로 이어지는 그 호응의 충동이 자연적 자발성의 요체다. 자연적 자발성에 기초한 유희의 세계가 제작의 세계와 다른 점은 주관과 객관의 거리가 소멸한다는 데 있다. 포정은 자연적 자발성에 참여하는 것을 '기술보다 더 나아간 도道'에 이르는 것, 혹은 '천리天理에 의존하는 것'[26]이라 했다. 천리에 의존하는 행위에서는 주체와 객체의 대립이 사라진다.

주체와 객체의 대립이 사라지고 둘이 혼연일체가 되는 상태를 일러 보통 '황홀경'이라 한다. 대부분의 예술사조에서 황홀경은 예술이 도달해야 할 궁극의 경지를 나타낸다. 김수영 역시 「하루살이」(1957)에서 "나의 시각을 쉬이게 하라/ 하루살이의 황홀이여"라고 노래했다. 하루살이의 광무狂舞에서 자연 속에서 실현된 이상적인 시(온몸의 춤) 그 자체를 보는 것이다. 예술이 도달하려는 황홀경에서는 주객 사이의 거리만 사라지는 것이 아니다. 거기에서는 경험적 시간의 질서도 사라진다. 경험적 시간의 질서chronos가 사라지고 망각되는 대신 이념적 시간의 질서aion가 펼쳐진다. 이때 이념적 시간은 새로운 경험적 시간(미래)을 정초할 어떤 추상적인 선에 의해 좌표화된다.

황홀경 속에서 펼쳐지는 아이온의 시간에서 주체는 대상과 맞서 있지 않다. 맞서 있지 않으므로 대상을 모방하거나 재현하지 않는다. 거기서 재현되는 것이 있다면, 그것은 대상의 특정한 속성이 아니라 대상이 나타나는 방식 자체다. 사물이 현상하는 방식 자체가 구조화되는 아이온의 시간에서는 경험적 속성 일반이 사라진다. 말라르메는 이런 이념적 시간의 특징을 "여성 무용수는 춤추는 여자가 아니다"[27]라는 말에 담았다. 즉 춤이 황홀경에 이르면 춤추는 여성은 여자가 아니고 춤을 추지도 않는다. 춤은 더 이상 춤이 아니다. 평범한 춤이 황홀한 춤에 이르렀을 때 몸은—마치 자코메티의 조각상처럼—성별을 잃는다. 성별만이 아니라 춤의 정체성을 규정하던 모든 경계가 사라진다. 춤추는 몸은 이상적인 춤의 자기전개 속에 추상화된다. 춤 자체마저 자신이 조형해놓은 나타남의 문법 배후로 지워져간다. 이념적 시간을 상기시키는 황홀경의 춤, 황홀경의 예술은 나타남의 형식을 구성하는 순수 허구다.

장자가 그리는 황홀경은 허구의 세계가 아니다. 그것은 자연에 속하는 실재의 세계다. 그러나 경험의 세계를 특징짓는 특징들(주객의 대립, 이항대립, 크로노스의 시간)이 사라진다는 점에서 장자가 가리키는 황홀경과 말라르메가 가리키는 황홀경은 크게 다르지 않다. 포정은 이 점을 다음과 같이 설명한다. "제가 처음 소를 잡을 때는 눈에 보이는 것이란 모두 소뿐이었으나 3년이 지나자 이미 소의 온 모습은 눈에 안 띄게 되었습니다. 요즘 저는 정신[神]으로 소를 만나고 있지 눈으로 보지 않습니다."[28] 크로노스의 시간, 경험적 시간에서 주체는 소를 보되 눈이라는 감각기관으로 본다. 반면 아이온의 시간, 선험적 시간에서는 소와 관계하되 오로지 '정신으로 만난다[以神遇].' 정신의 차원인 아이온의 시간에서는 크로노스의 시간 속에 있던 소가 사라진다. "이미 소의 온 모습은 눈에 안 띄게 되었습니다." 황홀경은 감각적 형체가 사라지는 추상의 세계, 해탈의 세계다. 그 정신의 세계 속에서 나타나는 것이 있다면, 그것은 나타남의 비밀뿐이다. 그 나타남의 비밀을 포정은 '천리天理'라 부른다. "감관의 지각이 멎으니 정신[神]이 원하는 대로 움직입니다. 천리를 따라 커다란 틈새들에 칼을 놀리고 움직여 소 몸의 생긴 그대로를 따라갑니다."[29] 이때 천리는 하늘이 낸 결을 말한다. 나타남의 비밀에 해당하는 그 결은 '커다란 틈새[大窾]'로 구성되어 있다.

예禮와 덕德

서양철학에서는 크로노스의 시간(경험의 세계)과 아이온의 시간(선험의 세계)이 분리·대립하는 두 영역으로 설정된다. 두 영역 사이에는 어떤 건널 수 없는 간극이 있다. 가령 한쪽이 실재이면, 다른 쪽은 가상이다. 반면 중국철학에서 이런 분리와 대립은 없다. 두 영역은 연속적이고 하나의 평면을 이룬다. 두 영역의 거리는 부단한 자기도야와 그에 따른 주체의 형태변화를 통해 횡단할 수 있다. 이것을 암시하는 것이 "하찮은 것에서부터 배워 높은 곳에 이른다"[30]는 상달上達의 이념이다. 공자가 인仁을 이루는 방도로 언급한 극기복례도 결국 예禮에 숙달하여 무제약의 상태에 이르는 상달의 여정이다. 상달의 여정은 극기克己라는 주체의 거듭된 자기변형을 수반한다.

극기복례는 하나의 악기를 숙달하는 과정과 같이 몇 가지 단계를 이룬다고 해야 한다. 악기를 처음 배우는 사람의 동작은 지시에 따른다는 점에서 수동적이다. 하지만 기계적인 동작에 머물렀던 연습생이 입문의 단계를 지나 남에게도 악기를 가르칠 수 있다. 악기를 충분히 알고 자연스럽게 연주하여 호평을 들을 수 있는 단계에 이르는 것이다. 그러나 악기의 연주에는 더 이상 남에게 가르치거나 배울 수 없는 차원이 있다. 그것이 장자가 말하는 천리에서 유희[遊]하는 차원이다. 맹자는 그것을 교묘[巧]의 차원이라 했다. "목수나 수레 만드는 장인은 다른 사람에게 그것을 제작하는 기술이나 방법은 가르쳐줄 수는 있어도 그들의 기술이 교묘한 경지까지 도달하게 할 수는 없다."[31] 기술적 자유는 타인과 동행할 수 없는 절묘한 수준에서 완성된다.

기술이 완성되는 황홀경은 타인과 나눌 수 없는 어떤 비밀을 전제한다. 이 점에서 황홀경의 주체는 고독한 주체다. 공자가 말하는 인仁은 예禮에 숙달하여 도달하는 황홀경이라 할 수 있다. 거기서 탄생하는 군자는 타인에게 전달하기 어려운 고독, 이른바 '신독愼獨'의 무게를 짊어져야 한다. 그러나 극기복례의 마지막 단계에 이른 유가적 주체는 고독하되 고립된 주체라 할 수는 없다. 기술적 황홀경의 주체가 천도天道에 참여하는 것처럼 도덕적 황홀경의 주체는 천명과 교감하기 때문이다. 김수영의 「여름밤」(1967)에 나오는 말로 하자면, 완성된 형태의 유가적 주체는 '우리의 귀가 들을 수 없는 더 큰 천둥'을 통해 미래에 대한 확신을 얻는다. 그는 경험적 감응이 사라지는 아이온의 시간 속에 서 있는 주체, 아이온의 시간 속에서 어떤 선험적 호명에 응답하는 소명의식의 주체다.

이런 주체는 타인과 분리되어 있되 고립되지 않는다. 오히려 주변의 호응을 얻고 타인을 움직이는 힘, 다시 말해서 덕德을 얻는다. "덕은 외롭지 않다, 반드시 이웃이 있을 것이다"[32]라는 공자의 말은 이런 관점에서 새겨야 한다. 이웃을 불러 모으는 힘은 직접 타인에게 나아갈 때 생기는 것이 아니다. 그것은 역설적으로 타인으로부터 물러설 때 생긴다. 덕은 타인을 모으는 힘으로 귀결되지만, 그 힘은 신독愼獨 속에서 일어나는 주체의 형태변화[克己]와 더불어 축적된다. 공자는 순 임금이 무위無爲로 태평성대를 이루었지만, 굳이 그가 한 일을 들자면 "몸가짐을 공손하게 하고 남쪽을 향해 똑바로 앉아 있었을 뿐"[33]임을 강조했다. 남쪽을 향해 정좌한다는 것은 하늘에 제사를 올린다는 것을 말한다. 순 임금의 무위의 통치력은 천명과 교감하는 성실한 예의 실천에서 왔다는 것이다.

『논어』에는 이와 유사한 내용을 전하는 구절들이 있다. 덕치德治의 지도자를 북극성에 비유하는 대목[34]이 좋은 예다. 한자리에 머물러 있는 북극성의 둘레를 뭇 별이 돌고 있는 모습에서 공자는 이상적인 통치의 형태를 본다. 그러나 북극성처럼 한자리에 머물러 있되 뭇 별이 그 둘레에 모여 스스로 돌도록 만드는 위력은 어디서 오는가? 사람들의 자발적인 참여를 이끌어내는 지도자의 신묘한 위력은 지극한 예의 실천 없이 나올 수 없다는 것이 공자의 생각이다. 이 점에서 공자의 무위는 노장의 무위와 다르다. "자신의 몸을 바르게 하면 명령을 내리지 않아도 저절로 시행된다."[35] 이 문장이 말하는 것처럼 공자의 무위는 예의 실천이 요구하는 엄격한 자기관계에 기초한다. 인仁을 포함한 지도자의 도덕적 역량은 예의 실천 속에서 거듭 허물을 벗는 기나긴 도야의 여정에서 얻을 수 있는 그 무엇이다.

헤겔은 숙련을 의미하는 경우의 습관에서 두 가지 사항을 지적한다. 하나는 영혼(혹은 개념)이 신체의 주관적 목적이 되어 신체 속으로 완전히 관통·침투한다는 점이다. 다른 하나는 그런 침투의 결과 신체가 영혼의 완벽한 도구가 된다는 점이다.[36] 그러나 공자나 장자의 영감에서 말하자면 습관과 더불어 영혼은 일방적으로 신체를 점유하여 도구로 만드는 것이 아니다. 오히려 영혼과 신체가 상호 침투하여 서로의 도구가 된다. 숙달에 이르는 습관 속에서는 영혼과 육체가 서로 스며들어 상호 보완하고 완성한다. 조화롭고 아름다운 일체성을 이루는 것인데, 헤겔은 그런 일체성을 오로지 고대 그리스의 조각 작품에서만 발견할 수 있었다.

공자는 예의 실천에서 영혼과 신체의 일체성뿐만 아니라 사회 구성원들 간의 아름다운 조화를 구했다. 『논어』에서 극기복례로 표현되는 예의 실천은 인간만이 아니라 공동체 전체가 호련瑚璉 같은 눈부신 예술작품으로 다듬어지는 지점을 향한다. 예의 실천은 공동체의 차원에서 구성원의 영혼과 신체가 서로 감응하여 마침내 어떤 신비한 위력이 발산할 수 있는 수준까지 도달할 수 있어야 한다. 그것은 "그 자체로는 만져볼 수도 없고 눈에 보이지도 않고 분명히 드러나지도 않지만 거역할 수 없는 힘으로 모든 일을 항상 무리 없이 훌륭하게 이루어내는 마술적인 힘"[37]이다. 아름다운 상호 주관적 조화를 가져오는 공자의 인仁은 예의 실천이 완숙한 수준에 도달할 때 분출하는 황홀한 힘이다.

이 황홀한 힘 안에 머물 때 고독한 주체는 즐기는 자[樂之者][38]로 거듭난다. 아는 자[知之者]는 예를 수동적으로 배우는 사람, 예를 기계적으로 실천하는 사람이다. 좋아하는 자[好之者]는 예를 가르칠 만큼 숙달한 사람, 예의 형식에 정통한 사람이다. 반면 즐기는 자는 예를 고착된 형식에서 해방하여 창의적으로 변용하는 사람, 창의적으로 변용하여 새로운 조화의 길을 여는 사람이다.

풍자와 해탈 그리고 유가적 보편자

널리 알려진 대로 인륜적 삶의 질서 일반을 의미하는 예禮는 원래 신에게 제사지내는 예식을 표상한 글자다. 풍성한 곡식을 담은 제기祭器가 엄숙한 제단祭壇 위에 놓여 있는 모습이 '예'라는 글자의 근간이다. 공자는 샤먼의 핏줄을 이은 제례 전문가였거니와 음악이 흐르는 제단은 공자의 독특한 인문주의가 태어나는 원천적인 장소라 할 수 있다. 제단 앞에서 인간의 행위나 몸가짐은 규율화·전형화된다. 여기서는 일거수일투족一擧手一投足이 합리적이고 순화된 형식을 취해야 한다. 표정도, 말도 자의적인 기분의 영향에서 벗어나 공유된 기준과 상징을 따라야 한다. 연극무대에 오르는 배우의 고민은 인간의 성격과 정념을 표현하는 가장 이상적인 전형을 자신의 몸으로 구현하는 데 있다. 제단에 오르는 사람의 고민도 유사하다. 자신의 신분과 역할에 상응하는 최선의 태도와 행위를 연출해야 한다.

공자의 독창적인 정명正名이론은 제단 앞에서 탄생했을법하다. "군주는 군주다워야 하고 신하는 신하다워야 한다. 아비는 아비다워야 하고 자식은 자식다워야 한다."[39] 한마디로 사람은 사람다워야 한다. 신을 불러낸 자리에서 들리는 이런 정언명법은 어떤 호명呼名의 경험에서 왔을 것이다. "네가 군주라고? 네, 군주입니다. 그러면 나에게 군주가 누구인지 가르쳐다오. 군주는 어떤 사람이지?" 공자의 정명은 단순한 언어이론이 아니다. 정명은 이름을 바로잡는 것에 그치지 않는다. 정명은 하늘에서 천둥처럼 울리는 호명의 체험에서 시작되어 고독한 소명의식 속에서 완결되는 사건이다. 이 사건의 핵심은 주체 이미지의 재탄생에 있다. 정명은 그때그때의 상황에 따라 사회적 지위나 역할에 부합하는 가장 이상적인 주체 이미지를 다시 설정하라는 명령이다. 이런 명령은 각각의 주체에게 스스로 설정한 이미지에 맞추어 자신의 형태를 바꾸어야 한다는 의무의 체험과 맞물린다. 공자가 복례復禮라 했던 것은 정명의 사건 속에서 예가 활력적인 역동성을 되찾는 국면을 완성 조건으로 한다.

공자의 인仁은 정명(천명에 의한 호명과 소명)과 복례의 황홀경 속에서 극기라는 상승적 자기변형이 일어날 때 펼쳐지는 신비한 위력이라 할 수 있다. 그러나 거꾸로 인은 극기와 복례의 단초이자 가능조건이기도 하다. 복례가 정명의 절차 속에서 성립한다면, 호명과 소명을 동전의 양면처럼 거느리는 정명의 절차는 천명과의 공명을 전제한다. 아이온의 시간을 구조화하는 추상적인 선을 따라 어떤 원격소통이 먼저 일어나지 않는다면, 호명과 소명의 변증법은 기대할 수 없다. 복례의 가능조건이 정명에 있다면, 정명의 가능조건은 과거와 미래를 새롭게 잇는 원격감응의 선線에 있다. 원격감응은 예가 마술적인 힘을 발휘하기 위한 최후의 가능조건이다.

그리스인의 보편자는 무역선이 오가는 바다 위에서 출현했다. 그것은 무한한 등가적 교환의 기준이 되는 화폐의 보편성이다. 유대인은 모든 생물학적 형태가 소멸하는 사막에서 낯선 신을 만났다. 명명할 수 없고 이미지가 없는 신, 그것은 사막이라는 추상화의 공간에서 나타난 유일신이다. 유교적 보편성을 말할 수 있다면, 그것은 산자가 죽은 자와 관계를 맺는 애도의 제단에서 태어났다. 김수영은 거기서 시적인 것의 출현을 기대했다. 그리고 시적인 것이 출현하는 사건을 '풍자가 아니면 해탈'이라 했다.

누이야
풍자가 아니면 해탈이다

너는 이 말의 뜻을 아느냐
너의 방에 걸어놓은 오빠의 사진
나에게는 '동생의 사진'을 보고도
나는 몇 번이고 그의 진혼가를 피해왔다
……
누이야
나는 분명히 그의 앞에서 절을 했노라
그의 앞에 엎드렸노라
모르는 것 앞에는 엎드리는 것이
모르는 것 앞에는 무조건 숭배하는 것이
나의 습관이니까
–「누이야 장하고나!」(1961) 부분

유가철학에서 인간의 의무는 가족 내의 역할에서부터 추론되었고, 정명正名이론 속에서 최초의 완결된 표현을 얻었다. 위의 시는 정명正名의 노래라 할 수 있다. 죽은 오빠에 대한 누이의 역할, 죽은 동생에 대한 형의 의무를 애도의 상황 속에서 장면화하고 있기 때문이다. 프로이트가 지적한 것처럼 죽은 자는 산자의 애도와 뉘우침 속에서 한없이 이상화된다. 애도가 거듭되고 후회가 깊어질수록 죽은 자는 이상적 인간, 형이상학적 인간, 이념적 인간으로 다시 태어난다.[40] 애도의 상황에서는 기억의 대상이 어떤 이념적 공간 속에 놓이면서 범례(동일시의 대상)의 자리에 오른다. 교육의 모델이나 설명의 기준이 되는 보편자는 많은 경우 이런 식으로 세상에 등장한다. 애도가 이어지는 예식의 제단은 인간적인 것이 순화되고 숭고한 크기를 획득하는 장소다.

중국의 보편자는 그런 제단 앞에서, 그 앞에서 열리는 희생제의犧牲祭儀에서 태어났다.[41] 여기서 이상적인 전형으로 출현하는 것은 단지 인간의 성격이나 사회적 역할만이 아니다. 거기서는 이름 자체가 순화되고 나타남 일반이 정화된다. 죽은 자의 영혼을 맞이하는 애도의 제단은 각각의 현상이 자신의 진면목 속에서 나타나는 무대다. 김수영은 그 무대의 절차를 풍자나 해탈로 옮겼다. 죽은 자가 제단 앞에서 끊임없이 이상화될수록 산자는 초라해진다. 죽은 자가 형이상학적 공간 속에서 한없이 커질수록 경험적 인간은 계속 작아진다. 죽은 자에 대한 후회 속에서 산자의 수치는 죄의식으로 발전해간다. 풍자는 산자와 죽은 자 사이에서 일어나는 그런 과격한 대비효과에 대한 이름일 것이다. 반면 해탈은 애도와 후회가 동일시의 절차로 발전할 때 일어난다고 할 수 있다. 제단 앞의 침묵 속에서 죽은 자가 아이온의 시간을 사는 인간으로 상승할 때, 애도나 후회의 주체는 자신을 마침내 그 이상적 인간과 동일시하게 된다. 그리고 그런 동일시를 통해 그 자신이 어떤 이상적인 정체성 속에서 다시 태어나게 된다. 해탈은 이런 주체의 재탄생에 대한 이름일 것이다.

인간의 절대적 자세

서양의 이론적 형상은 바다와 사막 위를 지나는 태양의 빛 속에서 현상했다. 중국의 윤리적 형상은 숭배의 무게만큼 커지는 애도의 침묵 속에서 나타났다. 시각적이든 청각적이든 구별할 필요가 없다. 예식의 제단 앞에서는 사물이 이상적 형태로 나타나되 그것을 정화하는 침묵 속에서 나타난다. 나타남의 탁월한 현장에서 명석과 판명은 빛의 힘에 의해서가 아니라 침묵에 감염되는 정도에 따라 커져간다. 아이온의 시간을 몰고 오는 침묵은 우리가 제단 앞에서 허리를 굽혀 절을 할 때 가장 무거워진다. 그러나 헤겔은 동양인의 절을 이렇게 혹평했다.

> 절에 의한 경의의 표명은 우리 유럽인에게는 모든 경우에 상체만 가지고 이루어진다. 왜냐하면 그 경우 우리는 우리의 자립성을 포기하려 하지 않기 때문이다. 이와 달리 동양인은 주인 앞에서 땅에 엎드림으로써 주인에 대한 그들의 존경심을 표현한다. 그들은 주인의 눈을 똑바로 쳐다봐서는 안 된다. 왜냐하면 그들은 그렇게 함으로써 자신들의 대자 존재를 주장하게 될 것이기 때문이다. 오로지 주인만이 자유롭게 하인과 노예를 내려다볼 수 있는 권리를 가지고 있다.[42]

헤겔에게 직립 자세는 '인간의 절대적 자세'[43]다. 오로지 인간만이 누리는 자유로운 정신의 습관적 표현이라는 것이다. 반면 직립 자세를 포기하고 엎드려 절하는 것은 자립성을 양도하는 퇴행적 행동이다. 이때 자립성을 양도한다는 것은 자신의 대자 존재를 포기한다는 것과 같다. 오리엔탈리즘의 전형인 이런 독설은 동양의 예절이 제사문화에 뿌리내리고 있다는 점을 무시하고 있을 뿐만 아니라 동서의 인간학적 차이에 대한 무지와 맞물려 있다. 『주역』에는 이런 말이 나온다. "지식은 높게 되고 예절은 낮게 되는 것이니 높은 것은 하늘을 본받고 낮은 것은 땅을 본받는다."[44] 우리는 이 대목에 기대어 동서의 인간관을 비교할 수 있다. 그리고 왜 유가 전통에서는 절이 인간의 절대적 자세인지 추론할 수 있다.

서양철학은 인간됨을 말과 지식을 위주로 파악하는 경향이 강하다. 말을 즐기고 지식을 열망하는 것이 서양적 인간의 이미지다. 여기서 참됨의 의미는 말과 사물의 일치에 있다. 서양적 인간의 사유는 하늘로 향하는 수직적 구도의 높이를 추구한다. 주체는 자신의 정체성을 신체의 형이하학적 무게에서 벗어난 순수 내면성에서 찾게 된다. 이런 인간관에는 현실의 세계를 가상으로 비하하는 플라톤-기독교적 이상주의(이원론)가 크게 작용하고 있다. 반면 유가철학은 인간됨을 행동과 예의를 위주로 파악한다. 유가적 인간은 무엇보다 예의에 맞게 행동하는 인간이다. 여기서 참됨의 의미는 말과 행동의 일치에 있다. 이런 유가적 인간의 사유는 산처럼 넓게 포용하고 대지처럼 두터워지기를 열망한다.[45] 주체는 끊임없이 자신의 외연을 신체 바깥으로 확장하여 마침내 천하 전체를 감당하려 한다. '수신제가치국평천하修身齊家治國平天下'는 주체의 외연적 테두리가 넓어져가는 단계를 표시한다. 계속 커져가고 무거워지는 사이즈를 열망하는 이런 인간학에는 이상과 현실을 두 세계로 나누지 않는 중국적 내재주의(일원론)가 크게 작용하고 있다.

절에는 이런 유가적 인간관이 집약되어 있다. 유가 전통에서 주체로서의 자기는 아는 자가 아니라 행동하는 자다. 자기는 어떤 무게 없는 내면이 아니라 신체 전체를 통해 바깥으로 발산하는 어떤 힘의 중심이다. 이런 자기가 경의를 표명하기 위해서는 신체 전체를 움직여야 한다. 물론 『논어』에는 예를 직립의 이미지와 결부하는 듯한 대목이 있다. "예를 통해 일어서고 음악을 통해 완성한다", "예를 배우지 않으면 일어설 수 없다", "예를 모르면 일어설 수 없다."[46] 그러나 이런 문장에서 일어선다는 것[立]은 사회의 일원으로 자리 잡는다는 것을 말한다. 그것은 서양의 개인처럼 타인과 분리된 자율적 내면이 확립된다는 것이 아니다. 다만 사회가 기대하는 특정한 역할의 담지자로 인정받는다는 것이다. 고개를 숙여 어깨를 보이는 절은 개인을 사회적 역할 담지자로 간주하는 유가적 인간학을 반영한다.

겸손의 윤리, 공평의 정치

『주역』에서 예禮와 관련된 괘는 10번째의 리履 괘(䷉)와 15번째의 겸謙 괘(䷎)다. 공자시대에 붙은 주석은 리를 '덕의 기초'로, 겸을 '덕의 자루(손잡이)'로 풀이했다.[47] 리는 절차에 따라 밟아 나아간다는 뜻이고, 겸은 자신을 낮춘다는 뜻이다. 리는 바깥으로 향한 형식적 순서를, 겸은 안으로 갖추어진 자기조절 능력을 의미한다. 우리는 리를 도덕의 객관적 본질로, 겸을 도덕의 주관적 본질로 간주할 수 있다. 도덕의 객관적 본질은 형식에 부합하는 행동에 있다. 반면 그 주관적 본질은 형식적 행동을 통해 표현해야 하는 도덕적 감수성에 있다. 유가 윤리학에서 도덕적 감수성의 바탕은 자신의 몸을 낮추고 타인의 몸을 높이는 역량에 있다. 그러나 이때 중요한 것은 겸손과 굴종을 구별하는 일이다. 겸 괘의 형상(䷎)을 보면, 아래에는 산(☶)이 있고 그 위에 땅(☷)이 있다. 땅 속으로 들어갔는데 높은 산이 나타나는 형국이다. 높은 산이 스스로 자신을 낮추어 땅 아래로 숨었다고도 할 수 있다. 이것은 겸손이 비굴함과 다르다는 것을 말해준다. 내세울 것이 아무 것도 없을 때 자세를 낮추는 것은 비굴함에 가깝다. 반면 겸손하다는 것은 내세울 것이 많음에도 자세를 낮춘다는 것이다. 산과 같이 높고 웅장한 성취를 이루고 난 사람일수록 겸손의 미덕을 발휘할 위치에 있다는 것이 겸 괘의 논리다. 이것은 겸 괘가 등장하는 순서에서도 암시된다. 『주역』에서 겸 괘는 동인同人 괘와 대유大有 괘 다음에 온다. 동인은 같은 부류의 사람들이 모여 거대한 무리를 이룬다는 것이다. 대유는 대규모의 부富를 성취한다는 것이다. 요즘 말로 하면 동인은 거대 정당의 창립을, 대유는 국부의 장악을 가리킨다. 그러므로 겸손은 정확히 권력을 잡은 집권여당과 통치자가 따라야 할 도리임을 알 수 있다. 겸손은 패배했을 때가 아니라 승리했을 때일수록 갖추어야 할 도리라는 것이다.

겸 괘의 형상을 보고 문왕文王은 "군자는 끝마침이 있을 것이다"[48]라는 제목을 달아놓았다. 군자는 겸손함에 의해 완성된다는 이야기다. 누구나 시작은 할 수 있고 멋지게 할 수도 있다. 그러나 끝에까지 이르고 게다가 멋진 결말을 이룬다는 것은 드문 일이다. 그것은 위대한 업적을 쌓되 겸손을 잃지 않는 사람에게만 기대할 수 있다는 것이 겸 괘 제목의 뜻이다. 공자는 문왕의 제목에 다음과 같은 심오한 해석을 덧붙여놓았다.

> 하늘의 도는 가득 찬 것을 이지러지게 하여 겸손한 것에 더해준다. 땅의 도는 가득 찬 것을 변하게 하여 겸손한 데로 흐르게 한다. 귀신은 가득 찬 것을 해치고 겸손한 것에 복을 준다. 사람의 도는 가득 찬 것을 싫어하고 겸손한 것을 좋아한다. 겸은 작지만 광대하고 낮으나 뛰어넘을 수 없으니 군자의 끝마침이다.[49]

겸손이 천지의 운행에 합치하는 덕임을 말하는 대목이다. 『주역』에서는 줄어든 것은 반드시 늘어나고 가득 찬 것은 반드시 비게 된다는 사태보다 자명한 것은 없다. 그것은 세상사를 설명하는 궁극의 존재론적 전제다. 겸손은 이런 소식영허消息盈虛의 자명성에 기초한 도덕적 당위다. 겸손해야 한다는 명령은 하늘에서도 울리고 땅에서도 울린다. 그것은 귀신의 목소리이기도 하고 인간의 역사 속에 반복적으로 검증된 진리이기도 하다. 겸손은 유가 전통에서 치자治者의 길을 완성하는 덕이자 예의 질서에 참여하는 사람이면 누구나 따라야 할 절대적 명령이다. 겸 괘(䷎)의 주인공은 아래에서부터 세 번째에 있는 이어진 선이다. 나머지 선들은 모두 끊어진 선(음효)인데, 오로지 세 번째 선(⚊)만이 이어진 선(양효)임에 주목하자. 주공周公 시절 여기에는 다음과 같은 설명이 붙었다. "공로가 있으면서 겸손함이니 군자는 끝마침이 있으리라."[50] 이 선은 위아래의 선들이 모두 주목하고 존경하는 위치에 있다. 이것은 이미 많은 업적을 이루었기 때문이다. 남다른 희생과 노력으로 공동체의 안녕과 번영에 혁혁한 공로를 남긴 덕분에 위로는 통치자에서부터 아래로는 평범한 사람에 이르기까지 칭송하지 않는 사람이 없다. 그럼에도 더 높은 자리로 올라갈 생각을 그치고 마냥 낮은 지위에 머물러 평생 겸손함을 유지하는 것이다.

노겸勞謙이라는 말은 주공周公 시절에 만들어졌지만, 이것의 가장 좋은 사례는 어쩌면 주공 자신인지 모른다. 주나라를 세운 무왕이 어린 세자(성왕)를 남기고 죽자 동생인 주공이 섭정이 되었다. 여기에 반발한 두 아우가 반란을 일으키자 제압하여 모든 권력을 완전히 장악했다. 그럼에도 스스로 왕이 되지 않고 어린 조카를 보좌하여 주나라의 문물과 제도를 확립하는 데 힘썼다. 그리고 노겸의 길로 인생을 마무리하여 후대에 성인聖人으로 추앙되기에 이르렀다. 주공이 이룬 그 모든 성취에 성스러운 빛을 부여하는 것은 겸손이다.

그러나 겸손은 영웅적 리더십의 조건이기에 앞서 예禮 일반의 조건이다. 예는 행동에 대한 형식적 규정을 객관적 조건으로, 겸손을 주관적 조건으로 한다. 맹자가 예의 단초를 사양辭讓하는 마음에서 찾은 것도 이와 똑같은 맥락에서 이해해야 한다. 마음이 겸손하여 사양하고 양보하는 것이 예의 주관적 조건이라는 것이다. 유교 사회의 도덕과 윤리는 겸손과 사양에 기초한다. 그리고 유교 사회의 정치는 예치禮治를 말하므로 공자의 계승자들에게는 정치마저 겸손과 사양에 기초한다고 해야 한다. 이때 다시 한 번 강조해야 하는 것은 겸손과 사양이 무엇인가를 소유한 사람을 주체로 한다는 점이다. 겸손과 사양은 가진 자로서 양보하고 베푼다는 것을 뜻한다. 유교 윤리는 양보의 윤리이고, 유교 정치는 베풂의 정치다.

헤겔 같은 서양 철학자는 바로 이런 점을 보지 못했기 때문에 동양의 윤리를 '노예의 도덕'이라 비하했다. 유교 전통에서 낮춤은 오히려 승자의 도리다. 겸손은 양보이고, 양보는 베풂이다. 공자는 이미 겸 괘의 형상을 보고서 겸손의 정치를 베풂의 정치로 풀이했다. "땅속에 산이 있는 것이 겸이다. 군자는 이런 상을 본받아 많은 것을 취하여 적은 것에 더해주고 사물을 저울질하여 공평하게 베풀어야 한다."[51] 유교 전통을 계승하는 사회에서는 자유와 평등 같은 민주주의의 이념들도 이런 '베푸는 겸손'의 이념 아래 재결합될 때야 비로소 역사적 현실 속에 굳건하게 뿌리내릴 수 있을 것이라 생각해본다.

타인을 높이고 자신을 낮추는 겸손은 예의 주관적 본질이라는 점에서 공자가 언급한 극기克己와 크게 다르지 않다. 이 점에서 주자가 언급한 거경居敬과도 이어진다. 유가 전통에서는 겸손을 표현하고 거경으로 돌아가는 신체적 동작이 절이다. 절은 한편으로는 애도와 다짐을 표현하고 다른 한편으로는 거경의 실천이라는 점에서 '인간의 절대적 자세'라 할 수 있다. 김수영의 언어로 옮기면 절은 온몸의 자세다. 그의 시 「누이야 장하고나!」(1961)에 나오는 "누이야/ 나는 분명히 그의 앞에 절을 했노라/ (……) 모르는 것 앞에는 무조건하고 숭배하는 것이/ 나의 습관이니까"라는 구절은 절을 미지의 잠재력으로 돌아가는 온몸의 자세로 끌어올리고 있다. 이 대목은 겸손에서 거경으로 이어지는 예의 주관적 본질의 역사를 배경으로 읽어볼 만하다. 그것은 절을 인간의 절대적 자세로 간주해온 유가 전통을 옮기는 문장이고, 그렇게 옮기기 위해 비트는 문장이라 할 수 있다.

6 덕의 길, 학문의 길: 대도와 미로

풀이 눕는다
비를 몰아오는 동풍에 나부껴
풀은 눕고
드디어 울었다.
날이 흐려서 더 울다가
다시 누웠다

풀이 눕는다
바람보다도 더 빨리 눕는다
바람보다도 더 빨리 울고
바람보다 먼저 일어난다

날이 흐리고 풀이 눕는다

발목까지
발밑까지 눕는다
바람보다 늦게 누워도
바람보다 먼저 일어나고
바람보다 늦게 울어도
바람보다 먼저 웃는다
날이 흐리고 풀뿌리가 눕는다
–「풀」(1968) 전문

시적 이행의 문제

「묘정의 노래」(1945)와 「공자의 생활난」(1945)을 발표하면서 등단했던 김수영은 지금 인용한 「풀」을 마지막으로 생애를 마쳤다. 이 걸작을 참여시의 전형으로 분류하는 경우가 많다. 이때 풀은 지배세력에 저항하다가 전복의 순간에 도달한 민중이 된다. 한때 민중의 저항정신을 자극하는 작품들이 쏟아져나왔지만, 김수영의 시만큼 민초의 위대한 힘을 절묘하게 연출한 사례는 그렇게 흔치 않다. 그러나 시는 당대의 요구에 맞추어 읽기보다는 시대적 제약을 제거해가며 읽는 법도 있다. 시적인 보편성에 대한 물음이 제기될 때가 그렇다. 시의 유래와 본성으로 향한 사변적 도약을 위해서는 그런 환원적 독법이 필요하다. 여기서 김수영이 여러 편의 메타 시를 썼다는 사실을 기억할 필요가 있다. 시의 본성이나 시인의 사명을 소재로 한 작품이 김수영 시 세계의 중요한 축을 이룬다. 「풀」은 이런 메타 시 계열의 정점으로 읽을 수 있다.

몇몇 평론가는 이미 김수영의 「풀」을 『논어』의 한 구절과 연관하여 해석했다. "군자의 덕은 바람과 같고 소인의 덕은 풀과 같다. 풀 위로 바람이 불면 풀은 반드시 눕게 마련이다."[1] 계강자季康子의 가혹한 형법주의에 이의를 제기하던 공자는 자신의 덕치주의를 바람과 풀의 관계를 끌어들여 표현했다. 이 비유는 『맹자』(5-2)에서 원문 그대로 인용될 만큼 유가 경전에서 뚜렷한 위상을 차지한다. 김수영의 「풀」을 참여시로 읽는다면, 이 시의 주제는 군자와 소인을 양극으로 하는 봉건적 지배구조의 전도에 있다. 그러나 시의 본성을 묻는 메타 시로 읽는다면, 풀은 소인이나 민중이 아니라 시적 사유 자체가 되어야 한다. 바람은 민중의 자유를 제약하는 정치적 지배세력이 아니라 시의 자유를 억압하는 어떤 힘에 해당할 것이다. 그렇다면 시적인 사유는 궁극적으로 어떤 저항과 장애를 넘어 자유에 도달하는가?

사실 시적 이행의 문제는 김수영의 시론에서 핵심적인 위치에 있다. 이 점은 「아픈 몸이」(1961) 같은 메타 시에서, 그리고 온몸의 시학을 담고 있는 「시여, 침을 뱉어라」(1968) 같은 산문에서 분명하게 읽을 수 있다. 이런 문헌에 근거할 때 "시란 무엇인가?"라는 물음은 "시적 이행이란 무엇인가?"라는 물음과 같다. 시는 어떻게 자신의 황홀경에 도달하는가? 이런 이행의 문제를 염두에 둘 때 「풀」에서 눈여겨보아야 할 대목은 흐린 날씨다. 김수영의 작품세계에서 더러움이나 진창이 끝과 시작이 겹치는 종말론적 전환의 계기를 표시하는 것처럼 흐린 날씨는 어떤 결정적인 도약의 순간을 상징한다.[2] 세속적 세계와 초월적 세계, 산문의 논리와 시적인 논리를 가르는 경계상의 시간을 암시하는 것이다.

"날이 흐려서 더 울다가/ 다시 누웠다." "날이 흐리고 풀이 눕는다.” 풀의 운동은 이 두 문장을 계기로 거듭 새로운 차원으로 들어선다. 바람을 따라 눕던 풀이 바람보다 먼저 눕게 되고, 바람보다 늦게 누워도 바람보다 먼저 일어서게 된다. “바람보다 늦게 울어도/ 바람보다 먼저 웃는다.” 바람의 구속력에서 해방되어 자발적인 운동의 주체로 돌아가는 것이다. 우리는 이런 전환을 무극無極과 태극太極 사이의 긴장관계 안에서 설명한 적이 있다.[3] “무극이면서 태극이다.” 동아시아 존재론의 원형을 담은 「태극도설」은 이렇게 시작된다. 이 문헌에 따르면 태극의 운동과 정지 속에 음陰과 양陽이, 음양의 조화 속에 오행五行이, 오행의 이합집산 속에 사물 일반이 태어난다. 삼라만상의 기원에 있는 것이 태극이다. 성리학에서 그것은 어떤 초월적인 이치나 조리의 체계로 정의된다. 합리적 연락의 체계인 태극은 존재론적 본체에 다름 아니다. 우리는 무극을 이런 태극 중심의 존재론적 질서가 탄생·유지되기 위해 잊혀야 했던 어떤 것으로 간주할 수 있다. 『주역』에서 이런 무극은 신神이라는 말로 지칭된다.

> 한 번 음이 되고 한 번 양이 되는 것을 도道라 한다. (……) 낳고 또 낳는 것을 역易이라 하고, 형상을 이루는 것을 건乾이라 하며, 건을 본받는 것을 곤坤이라 한다. 수를 정확하게 계산하는 것을 점占이라 하고, 음양이 변화하고 순환하는 것을 사事라 하며, 음양을 헤아릴 수 없는 것을 신神이라 한다.[4]

태극이라는 말이 처음 등장하는 『주역』[5]은 원래 점서占書였지만, 동시에 점으로 예측할 수 없는 신비와 관계하는 책이다. “신神은 일정하게 머무는 장소가 없고 역易에는 일정하게 나타나는 형태가 없다”[6]는 계사의 저자는 합리적 연결의 체계보다 훨씬 외연이 넓은 어떤 원격 연락망을 생각했다. 그리고 그런 역의 체계를 "천하의 연고를 낳는 감통感通의 체계"[7]로 간주했다. 무극이란 합리적으로 계산하고 예측할 수 없는 신비한 변화의 원천이다. "무극이면서 태극이다(無極而太極)"라는 문장은 이 세계의 밑바탕이 단순한 합리도, 단순한 비합리도 아님을 말한다. 본체는 단순한 카오스나 단순한 코스모스가 아니라 카오스모스라는 것이다. 시적 이행은 태극의 원격 연락망 속에 망각된 신비한 무극의 위력을 증명할 수 있는 가능성에서 온다. 김수영의 「풀」은 태극에 의해 지배되는 존재론적 질서가 무극에 의해 주도되는 시적인 질서로 반전되는 사건을 노래한다고 볼 수 있다.

바람의 상상력

고대 중국인은 합리적인 태극의 질서와 비합리적인 무극의 질서를 서로 분리해서 생각하지 않았다. 두 질서를 똑같이 존중하여 양자가 함께 얽혀 있는 상태를 '정상적인' 것으로 간주했다. 신神과 분리된 도道를 믿지 않았으며, 도와 분리된 신을 구하지 않았다. 공자가 바라보는 세계는 태극의 질서와 무극의 질서, 도의 위력과 신의 역량이 서로 얽혀가면서 합리와 비합리의 경계를 부단히 새롭게 그려가는 세계다. 이런 세계에 거주하기 위해 어떤 계산이 필요하다면, 그 계산은 그때그때의 상황마다 끊임없이 다시 이루어져야 한다. 처세處世의 길은 상황마다 달라지는 임시방편의 기준을 세워야 하는 권도權道에서 완성된다. 그리고 권도는 시적인 지혜 속에서 싹터 음악적인 지혜 속에서 완성된다.[8]

무극과 태극, 신神과 도道가 뒤얽히며 세상만물을 낳는 세계에서는 하나의 사물에 고정불변의 정체성을 부여한다는 것은 어려운 일이다. 소크라테스처럼 불변의 의미를 찾거나 플라톤처럼 시공간적 제약을 벗어난 항구적 형상을 가리킨다는 것은 고대 중국에서는 상상할 수 없는 일이다. 왜냐하면 사물의 안과 밖을 나누는 경계가 유동적이라는 믿음이 강했기 때문이다. 사물에 형상이 있다면, 그 형상은 신축적이고 임시방편적인 구성체에 불과했다. 그러므로 어떤 학자는 고대 중국의 언어세계에서 질량명사mass noun가 차지하는 압도적인 위상을 지적했다.[9] 질량명사란 물, 진흙, 바람 등과 같이 일정한 구조가 없는 질료 덩어리를 가리키는 명사다. 형식적으로 분절되지 않은 질료 덩어리는 부분과 전체의 관계에서 독특한 특성을 드러낸다. 화학적 현상이나 생물학적 현상에서 그런 것처럼 부분들이 서로 삼투해 들어간다. 부분이나 개체는 전체를 환기·응축한다. 덕분에 개체는 전체 자체를 대표하는 위치를 넘볼 수 있게 된다. 개체는 전체를, 특수는 보편을 대신하는 능력이 있으므로 플라톤처럼 개체들과 분리된 추상적 보편자의 세계를 별도로 설정할 필요가 없다. 고대 중국에서 보편성은 개체의 생애가 도달하는 정점에서 꽃처럼 잠깐 피어났다가 지고 마는 어떤 것이다. 개체는 다른 개체와 더불어 주변의 환경을 응축하는 놀이 속에 있고, 그 놀이의 승자가 전체를 대표하는 보편자의 왕관을 쓰게 된다. 무극과 태극이 뒤엉키는 세계에서는 특수와 보편, 구체와 추상은 두 편으로 갈라서지 않는다.

이런 세계관은 신체 이미지를 통해 명확히 드러난다. 고대 그리스의 조각상은 이미 인간의 형태를 세부 근육의 움직임까지 명확하게 재현해냈다. 서양 중세의 판화는 몸의 형상을 미시적 수준에서 극

사실적으로 표현했으며, 근대의 해부도는 근육의 섬유질 하나하나까지 분석적으로 묘시한다. 신체의 조직이 이상적인 평면 위에 면밀하게 재구성된 결과다. 반면 동아시아의 의학서에 등장하는 인체상은 세부가 없다. 근육, 골격, 장기가 대충 그려져 있고, 그 대신 경락의 위치와 맥의 흐름을 정확히 표시한다. 서양의 인체상에 비할 때 동아시아의 인체상은 형식적으로 전혀 분절되지 않은, 그래서 구조를 결여한 어떤 덩어리처럼 보인다. 이런 차이는 머리나 손 기술이 모자라서가 아니다. 그것은 다만 존재이해가 다르기 때문에 생긴 결과일 뿐이다.

동아시아인에게 모든 사물은 기氣의 흐름 속에서 형성된 잠정적인 구성체에 불과하다. 그 구성체의 형상을 이루는 경계는 플라톤의 이데아처럼 한 번 정해지면 영원히 변하지 않을 듯한 견고성을 지니지 않는다. 경계가 유연하고 신축적이라는 것이 동아시아적 개체의 특징이다. 신체는 분명히 테두리가 있되 표면에 분포된 수많은 기공을 통해 안과 밖의 기氣들이 바람처럼 드나들 수 있다. 따라서 정확히 재현되어야 하는 것은 잠정적으로 고착된 세부적 형상이 아니라 외부와 호흡하는 표면의 유연성이다. 어떤 학자는 이런 인체 이미지의 배후에 있는 세계상을 '바람의 상상력'이라는 말로 집약했다.[10] 이는 단지 동아시아의 인체 이미지만이 아니라 기氣를 중심으로 한 존재이해 일반을 압축하는 은유다. 여기서 온몸의 시학을 개진하는 김수영의 산문 「시여, 침을 뱉어라」(1968)의 부제가 '힘으로서의 시의 존재'라는 점을 기억하자. 온몸의 시학은 바람으로 표상되는 어떤 흐르는 힘을 전제한다. 그러므로 김수영의 작품세계에서 바람의 이미지가 자주 등장한다는 것은 당연한 일이다. 위에서 인용된 「풀」이 좋은 예이지만, 다음과 같은 시도 있다.

기운을 주라 더 기운을 주라
강바람은 소리도 고웁다
기운을 주라 더 기운을 주라
달리아가 움직이지 않게
기운을 주라 더 기운을 주라
무성하는 채소밭 가에서
기운을 주라 더 기운을 주라
돌아오는 채소밭 가에서
기운을 주라 더 기운을 주라
바람이 너를 마시기 전에
–「채소밭 가에서」(1957) 전문

경계의 불안

바람은 보통 활력적인 힘을 상징한다. 이 시에서 바람은 유혹과 위험, 생명과 죽음이라는 상호 모순적인 두 측면에서 경험되고 있다. 바람은 기운의 원천이자 소멸의 미궁이다. 강에서 불어오는 바람은 채소를 키우고 달리아 꽃을 피어나게 한다. 그러나 이것들을 뒤흔들어 쇠락의 길로 몰고 가기도 한다. 살아있는 것은 모두 바람을 마시며 살아가되 다시 바람의 입 속으로 빨려 들어갈 수 있다. "기운을 주라 더 기운을 주라/ 바람이 너를 마시기 전에"라는 노래는 이런 생각을 배경으로 한다. 꽃이든 채소든 모든 사물은 바람을 먹고 자라되 다시 바람의 먹이가 될 수 있다. 그러므로 사물은 멀쩡히 존재하기 위해 끊임없이 바람과 싸워야 한다.

바람은 사물의 안과 밖을 자유롭게 넘나들면서 경계를 이리저리 변형시키고 이동시킨다. 바람의 상상력 안에서 사물의 경계는 흔들리는 갈대처럼 움직인다. 모든 사물은 그 움직이는 경계를 지키기 위해 바람과 맞설 수 있는 힘을 스스로 만들어야 한다. "기운을 주라 더 기운을 주라/ 달리아가 움직이지 않게." 자신의 경계가 뒤흔들려 무너지지 않게 사물은 스스로 분발하고 기운을 내야 한다. 자기를 스스로 자극하는 가운데 자신의 테두리와 정체성을 유지해야 한다. 사물만이나 식물만이 아니다. 바람의 상상력 안에서는 사람도 끊임없이 움직이는 정체성의 테두리를 부여잡고 거기에 일정한 안정성을 부여하기 위해 노력해야 한다.

그렇다고 한 번 주어진 형상 속에 고착되지는 말아야 한다. 오히려 주변 환경과 관계하며 끊임없이 자신의 형태를 확장해가야 한다. 공자가 "군자는 정해진 그릇이 아니다"[11]라고 했을 때 뜻했던 것도 여기에 있다. 사람은 부단한 자기도야 속에서 하루하루 달라져야 한다. 이런 공자의 가르침에는 이미 인간의 본성이 변형 가능하다는 전제가 들어 있다. 이것은 인간의 본성을 규정하는 경계선이 유연하고 탄력적이며 게다가 잠정적이라는 것과 같다. 인간의 본성은 임시적인 구성체로서 끊임없이 재구성되어야 할 과제다. 유가적 도야의 이념에는 이런 재구성의 과제가 소홀히 될 때 자아의 정체성이 쉽사리 허물어질 수 있다는 불안이 숨어 있다. 김수영은 이런 유가적 실존의 불안을 노래하고 있다. "기운을 주라 더 기운을 주라/ 바람이 너를 마시기 전에." 그것은 정확히 자아의 경계, 그 취약한 경계에 대한 불안이다.

유가적 수치 개념의 기원도 여기에 있는지 모른다. 서양에서 수치의 관념은 성적 은유와 시각적 은유에 의해 지배되고 있다. 특히 발가벗은 몸이 타인의 시선에 방치되는 것이 가장 구체적인 수치 경험의 사례로 꼽힌다. 수치에 해당하는 그리스 단어 aidos가 생식기를 의미하는 aidoia와 어원이 같다는 것도 이 점을 뒷받침한다. 서양인에게 수치란 성기의 시각적 노출로 집약되는 성적 수치심을 원형으로 한다.[12] 그러나 유가적 의미의 수치는 성적 은유나 시각적 은유와는 무관하다는 것이 연구자들의 한결 같은 결론이다. 그렇다고 죄책감의 개념을 지배하는 청각적 은유와 관련이 있는 것도 아니다. 수치를 유발하는 특권적인 감각이 없다는 것인데, 이런 점들을 설명하기 위해서는 동아시아의 신체 개념을 지배하는 바람의 상상력으로, 그리고 이것이 수반하는 경계의 불안으로 다시 돌아갈 필요가 있다.

수치가 특정한 신체 개념이나 자아상을 전제하는 감정이라면, 동아시아에서 신체는 확고한 정체성의 테두리 안에 항구적으로 보호되는 어떤 것이 아니다. 신체나 자아는 자연의 진행과정 속에 임시적으로 형성된 구성물인 까닭에 상황이 변함에 따라 부단히 배치를 바꿀 수 있다. 그렇기 때문에 이런 것들의 통일성은 끊임없는 재수립되어야 한다. 이런 인식은 정체성을 담보하는 경계에 대한 불안을 수반하는데, 수치는 그렇게 유동적이고 취약한 경계에 대한 방어의식에서 유래하는지 모른다. 즉 유가적 수치는 '경계상의 수치boundary shame'[13]라 할 수 있다.

덕의 유래와 조건: 곧음에 대하여

서양 사상사에서 바람은 영혼이나 정신 개념의 은유적 기원이다. 과거의 서양인은 영혼을 어떤 초자연적인 공기, 다시 말해서 사물을 끌어당기는 마술적인 힘의 프네마pneuma로 상상했다. 이런 흔적은 기독교의 성령 개념에 뿌리를 내린 헤겔의 정신철학에까지 강하게 남아 있다.[14] 공자가 바람에 비유한 것이 군자의 덕德이라면, 이 덕은 자기수양과 실천 속에 누적된 어떤 도덕적 역량일 것이다. 반면 노자는 덕을 어떤 형이상학적 역량으로 간주했다. 『도덕경』에 나오는 "도는 사물을 낳고, 덕은 사물을 기른다"[15] 같은 말에서 알 수 있는 점이다. 도가철학에서 덕은 모든 개체에 내재하는 도道의 힘, 개체에 내재하면서 그 개체의 내적 본성을 이루는 도의 형이상학적 역량을 가리킨다.

이 점에서 도가적 의미의 덕은 신유가철학에서 자주 언급되는 성性의 개념, 다시 말해서 "하늘이 사물에 부여한 것을 일러 본성이라 한다(天命之謂性)"고 할 때의 본성에 가깝다.[16] 『장자』에는 "사물이 살아가기 위해 얻어야 하는 것을 일러 덕이라 한다"[17]는 문장이 있다. 이 문장에 왕필이 주석을 붙인 이래 덕은 득得 같은 말로 정의되어왔다. 사물이 개체화되기 위해 도道로부터 얻은 일정량의 힘, 품득品得의 에너지를 일러 덕이라 하는 것이다. 유가 경전인 『주역』(계사전하 1)에도 "천지의 큰 덕을 일러 생生이라 한다"는 말이 있는 것을 보면, 고대 중국에서 덕은 기본적으로 각각의 사물을 살아있게 해주는 자연의 힘을 가리켰음을 알 수 있다. 그렇다면 사물은 어떻게 자연으로부터 자신을 지탱하는 힘을 얻는 것인가? 사물들이 저마다 하늘로부터 얻은 덕의 함량이 다르다면, 그 차이는 어디서 오는 것인가?

덕德이란 글자의 중심에는 바를 직直과 마음 심心이 자리한다. 덕은 마음이 곧고 착실해야 얻을 수 있는 어떤 것이라는 암시일 것이다. 공자는 "사람이 살아가는 힘은 정직이다. 그것 없이 살아가는 것은 요행히 죽음을 면한 것이다”[18]라고 한 적이 있다. 정직이 사람으로서 살아갈 힘의 원천이라는 것이다. 살아갈 힘을 얻을 조건이라 해도 좋다. 사람은 정직한 만큼 거기에 비례하여 하늘로부터 살아갈 힘인 덕을 얻는다는 것이다. 그렇다면 정직해진다는 것은 무엇을 의미하는가? 노자는 그것을 어떤 복귀의 운동으로 생각했다. 남성과 여성의 대립을 넘어선 어린아이의 상태로, 혹은 흑색과 백색의 이분법을 초월한 무극無極으로, 혹은 영광과 모욕을 함께 끌어안은 통나무 상태로 돌아가는 것이 곧음을 회복하는 길이라는 것이다.[19]

반면 공자는 곧음으로 돌아가는 길을 경敬에서 찾았다. “경敬으로 내면을 곧게 하고 의義로 외면을 반듯하게 한다”[20]는 『주역』의 멋진 공식이 이 점을 집약한다. 『논어』에는 “자기를 닦아서 경건해진다”[21]는 말이 있는데, 이 문장도 역시 자기도야와 경건 그리고 정직의 관계를 설명한다. 자기도야는 내면을 바르게 하는 것부터 시작해야 하는데, 내면을 바르게 하기 위해서는 경건함에 머물러야 한다는 것이다. 『논어』에서 도덕적 실천의 뿌리를 효孝에 두는 것도 이런 관점에서 읽어야 한다.[22] 효가 중시되는 것은 그것이 경敬을 익히고 체득하는 가장 가깝고 일상적인, 그러면서도 가장 탁월한 실천적 계기이기 때문이다. 공자는 효의 의무를 “공경하고 또 공경하여 어김이 없도록 하라”[23]는 정언명령의 형식에 담았다. 이 명령은 동어 반복에 가깝다. 왜냐하면 공경이 추구하는 것이 내면적 정직이라면, 어기지 않음[不違]은 정직의 다른 말이기 때문이다. 정직과 불위는 동일한 사태의 두 가지 표현, 다시 말해서 적극적인 표현과 소극적인 표현일 뿐이다.

유가 전통에서 경건함은 무엇보다 제사를 지낼 때의 마음이다.[24] 고대 중국의 일상인에게 덕이란 무엇보다 조상의 음덕蔭德이었다. 제사는 조상의 음덕에 감사하는 봉헌의 자리이자 조상의 음덕을 하사받는 축복의 자리였다. 주기와 받기, 봉헌과 축복, 상납과 하사라는 양 방향의 교환이 이루어지는 성스러운 의례가 제사였다. 고대 중국의 천자天子는 하늘에 제사를 올리는 일을 첫 번째 의무로 한다. 하늘에 제사하여 은덕을 입고, 위로부터 내려온 그 은덕을 나라 전체에 베푸는 일이 천자의 가장 중요한 정치적 행위였다. 이것을 일러 남면南面의 정치라 하는데, 여기에는 신정神政 시대의 잔재가 남아 있다. 다음과 같은 『논어』의 문장을 보면, 신정시대의 잔재는 공자의 덕치德治 이념에도 남아 있음을 알 수 있다. "덕으로 정치하는 것을 비유하자면, 마치 북극성이 제자리에 가만히 있는데 뭇 별이 그것을 에워싸고 도는 것과 같다."[25]

덕은 힘이고, 힘은 주변에 영향을 미치는 일정한 권역을 형성한다. 덕이 있으면 그 둘레에 어떤 '중력장' 같은 것이 생겨서 그 안에 놓인 대상들은 덕과 어떤 감응관계를 맺는다. 공자가 바람에 비유한 군자의 덕은 주위 세계뿐만 아니라 귀신과 하늘에까지 신비한 감응관계를 초래한다. 그것은 공감이나 감통感通의 연락망을 형성하는 어떤 영적인 위력이다. 응답의 충동을 불러일으키는 감통의 역량, 아마 이것이 유가적인 덕 개념의 핵심일 것이다. 덕은 주변 세계와 교통하는 어떤 주술적인 감통의 능력이되 내면을 바르게 하고 '생각에 간사함이 없는'[26] 경건한 태도에서만 허락되는 마술적 위력이다. 경敬은 위에서 내려온 감통의 역량을 수용하고 그것을 수평적으로 확장하기 위한 조건에 해당한다.

군자와 소인

우리는 여기서 자연적인 힘과 도덕적인 힘을 크게 구별하지 않는 존재론적 상상력의 일면을 본다. 동아시아 철학에서 자연의 질서physis와 인륜의 질서ethos는 서로 겹치고 연속한다. 공자의 주요 계승자들이 인仁을 자연 자체의 원리로 끌어올린 것도 이런 문맥에서 보아야 한다. 가령 인의예지仁義禮智의 덕을 『주역』의 원형이정元亨利貞과 동일시하는 경우, 인을 생명의 보편적 이치로 간주하는 경우, 인을 천지운행의 원리로 이해하는 경우 등 다양한 사례를 찾을 수 있다.[27] 천도天道와 인도人道, 존재와 당위를 구별하지 않는 동아시아의 내재적 일원론이 무엇인지 실감할 수 있는 대목이다. 그렇다면 덕과 인의 관계는 무엇인가?

공자는 학문의 길을 이렇게 설명한 적이 있다. "도道에 뜻을 두고 덕德에 근거하고 인仁에 의지하고 육예六藝에 노닐어라."[28] 이런 문장을 보면 인과 덕을 구별해야 할 것 같은 생각이 든다.[29] 보통 공자의 인은 두 가지로 간주되어왔다. 인을 다른 덕목과 구별되는 특수한 덕목으로 보는 경우가 있는데, 이는 인을 인의예지仁義禮智라는 사단四端의 하나로 정의하는 맹자의 경우 두드러진다. 반면 주자와 같이 인을 모든 덕의 뿌리이자 구심점으로 보는 경우, 혹은 모든 덕을 하나로 합칠 때 실현되는 궁극의 덕으로 보는 경우가 있다. 그러나 위의 문장에서 인은 덕 일반과는 다른 차원에 있는 것처럼 보이고, 이 점에서 다음과 같은 『도덕경』의 문장과 함께 읽어볼 만하다. "그러므로 도道를 잃은 후에 덕德이고, 덕을 잃은 후에 인仁이며, 인을 잃은 후에 의義이고, 의를 잃은 후에 예禮인 것이다."[30] 반-유가적 관점을 대변하는 이 문장에서 도에서부터 예에 이르는 주요 개념들의 파생 순서가 일목요연하게 정리되고 있다. 즉 인이 그 밖의 다른 덕보다 먼저 있어야 한다면, 도는 인을 비롯한 모든 덕이 성립하기 위한 최초의 조건이다.

고대 중국에서 덕은 사물이 개체화되기 위해 도로부터 품수해야 하는 어떤 힘이되 각각의 개체가 다시 주위의 사물에 건네주어야 하는 힘이기도 하다. 주변의 대상에 미치지 못하는 힘, 발산하지 못하는 힘은 진정한 덕이 아니다. 덕은 외부로 발산하여 다른 사물에 어떤 감응을 유발한다. 그런데 이때 중요한 것은 덕이 유발하는 감응관계가 채무관계와 유사하다는 점이다. 덕이라는 도덕적 위력에 감응하는 상대는 어떤 감사의 마음에 빠져든다. 감사의 마음이란 결국 무엇인가 받았으니 돌려줄 것이 있다는 채무의식이다. 갚아야 할 빚이 생겼다는 의식, 여기에 덕에 의한 감통의 결과가 있다.[31] 그런데 덕이 일으키는 보은의 경제에서 되-갚기는 더-갚기와 같다. 덕은 호수에 떨어진 돌처럼 점점 더 커져가는 채무의식의 파장을 낳는다. 겹겹의 동심원을 이루는 그 파장 안에서는 등가적 교환이 성립하기 어렵다. 등가적 교환의 경제는 덕의 망각, 덕의 소멸에 기초한다. 그것은 군자의 경제가 아니라 소인의 경제다. 『논어』에서 군자는 많은 경우 소인과 대비되어 서술되는데, 덕의 경제와 관련된 대목을 몇 개 골라보면 다음과 같다.

> 군자는 덕을 생각하나 소인은 땅을 생각한다.
> 군자는 의리에 밝고 소인은 이익에 밝다.
> 군자는 위로 통달하고 소인은 아래로 통달한다.
> 군자는 자신에게 구하고 소인은 남에게서 구한다.[32]

군자와 소인은 서로 배타적인 관계에 있는 것만이 아니다. 군자와 소인은 각기 정신노동과 육체노동을 담당하는 두 계급으로 단일한 국가를 구성하는 상보적인 관계에 있다.[33] 다만 하는 일이 다르므로 덕도 달라질 수밖에 없는 것이다. 소인은 단결할 줄 모르고 땅과 이익을 좇는다. 아래로 달통하고 잘못의 원인을 남에게로 돌리기 일쑤다. 그것은 인간의 자연스러운 경향이니 그 자체로는 악한 것도 선한 것도 아니다. 자연적인 경향을 따라 사는 일반 백성의 노동은 부국강병의 물적 기초를 이룬다. 아름다운 공동체라는 최고선은 노동하는 백성의 땀과 더불어 실현될 수 있다. 문제는 백성의 자연적 경향이 공동체를 이루는 초석이되 언제든지 혼란과 악을 초래할 수 있다는 데 있다. 군자는 이런 문제를 해결하는 위치에 있다. 군자는 등가적 교환의 경제를 비대칭적 교환의 경제인 덕의 경제(감사와 보은의 경제)에 종속시켜 이 세상의 악을 바로잡는다.[34]

서양철학은 기본적으로 개념의 분석을 위주로 한다. 하지만 힘의 분류가 개념의 분류를 대신하는 경우도 있다. 가령 니체와 그의 계승자들에게서 철학은 서로 다른 종류의 힘을 분석·비교하는 작업으로 귀착된다. 능동적인 힘과 반동적인 힘, 우월한 힘과 저열한 힘, 주인의 힘과 노예의 힘, 수렴하는 힘과 발산하는 힘 등. 이런 것들이 자연의 운행에서부터 동물의 행동, 그리고 마침내 인간의 행동을 일관적으로 설명하는 기본 범주들로 자리한다. 니체가 플라톤주의를 노예의 윤리라 명명한 이유는 무엇인가? 그것은 힘을 인정하되 개념의 안정성을 깨뜨리지 않는 이차적인 힘, 반동적이고 저열한 힘만을 인정하기 때문이다. 공자는 군자의 덕과 소인의 덕을 무조건 상호 대립적인 관계에 놓지는 않았다. 그러나 군자의 덕을 능동적인 힘으로, 소인의 덕을 반동적인 힘으로 본 것은 틀림없다.

반동적인 힘은 타자의 부정을 통해 자신을 긍정한다. "당신이 틀렸으므로 나는 옳다. 당신이 악하므로 나는 선하다." 이것이 반동적 행위자의 추론이다. 반면 능동적 행위자는 이렇게 말한다. "나는 옳다. 그러므로 당신은 틀렸다. 나는 선하다. 그러므로 당신이 악하다." 이것이 군자의 어법이다. "군자는 자신에게 구하고 소인은 남에게서 구한다"는 공자의 말은 능동적 행위자와 반동적 행위자의 차이를 암시한다. 반동적 행위자는 행위의 이유·원칙·책임을 남에게서 구한다. 반면 능동적 행위자는 그 모든 것을 자신에게서 구한다. 유가 경전에서 자주 언급되는 '반구제기反求諸己'는 오류 방어적인 태도와 무관하다. 그것은 오히려 능동적 행위자의 자발적 자기조절의 절차와 관련된 말이다. 능동적 행위자는 자발적이고 반동적 행위자는 타성적이다. "인간다움을 실현하는 것은 자기 자신에서 비롯된다"[35]는 문장도 똑같은 것을 말하고 있다. '유기由己'는 주체의 자발적 창조성을 가리킨다.

반구와 회의

반구反求의 정신과 유기由己의 이념에 기초한 공자의 학문은 배우기와 생각하기를 두 축으로 한다. "배우기만 하고 스스로 생각하지 않으면 일관된 체계가 없고, 생각만 하고 배우지 않으면 오류나 독단에 빠질 위험이 있다."[36] 이 문장이 가리키는 것처럼 학문은 과거의 경전과 전승되는 문화적 경험을 내면화하는 절차에서 시작한다. 그렇게 내면화된 내용이 조리를 갖추고 통일된 형식을 얻기 위해서는 생각하는 능력이 있어야 한다. 사색이 결여된 학습은 분석과 종합이 불가능한 내용, 즉 무질서에 방치된 내용에 불과하다. 반면 학습이 전제되지 않는 사색은 논리적 일관성을 자랑할 수는 있어도 내용상 현실과 유리되어 공허한 논법에 그칠 수 있다. 경험적 관찰과 자료의 누적이 없다면 개념적 조형은 현실과 양립할 수 없는 독단에 빠지거나 관념상의 유희로 그칠 수 있다.

학문이 학습과 사색을 두 축으로 한다면, 그 둘 중 어느 것을 우선해야 하는가라는 물음이 제기될 수 있다. 공자는 사색보다는 학습을 우선시한 것 같다. "내가 일찍이 종일토록 먹지 않고 밤새도록 자지 않으면서 사색해본 적이 있는데 유익한 것이 없었으니 배우는 것만 못하더라."[37] 이런 문장이 가리키는 것처럼 공자는 경험과 동떨어진 생각, 내용을 앞지르는 사유, 반성을 위한 반성을 좋지 않게 보았던 모양이다. 이런 부정적 태도는 꾸민 말, 교언巧言의 위험성에 대한 공포와 이어져 있다.[38] 공자는 말을 위한 말이 도덕적 혼란을 가져오고, 생각을 위한 생각이 학문상의 오류와 독단을 낳는다고 보았다. 『논어』를 여는 첫 문장은 학습의 쾌락을 찬양하고 있다. 하지만 이 책 어디에도 사유의 쾌락을 예찬하는 대목은 없다. 아마 그런 대목이 하나라도 있었더라면, 동아시아의 사상사는 완전히 달라졌을 것이다. "찬술하고 전술하지 새롭게 짓지 않는다. 다만 옛 것을 믿고 좋아할 뿐이다"[39] 같은 문장도 동아시아 사상사를 결정한 말이다. 공자의 후예들에게 전통과 유리된 사고의 실험은 호고好古의 정신 아래 종종 억압되어왔다.

『논어』에서 호고는 호학好學이나 박학博學과 같은 말이다. 공자는 '배우기를 좋아하는 사람'으로 불리기를 선호했고, 이 점에서 자신을 '애지자philosophos'로 불렀던 소크라테스와 비교해볼 수 있다. 호학자 공자와 애지자 소크라테스. 이들은 신의 지혜와 인간의 지혜를 분리했고, 분리하는 가운데 인간적 지혜의 자립을 도모했다. 지혜를 인간의 유한성에 기초하여 새롭게 규정하고, 신적인 초월성과 구별되는 방법적 초월성의 길을 열었다. 공자와 소크라테스는 인간의 지혜가 주술적 논리의 지배력에서 벗어나 세속적 삶의 논리에 따라 펼쳐지기 시작한 인문주의적 전회의 주인공들이다.

『논어』는 공자와 그의 제자들이 나눈 대화를 근간으로 한다. 하지만 공자 식 대화법과 소크라테스 식 대화법 사이에는 커다란 차이가 있다. 공자의 대화는 결코 논쟁에 이르지 않는다.[40] 공자의 이상적 인간인 군자는 분쟁을 모른다. "군자는 긍지를 가지지만 다투지 않고, 여러 사람이 한데 어울리지만 작당하지 않는다."[41] 긍지를 다투되 그 외의 것은 다투지 않는다는 부쟁不爭의 정신이 공자의 대화를 끌고 가는 이념이다.[42] 반면 소크라테스의 대화는 그리스에서 싹튼 쟁의의 정신을 대변한다. 철저하게 상대자의 허점을 파고드는 소크라테스의 대화는 특정한 주장의 전제를 파고드는 분석과 비판의 절차다. 그 비판의 칼날은 타인의 자기모순으로 향한다. 반면 공자의 인간은 "오류가 발생하면 자기를 먼저 돌아보고 질책하는 사람"[43]이다. 이런 자송自訟의 정신을 공자는 이렇게 표현한다. "군자는 자기 자신에게서 잘못을 찾고, 소인은 남에게서 잘못을 찾는다."[44] 『중용』에서도 이와 유사한 대목을 읽을 수 있다. "활쏘기에는 군자의 도리와 유사한 바가 있다. 자기가 쏜 화살이 표적에 맞지 않았을 때, 그 원인을 다른 데서 구하지 않고 자신의 잘못에서 찾는다."[45]

이런 반구反求의 정신 때문에 공자도 소크라테스 못지않게 무지의 지를 높이 평가했다.[46] 그러나 『논어』에서 무지에 대한 자각은 회의나 이의제기로 이어지지 않는다. 다만 겸손이나 지식에 대한 갈망으로 이어질 뿐이다. 『논어』의 인간은 외향적 인간이 아니라 내향적 인간이다. 타인에게 잘못을 찾기에 앞서 자신에게서 찾고, 타인과 송사를 벌이기 전에 자신과 송사를 벌이는 사람. 그런 사람은 다른 사람이 고의로 자신을 범한다 해도 결코 따지거나 보복하지 않는다.[47] 공자의 세계에서 학자는 부쟁不爭 혹은 불교不校의 정신에 투철하여 남의 말에 함부로 이의를 제기하지 않는다. 이의제기는 언제나 자기 자신에게 향할 뿐이다. 이런 배경에서 볼 때 유가 전통에서 소크라테스적인 회의가 학문의 길에서 배제되는 것은 당연한 귀결이다. 비록 의심이 학문의 필수적인 요소로 권장되는 경우가 있다 해도 그것은 결코 기존의 학설이나 원리에 대한 회의로 나아가지 않는다. 그것은 오히려 경전의 가르침과 일치하지 않는 자기 자신의 미흡한 수준에 대한 회의로 그친다.[48]

대도와 미로

『논어』에는 "지혜로운 자는 미혹되지 않고 어진 사람은 근심하지 않으며 용감한 사람은 두려워하지 않는다"[49]는 문장이 반복된다. 군자는 근심이나 두려움에 휘둘리지 않는 것처럼 의심에 휩싸이지 않는다. 자기 자신을 의심하되 세상의 이치를 의심하지 않는 것, 오히려 세상이 빠져든 의심을 끊어내고 해소하는 것이 학인의 자세다. 이 점은 "천하의 뜻과 통하고 천하의 사업을 정하며 천하의 의심을 끊는다"[50]라는 『주역』의 계사에서도 잘 표현되고 있다. 그렇다면 천하의 의심을 끊어내는 힘은 어디서 오는가? 당연히 도道를 아는 것에서 오고, 그렇기 때문에 공자는 "아침에 도를 깨치면 저녁에 죽어도 좋다"고 했다.

어원을 보면 도道는 어떤 길이되 머리[首]로 데려가는 길이다. 이때 머리란 처음, 중심, 뿌리 등을 의미한다. 중국 사상사에서 언제나 중심에 자리하는 도는 그 말 자체가 '중심으로 인도하다'라는 뜻을 지니고 있다. 모든 것이 서로 통하는 중심. 거기서는 하늘과 대지와 인간이 서로 통한다. 하늘에도 길이 있고, 땅과 사람에게도 각각 길이 있다. 하지만 천도天道와 지도地道와 인도人道는 하나로 수렴한다. 자연의 길과 인륜의 길, 물리법칙과 도덕법칙은 서로 꼬리를 물며 이어진다. 끊임없이 분화되는 천지만물은 결국 하나의 길로 돌아가고 다시 하나의 길에서 출발한다. 그러므로 도는 길이되 큰길이다. 크다는 것은 숭고의 체험을 규정하는 속성인 것처럼 도의 본질적 속성이다. 도는 언제나 대도大道이고, 대도에는 문이 없다. 문이 없다는 것은 '이것이냐 저것이냐'를 따질 필요가 없다는 것이다. A인가 B인가, 참인가 거짓인가, 할 것인가 말 것인가, 있는가 혹은 없는가? 이런 물음이 제기될 필요가 없다. 문이 없다는 것은 선택을 강요하는 모든 대립이 사라진다는 것, 마침내 모든 의혹과 회의가 소멸한다는 것을 말한다.

공자가 쟁의의 상황을 좋아하지 않았던 이유는 여기서도 찾을 수 있다. 결국 쟁의는 아직 도道에 들어서지 못한 자의 몫으로 남는다. 아직 도가 아닌 길, 갈림길에서 이럴까 저럴까 따지면서 헤매는 사람은 소인이다. 가령 공자와 같은 시대를 살던 학자 등석鄧析은 어떤 사안이든 송사가 가능하다는 시비양가론是非兩可論을 주장했다. 상대가 옳다 하면 그르다는 논변을, 그르다 하면 다시 옳다는 반대논변을 펼쳤다. 공자의 '교언난덕巧言亂德'[51]이라는 말은 이런 쟁의를 위한 쟁의, 분쟁을 위한 분쟁을 즐기는 궤변가들로 향하고 있는 듯하다. 서양은 철학만이 아니라 문학에서도 언어가 사물의 외양을 제멋대로 조작하는 시기가 종종 있어왔다. 소피스트의 시대도 언어가 그런 마술적 역량을 획득하는 시대에 속한다. 아름답다고 칭송되던 대상을 천박의 화신으로 둔갑시키고, 멸시의 대상이던 것을 한순간 찬미의 대상으로 끌어올리는 것이 언어의 마술이다. 사물의 규정성을 자유롭게 전도시켜 비탄의 노래 속에 환희의 목소리가 들리게 하고 천사의 음성 속에 악마의 목소리가 울리게 하는 언어, 마치 수십 가지의 아리아를 동시에 부르는 듯한 언어, 그런 과잉의 언어 속에서 사물의 의미는 마침내 분열된다. 그러나 이때 분열되는 것은 사물만이 아니다. 언어는 사물의 정체성을 무차별하게 뒤바꾸는 관념적 위력을 획득하자마자 스스로 목소리가 갈라진다. 자신의 분열을 스스로 의도하고 탐닉하는 언어가 된다. 자기 자신과의 모순에 개의치 않고 자신의 논변과 그것에 반대하는 논변을 동시에 추구하는 언어가 시비양가론의 언어다.

고대 그리스에서 시비양가론을 펼친 것은 소피스트였다. 검은 것을 희게 만들고 그른 것을 옳은 것으로 둔갑시키며 언어의 마술적 위력을 입증했던 소피스트는 당시 그리스에서 싹튼 쟁의의 문화를 배경으로 등장했다. 당시 그리스인은 공공장소에서 시사적 토론을 즐긴 나머지 이것이 일종의 대중적 오락으로까지 발전했다. 소피스트는 이런 토론 문화의 선도자로서 논쟁의 기술을 다듬고 정착시켰다. 그것은 어떠한 쟁점이든 대립하는 두 입장이 공평한 조건에서 의견을 개진하도록 만드는 기법이다. 하나의 동일한 논제에 대해 양편이 돌아가며 상반된 담론antikeimenoi logoi을 펼쳐서 두 가지 주장이 각축을 이루며 진행되도록 하는 이런 기법은 소크라테스의 대화법뿐만 아니라 소포클레스의 비극과 투키디데스의 역사서술에까지 결정적인 영향을 미쳤다.[52] 가령 소포클레스의 비극 『안티고네』에서 크레온과 안티고네가 벌이는 설전은 교대로 자신의 입장과 논거를 밝히는 소피스트 식 대화법을 그대로 닮았다. 투키디데스의 역사에서도 출항에 앞서 해전海戰의 참여 여부를 놓고 장군들이 벌이는 찬반논쟁이 동일한 기법에 따라 구성되고 있다.

그리스적 사유에서 길은 로고스의 길이고, 그 길은 끊임없이 양편으로 갈라져 마침내 미로를 이룬다. 있음의 길과 없음의 길, '이다'의 길과 '아니다'의 길이 나뉘는 갈림길에서 결단의 순간을 맞이했던 파르메니데스와 햄릿은 이런 경향을 반영하는 무수한 사례의 일부에 불과하다. 반면 『논어』를 비롯한 유가 경전에서는 결코 미로의 이미지를 찾을 수 없다.[53] 대도무문大道無門이란 말이 있는 것처럼 도는 언제나 크다. 도에 들어선다는 것은 끊임없는 회의와 선택을 반복하는 것이 아니다. 오히려 그것은 모든 고뇌와 의심에서 벗어난다는 것을 말한다. "군자는 마음이 평탄하고 물로 쓸어내린 듯 시원한데, 소인은 마음이 항상 근심으로 조마조마하다"[54]는 공자의 말은 이런 점과 관련이 있을 것이다. 죄책감의 문화와 수치의 문화로 대별되는 동서의 차이도 여기서 비롯된다고 볼 수 있다. 소크라테스의 미로를 따르는 자는 자신의 선택과 결정에 대한 책임을 걸머져야 하고, 따라서 죄책감에 시달려야 한다. 반면 공자의 대도를 따르는 자는 동행하는 자들과 화이부동和而不同을 이루기 위해 반구제기反求諸己의 태도를 취하는데, 반구제기라는 자발적인 자기조절의 원동력은 수치심에서 오는 것이다.

공자와 소크라테스

공자와 소크라테스의 공통점은 올바른 삶의 이상을 가리킨 위대한 도덕 교사라는 데 있다.[55] 소크라테스는 인간의 덕성을 효용의 관점에서 파악하려는 태도를 멀리했다. 가령 용기, 절제 같은 성품이나 이러저러한 습관을 세속적 삶의 성공을 위해 개발해야 할 어떤 수단으로 생각하기 쉽다. 이는 재산을 증식하는 기술의 연장선상에서 도덕을 행동조절의 기교쯤으로 간주하는 것이다. 소크라테스는 서양에서 최초로 테크닉의 수준을 넘어서는 순수 도덕적 차원을 가리킨 사람이다. 어떤 수단이나 기술이 아닌 그 자체로 추구되어야 할 도덕적 가치가 있고, 그런 도덕적 가치는 인간이 자신의 영혼을 스스로 돌보는 데 있다는 것이다.

도덕적 인간을 '군자'라는 말로 표현했고, 세속적 인간을 '소인'이라 불렀던 공자도 마찬가지다. "군자는 의리에 밝고, 소인은 이익에 밝다" 같은 『논어』의 문장에서 알 수 있는 것처럼 공자는 도덕의 길에서 실리적 유용성의 관점을 배제했다. 공자가 도덕을 기교나 테크닉으로 간주하는 태도를 싫어했다는 것은 "군자는 기물이 아니다"라는 말에서도 명확히 드러난다. 도덕적 인격자는 특정한 목적에 적합한 기물, 특정한 수단에 제약된 기능인과는 구별되어야 한다는 것이다. 도덕적 삶은 도구적 가치나 기술적 효용성을 추구하는 데 있는 것이 아니라 인간의 수양 자체에 있다는 것이다. 그리고 인간의 수양은 어떤 수단이 아니라 그 자체가 삶의 궁극적 목적이 되어야 한다는 것이다.

공자와 소크라테스는 도야의 이념을 도덕적 삶의 중심에 놓았다는 점에서 인류의 영원한 스승이다. 그러나 두 위인이 가리킨 학문의 길은 뚜렷이 대비된다. 공자의 길에서 배운다는 것은 추상적인 지식이나 이론을 습득한다는 것과는 거리가 멀다. 그것은 다만 일상적인 삶에서 매사 올바로 행동하는 능력을 익힌다는 것이다. 제사를 지내는 마음으로 남을 대하라고 가르친 공자는 생각이나 말에 그치는 앎을 혐오했다. 말을 초과하는 지혜를 구했던 노자에 비하면 공자는 그래도 말을 중시한 편일 것이다. 공자는 시를 비롯한 인문적 교양이 도덕적 삶의 중요한 조건임을 강조했다. 그러나 행동에 미치지 못하는 말을 허식으로 간주했고, 말로 인해 초래되는 분란을 두려워했다. 『논어』는 말을 잘하는 사람에 대한 의심이 가득하고, 행동에 앞서는 말에 대한 경고로 넘친다. 오죽하면 "행하고 나서 남는 힘이 있으면 그 힘으로 글을 배우라"[56]고 했겠는가.

공자가 그리는 군자는 말로 증명하는 사람이 아니라 실천으로 증명하는 사람이다. 반면 비도덕적 행동이 무지에서 비롯된다고 본 소크라테스는 말을 정의하고 개념을 분석하는 길을 통해 도덕적 자각에 이를 수 있다고 보았다.[57] 소크라테스의 대화법은 특유의 방법을 따르는데, 그것은 '반론elenchos'의 방법이라 일컬어진다. 소크라테스적 반론은 토론 상대자에게 그의 지식을 지탱하는 전제를 끄집어내어 그 전제가 상대자의 표면적 주장과 일치하는지를 검토하는 과정이다. 대부분 상대자는 이런 반론에 부딪치면 어떤 자가당착에 빠져 헤어나오지 못하게 된다. 소크라테스는 이런 논박과 반어가 단순히 언어상의 명료성을 추구하는 일에 그친다고 보지 않았다. 오히려 잘못된 개념에 붙들린 영혼을 뒤흔들어 스스로 자신의 삶을 되돌아보도록 유도한다고 보았다. 순수한 영혼에 고유한 덕성을 되찾을 수 있는 기회를 만들어준다는 것이다. "검토되지 않은 삶은 살 만한 가치가 없다"라는 유명한 구절의 의미는 여기에 있다.[58]

최근의 연구자들이 강조하는 것처럼『고르기아스』같은 플라톤의 초기 대화편에는 여러 번, 그것도 결정적인 대목마다 ‘부끄러움’이라는 말이 등장한다. 대화에 참여한 쟁쟁한 소피스트들은 소크라테스에 의해 논박을 당하는 순간 부끄러움에 빠지거나 부끄러움을 이기지 못하여 패배를 인정하기에 이른다. 이런 것을 보면 공자 못지않게 소크라테스도 수치를 원초적인 도덕적 감정으로 간주했음을 알 수 있다.[59] 두 위인에게 도덕의 가능성은 부끄러움을 아는 마음에서 시작된다. 부끄러움을 아는 마음이 사욕에서 해방된 순수한 마음이고, 그런 순수한 마음을 되찾는 것이 선량하고 아름다운 인류를 이루어가는 출발점이다. 다만 공자는 행동으로 입증하고 실천으로 가르칠 때야 비로소 상대방이 부끄러움을 느낀 나머지 자신을 고쳐간다고 믿었다. 반면 소크라테스는 정교한 개념정의와 언어분석을 통해 잘못된 신념의 소유자에게 부끄러움을 아는 마음을 되찾아줄 수 있다고 보았다.

이런 것은 처음에 사소한 차이였는지 모르겠으나 2,500년이 지난 이후에는 공통분모가 없는 차이를 만들었다. 가령 소크라테스를 계승한 서양에서 인성의 핵심은 자율로 요약된다. 자율이란 자신이 지켜야 할 규칙을 자기 스스로 정한다는 의미도 있지만, 자신의 행위를 스스로 정당화할 수 있어야 한다는 의미도 있다. 이런 자율적 인간상은 논박과 반어의 길을 통해 인간의 본성을 되찾을 수 있다고 본 소크라테스적 주지주의의 역사적 귀결이다. 반면 공자를 계승한 동아시아에서 인성의 핵심은 인화人和에 있다. 인화는 타인과의 갈등을 배제하거나 조율하여 활력적이되 안정된 집단을 이루어가는 능력이다. 서양에서는 사회적 질서가 점차 개인의 권리와 의무를 명시하는 계약에 기초하게 되었다. 반면 동아시아에서 그것은 차등화된 전체 내의 예의에 기초한다. 계약의 질서는 법적인 질서에 가깝고 갈등해소를 위해서는 토론과 논쟁, 심지어 소송에 의존해야 한다. 반면 예의의 질서는 타인에 대한 자발적인 자기조율을 요구하고, 심지어 집단적 질서에 대한 순응까지 낳을 수 있다.

이런 차이는 창의성의 개념에서도 나타난다. 소크라테스의 후예들에게 창의성은 비판과 같이 가는 개념이다. 비판은 초역사적 기원을 찾아가는 분석과 환원의 작업이고, 기존의 권위에 대한 부정으로 이어진다. 공자의 후예들에게 창의성은 온고溫故와 같이 가는 개념이다. 온고는 구성원 사이에 공유된 역사적 기억을 현재 속에 수축시켜 미래로 향한 선별의 기준과 이행의 동력을 획득한다. 비판적 창의성은 타인과 분리되어 내면적 깊이로 침잠하는 개인을 요구하는 반면, 온고적 창의성은 화이부동和而不同의 유연성에 기초한 집체적 창의성과 동전의 양면을 이룬다.

김수영의 묵시록: 경계의 사유

그러나 공자의 길과 소크라테스의 길이 만드는 차이는 무엇보다 존재론과 인식론의 차원에서 부각되어야 한다. 갈림길이나 미로로 표상되는 소크라테스의 길에서는 언제나 기만과 착각 혹은 가상에 대한 두려움이 도사리고 있다. 가상과 실재를 구별하는 문제는 플라톤-기독교주의 전통의 철학에서는 지속적으로 선두의 자리를 차지해왔다. 서양철학에서 감성과 지성이 첨예하게 대립하는 사정도 이 문제의 언저리에서 연유한다. 반면 대도大道로 표상되는 공자의 길에서는 가상과 실재의 구별이 문제로서 제기되지 않는다. 당연히 감성과 지성의 대립 같은 것은 동아시아의 사상사에서는 낯선 이야기다.

소크라테스의 길을 따라 발전해간 서양철학은 가상과 착오의 위험성에서 벗어난 불변의 실재를 찾으려 했다. 그 결과 사물은 저마다 고정된 형상의 실체로 분리되어 있다가 외면적으로 관계하는 어떤 것으로 정의되곤 했다. 반면 공자의 길을 따라간 철학에서 사물은 내적인 연관성을 띠고 있으면서 연속적인 변화의 과정에 있다. 여기서는 상황과 조건에 따라 형상의 테두리가 부단히 바뀐다는 것이 사물의 자연스러운 본성이다. 공자가 시냇가에 서서 "흘러가는 것이 이와 같구나! 밤낮으로 쉬지 않고 흐르는구나!"[60]라고 외쳤던 것도 단순히 시간의 흐름이 빠르다는 탄식만이 아닐 것이다. 그것은 시간의 흐름과 함께 사물이 끊임없이 형상을 바꾸며 변해간다는 탄식이기도 할 것이다.

김수영이 자발적으로 공자의 길에 동참하려 했던 정황은 여기저기 나타난다. 이미 등단 작품인 「공자의 생활난」(1945)부터가 시인이 통과해야 할 지난한 삶의 여정을 '공자의 생활난'으로 표현했다. 시인의 길이 공자가 걸었던 길의 반복이라는 것이다. 이런 태도는 「더러운 향로」(1954)에서 훨씬 더 노골적으로 드러난다. 여기서 김수영은 자신을 '자기의 그림자를 마시고 있는 향로'와 동일시한다. "향로인가보다/ 나는 너와 같이 자기의 그림자를 마시고 있는 향로인가보다." 유가 전통에서는 청동향로가 군자의 상징이므로 시인의 정체성을 시대의 흐름에 뒤처진 듯한 유가적 주체 상에서 되찾고 있는 셈이다. 게다가 김수영은 그 향로가 서 있는 길을 지나며 도취에 젖어든다.

이 길로 마냥 가면
이 길로 마냥 가면 어디인지 아는가

티끌도 아까운
더러운 것일수록 더 한층 아까운
이 길로 마냥 가면 어디인지 아는가

더러운 것 중에서도 가장 더러운
썩은 것을 찾으면서
비로소 마음을 취하여보는
이 더러운 길
–「더러운 향로」(1954) 부분

여기서 시인이 빠져드는 도취는 역설적이다. 왜냐하면 그 길에서 찾을 수 있는 것은 성대하거나 화려한 것이 결코 아니기 때문이다. 그것은 오히려 더럽고 초라하며 썩기조차 한 것이다. 시인은 "더러운 것 중에서도 가장 더러운/ 썩은 것을 찾으면서" 그 길에 취한다. 과거의 군자가 걸었던 길은 역사의 뒤편으로 밀려나 먼지가 쌓여가는 폐허가 되었다. 그러나 김수영은 그 썩어가는 뒤안길에서 희열을 느낀다. 부패가 더해갈수록 절망하는 것이 아니라 오히려 그에 비례하여 새로운 애착과 희망을 가지게 된다. "티끌도 아까운/ 더러운 것일수록 더 한층 아까운/ 이 길로 마냥가면 ……." 이런 역설은 '썩기'의 이중의미에서부터 이해할 수 있다. 썩는다는 것은 한편으로 생명의 시효를 다하고 해체되어간다는 것이지만, 다른 한편으로는 다른 생명을 양육할 수 있는 자양분이 된다는 것이다. 썩기는 죽음과 생명을 동시에 의미한다. 거기에서는 끝과 시작이 만나고 겹쳐진다.

이런 썩기의 논리는 10년 후 「거대한 뿌리」(1964)에서 다시 한 번 명료하게 언명된다. "버드 비숍 여사를 안 뒤부터는 썩어빠진 대한민국이/ 괴롭지 않다 오히려 황송하다 역사는 아무리/ 더러운 역사라도 좋다/ 진창은 아무리 더러운 진창이라도 좋다." 썩어빠진 나라, 더러운 역사, 진창이 되어버린 전통은 더 이상 개탄이나 부정의 대상이 아니다. 오히려 감사와 긍정의 대상이다. 썩어빠진 진창일수록 거기서는 새로운 생명의 가능성이 자라나고 있을 터이기 때문이다. 이런 썩기의 논리는 「미역국」(1965)에서 '삶기'의 논리로 발전한다. 어떤 것을 푹 삶으면 원래의 형질들은 해체되고 거기에 없던 형질이 태어난다. "미역국 위에 뜨는 기름이/ 우리의 역사를 가르쳐 준다 우리의 환희를." 이렇게 시작하는 시에서 미역국은 '구슬픈 조상'을 비유하고, 구슬픈 조상으로는 퇴계와 다산이 거명된다. "미역국에 뜬 기름이여 구슬픈 조상이여/ 가뭄의 백성이여 퇴계든 정다산이든 수염 난 영감이면 (……) 이것이/ 환희인 것을 어떻게 하랴."

한국인에게 미역국에 뜨는 기름은 출산을 기념하고 생일을 축하하는 생명의 기름이다. 거기서 김수영은 파산한 역사에서 미래가 움트는 논리를 본다. 그 역사는 정확히 퇴계와 다산으로 대변되는 유교 문화의 역사다. 썩어문드러진 유교 전통을 버리지 말고 그냥 푹 삶아서 역사를 회생시킬 에너지를 얻어보자는 것이다. 여기서부터 돌아보더라도 「더러운 향로」에 등장하던 '더러운 길'이 다름 아닌 공자의 길, 유교의 길임을 알 수 있다. 그리고 「중용에 대하여」(1960)나 「술과 어린 고양이」(1961) 같은 시에서 김수영은 유교의 길이 정확히 중용에 있음을 명시한다. 바로 그 중용의 길이 진보와 변혁의 길임을 확신한다. 새로운 미래를 추동하는 이념은 낡은 중용의 진리를 다시 삶아낼 때 들끓을 환희의 기름에 있다는 것이다.

그러나 이 점을 좀 더 자세히 파헤치기 전에 다시 한 번 분명히 해두어야 할 것이 있다. 그것은 김수영의 시적 사유가 많은 경우 어떤 극적인 전환의 경계에서 펼쳐진다는 점이다. 죽음과 생명, 부패와 소생, 끝과 시작이 엇갈리는 첨예한 경계가 시적인 이행이 일어나는 장소가 된다는 점에서 김수영의 사변적 특성을 찾을 수 있다. 그 경계는 합리적이고 분석적인 사고가 피할 수 없는 이분법적 대립의 논리가 역설의 회오리에 빠지는 장소다. 시적인 이행은 논리적 절망을 가져오는 그런 역설의 회오리 속에서 일어난다. 더러움, 썩기, 진창, 삶기 같은 김수영의 시어들은 그런 경계상의 사건과 관련된다는 점에서 특별한 주의를 요한다. 그 밖에 서러움, 흐린 날씨, 폐허 등과 같은 용어들도 김수영의 시에서 시적인 이행이 일어나는 본래적 기분이나 시간 혹은 전환의 사건이 일어나는 장소를 가리킨다. 이런 시어들은 모두 극단화되어가는 절망 속에서 희망이 움트는 반전의 계기를 표현한다.

위대한 시적인 반전을 노래하는 가장 탁월한 작품으로는 "날이 흐리고 풀이 눕는다"라는 문장의 전후로 펼쳐지는 「풀」(1968)을 꼽아야 할 것이다. 시적인 전환이 일어나는 과정을 정교하면서도 극적인 허구에 담는 데 성공했기 때문이다. 그러나 김수영의 많은 시들은 그런 대전환의 가능성이 아직 불투명한, 그래서 스스로 절망을 과격화하는 가운데 희망의 도래를 기다리는 묵시록적 어조를 띤다. 앞에서 읽은 「더러운 향로」가 이미 그런 작품인데, 좀 더 인상적인 사례는 역시 「절망」에서 찾을 수 있다.

풍경이 풍경을 반성하지 않는 것처럼
곰팡이 곰팡을 반성하지 않는 것처럼
여름이 여름을 반성하지 않는 것처럼
속도가 속도를 반성하지 않는 것처럼
졸열과 수치가 그들 자신을 반성하지 않는 것처럼
바람은 딴 데서 오고
구원은 예기치 않은 순간에 오고
절망은 끝까지 그 자신을 반성하지 않는다.
–「절망」(1965) 전문

7 중용의 적과 친구들: 광자, 견자, 은자, 향원

여기에 있는 것은 중용이 아니라
답보다 죽은 평화다 나태다 무위다
(단 '중용이 아니라'의 다음에 '반동이다'라는
말은 지워져 있다
끝으로 '모두 적당히 가면을 쓰고 있다'라는
한 줄도 빼어놓기로 한다)
–「중용에 대하여」(1960) 부분

중용과 진보

"여기에 있는 것은 중용이 아니라/ 답보다 죽은 평화다 나태다 무위다." 김수영이 4·19 직후 발표한 「중용에 대하여」의 한 대목이다. 변혁의 요구에 미온적인 당시 정부의 무능을 비판하는 시인데, 진보에 대한 갈망을 '중용'이라는 말로 표현하고 있다. 김수영이 유가 전통의 자산을 소중히 여겼음을 말해주는 사례다. 특히 중용을 답보나 적당한 무마의 반대말로 놓은 것은 정곡을 찌르는 바가 있다. 김수영이 중용이라는 난해한 개념을 대단히 정확하게 파악하고 있음을 알 수 있는 대목이다. 그렇다면 중용은 어째서 진보나 변혁, 나아가 평화의 원리일 수 있는가?

사실 유가철학 내에서 인仁보다 상위에 있는 개념을 꼽으라면 중용中庸과 성聖이 될 것이다. 중용은 유가 존재론에서는 본체의 체용體用에 해당하고, 유가 인식론에서는 판단이 도달해야 할 이상적 합리성을 가리킨다. 유가 윤리학에서 중용의 실천은 최고선最高善의 자리에 위치한다. 유가철학 일반의 알파요 오메가라 할 만한 개념이다. 그 외에도 중용은 다른 학파와 구별되는 유가 고유의 도道를 가리킨다는 점에서 각별한 주목이 필요하다. 가령 법가가 엄격한 법치의 도를, 도가가 무위자연의 도를 내세울 때 유가는 그 둘 사이에서 중도의 길을 표방한다. 그런데 여기서 유가의 도는 한 가지가 아니라 적어도 세 가지임에 유의할 필요가 있다.

먼저 개인적인 학습과 도야의 길이 있으며, 이것을 일러 '오도吾道' 또는 '인도人道'라 한다. 인도는 인의예지仁義禮智의 덕이 충분히 쌓일 때 중용의 길에 이른다. 다른 한편 중용의 길로부터 도달하는 궁극이 있는데, 그것을 일러 '대도大道'나 '천도天道'라 한다. 천도는 천지자연 전체를 통해 실현되는 조화의 원리다. 이와 같이 유가의 도는 오도, 중도, 천도 세 가지가 있다. 이 중에서 중도는 인도를 완성하고 천도에 동참하는 길이라 할 수 있다. 천도는 어느 유파에서건 언제나 조화(평화)의 원리를 의미한다. 노자의 『도덕경』(16장)은 천도에 의한 조화를 만물병작萬物竝作이라 했다. 『중용』에서도 병육竝育, 병행竝行이라는 말이 사용된다. "만물이 함께 자라면서도 서로 방해하지 않고, 작은 도들이 병행해도 서로 어긋나지 않는 것"[1]이 천도에 따른 조화라는 것이다. 그러나 노장老莊의 조화와는 달리 유가의 조화는 중용에 의해 제한된다. 거꾸로 중용은 조화에 의해 구속된다. 중中과 화和가 서로를 요청한다는 점에서 유가 형이상학의 특징을 찾을 수 있다.[2]

중용의 용庸은 '사용하다'라는 뜻을 지닌다(정현의 주석). 이때 중中은 중간이 된다. 중간을 사용한다는 것은 무조건 온건한 것을 취한다는 것이 아니다. 산술적이고 밋밋한 평균만을 취한다면 아무런 조화가 일어날 수 없다. 조화란 정태적인 안정성('답보', '죽은 평화')이 아니다. 이질적인 것들이 상호 정돈되는 가운데 역동적이고 열린 전체를 이룰 때를 조화라 한다. 중용은 무엇보다 살아있는 조화를 위한 중용이다. 그러므로 경우에 따라서는 특이한 것이 전체의 조화를 살리는 중용이 된다. 이는 아름다운 화음和音을 위해 때로는 극단적인 소리를 선택해야 하는 경우와 같다. 맛있는 음식도 조화의 상징인데, 이 경우에도 때로는 자극적인 재료가 필요하다.

그러므로 『논어』에서 공자는 "중도를 가는 사람을 얻어 함께하지 못한다면 기필코 광자와 견자를 택할 것이다"[3]라고 했다. 이때 광자狂者는 열광적인 사람이고, 견자狷者는 고지식한 인물이다. 그 둘을 각각 분열적 인간과 편집적 인간으로 옮길 수도 있다. 공자가 생각하는 중용은 그런 두 가지 광기가 상호 정돈되어 이루어지는 역동적 중심, 움직이는 중심이다. 김수영이 중용을 진보나 변혁의 원리로 간주한 것은 공자 사상의 이런 과격한 측면과 잘 맞아떨어진다. 김수영의 시적 상상력의 기저에 유가 전통이 흐르고 있다는 점을 웅변하고 있기나 하듯 그의 작품 세계에는 중용이라는 단어가 빛나고 있다. 「중용에 대하여」에서 표제어로 등장한 이후 이 용어는 「술과 어린 고양이」에서 다시 한 번 나타난다.

내가 내가 취하면
너도 너도 취하지
구름 구름 부풀듯이
기어오르는 파도가
제일 높은 사안砂岸에
닿으려고 싸우듯이
너도 나도 취하는
중용의 술잔

바보의 가족과 운명과
어린 고양이의 울음
니야옹 니야옹 니야옹
–「술과 어린 고양이」(1961) 부분

중용의 술잔

'너도 나도 취하는/ 중용의 술잔.' 이런 대목과 마주하여 가장 먼저 연상되는 것은 『주역』에 등장하는 중부의 술잔이다. 중용이 진리의 객관적 본질이라면, 그것에 짝하는 진리의 주관적 본질은 무엇인가? 그것은 확고한 믿음인데, 『주역』은 그런 믿음을 일러 중부中孚라 한다. 이 책에서 중부 괘(☴)의 두 번째 효사는 중용에 짝하는 참된 믿음을 이렇게 서술한다. "우는 학이 그늘에 있거늘 그 새끼가 화답한다. 나에게 좋은 술잔이 있으니 내가 그대와 함께 얽히겠노라."[4] 중부라는 말은 새가 알을 가슴 깊숙이 품고 있는 모습에서 유래하고, 서로 보이지 않아도 끼룩끼룩 화답하는 어미 새와 새끼 새 사이의 관계로 풀이된다. 참된 믿음은 시공을 초월하여 마음을 묶어주는 끈이다. 중부의 술잔은 군주가 벼슬을 내릴 때 신하와 나누는 술잔이다. 새가 울음을 주고받는 것은 본능적인 사랑과 신뢰 때문이다. 반면 군주와 신하가 술잔을 주고받는 것은 대의大義를 두고 의기투합했기 때문이다. 위의 시에서 학의 울음은 고양이의 울음으로 대체되었다. 군주와 신하가 나누던 중부의 술잔은 도시 변두리 소시민의 회한을 달래는 허접한 술상 위로 자리를 옮겼다.

대의가 온전히 실현될 때를 두고 『주역』은 "믿음이 돼지와 물고기에까지 미친다", "믿음이 있기를 실로 당기는 것과 같다"[5]고 했다. 사람들만이 아니라 동물들까지 믿음의 끈으로 묶여서 서로 화답하는 사이가 된다는 것이다. 『중용』에서는 자연('어린 고양이')까지 믿음에 취하여 광활한 응답의 연락망 속에 하나가 되도록 만드는 능력을 '성誠'이라 한다. 이것이 천지만물을 위대한 조화 속에 병육竝育하는 천도의 능력이다. 『중용』은 여기서 사물 일반의 존재론적 기원을 찾는다. "성誠은 사물의 처음이자 끝이다. 성이 없으면 어떠한 사물도 있을 수 없다."[6] 성이 사물의 존재론적 기원인 것은 그것이 일으켜 세운 상호 감응의 체계 안에서야 비로소 개체가 형성될 수 있기 때문이다. "성誠은 스스로 자신을 형성하는 것에 그치지 않는다. 그것은 사물을 형성하는 이유다."[7] 『중용』은 이런 성기成己, 성물成物의 길을 다시 성스러움[聖]이라 일컫는다.[8]

유가적 의미의 성스러움은 식물과 동물, 그리고 자연 전체에까지 믿음을 심어주는 환경 친화적인 창조의 경지다. 유가철학이 환경 파괴와 더불어 자멸의 길을 가는 듯한 현대 문명에 던지는 메시지는 여기에 있다. 유가적 주체를 대변하는 군자는 성스러움으로 가는 중용의 길 위에 있다. 『중용』은 그 여정을 성誠과 구별하여 '성지誠之'라 했다.[9] 하늘을 닮아 성스러워지려고 부단히 노력하는 것이 중용의 길이라는 것이다. 김수영이 사랑을 정의하는 공식인 '온몸에 의한 온몸의 이행'은 그런 성지의 길을 현대적으로 번역하는 위치에 있다. 먼 곳(천명)과의 교감 속에 역사적 현실의 경계로 이행하는 것, 그 경계를 넘어 성스러운 창조의 논리를 긍정하는 것, 그것이 온몸에 의한 온몸의 이행이다. 김수영의 많은 작품은 중용으로 가는 그런 사랑의 몸부림을 노래한다. 「아픈 몸이」(1961) 같은 시가 좋은 사례다. "아픈 몸이/ 아프지 않을 때까지 가자/ 온갖 식구와 온갖 친구와/ 온갖 적들과 함께/ 적들의 적들과 함께/ 무한한 연습과 함께."

'너도 나도 취하는/ 중용의 술잔.' 이 표현과 관련하여 연상되는 또 하나의 대목은 서양정신의 역사를 그려낸 헤겔의 『정신현상학』에 있다. 이 책은 실러의 시 「우정」을 인용하면서 대미를 장식한다. "정신적 왕국의 술잔 위로는/ 무한의 거품이 끓어오르네."[10] 우정의 축배 속에서 자유로운 정신적 왕국이 탄생하는 장면을 그리고 있다. 친구들은 여기서 무한한 정신의 술잔에 취하면서 한데 어우러진다. 이런 비유를 통해 강조되는 것은 무엇보다 무한자와 유한자의 관계다. 헤겔철학에서 무한자(본질)는 유한자(현상)와 분리되어 별도로 존재하는 실체가 아니다. 무한자는 유한자의 역사 속에서, 유한자의 갈등과 조화 속에서 끓어오르는 어떤 거품과 같다. 무한자(본질)의 본질은 유한한 현상을 통해 나타난다는 데 있다. 무한한 정신은 소멸해가는 역사적 현상들의 거품 속에서, 거품처럼 꺼져가는 역사적 기억들의 잔상 속에서 자신의 참된 모습을 드러낸다.

헤겔철학에서 유한성과 무한성의 대립은 무한성의 개념 자체에 속하는 하위 요소다. 본질과 가상의 대립은 '본질의 본질'에 속하는 하나의 계기에 불과하다. 하지만 공자철학에서는 반대의 논리가 개진된다. 즉 보편과 특수의 대립은 특수의 순환적 운동을 구성하는 하나의 계기를 이룬다. 앞에서 잉여 수반적 반복이라 불렀던 논리를 기억하기 바란다. 그것은 무극無極이 태극太極을 낳고 다시 무극으로 돌아가는 논리, 질료[氣]가 형식[理]을 분만하고 다시 질료로 돌아가는 논리다. 이 논리에 따르면, 과거[古]는 미래의 파편[新]을 낳고 다시 과거로 돌아간다. 전승[述]은 창작[作]의 차원을 열고 다시 전승으로 복귀한다. 온고지신溫故知新이나 술이부작述而不作의 의미는 여기에 있다. 성스러움과 세속성의 대립도 마찬가지 논리를 따른다. 성스러움은 세속적인 것의 반복적 자기순환의 운동과 더불어, 그 운동의 정점에서 무지개처럼 화려하게 만개하는 어떤 것이다.

사실 중용의 용庸에는 '일상적'이라는 뜻도 있다(주희의 주석). 이때 중中은 안쪽을 의미한다. 중용의 논리는 진리를 평범한 일상과 동떨어진 곳에서 찾지 말라고 한다. 위대한 진리일수록 일상의 크고 작은 일들 속에서 구현되어야 한다는 것이다. 평범한 것을 비범하게, 진부한 것을 숭고한 것으로 끌어올리는 것이 중용의 길이다. 이는 순간적인 것 속에 영원의 빛이 발하도록 만든다는 것과 같다. 그렇기 때문에 공자는 중용을 '시중時中'이라는 말로 옮겼다. 이때 시중은 두 가지 의미를 지닌다. 하나는 진리는 시간 속에서, 그때그때의 상황에 따라 서로 다른 형태를 띤다는 것이다. 다른 하나는 초월적인 기준에 맞는다기보다 때에 맞아야 한다는 것이다. 그러므로 선험적 진리는 없다. 동일한 판단은 항구적으로 옳거나 틀린 것이 아니다. 그것은 오로지 때에 맞을 때, 다시 말해서 역사적 현실의 요구에 정확히 부응할 때만 참일 수 있다.

우정의 위험

중부의 술잔(『주역』)과 자유의 술잔(『정신현상학』) 사이에 차이가 있다면, 그것은 무엇보다 술잔을 나누는 사람들에게 있다. 중부의 술잔은 군주와 신하 사이에 있다. 반면 자유의 술잔을 나누는 사람들은 친구 사이이다. 서양에서는 고대 그리스에서부터 우정관계가 모든 사회적 관계의 모델이었고, 특히 정치적 사유의 바탕을 이루었다. 반면 유가 전통에서는 부자父子관계가 가장 중요한 인간관계였고, 이것을 모델로 군신君臣관계와 사제師弟관계가 연역되었다. 성부, 성자, 성령의 삼위일체가 기독교 전통을 떠받치는 핵심적 교리인 것처럼 군사부君師父일체는 유가 전통을 지탱하는 대들보에 해당한다. 그리고 군사부일체의 이념 아래에서 우정관계는 종종 망각되거나 억압의 대상으로 전락했다.

물론 유가 경전에 친구의 중요성을 언급하는 대목이 없는 것은 아니다. 삼강오륜三綱五倫 중의 하나로 붕우유신朋友有信이 거론되었던 것도 사실이다. 그럼에도 불구하고 우정관계는 충효忠孝로 대변되는 부자 및 군신관계에 보조적인 위치로 설정되거나 형제관계의 연장선상에서 파악되었다. 우정관계를 수직적 구도의 위계질서 안으로 제한하려 한 것이다. 그렇기 때문에 수평적 구도의 관계로 발전하기 쉬운 우정관계는 경우에 따라 위계적 사회 질서를 해치는 위험한 관계로 낙인찍히기까지 했다.[11] 반면 서양에서 우정관계는 그리스의 도시 공동체, 기독교의 신앙 공동체, 근대적 공화주의와 민주주의 등을 관통하면서 사회적 관계의 근간으로 전승되어왔다. 그리고 최근에 이르러서는 우정관계가 함축하는 주체들 간의 상호 동일시의 경향(패거리주의의 위험성)이나 나르시시즘의 요소마저 해체하는 단계에 이르렀다. 서로 간의 거리를 존중하고 서로 간의 차이를 추구하는 우정의 개념, 다시 말해서 이방인에게 열려 있는 새로운 우정의 개념을 창조하여 미래의 민주주의에 초석을 놓으려는 실험적 국면으로 접어든 것이다.[12] 김수영에게서 이런 현대적인 우정의 개념과 관련지을 만한 시를 찾자면 다음과 같은 것이 있다.

그러나 문제는 이러한 반항에 있지 않다
저 젊은이들의 나에 대한 사랑에 있다
아니 신용이라 해도 된다
"선생님의 이야기는 20년 전의 이야기이지요"
할 때마다 나는 그들의 나이를 찬찬히
소급해가면서 새로운 여유를 느낀다
새로운 역사라고 해도 좋다

이런 경이는 나를 늙게 하는 동시에 젊게 한다.
아니 늙게 하지도 젊게 하지도 않는다
이 다리 밑에서 엇갈리는 기차처럼
늙음과 젊음의 분간이 서지 않는다
다리는 이러한 정지의 증인이다
젊음과 늙음이 엇갈리는 순간

그러한 속력과 속력의 정돈 속에서
다리는 사랑을 배운다
정말 희한한 일이다
나는 이제 적을 형제로 만드는 실증을
똑똑하게 천천히 보았으니까!
–「현대식 교량」(1964) 부분

정지, 휴식, 피로, 죽음 등은 김수영의 시 세계에서 어떤 위기의 시간, 전환의 순간을 가리킨다. 그것은 일상의 세계를 지배하는 이분법적 구도가 깨지고, 그 틈으로 언어 이전의 실재와 관계하는 시적인 환상이 열리는 순간이다. "다리는 이러한 정지의 증인이다." 그런 정지는 현대식 교량 밑으로 두 기차가 서로 다른 속도로 엇갈릴 때 일어난다. 여기서 엇갈리는 두 기차는 신세대와 구세대, 젊은 사람과 늙은 사람을 대신한다. 서로 다른 시간을 사는 두 세대가 만나고 그 차이를 긍정할 때, 정지의 순간으로 가는 시적인 이행이 일어난다. "그러한 속력과 속력의 정돈 속에서/ 다리는 사랑을 배운다." 여기서 '정돈'은 어떤 교차반복chiasmus의 논리를 통해 이항대립의 논리가 정지되는 사건, 정지되면서 중용의 조화에 자리를 내주는 사건을 의미한다.

위의 시에서 이항대립의 논리가 정지되는 위기의 순간 늙음은 더 늙어지면서 젊음을 얻는다. 젊음은 더 젊어지면서 늙음을 얻는다. 그때 "이 다리 밑에서 엇갈리는 기차처럼/ 늙음과 젊음의 분간이 서지 않는다." 늙음과 젊음이 식별 불가능하게 되고, 마침내 중용에 해당하는 어떤 역설적인 통일성으로 돌아간다. 김수영은 그런 역설적 통일성으로 돌아가는 시적인 이행을 '사랑'이라 불렀다. 서로 싸우던 적은 사랑 속에서 형제로 전도된다. 현대식 교량은 서로 부딪혀 중용의 조화를 일으키는 서로 다른 속도의 기차에서 그런 사랑을 배운다. 시인은 차이의 교차와 정돈 속에서 일어나는 중용의 순간에 '적을 형제로 만드는 실증'을 얻는다. 적이 형제가 되고 다시 친구가 되는 경이로운 전환을 확신한다.

위에서 언급했던 것처럼 그런 경이로운 전환을 향해 나아가는 사랑의 몸부림은 「아픈 몸이」(1961)에서 가장 탁월하게 형상화된다. "아픈 몸이/ 아프지 않을 때까지 가자/ 온갖 식구와 온갖 친구와/ 온갖 적들과 함께/ 적들의 적들과 함께/ 무한한 연습과 함께." 김수영에게 시는 적과 친구의 대립이 정지하는 위기의 순간으로 향한 무한한 이행의 연습이다. 그 이행의 연습에서 친구는 적에 못지않게 위험한 함정에 불과하다. 친구 사이의 우정은 패거리주의를 낳을 수 있다. 이방인에게는 닫혀 있는 배타적 연고주의로 흐르기 쉽다. 차이를 억압하고 고독의 원리를 비웃는 이상한 동질주의로 빠질 수도 있다. 이것이 우정의 위험성이다. 그것은 우정의 위험성이기에 앞서 적과 친구를 엄밀히 구별하는 이항대립의 논리 일반의 위험성이다. 시 쓰기는 그런 상호 대립적인 이항들을 교차시켜 차이를 정돈하는 연습이다. 그런 연습을 통해 시 쓰기는 과거와 미래를 잇는 새로운 초월론적 통일성(중용)으로 돌아간다.

자유와 중용

이런 초월론적 이행의 논리는 노자의 언어를 가지고 증폭시켜볼 수 있다. "남성성을 알고 여성성을 지키면 (……) 갓난아기로 돌아간다. 백색을 알고 흑색을 지키면 (……) 무극으로 돌아간다. 영광을 알고 치욕을 지키면 (……) 질박한 통나무로 돌아간다."[13] 남녀의 대립을 넘어 그 이전의 갓난아이 상태로, 흑백의 차이를 정지시켜 다시 무극의 단계로, 영욕의 거리를 상쇄하여 통나무 같은 질박함으로……. 그런 복귀의 운동과 유사한 것이 아마 김수영이 가리키는 시적인 이행일 것이다.

노장의 초월론에서 복귀의 원점에 해당하는 것이 영아, 무극, 통나무라면, 유가철학에서 이런 원점에 가까운 것은 중용일 것이다. 유가의 중용은 단순한 중간이 아니다. 치우침이나 극단의 반대말에 불과한 것도 아니다. 그것은 노자의 무극이나 통나무처럼 이항대립의 논리에 의해 분화되기 전후의 존재론적 임계점을 가리킨다. 김수영의 사랑은 공자의 사랑과 마찬가지로 그런 중용으로 돌아가는 초월론적 복귀의 운동이라 할 수 있다. 그리고 중용으로 돌아간다는 것은 노자의 복귀와 마찬가지로 자유로 돌아간다는 것과 같다. 공자의 중용은 노자의 영아, 무극, 통나무처럼 자유를 대신하는 말이다. 김수영 역시 중용을 자유의 동의어로 간주했던 것처럼 보인다.

그러나 나는 오늘 아침의 때 묻은 혁명을 위해서
어차피 한마디 할 말이 있다
이것을 나는 나의 일기장에서
찾을 수밖에 없다
중용은 여기에 없다
(나는 여기에서 다시 한 번 숙고한다
계사 건너 신축가옥에서 마치질하는
소리가 들린다)
–「중용에 대하여」(1960) 부분

김수영은 4·19를 계기로 저항시인의 길을 갔다. 이후 자유는 김수영의 시 세계 전체를 해석하는 중심 기표가 되었다. 이런 전환을 장식하는 위의 시에서 중용은 자유를 대신하는 말이기도 하다. 유가 전통에서 중용은 원래 실천적 판단이 추구해야 할 최고선最高善(『대학』의 지선至善)에 해당한다. 이 점에서 그것은 근대적 실천의 최고 지향점인 자유의 동의어가 될 수 있다. 그렇다면 자유라 할 때와 중용이라 할 때의 차이는 어디에 있는가? 서양에서 자유는 독립성과 자율성이라는 두 가지 개념에 의해 규정된다. 기본적으로 자유는 다른 것에 의존하거나 종속됨이 없는 상태(~로부터의 자유)를 의미한다. 그러나 자유는 무제한적 방임의 상태가 아니다. 자유는 무법적 의지사용과 타율적 의지사용의 중간에 있다. 그것이 의지의 자율적 사용이다. 주체가 자기 스스로 세운 법칙에 따라 행동할 때를 가리켜 자유(~에 대한 자유)라 한다.

의지의 자율적 사용을 구심점으로 하는 서양의 자유는 권리와 책임을 하위 개념으로 거느린다. 이것은 법률적 혹은 형식적 자유라 부를 수 있다. 반면 유가철학에서 자유는 도야의 문맥을 전제한다. 자유는 정신적 성숙의 다른 말이다. 그런데 도야의 주체는 연속적인 형태변화의 단계를 지난다. 자기와 자기 아닌 것을 나누는 경계는 계속 다르게 그려진다. 그런 만큼 자유와 부자유의 경계도 계속 달라질 수밖에 없다. 『논어』에서 도야의 궁극은 '불유구不踰矩'라는 말로 집약된다. "나는 70이 되어서 마음이 내키는 대로 해도 법도를 넘지 않았다."[14] 불유구는 입지立志에서 시작되는 학문적 여정의 마지막 단계다. 마지막 단계의 주체는 아는 자[知之者]도, 좋아하는 자[好之者]도 아니다. 다만 즐기는 자[樂之者]일 뿐이다.[15] 아는 자는 대상과 대립해 있고, 좋아하는 자는 대상과 화해할 줄 안다. 이들은 하나의 체계 안에 머무는 것으로 만족한다. 그러나 즐기는 자는 서로 다른 체계를 횡단하는 황홀경에 있다. 즐김, 향유, 쾌락이 배제된 자유의 개념은 동아시아에서 찾기 어렵다.

유가철학에서 자유는 고정된 형상이 있는 것이 아니다. 그것은 도덕적 역량의 정도에 비례하여 형태를 바꾸어가는 어떤 것이다. 완성된 인격은 원숙한 장인처럼 사물을 새롭게 형성하는 가운데 자기 자신을 즐긴다. 거꾸로 자기 자신을 새롭게 형성하는 가운데 사물을 향유한다. 유가철학에서 도야의 궁극에 있는 주체는 성인聖人이라 불린다. 기독교적 의미의 성인은 신에게 헌신한 사람이지만, 유가적 의미의 성인은 하늘의 위치에서 진퇴양난의 상황을 타개하는 창조적 판단의 주체다. 사물의 척도와 기준을 새롭게 수립하는 위대한 입법자가 성인이다. 즐김이 도야의 주관적 완성이라면, 성스러움은 도야의 객관적 완성이다. 그리고 즐김과 성스러움을 합한 것이 성誠이고, 성으로 나아가는 성지誠之의 몸부림이 중용의 길이다. 『중용』은 성과 성지의 차이를 이렇게 설명한다.

> 성誠의 주체는 힘쓰지 않아도 들어맞고 생각하지 않아도 얻게 되어 자연스럽게 도에 적중하니 이런 사람은 성인聖人이다. 성지誠之의 주체는 선한 것을 선택하여 굳게 지키는 사람이다.[16]

힘쓰지 않아도 들어맞고 중용을 얻는 성인의 자유는 현실에서는 성취되기 어려운, 다만 무한히 접근 가능한 목표다. 그것은 도야의 여정에 원근법을 만들어주는 어떤 이상적 소실점에 불과하다. 도야의 여정에 있는 현실적 주체의 자유는 그런 이상적 자유로 나아가는 중용의 길 위에 있다. 중용의 길은 선善을 부여잡은 완강한 실천의 길, 성지誠之의 길이다. 성지의 자유는 성인의 자유에 가까워질수록 순수 자발성의 징표인 항유와 입법적 능력의 징표인 성스러움의 벡터로 표시할 수 있다. 근대화 과정의 한국인은 서양에서 온 자유라는 개념을 익히기 위해 중용이라는 말을 잠시 잊어야 했다. 그러나 그것은 얼마나 멀고 낯선 개념이었던가. 김수영에게 자유는 먼 나라의 책 속에서 졸고 있는 개념일 뿐 결코 변두리 나라 한국의 땅 위에서 활보하는 개념이 아니었다.

> …… 활자는 반짝거리면서 하늘 아래에서
> 간간이
> 자유를 말하는데
> 나의 영靈은 죽어있는 것이 아니냐
> –「사령死靈」(1959) 부분

자유와 중용. 사실 이 두 용어는 완전히 다른 문화적 전통을 배경으로 한다. liberty의 번역어인 '자유'에는 서구의 개인주의가 담겨 있다. 개인주의는 모자나 옷처럼 아무 때나 벗었다 입었다 할 수 있는 어떤 것이 아니다. 그것은 오랜 역사적 경험과 시행착오를 통해 획득된 사회적 관습인데, 단순히 말을 들여왔다고 해서 관습까지 따라오는 것은 아닐 것이다. 김수영은 모더니즘과 낙후한 한국의 현실 사이의 괴리에 민감했다. 가난한 나라의 시인에게 '자유'라는 말이 풍기는 서구적 개인주의는 《엔카운터》지誌의 번쩍거리는 빛처럼 어색했을 수 있다. 서양의 풍습이 배어 있는 자유의 개념은 노린내 나는 고기와 같았을 것이다. 반면 중용은 유교 문화권의 일상적 삶 속에 자연스럽게 녹아 있는 개념이다. 자유가 서양의 개인주의를 대변하는 개념이라면, 중용은 동아시아의 공동체주의와 결부되어 있다. 자유는 자율적 주체의 권리와 의무를 짝으로 하는 개념이지만, 중용은 화이부동和而不同의 조화에 대한 무한한 신뢰에서 온다. 여기서 개인은 만물개상견萬物皆相見으로 표현되는 상호 객체성의 질서를 남기면서 끝없이 소진되어가는 미분량微分量에 불과하다.

공자의 무한판단

유교 전통에서 중용은 자유나 그에 상응하는 도덕적 역량만을 뜻하는 것이 아니다. 중용은 합리성의 다른 말이기도 하고, 진선미眞善美를 포괄하는 최고의 이념이기도 하다. 이런 의미의 중용은 서로 다른 가치들이 상호 조절되고 균형을 잡을 수 있는 어떤 반구反求의 도식에 가깝다.[17] 김수영의 「현대식 교량」(1964)으로 돌아가서 말하자면, 중용은 다양한 것들이 서로 교차되는 가운데 정돈되는 도식이다. 이 반구의 도식 안에서는 다른 관점에 의해 조건화되지 않은 채 일방적으로 주도권을 행사할 수 있는 관점은 없다. 하나의 가치는 다른 가치에 의해 상대화될 때 비로소 자신의 진가를 발휘한다. 가령 공자는 이렇게 말한다.

> 공손함이 지나쳐서 예의를 벗어나면 수고스러워지고, 조심스러움이 지나쳐서 예의를 벗어나면 두려워지며, 용맹스러움이 지나쳐서 예의를 벗어나면 난폭해지고, 강직함이 지나쳐서 예의를 벗어나면 야박해진다.[18]

> 군자는 백성에게 은혜로우면서도 낭비하지 않고, 노동을 시키면서도 원망을 사지 않고, 원하기는 하면서도 탐내지 않고, 태연스러우면서도 교만하지 않고, 위엄이 있으면서도 무섭지 않으니 이것이 다섯 가지 미덕이다.[19]

하나의 덕은 다른 덕에 의해 순화될 때 미덕이 된다. 하나의 덕 안에는 언제나 지나침, 극단화의 경향이 자라난다. 예절의 핵심은 각각의 덕에 내재한 변덕의 경향을 통제하는 데 있다. 그러나 유가적 절제는 올바른 의지의 사용에 기대지 않는다. 변덕의 가능성을 의지의 힘으로 억누르는 것이 서양적 절제라면, 유가적 절제는 변덕의 가능성을 다른 덕의 무게를 통해 그치게 만든다. 그렇다면 하나의 덕이 지닌 변덕의 위험을 억제할 다른 덕을 결정하는 문제가 생긴다. 용맹이 난폭으로 변질되는 위험은 어떤 덕으로 저지할 것인가? 태연함이 교만에 빠질 가능성은 어떤 덕에 의해 순치될 수 있는가? "군자는 서로 화합하되 부화뇌동하지 않는다"[20]는 말에 대해서도 똑같이 물을 수 있다. 서로 일치하되 각기 자신의 중심을 잃지 않을 수 있는 이유는 어디에 있는가?

그것은 미리 정해져 있는 것이 아닐 것이다. 개인이 쌓은 많은 덕이 병존하면서 생기는 자연스러운 중력이 변덕의 위험을 억제하는 일차적인 힘일 것이다. 특정한 덕의 변질을 막아주는 보완적 위치의 덕은 인물과 상황에 따라 얼마든지 달라질 수 있을 것이다. 가령 누구는 용기 덕분에, 누구는 강직함 때문에, 누구는 신중함 때문에 다른 사람들과 더불어 화이부동和而不同의 관계를 유지할 수 있을 것이다. 그러므로 중용판단이 A∧B라는 형식을 취한다는 견해[21]는 보류되어야 한다. 중용판단은 차라리 A∧−A라는 형식을 취하는 것처럼 보이기 때문이다. 중용판단에서 덕 A에 대해 변질의 가능성을 순화시켜 미덕으로 만들어줄 −A는 개인의 재량과 능력에 따라 달라질 수 있다.

이런 점 때문에 유가의 중용판단은 칸트의 무한판단과 비교해 볼 수 있다. 칸트는 긍정도 아니고 부정도 아닌 판단을 '무한판단'이라 불렀다. 가령 "A는 죽는 것이 아니다" 같은 문장이 그런 사례다.[22] 이것은 A가 죽을 운명이 아님을 분명히 하지만, 그럼에도 그것이 불멸의 존재라는 것은 아직 확실하지 않다. 이 점에서 이 문장은 "A는 영원히 산다"라는 긍정판단과 구별된다. 이것보다 좀 더 분명한 형태의 무한판단으로는 "A는 살아있는 것도 죽어 있는 것도 아니다" 같은 문장이 있다. "A는 기쁜 것도 슬픈 것도 아니다"라든지 "그것은 용기도 비겁도 아니었다" 같은 문장도 무한판단의 사례로 들 수 있다. 이런 판단들은 기존의 이분법적 대립의 구도를 넘어서는 차원을 열어놓는다. 공자의 중용판단은 칸트의 무한판단처럼 기존의 분류기준이 정지되는 상위의 차원으로 향한다. 중용판단은 기존의 기준에 저항하는 가운데 새로운 기준을 요구하는 독특한 문제에 대한 응답이다. 이 점은 중용판단이 시중時中의 지혜로 정식화될 때 훨씬 더 분명해진다.

공자의 두 친구, 광자와 견자

공자는 중용을 최고의 덕으로 찬미했다. 공자 자신마저 중용에 오래 머물지 못함을 고백했으며, 오로지 성인만이 완벽한 중용의 길을 갈 수 있다고 했다.[23] 지고한 만큼 내면화하기도 어려운 덕이 중용임을 알 수 있다. 그러나 맹자는 공자를 모든 성스러움을 집대성하는 시중時中의 성인이라 했고, 사람이면 누구나 성인이 될 자질이 있다고 했다.[24] 중용을 너무 신비화하거나 어렵게 생각하지 말라는 가르침이다. 중용을 쉽게 생각하면 그저 지나침도 모자람도 없는 상태, 어느 한쪽으로 치우침 없이 오래가는 상태로 정의할 수 있다.[25] 그렇기 때문에 중용이 '가늘고 길게' 살려는 자의 태도나 적당주의의 근거로 오용되는 경우가 있다. "여기에 있는 것은 중용이 아니라/ 답보다 죽은 평화다 나태다 무위다"라는 김수영의 문장은 그런 수동적 중용에 대한 일침이다. 『논어』에서 중용과 관련된 대목을 몇 개 고르면 다음과 같다.

> 지나친 것은 못 미치는 것과 같다.[26]

> 중용의 도를 지키는 사람을 찾아내어 사귀지 못한다면 나는 반드시 광자(열광적인 사람)와 견자(고지식한 사람)를 택할 것이다.[27]

> 요 임금이 말했다. "아! 그대 순이여! 하늘의 운수가 그대에게 있으니 진정으로 중中을 잡으라."[28]

마지막 인용문에서 진정으로 중을 잡으라는 말의 원문은 '윤집기중允執其中'인데, 이것은 『서경』(상서 대우모)에 나오는 '윤집궐중允執厥中'에서 왔다. 중을 잡는다는 것은 어느 한편으로 기울어지거나 당파를 조장하지 않는다는 것이다. 중립적인 입장에 서기 위해 공평무사해야 한다는 것이고, 사적인 감정이나 개인적인 이해관계에서 벗어나야 한다는 것이다. 중中은 고대 중국에서부터 전해오는 정치적 지혜에 속한다. 공자는 과거로부터 전승되는 중을 정치의 원리에서 삶의 원리로, 행동의 원리로, 나아가 사고의 기본 논리로 확대했다. 형식과 내용이 균형을 이루어야 한다는 문질빈빈文質彬彬의 미학도 동일한 이념에서 왔을 것이다. 중中은 적중을, 바르고 마땅함을, 다시 말해서 합리성을 의미한다. 중용은 중국적 합리성을 구현하는 개념으로 이론적 정확성, 도덕적 타당성, 심미적 아름다움을 동시에 내포한다. 진선미眞善美를 포괄한다는 의미에서 중용적 합리성은 두터운 합리성이다.

광자狂者와 견자狷者를 언급하는 두 번째 인용문을 보자. 여기서는 두 가지를 지적할 수 있다. 하나는 중용의 논리에 따라 판단·실천하는 사람을 찾기 어렵다는 점이다. 다른 하나는 중용에서 벗어난 인격에도 괜찮은 유형이 있을 수 있다는 사실이다. 열광적인 사람, 다시 말해서 광자는 진취적이고 모험을 즐기는 사람이다. 고지식한 사람, 다시 말해서 견자는 원칙에 어긋나는 일은 절대 하지 않는 사람이다. 광자는 생각이 자유분방한 사람이고 견자는 굳센 의지의 소유자다. 공자는 제자들에게 "자기와 비슷한 사람이 아니면 친구로 사귀지 말라"[29]고 한 적이 있다. 광자와 견자를 친구로 하겠다는 것은 공자 자신이 그들과 비슷한 점이 있음을 암시한다.

광자와 견자에 각별히 주목했던 것은 맹자다. 맹자는 광자를 '뜻은 크지만 행동이 엉성한 사람'으로, 견자를 '정직하지만 융통성이 없는 사람'으로 그렸다. 주자는 맹자의 설명에 주석을 붙일 때 광자를 '앎이 과도하되 행동이 미치지 못하는 사람'으로, 견자를 '행동이 과하되 소견이 짧은 사람'으로 해석했다.[30] 광자와 견자는 분명 과도하거나 부족한 바가 있는 사람이다. 그러나 공자는 이 두 유형의 인격을 좀 더 적극적으로 평가했음이 틀림없다. 광견狂狷은 중용의 길로 들어서기 위해 반드시 통과해야 할 광기라는 것이다. 사실 처음부터 중용의 길을 갈 수 있는 사람은 없다. 그것은 부단한 도야와 광기의 시련 끝에 겨우 성취되는 역량이다. 중용의 역량에 이르기 위해 우리는 먼저 견자가 되었다가 광자가 되고, 광자가 되었다가 견자가 되어야 한다. 견자를 넘어선 광자, 광자를 고쳐가는 견자로 변신해야 한다. 중용의 역량은 통합·극복된 광견일 것이다. 김수영 식으로 말하자면, 광자와 견자는 다리 밑에서 서로 다른 속도로 엇갈리는 기차와 같다. 중용은 그런 교차 속에 정돈되는 어떤 제3의 속도, 정지의 시간, 아이온의 도래에 해당한다. 김수영의 다음과 같은 시는 두 유형의 극단에서부터 중용의 덕이 귀결된다는 사실을 삐딱한 시선으로 그려내고 있는 것처럼 보인다.

바늘구녕만한 예지를 바라면서 사는 자의 설움이여
너는 차라리 부정不正한 자가 되라
오늘
이 헐벗은 거리에 가슴을 대고
뒤집어진 부정不正이 정의가 되지 않더라도

그러면 너의 벗들과
너의 이웃사람들의 얼굴이
바늘구녕 저쪽에 떠오르리라
축소와 확대의 중간에 선 그들의 얼굴
강력과 기도가 일체가 되는 거리에서
너는 비로소 겸허를 배운다

바늘구녕만한 예지의 저쪽에서 사는 사람들이여
나의 현실의 메에트르여
어제와 함께 내일에 사는 사람들이여
강력한 사람들이여 ……
–「예지」(1957) 전문

'바늘구녕'은 중용의 지혜에 도달하기 위해 통과해야 하는 좁은 문이다. 중용의 지혜는 좁다란 바늘구멍의 저편에 자리한 평범한 일상 속에서 가까운 '이웃사람들의 얼굴'과 더불어 현상한다. 그들은 현실에 예속된 노예라기보다 주인('현실의 메에트르')으로 올라선 '강력한 사람들'이다. '축소와 확대의 중간에' 서 있는 그들의 얼굴은 '강력과 기도가 일체가 되는 거리에서' 중용의 덕을 대변한다. 즉 중용의 길은 광자의 강력한 확대의 길과 견자의 기도하는 듯한 축소의 길이 교차반복을 거듭하여 일체를 이룬 결과다. 하지만 그것은 낙타가 바늘구멍을 통과하는 것처럼 어려운 일이다. 논리학적 관점에서 풀이하면, 광자는 과도하다고 할 만큼 대타적 사물관계에 치우쳐 있다. 반면 견자는 무리할 만큼 대자적 자기관계에 침잠한다. 광자는 향외적 인간이고, 견자는 향내적 인간이다. 중용은 대타적 사물관계 속에서 성취되는 대자적 자기관계, 혹은 대자적 자기관계 속에 펼쳐지는 대타적 사물관계라 할 수 있다. 헤겔은 자유를 언제나 '타자 속의 자기일치Bei sich selbst in Anderen zu sein'로 정의했다. 이 점에서 중용은 헤겔의 자유 개념과 논리적으로 유사한 구조를 지닌다.

은자와 아름다운 영혼

동서를 통틀어 정신의 유형에 가장 밝은 철학자는 역시 『정신현상학』의 저자 헤겔일 것이다. 무엇보다 도야의 관점에 서서 주체의 유연한 가소성可塑性을 강조한다는 점에서 헤겔의 현상학은 유가적 주체이론과 상통한다.[31] 서양의 근대적 자유 개념이 독립성과 자율성을 두 축으로 한다면, 칸트는 독립성과 자율성을 지킬 수 있는 자유로운 주체의 자격을 오로지 순수 이성에게만 허락했다. 왜냐하면 감성을 통제 불가능한 자연의 힘이 인간의 내면으로 삼투해 들어오는 통로로 보았기 때문이다. 따라서 자유로운 내면성은 감성과 담을 쌓고 살 수 있는 순수 이성의 영역으로 제한해야 한다는 결론이 나온다. 반면 헤겔의 관점에서 주체는 끊임없는 도야와 형성의 단계를 거치고, 그럴 때마다 형태를 바꾼다. 형태가 달라진다는 것은 안과 밖을 나누는 경계가 계속 다르게 그려진다는 것이다. 헤겔의 주체는 그 테두리가 신축적일 뿐만 아니라 끊임없이 새롭게 구성되어야 할 과제이고, 이 점에서 유가적 주체와 유사하다.

그런 헤겔이 『논어』에서 광자狂者와 견자狷者를 비교하는 대목을 읽었다면 무어라 했을까? 아마 양심의 변증법에 등장하는 '아름다운 영혼'부터 끌어들였을 것이다.[32] 『정신현상학』에서 양심은 프랑스혁명 이후 독일 낭만주의시대의 주체를 대표한다. 당대의 문화적 교양 전체를 내면에 흡수한 최고의 지성이자 도덕적 천재로 불릴 만큼 내면적 확신으로 가득 찬 행동가, 나아가 사랑의 공동체를 꿈꾸는 이상주의자가 양심이다. 그러나 양심은 고상한 이념에 살아가는 나머지 실천의 세계로부터 멀어지게 된다. 이상적인 관점에서 보면 유한한 인간의 현실적 행위는 언제나 한계를 지니므로 도덕적 비난의 소지를 안고 있다. 말하자면 오로지 돌덩어리 같은 것만이 순진무구할 수 있는 것이다. 양심의 눈에 행동은 타락한 현실에 순수한 영혼을 더럽히는 일처럼 다가오고, 그럴수록 적극적으로 행동하지 못하는 함정에 빠진다.

여기서부터 양심은 두 유형으로 갈라진다. '행동하는 양심'과 '심판하는 양심'이 그것이다. 헤겔에게 '아름다운 영혼'은 정확히 심판하는 양심을 가리키는 말이다. 행동하는 양심은 향외적 주체로서 광자와 유사하다. 판단하는 양심은 향내적 주체로서 견자와 비교할 수 있다. 행동하는 양심은 실천만이 세상의 혼란을 바로잡는 유일한 길임을 확신하고 과감히 더러운 현실에 발을 들여놓는다. 반면 심판하는 양심은 타인의 행동을 평가·비판하는 일로 실천을 대신한다. 당연히 두 양심 사이에는 싸움이 붙고, 상대에 대한 비판은 갈수록 냉혹해진다. 점점 더 공격적이 되어가는 언사는 자기 자신에 대해서는 자학성을, 타인에 대해서는 가학성을 띠게 된다. 천사의 음성 같이 따뜻했던 말들은 드디어 죽음충동이 꿈틀대는 냉혹한 악마의 언어로 바뀐다. 그렇지만 헤겔에 따르면 이상적인 공동체 정신(절대정신)은 그런 갈등 속에서 잉태된다. 시퍼렇게 날이 선 양심의 언어가 다시 화해와 용서의 언어로 바뀔 때 정신의 역사는 정점에 이른다. 아름다운 영혼이 내뱉는 화해의 '예'는 지상에 울리는 신의 음성과 같다.

『논어』에서 헤겔의 '심판하는 양심'에 해당하는 인물을 찾는다면, 더러운 세상을 피해 사는 은자隱者들일 것이다. 이 책에는 초나라의 미치광이 접여接輿를 비롯한 여러 부류의 은자가 등장하여 공자를 나무라기도, 동정하기도 한다. 난세를 바로잡겠다는 것은 허황된 꿈이니 그만 접으라거나 안 되는 줄 알면서 몸을 더럽히는 것이 보기 안쓰럽다는 이야기다.[33] 이런 비판과 동정에 대해 공자는 "천하에 도가 있다면 나는 세상을 바로잡는 일에 참여하지 않을 것이다"[34]라고 대답했다. 공자를 수행하던 자로는 세상이 혼탁하다고 은둔하여 사는 것은 "자기 몸을 깨끗이 하려다가 중대한 인륜을 어지럽히는 것"[35]이라 반박했다. 헤겔의 '행동하는 양심'을 상기시키는 답변이라 하겠다.

공자와 은자의 설전은 이후의 중국사상사를 통해 계속 이어지고 심화된다. 중국사상사 전체는 참여의 의지로 충만한 유가 전통과 초세간적 지혜를 추구하는 노장 및 불교 전통을 양대 산맥으로 한다. 두 전통은 각각 역사의 낮과 밤을 지배하면서 중국사상사를 양분해왔다. 이 점에서 공자와 은자의 설전은 소포클레스의 『안티고네』에 등장하는 크레온과 안티고네의 논쟁과 비교해볼 만하다. 헤겔은 두 주인공이 고대 그리스의 인륜을 지배하는 두 원리를 대변한다고 보았다. 즉 크레온은 인간의 법, 국가, 낮의 세계, 남성적 질서를 옹호한다. 반면 안티고네는 신의 법, 가족, 밤의 세계, 여성적 질서를 따른다. 고대 그리스의 인륜은 두 원리의 상호 의존적이고 보완적인 관계 속에서 형성·유지되어왔다. 그리고 두 원리가 분리되어 상호 배타적이고 부정적인 관계 속으로 진입하자마자 그리스의 인륜은 비극적 종말을 맞이하게 되었다.[36]

유가 전통은 중국적 계몽주의를 대변한다. 반면 노장 및 불교 전통은 중국의 종교적 상상력을 대변한다. 중국적 인륜의 세계도 역시 두 전통의 상호 보완적 관계 속에서 형성되어왔다. 그러나 밤의 사유가 현실을 지배하던 시기의 중국, 다시 말해서 당나라 시기의 중국은 역사상 유례를 찾기 힘든 개방성과 포용력을 과시한 진보의 시기였다. 이 점에서 중국의 중세는 종교에 의해 침체를 겪은 서양의 중세와 대조를 이룬다. 당나라 이후에도 국가 체제에 도전하던 수

많은 민란이나 민중봉기의 배경에는 유토피아의 이념을 제공하던 도가 전통이 자리한다.[37] 20세기 초 마오쩌둥의 공산당과 장제스의 국민당 사이에서 벌어진 혈투는 중국사상사를 구조화해오던 양대 세력 간의 잠재적 갈등이 현실로 분출된 중요한 사례다. 이런 시각에서 볼 때 21세기 초 중국공산당이 천안문 광장에 세워놓은 공자의 동상은 새로운 주기의 역사가 시작되고 있음을 말해준다.

인문, 초-인문, 반-인문

유가 사상은 한편으로는 초세간적 지혜를 구하는 노장 사상과 싸우되, 다른 한편으로는 엄격한 형법을 통해 공적 질서를 확립하려 했던 법가 사상과 대결하면서 자신의 정체성을 구축했다. 유가와 법가를 가르는 차이는 인간의 본성에 대한 이해에서 시작된다. 공자 이후 맹자를 지나면서 유가는 인간의 본성이 원래 선하다는 전제에서 출발한다. 인간의 마음에 선천적으로 내재하는 도덕적 잠재력을 기르고 확충한다는 것이 유가 사상의 기본적 취지다. 반면 법가는 인간의 본성은 자신의 이익을 좇는 데 있다고 본다. 인간은 근본적으로 모리배謀利輩라는 것이고, 따라서 강력한 법률로 다스리지 않으면 사회는 언제든지 혼란에 빠진다는 것이다. 김수영도 모리배를 주제로 한 시를 남겼다.

언어는 나의 가슴에 있다
나는 모리배들한테서
언어의 단련을 받는다

그들은 나의 팔을 지배하고 나의
밥을 지배하고 나의 욕심을 지배한다

그래서 나는 우매한 그들을 사랑한다
나는 그들을 생각하면서 하이데거를
읽고 또 그들을 사랑한다
생활과 언어가 이렇게까지 나에게
밀접해진 적이 없다

언어는 원래가 유치한 것이다
나도 그렇게 유치하게 되었다
그러니까 내가 그들을 사랑하지 않을 수 없다
아아 모리배여 모리배여
나의 화신이여
–「모리배」(1959) 전문

현대 정신분석(라캉)에서 언어는 사회적 규범, 법, 예禮 일반과 같다. 무의식은 그런 의미의 언어에 의해 언어처럼 구조화된다. 언어처럼 구조화된다는 것은 언어에 의해 길들여지고 조형된다는 것이다. 이는 언어의 규칙에 따라 행동하고 생각한다는 것, 언어의 논리에 따라 욕망한다는 것을 말한다. 언어는 "나의 팔을 지배하고 나의/ 밥을 지배하고 나의 욕심을 지배한다." 그러므로 나의 행동은 나의 행동이 아니다. 오히려 나를 통한 사회적 규범의 행동, 언어가 대변하는 사회적 이데올로기의 행동이다. 나의 생각은 나를 통한 언어의 자기전개에 불과하다. 나의 욕망은 어머니의 욕망, 아버지의 욕망, 사회라는 대타자의 욕망에 지나지 않는다. 나는 타자가 욕망하는 대상을, 나아가 타자의 욕망 자체를 욕망하면서 주체가 된다.

현대철학에서 주체가 된다는 것(주체화)은 대타자에 예속된다는 것(예속화), 자신의 자연적 충동을 포기하고 상징적 질서로 편입된다는 것과 구별되지 않는다. 상식의 인간, 사회적 인간은 그런 편입과 소외의 절차에서 탄생한다. 하이데거는 일상의 세계로 소외된 주체를 '비-본래적 인간'이라 불렀으며, 김수영은 '모리배'라 부른다. 현대 윤리학의 과제는 비-본래적 인간에게 본래성을 되찾아주는 데 있다. 그것은 모리배에게 대타자의 욕망으로 환원되지 않는 자신만의 고유한 욕망을 되찾아준다는 것과 같다. 공자가 광자狂者와 견자狷者를 가까이하고자 한 이유도 이런 관점에서 설명할 수 있다. 이들은 적어도 상식과 통념에 함몰되어 있지 않다. 그들은 모리배의 유혹과 마술을 이겨내고 자신만의 고유한 욕망의 대상을 추구할 야성을 지녔다.

20세기 후반 자유주의 전통의 대변자 이사야 벌린이 광자와 견자가 나오는 대목을 읽었다면 무어라 했을까? 아마 광자를 여우에, 견자를 고슴도치에 비유했을 것이다.[38] 이때 여우는 시적인 정신이다. 여우는 어떤 정해진 영역에 오래 머물기보다 이리저리 경계를 넘어 복수의 관심을 동시에 추구한다. 자신의 다양한 관심이 서로 양립 불가능하고 모순을 초래한다고 해도 개의치 않는다. 여우는 상상의 지평이 무한히 확대·개방되는 지점을 찾아 끝없이 달리는 동물이다. 반면 고슴도치는 체계의 정신이다. 모든 문제를 해결해줄 최후의 답에 집중하고, 하나의 논리로 다양한 주제를 수미일관하게 엮어내기 위해 집요하게 매달린다. 중요한 것은 다양성이 아니라 일관성이고, 넓이가 아니라 깊이다. 고슴도치는 모든 것을 동시에 설명하는 마지막 원리가 있다는 믿음으로 무한정 땅을 파헤치는 강인한 동물이다.

서양 형이상학의 마지막 분수령인 들뢰즈가 공자를 읽었다면 무어라 했을까? 아마 광자를 분열증적 주체로, 견자를 편집증적 주체로 설명했을 것이다.[39] 이때 편집증적 주체는 정주민적 주체이고, 분열증적 주체는 유목민적 주체다. 편집증적 주체는 이 세상에 분류할 수 없는 것, 해석할 수 없거나 의미를 부여할 수 없는 일은 없다고 본다. 그에게 사물은 정리의 대상, 명령의 대상, 영토화의 대상이다. 반면 분열증적 주체는 사물이 서로 다른 목소리를 내며 끊임없이 변이·생성하는 리듬에 몸을 맡긴다. 그에게 사물은 유희의 대상, 실험의 대상, 탈영토화의 대상이다. 분열증적 주체를 옹호하는 들뢰즈에게 중용이란 배반해야 할 타협, 깨야 할 조화에 불과한지 모른다. 지나친 것은 모자란 것과 같다는 '과유불급過猶不及'이라는 공자의 말은 즐거운 긍정의 대상일 것이다. 극단적인 것을 사랑하는 들뢰즈, 지나치거나 못 미치는 것을 좋아하는 들뢰즈는 반-중용의 철학자다. 서양 형이상학과 맞물려 있는 가족중심주의, 부권 중심의 질서를 철저히 반대하는 들뢰즈는 이미 아름다운 영혼의 우정마저 걷어차 버렸다.

미래의 유가는 이런 반-중용의 철학을 의식할 줄도, 이용할 줄도 알아야 한다. 왜냐하면 공자의 사상, 특히 중용의 개념은 과격한 사유를 포용하는 변증법적 논리와 더불어 펼쳐지기 때문이다. 공자는 광자狂者, 견자狷者와 동행하면서 중용의 길을 추구했다. 주자는 도가와 불가를 내면화하면서 신유학의 체계를 완성했다. 미래의 유학은 현대의 극단적 사유와 우정을 맺을 수 있을 때 비로소 첨단의 사상으로 다시 태어날 수 있을 것이다. 중용은 유가의 사상사적 위치를 표시하는 용어이기도 하다. 유가는 형성기부터 이상주의(도가)

와 현실주의(법가) 사이에서 양비론을 펼치는 가운데 자신의 정체성을 구축해왔다.『중용』에서 공자는 이렇게 말한다.

> [중용의] 도가 행해지지 않는 이유를 나는 안다. 지혜로운 사람은 지나치고 어리석은 사람은 미치지 못한다. 나는 [중용의] 도가 밝혀지지 못하는 이유를 안다. 현명한 사람은 지나치고 모자란 사람은 미치지 못한다.[40]

오래전부터 이 대목에 나오는 지자知者와 현자賢者는 도가를, 우자愚者와 불초자不肖者는 법가를 의식한 말로 해석되어왔다. 도가는 유가의 예악정치를 인위적이라고 비판하면서 무위자연의 정치를 내세웠다. 반면 법가는 도가의 무위자연만이 아니라 유가의 예악정치마저 사치와 허식으로 낙인을 찍으며 형법정치를 내세웠다. 도가는 형이상학적 높이와 존재론적 숭고를 추구한다. 법가는 기술적 실용과 형법적 질서를 우선시한다. 한쪽은 구름 위의 이상에 머물러 세속의 일상을 경시한다. 다른 한쪽은 일상의 효율에 집착하여 이상적 질서에 눈뜨지 못한다. 한편은 상달上達만 좇고, 다른 한편은 하달下達에 머문다. 한쪽은 은자가 되기 쉽고, 다른 한쪽은 기술자로 전락한다. 공자는 은자를 존중하되 하학下學을 통한 상달을 구했다. 요컨대 "공자의 이른바 사문斯文(중용)이 인문이라 한다면, 도가의 이른바 무위자연은 초-인문이요, 법가의 이른바 형명법술刑名法術은 반-인문이다."[41]

향원과 자기기만의 문제

맹자를 기준으로 평가하자면, 광자狂者는 초-인문의 사유를 향해 비상하여 실천이 따라가지 못한다. 견자狷者는 행동에 있어 차가울 만치 엄격하되 반-인문적이라 할 만큼 생각이 굳어 있다. 그럼에도 불구하고 인문적 사유는 광자나 견자 같은 인물에게 가장 먼저 허락된 축복이다. 군자가 보석이라면, 광자와 견자는 원광석이다. 보석이 갈고 닦은 원광석인 것처럼 군자는 절차탁마를 거친 광자나 견자다. 다만 광자는 견자를, 견자는 광자를 만나 서로 부딪히고 다듬어질 수 있을 때라야 그런 순화의 절차를 기대할 수 있을 뿐이다. 광자와 견자는 미완성의 군자이고, 그래서 군자의 반대편에 있는 것이 아니다. 군자의 진정한 적대자는 향원鄕原이다. 향원은 뛰어난 처세술로 지역의 인심을 사로잡은 사이비 군자다. 공자는 향원을 "[중용의] 덕을 해치는 자"[42]라 불렀는데, 맹자는 그 이유를 다음과 같이 설명했다.

> [향원은 광자에 대해 말한다.] 어찌하여 이처럼 말과 뜻이 큰가? 실제로는 말과 행실이 어울리지 않고, 행실 또한 말과 어울리지 않으며, 단지 "옛 사람이여, 옛 사람이여!"라고 할 뿐이다. [또 향원은 견자에 대해 말한다.] 어찌하여 이처럼 외롭고 쓸쓸하게 남들과 어울리지 못하는가? 이 세상에 태어났으면 이 세상 사람들을 위하면 되고 남들이 좋다고 하면 되는 것이다. 이렇게 말하면서 세상사람 모두에게 아첨하는 자가 향원이다.[43]

향원은 광자와 견자를 이해하지 못한다. 이는 중용을 모른다는 것과 같다. 향원은 중용의 배후에 숨 쉬는 광기를 이해하지 못한다. 중용을 다만 밋밋하고 평균적인 중간으로만 아는 것이다. 그러므로 향원은 인仁을 알지 못한다. 증자 이래 유학자들은 공자가 가르친 어짊을 충忠과 서恕의 이중 구조로 풀이했다. 충이란 마음[心]의 중심[中]을 지킨다는 것이다. 서란 타인의 마음과 자신의 마음[心]을 같게[如] 한다는 것이다. 충실은 한결 같은 대자적 자기관계를, 용서는 너그러운 외향적 대타관계를 의미한다. 인仁은 중용과 더불어, 나아가 성誠과 더불어 동일한 논리적 구조를 지닌다. 유가철학의 핵심을 이루는 세 개념은 형식적으로는 구별하기 힘들다. 이것들은 헤겔의 자유 개념과 마찬가지로 대자관계와 대타관계로 이중화되어 있고, 자기관계적 부정이라는 역동적 형태변화의 운동 속에 놓여 있다. 광자는 어짊의 한 측면인 대타적인 열망을, 다시 말해서 '용서'라는 타자 위주의 상상력을 상징하는 인격이다. 반면 견자는 어짊의 다른 한 측면인 대자적인 일치, 다시 말해서 '충실'이라는 자기복귀의 열망을 대변한다. 향원은 광자와 견자라는 아름다운 영혼을 병자로 간주함에도 불구하고 세상 사람들은 향원을 군자로 칭송한다. 향원은 가는 곳마다 착한 사람이라는 평가를 받는데, 그 이유를 맹자는 이렇게 설명한다.

> 이런 사람은 비난하려 해도 어떤 잘못도 들 수 없고 꾸짖으려 해도 꾸짖을 것이 없다. 다만 세속의 흐름에 동화하고 더러운 세상에 영합하여 사람됨이 마치 충성스럽고 신실해 보이며 행동이 방정하고 청렴결백한 것처럼 보인다. 그러므로 뭇 사람이 다 좋아하고 자기 스스로도 옳다고 여긴다.[44]

겉으로 보기에 향원은 군자와 구별하기 어렵다. 향원은 일견 군자처럼 보이지만, 사실은 덕을 해치는 사이비 군자다. 그렇다면 군자와 향원의 차이는 무엇인가? 아마 향원이 대자적 자기관계를 결여한 데 있을 것이다. 향원은 타인을 기준으로 생각하고 세상에 맞추어 처신하므로 비난하려 해도 아무런 빌미를 찾을 수 없다. 시류에 맞추어 판단하므로 몸과 마음이 반듯해 보인다. 그러나 문제는 여기에 있다. 향원은 자신 속에서 움트는 이상, 자신 속에서 피어나는 상상력, 스스로 다짐한 원칙으로 복귀하지 못한다. 향원의 외향적 대타관계는 내향적 자기관계에 의해 교정·보완·변형되지 않은 피상적 관계에 불과하다. 향원이 학자라면, 그의 학문은 타인에게 봉사하기 위한 학문, 위인爲人의 학문에 그친다. 반면 군자의 학문은 위인의 학문이기에 앞서 먼저 위기爲己의 학문, 자기도야와 성숙을 위한 학문이다. 중용의 길은 위기와 위인, 성기成己와 성물成物 사이에서 성립하는 부단한 상승적 교차와 변증의 절차다. 향원은 세상의 기준과 일치하되 세상의 기준을 바꾸지 못한다. 그것은 자기 자신을 바꾸지 못하는 데서 오는 무능력이다.

공자가 절차탁마切磋琢磨라는 말을 그토록 좋아한 이유는 어디에 있는가? 인간됨의 핵심이 부단한 자기조형의 의지에 있다고 믿었기 때문이다. 공자가 생각하는 인간은 보석처럼 아름다운 예술작품으로 다듬어나가야 할 심미적 대상이다. 하지만 심미적 대상으로 완성되기 위해서는 먼저 바탕이 견실해야 한다. 광자狂者와 견자狷者는 아직 중용의 미美에 해당하는 문질빈빈文質彬彬의 단계에는 이르지 못했다. 그럼에도 불구하고 공자가 광자와 견자를 벗으로 삼고자 한 것은 이들이 원래 가지고 있던 야성野性을 고치고 벼르다 보면 최상의 단계로 끌어올릴 수 있기 때문이다. 공자가 생각하는 군자는 자기를 바꾸면서 세상을 바꾸고, 세상을 고치면서 자기 자신을 상향적으로 끌어올리는 사람이다.

공자의 인仁은 그런 이중적인 조형에 부응하는 부단한 자기회귀적 부정을 전제한다. 중용은 그런 자기회귀적 부정이 안과 밖에서 이룩한 구체적 성취에 해당한다. 공자는 이 모든 것을 극기복례克己復禮라는 말로 정식화한 바 있다.『예기』에서 예는 '중용을 만드는 절차'로 풀이된다.[45] 복례復禮, 다시 말해서 예로 돌아간다는 것은 중용의 질서로 돌아간다는 것, 중용의 미를 실현한다는 것이다. 그러나 복례는 극기克己와 더불어 일어나야 한다. 공자가 향원에 대해 사이비 군자요 덕을 해치는 위험한 인물이라며 흥분한 이유는 여기에 있을 것이다. 그것은 향원이 극기라는 말로 표현되는 부정적 자기관계, 다시 말해서 무한한 도야의 이념을 결여했다는 데 있을 것이다. 도야의 이념을 결여한다는 것은 자발적인 자기개선의 가능성을 결여한 인품이라는 것이다. 이것은 공자에게 세상을 바꿀 능력이 처음부터 없다는 것과 같다.

8 김수영의 선비정신: 직直과 유교적 실존주의

폭포는 곧은 절벽을 무서운 기색도 없이 떨어진다

규정할 수 없는 물결이
무엇을 향하여 떨어진다는 의미도 없이
계절과 주야晝夜를 가리지 않고
고매한 정신처럼 쉴 사이 없이 떨어진다

금잔화도 인가人家도 보이지 않는 밤이 되면
폭포는 곧은 소리를 내며 떨어진다

곧은 소리는 소리이다
곧은 소리는 곧은
소리를 부른다.

번개와 같이 떨어지는 물방울은
취할 순간조차 마음에 주지 않고
나태와 안정을 뒤집어놓은 듯이
높이도 폭도 없이
떨어진다
–「폭포」(1957) 전문

김수영의 선비정신

김수영은 「공자의 생활난」(1945)과 「묘정의 노래」(1945)를 가장 먼저 발표했지만, 자신의 실질적인 처녀작으로 「병풍」(1956)과 「폭포」(1957)를 꼽기도 했다. '고통과 불쾌와 죽음'을 맴도는 모더니즘의 정신을 살리고 있다는 생각 때문이었다. 모더니즘의 바탕에는 기존의 문법을 무화시키고 백지상태로 돌아가려는 파괴본능이 자리한다. "「병풍」은 죽음을 노래한 시이고, 「폭포」는 나태와 안정을 배격한 시이다."[1] 「병풍」은 '주검을 가지고 주검을 막고' 있는 병풍의 역설을, 「폭포」는 곧은 소리로 곧은 소리를 부르는 폭포의 황홀경을 노래한다.

"폭포는 곧은 절벽을 무서운 기색도 없이 떨어진다/ (……) 나태와 안정을 뒤집어놓은 듯이/ 높이도 폭도 없이/ 떨어진다." 프로이트의 문법으로 옮기자면, 나태와 안정을 깨뜨린다는 것은 쾌락원칙을 넘어선다는 것과 같다. 타협을 거부하는 곧은 소리는 쾌락원칙 저편의 죽음충동을 불러들인다. 수평적으로 펼쳐진 병풍은 죽음충동의 현기증을 차단한다. 반면 수직적으로 떨어지는 폭포는 현기증 자체다. "곧은 소리는 곧은 소리를 부른다." 죽음의 아우성으로 죽음의 아우성을 불러들이는 폭포의 수직적 폭력에 의해 기존의 관념체계 전체가 출렁거린다. 그리고 그 틈새로 실재의 파편이 침투한다.

공자는 호학好學 없는 호직好直을 일러 교살적絞殺的이라 했다.[2] 앞뒤 분간하지 않고 무턱대고 정직을 추구하다 보면 목을 조르는 듯 살벌해진다는 뜻이다. 무엇에 의해서도 매개·규정되지 않은 정직은 상징계 저편의 검은 광기를 대리한다. "곧은 소리는 곧은 소리를 부른다." 이렇게 노래하는 「폭포」는 '실재의 열망'이라 할 모더니즘의 이념을 표현할 뿐만 아니라 어떤 '고매한 정신'을 살리고 있다. "규정할 수 없는 물결이/ 무엇을 향하여 떨어진다는 의미도 없이/ 계절과 주야를 가리지 않고/ 고매한 정신처럼 쉴 사이 없이 떨어진다." 그 고매한 정신은 곧음으로 압축되는 선비정신일 것이다. 4·19 이후 김수영은 저항시인의 대명사가 되었지만, 그 시기에 이르러서야 처음 참여정신에 눈을 뜬 것은 아닐 것이다. 시인으로서 처음 발걸음을 내딛는 순간부터 김수영의 핏줄에는 이미 선비정신이 흐르고 있었다고 해야 할 것이다. 1960년대 김수영이 보여준 참여정신은 그의 몸속에 흐르던 선비정신의 발로라 할 수 있다.

조선시대의 사대부 송시열(1607~1689)은 귀향지인 정읍에서 사약賜藥을 받았을 때 곧음에 대해 일갈했다. "천지가 만물을 낳는 원리와 성인이 만물에 대응하는 원리는 오로지 곧음[直]에 있을 뿐이다."[3] 그러므로 곧음은 인간이 갖추어야 할 이러저러한 덕목들 중의 하나에 불과한 것이 아니다. 그것은 우주의 운행을 설명하는 형이상학적 원리이자 인간의 실천을 인도하는 윤리적 이념이다. 이런 생각의 뿌리는 『논어』에 있다. "사람의 삶을 지탱하는 것은 정직이다. 정직하지 않은 삶은 요행히 화나 면하는 것이다."[4] 성리학의 집대성자 주자는 이 구절에 주석을 붙이면서 곧음을 생명의 원리, 우주론적 원리로 끌어올렸다. 이후 조선의 선비는 주자의 가르침을 계승하여 곧음을 실천의 최고 이념으로 발전시켰다. "곧은 소리는 곧은 소리를 부른다"는 구절은 이런 계승의 역사를 배경으로 읽을 필요가 있다.

이때 제기되는 문제는 유가사상과 모더니즘의 수렴 가능성이다. 곧음은 김수영의 시적 상상력을 통과하면서 유가적 이념과 모더니즘의 이념을 하나로 꿰는 수직선이 되었다. 선비정신은 김수영의 온몸을 관통하면서 참여정신과 한몸이 되었다. 김수영은 「공자의 생활난」에서는 국수와 마카로니를, 「거리 1」에서는 선비의 수묵화와 쇠라의 점묘화를 마주 세운다. 이와 마찬가지로 「폭포」에서는 선비정신 속에 살아있는 곧음의 열망이 모더니즘을 규정하는 실재의 열망과 마주 서 있다. 이 시는 곧음의 열망 속에서 태어난 선비정신과 실재의 열망 속에서 태어난 모더니즘의 이념이 죽음의 개념을 매개로 만날 수 있음을 암시한다.

김수영은 모더니즘을 구성하는 죽음충동에 적절하게 관계하기 위해 사랑의 이념을 끌어들였다. 사랑은 죽음과 더불어 온몸의 시학을 끌고 가는 수레바퀴다. 온몸의 시학에서 죽음의 고개는 사랑의 행보를 통해서만 넘어갈 수 있다. 죽음을 통해 열리는 미래적 잠재력은 사랑에 의해 지연될 때만 맹목의 혼돈에서 벗어나 창조적 조형력으로 거듭날 수 있다. 김수영이 말하는 '온몸에 의한 온몸의 이행'은 죽음과 사랑 사이에서 일어나는 그런 차연差延의 논리를 함축한다. 이것은 호학好學 없는 호직好直을 두고 교살적絞殺的이라 했던 공자에게서도 마찬가지다. 공자가 가리킨 중용의 논리는 이미 차연의 논리를 포함한다. 중용이란 지연된 광기이자 유예된 방탕이다.[5] 김수영의 사랑 또한 끊임없이 보류된 죽음이라는 점에서 공자의 중용과 크게 다르지 않다.

직直과 죽음충동

정신분석에서 광인은 오이디푸스 콤플렉스를 통과하지 않은 주체를 가리킨다. '정상적인' 주체는 오이디푸스 콤플렉스를 통과하면서 거세된 주체다. 거세란 자신의 원시적 충동을 포기한다는 것, 부권父權에 의해 구조화된 언어-규범적 체계 안에서 길들여진다는 것을 말한다. 이것은 '사회화 과정'이라 불리기도 한다. 주체는 사회적 규범을 내면화하여 야성적 충동이 분출하는 자리에 상호 주관적으로 조율 가능한 제2의 욕망이 뿌리내릴 때 탄생한다. 헤겔이나 라캉은 그런 사회화 과정을 '소외'라 부른다. 주체는 공동체 정신(대타자) 안에서 길들여진 주체, 소외된 주체다. 소외된 주체는 타인과 의사소통할 수 있는 상징적 차원에 진입하기 위해 자기 자신의 원초적 욕망을 포기했다. 주체화의 첫 단계는 그런 포기를 통한 자발적 예속화에 있다.

그렇다면 예속화의 단계는 어떻게 해방의 절차로 반전될 수 있는가? 어떻게 주체는 소외의 단계에서 벗어나 자신만의 고유한 주권을 회복할 수 있는가? 이것이 현대의 주체화 이론이 부딪힌 마지막 문제다. 대타자에 완전히 예속된 주체는 모범적 주체일망정 야성을 잃어버린 주체다. 합리적 주체일망정 활력을 상실한 주체, 복종이 천성이 되어버린 주체다. 그렇다고 자신만의 고유한 주권을 회복한 창의적 주체는 다시 광기로 돌아간 주체가 아니다. 그는 어떤 합리적 정념의 주체, 혹은 정념적 합리성의 주체다. 그는 광기와 이성이 상호 교차하는 차연의 논리 속에 발을 들여놓고 있다. 김수영의 말을 빌리면, 창의적 주체는 사랑을 통해 죽음의 고개를 넘어가는 주체다.

현대적 주체이론은 주체가 대타자[禮]의 욕망으로 환원되지 않는 욕망의 담지자로 다시 태어날 수 있는 가능성에 초점을 둔다. 여기서 문제는 주체가 주체로서 성립하기 위한 최초의 조건(야생적 욕망의 상실)에서 벗어나 광기와 이성의 차연적 경제 안으로 진입하기 위한 조건을 찾는 데 있다. 김수영 식으로 말하자면, 해방의 조건은 온몸에 의한 온몸의 이행이 일어나기 위한 조건과 같다. 공자 식으로 묻는다면 이렇게 된다. 주체는 어떻게 학學과 예禮를 통해 일어서고, 다시 학과 예를 통해 합리적 일탈의 자유를 얻을 수 있는가? 이것이 "예를 통해 일어서며 음악을 통해 완성한다"[6]는 문장으로 공자가 대답하고자 했던 물음이었을 것이다. 이 물음은 중용이론에서 최종적인 답변을 얻는다. 유가철학에서 자유롭고 창의적인 주체는 중용의 길을 가는 주체다.

유가철학의 중심에 있는 중용은 종종 타협과 조정의 지혜로, 즉 야성과 극단을 배제하는 온건의 지혜로 설명되기도 한다. 그러나 이런 것은 직直의 정신이나 곧음의 의지가 생략된 중용이다. 곧음의 의지에 의해 중심화된 중용의 합리성 배후에는 광자狂者나 견자狷者의 광기가 숨 쉬고 있다. 거기에는 쾌락원칙의 저편으로 향하는 죽음충동이 꿈틀거린다. 그런 과격한 요소를 배제한다면 중용은 김빠진 콜라가 된다. "카페인 없는 커피, 니코틴 없는 담배, 알코올 없는 술"[7]이 되는 것이다. 그러나 중독의 위험이 제거된 대상이 유혹적일 수 있는가? 실재의 열망이란 중독의 열망이고, 이것이 모더니즘을 살아있게 만들어주는 핵심적 요소다. 우리는 그 요소를 다시 곧음의 열망으로 번역할 수 있다. 곧음의 열망은 거세에 대한 저항, 허위의식에 대한 도전이다.

유가적 주체는 거세된 주체의 전형으로 간주되기 쉽다. 이는 유가 전통을 강력하게 지배해온 가족 이데올로기가 전면에 등장할 때

그렇다. 유가철학에서 국가는 확장된 가족이다. 중국에는 가족정신밖에 없다는 헤겔의 풍자는 완전히 틀린 이야기가 아니다. 사회적 연대는 혈연적 연대를 기본으로 한다. 서양인은 우정을 중심으로 이상적 사회를 표상했지만, 유가 전통에서는 효제孝悌가 사회적 관계의 모델이었다. 이념적으로 절대화된 가부장적 질서 속에서 곧음의 열망은 종종 좌절되어야 했다. 그리고 이것의 폐해는 공公과 사私의 구별이 약화된다는 데 있다. 유가철학에서 공공의 영역은 의義의 질서로, 사적인 영역은 이利의 질서로 표상된다. 공공성의 객관적 조건은 사욕과 대립하는 의로움의 추구에 있다. 그렇다면 의로움의 추구에 맞물리는 공공성의 주관적 조건은 어디에 있는가? 그것은 곧음 혹은 정직에 있다. 공자는 명성과 대비되는 통달의 의미를 이런 관점에서 설명했다. "무릇 통달했다는 것은 본바탕이 곧으면서 의로움을 좋아한다는 것이다."[8] 통달의 주관적 조건이 정직일 때, 그것의 객관적 조건은 의로움이라는 것이다. 유가철학에서 극기克己와 복례復禮가 함께 가고 충忠과 서恕가 함께 맞물리는 것처럼 직直과 의義는 함께 짝하는 개념이다.

곧음과 의로움의 짝을 통해 설명해야 하는 것은 통달의 의미만이 아니다. 그것은 무엇보다 선비정신이다. 16세기 사림파를 대표하는 학봉 김성일(1538~93)은 1,500여 수의 시를 남겼는데, 여기에는 칼의 이미지가 빈번하게 등장한다. 시퍼런 칼은 선비의 분신과 같아서 때에 따라 다짐과 약속의 대상이기도, 울분과 후회의 상대이기도, 자찬과 반성의 거울이기도 하다.[9] 전하는 기록에 의하면, 김성일은 어느 날 자제들을 모아놓고 검을 나누어주면서 말했다. 그 칼을 가지고 의義와 이利를 단호하게 끊으라고. 사적인 이익을 단호히 잘라내고 공적인 의로움을 취하라는 것이다. 이런 일화가 아니더라도 선비정신은 일반적으로 칼의 이미지와 직결되어 있다. 목에 칼이 들어와도 대의를 위해 뜻을 굽히지 않는 것이 선비정신이다. 이런 것을 보면 무사정신만이 죽음충동으로 꿈틀대는 것이 아님을 알 수 있다. 죽음을 두려워하지 않는 선비정신은 곧음을 주관적 본질로, 공적인 의로움의 추구를 객관적 본질로 한다.

가족 이데올로기

한때 조선은 날 선 선비정신으로 충만했다. 그러나 조선만이 아니라 유교 전통의 국가들은 대부분 혈연적 온정주의, 봉건적 폐쇄성에 짓눌려 쇠락의 길을 걸었다. 선비정신의 칼은 가족 이데올로기의 최면 앞에서 공적인 정의와 사적인 실리를 함께 얽는 끈을 분명히 잘라내지 못했다. 강직한 기상이 혈연적 온정주의를 깨뜨리지 못하는 모습은 이미 공자나 맹자에게서도 찾아볼 수 있다. 그러나 세상이 점차 사막화되어가는 오늘날 혈연적 온정주의는 새로운 의미를 지니게 되었다. 가족이 해체되고 정情이 메말라가는 현대사회에서는 유가적 가족주의가 오히려 긍정적인 의미를 더해간다. 김수영은 이미 1950년대에 유가적 가족주의에 찬가를 바쳤다.

조용하고 늠름한 불빛 아래
가족들이 저마다 떠드는 소리도
귀에 거슬리지 않는 것은
내가 그들에게 전영全靈을 맡긴 탓인가
내가 지금 순한 고개를 숙이고

온 마음을 다하여 즐기고 있는 서책은
위대한 고대 조각의 사진

그렇지만
구차한 나의 머리에
성스러운 향수鄕愁와 우주의 위대감을
담아주는 삽시간의 자극을
나의 가족들의 기미 많은 얼굴에
비하여 보아서는 아니 될 것이다.

제각각 자기 생각에 빠져있으면서
그래도 조금이나 부자연한 곳이 없는
이 가족의 조화와 통일을
나는 무엇이라고 불러야 할 것이냐

차라리 위대한 것을 바라지 말았으면
유순한 가족들이 모여서
죄 없는 말을 주고받는
좁아도 좋고 넓어도 좋은 방안에서
나의 위대한 소재所在를 생각하고 더듬어보고 짚어보지 않았으면
거칠기 짝이 없는 우리 집안의
한없이 순하고 아득한 바람과 물결—
이것이 사랑이냐
낡아도 좋은 것은 사랑뿐이냐
–「나의 가족」(1954) 부분

서양의 인문주의는 고대 그리스의 재발견과 궤를 같이해왔다. 르네상스 시기의 인문주의와 독일 낭만주의 전후의 인문주의가 이를 예증한다. 위의 시에서 김수영이 언급하는 '위대한 고대 조각의 사진'은 18세기 말 독일 인문주의의 도화선이 되었던 빙켈만Winckelmanm의 고대 그리스 미술사를 상기시킨다. 빙켈만은 그리스 신전의 인체조각에서 그리스 문화의 정수를 보았다. 감성과 이성, 물질과 정신이 균형을 이루는 인체조각은 고대 그리스의 문화적 삶 전체를 관통하는 원리를 첨예하게 구현한다는 것이다. 그 원리는 다름 아닌 부분과 전체의 아름다운 조화에 있다. 위의 시에서 그런 심미적 통일성을 가져오는 그리스적 조화의 원리는 유가적 조화의 원리, 다시 말해서 중용의 원리와 마주 서 있다. "제각각 자기 생각에 빠져있으면서/ 그래도 조금이나 부자연한 곳이 없는/ 이 가족의 조화와 통일을/ 나는 무엇이라고 불러야 할 것이냐."

위대한 고대 조각의 사진을 들여다보면서 김수영은 그리스 문화를 동경하던 서양인처럼 '성스러운 향수와 우주의 위대감'에 휩싸인다. 그러나 그것은 그야말로 '삽시간의 자극'에 불과하다. 위대한 조각이 대변하는 고대 그리스는 서양인에게 영혼 전체를 바쳐서 돌아가고자 했던 고향일 수 있다. 그러나 한국의 모더니스트에게는 사정이 다를 수밖에 없다. "내가 그들에게 전영全靈을 맡긴 탓인가." 김수영이 영혼 전체를 맡기고 있는 것은 고색창연한 전통이 흐르는 자신의 집과 가족이다. 빙켈만이 고대 그리스 조각상에서 가리키는 심미적 조화의 원리도 마찬가지다. 김수영이 자신의 가족에게서 발견하는 어떤 불가해한 '조화와 통일'에 비하면 그것은 졸지에 낯설어진다. 성스러운 중용의 지혜가 실현되고 있는 가족, 마르지 않는 사랑의 샘 같은 자신의 가정 안에서 김수영이 한때 추종코자 했던 서양의 인문주의는 중심의 위치를 상실한다. 평범한 가족들의 대화 앞에서 서양정신의 '위대한 소재'는 갑자기 번지수를 잃어버린다.

성스러운 중용은 장구한 세월을 담고 있는 마당 한가운데에, 저마다 떠들어대도 시끄럽지 않게 들리는 식구들 사이에, 그들의 유순하고 순진무구한 잡담에, 거기서 쌓여가는 낡은 사랑에 있다. "낡아도 좋은 것은 사랑뿐이냐." 이렇게 끝나는 위의 시를 읽으면 김수영이 얼마만큼 유교 전통에 커다란 애착을 갖고 있는지 쉽게 알 수 있다. 공자 사상의 핵심이 인仁에 있다면, 인은 결국 가족적 사랑에 뿌리를 둔 개념이다. 공자는 가족적 사랑이 넘치는 사회를 꿈꾸었다. 부자父子, 군신君臣, 사제師弟의 관계가 삼위일체를 이루는 공동체, 인정으로 뭉친 국가를 열망했다. "마을의 풍속이 어질어야 아름답다 할 수 있다. 어진 마을을 골라 거처하지 않는다면 어찌 지혜롭다 하겠는가?"[10] 이런 물음은 『논어』 전체를 끌고 가는 지도이념에 해당한다. 김수영의 「나의 가족」에는 공자 사상의 핵심에 있는 이런 이인里仁 혹은 처인處仁의 이념이 살아있는 것처럼 보인다.

유교적 온정주의

유가철학에서 선비정신은 처인의 이념을 수호하는 위치에 있다. 엄격한 비판의 무기들을 내장한 선비정신은 공적 대의를 위해 죽음을 마다하지 않는다. 그러나 곧음의 의지 속에 꿈틀대던 죽음충동은 과도한 가족적 사랑에 의해 중화되어버릴 때가 있다. 통제되지 않은 혈연적 온정이 발흥하여 처인의 이념이 부패되곤 한 것이다. 사실 『논어』는 맨 앞쪽에서부터 효를 백행百行의 뿌리요 사회적 질서의 토대로 가르친다. 공자만이 아니라 그의 제자들도 인仁의 근간을 효행에서 찾았다. "효도와 윗사람에 대한 공경은 인을 실천하는 근본이니라"[11]라고 가르친 결과 사랑이 위계적 상하 질서에 대한 맹목적 추종과 혼동되기에 이르렀다. 특히 한漢나라 이후 충효忠孝 사상은 유교 윤리의 핵심으로 굳어졌다.

한국은 지구 상의 그 어떤 나라보다 유교의 영향이 컸다. 그런 만큼 이 땅에서 효심은 인간됨의 척도로 간주돼왔다. 중세 기독교 사회에서는 신을 위해 헌신했던 성인聖人이 영적인 삶의 귀감이었다면, 동아시아에서는 부모를 위해 희생한 효자가 성인만큼 드높은 추앙의 대상이었다. 이런 전통을 이어온 나라들은 하나 같이 근대화의 문턱을 넘자마자 어떤 피할 수 없는 철학적 논쟁에 휩싸이곤 한다. 논쟁의 중심에는 유교 윤리가 사회적 부패의 온상이 아닌가라는 물음이 자리한다.[12]

가령 『논어』에는 양을 훔친 아버지를 관가에 고발한 자식의 이야기가 나온다. 이웃 나라의 재상이 이 청년을 정직한 사람으로 치켜세우자 공자는 이렇게 대답했다. "우리 마을의 정직한 사람은 그와 다릅니다. 아버지는 아들을 위해 숨겨주고 아들은 아버지를 위해 숨겨주지만, 정직함은 바로 그런 가운데 있습니다."[13] 『맹자』에도 이와 유사한 이야기가 있다. "만일 자신의 아버지가 사람을 죽였다면 위대한 군주였던 순舜 임금은 어떻게 했을까?" 제자가 상상력을 발휘하여 이런 질문을 던지자 맹자는 대답했다. "당연히 법관이 절차에 따라 자신의 아버지를 체포하도록 내버려두었을 것이다. 하지만 밤이 되어서는 임금의 자리를 헌신짝처럼 버리고 감옥으로 달려갔을 것이다." 그리고 "몰래 부친을 업고 도망하여 바닷가를 따라 거처하면서 종신토록 매우 즐거워하며 이전에 행했던 천자의 일을 모두 잊었을 것이다."[14]

부모를 향한 자식의 마음은 이런 이야기를 통해 한없이 이상화된다. 지상 최고의 권력인 천자의 자리마저 그 앞에서는 헌신짝처럼 무의미한 것이 되어버린다. 하물며 법이니 정의니 공공선公共善이니 하는 것은 어떻게 되겠는가? 당연히 먼지처럼 가벼워지고 눈곱만치 하찮아질 것이다. 비판자들이 목소리를 높이는 것은 바로 이런 대목이다. 유교 윤리는 부자父子관계를 비롯한 혈연을 중시한 나머지 법이 대변하는 공적 정의를 경시하는 풍조를 조장한다는 것이다. 이 점은 도덕법칙을 정언명법(예외 없이 무조건 따라야 하는 명령)으로 간주한 칸트-기독교 전통의 윤리와 비교할 때 더욱 두드러진다.

『논어』에서도 효도는 "어기지 말라(無違)"[15]는 단순한 명법으로 정식화된다. 부모의 뜻을 절대 어기지 말라. 이것이 공자식 정언명법이다. 그러나 문제는 무조건 따르되 어떤 보편적 법칙이 아니라 부모라는 특수한 개인의 의도를 따라야 한다는 데 있다. 게다가 부모에게 잘못된 점이 있더라도 무조건 따르라고 명령하는 것이 유가적 정언명법의 특색이다.[16] 앞에서 언급했던 것처럼 유교 전통에는 공公과 사私 혹은 의義와 이利를 엄격히 구별해야 한다는 강령이 있다. 선비정신의 핵심은 목숨을 내놓고 공적인 대의를 지키는 강직함에 있다. 그럼에도 불구하고 부모의 뜻을 무조건 따르라는 공자의 정언명법 앞에서 선비정신은 물론 사회적 정의와 공공선의 권위는 쉽사리 무력화될 수 있다.

사실 『맹자』를 보면 자기를 해치려던 동생을 지방의 제후로 봉한 순 임금의 덕을 높이 칭송하는 대목이 있다.[17] 이는 백성의 관점에서 보면 무능하고 비도덕적인 사람의 통치를 받아야 하는 것이니 결코 공정한 인사라 할 수 없다. 오히려 연고주의에 의해 능력 있는 인재의 등용이나 공평한 법률 집행이 왜곡되는 사례라 할 수 있다. 순임금은 아들 혹은 형으로서 자신의 역할을 다한 것이지만, 자기도 모르게 백성에게 고통을 안기는 결정을 내린 셈이다. 심하게 말해서 공자의 정언명법, 그리고 그것과 맞물려 있는 가족적 온정주의는 공직자 부패를 정당화하거나 심지어 칭송하게 만드는 원리가 될 수 있다. 연고주의를 부추기는 원동력이 될 수도 있다. 효자가 나라를 망칠 수 있는 것이다.

이런 것을 보면 농업생산에 기초한 시대의 철학이자 혈연관계를 중시하는 윤리학인 유가 사상이 산업화 시대를 지나 정보화 시대로 접어든 오늘날에는 하루빨리 청산되는 것이 낫지 않을까 하는 생각이 들기도 한다. 정보화 시대는 개인이 한없이 추상화되는 시대, 다시 말해서 개인과 개인이 구체적인 소속관계나 인격적인 내용과 분리되어 외면적으로 관계하는 시대다. 혈연이나 지연 같은 자연발생적 관계를 실체화하여 삼강三綱이니 오륜五倫이니 하는 유교 사상은 개인이 국적, 성별, 언어, 문화의 차이를 뛰어넘어 익명적 주체의 자격에서 자유롭게 이합집산하는 오늘날에는 전혀 어울리지 않아 보일 수 있다.

경敬과 내면적 수직화

그러나 가족적 온정이 너무 모자라서 병들어가는 듯한 사회를 보면서 생각이 반대쪽으로 기울어지기도 한다. 효 사상은 한국인의 문화적 유전자에 가까운 것이니 만큼 한국인의 정체성을 제대로 파악하기 위해서라도 효에 감추어진 의미를 제대로 되새겨야 할 것이다.

효 사상을 새로운 역사적 조건에 맞추어 되살리거나 변형할 수 있는 가능성을 찾아보는 것도 무의미한 일은 아닐 것이다. 그러므로 다시 물어보도록 하자. 효란 과연 무엇인가?

효에 대해 묻는 제자에게 공자는 늘 정신적 태도를 강조했다. "요즘의 효라는 것은 부모를 물질적으로 봉양할 수 있는 것을 말한다. 그러나 개나 말조차도 모두 먹여 살리기는 하는 것이니 공경하지 않는다면 짐승과 무엇으로 구별하겠는가?"[18] 이런 문장에서 알 수 있는 것처럼 공자는 효의 핵심을 경敬에 두었다. "공경하고 또 공경하여 마침내 어김이 없도록 하라(又敬不違)."[19] 이것이 공자 식 정언명법의 전모다. 경敬이라는 한자는 매질[攵]에 대한 공포, 그리고 사경死境 속에서 구하는 자책과 후회의 말[苟]에서 왔다. 여기에는 마음을 고쳐 바르게 한다는 의미가 담겨 있다. 이 단어가 유가철학에서 갖는 의미는 『주역』에서 가장 잘 표현되고 있다. "군자는 공경으로 내면을 곧게[直內] 하고 의로움으로 외면을 바르게[方外] 한다. 공경과 의로움이 확립되면 그의 덕을 따르는 사람이 생겨나니 결코 외롭지 않다."[20] 곧음과 의로움이 켤레를 이루는 개념임을 말해주는 이 문장에서 경敬은 직直을 회복·보존해주는 어떤 것임을 알 수 있다. 의로움이 바깥을 반듯하게 하는 방외의 원리라면, 공경은 내면을 곧게 세우는 직내의 원리다. 직내의 원리인 공경은 유가적 내면성의 형식이라 부를 만하다.

공경이 직내直內의 원리라면, 이 직내의 끝은 천명의 높이로 향한다. 유교적 주체는 언제나 자기도야의 길 위에 있고, 그 도야의 길은 천명에 대한 감수성에서 완성된다. 유학자에게 배움의 길 전체는 내면적 수직화의 원리인 경건에서 시작하여 다시 경건으로 돌아간다. 그러나 그 모든 여정의 출발점에는 효의 실천이 놓인다. 이는 공자가 강조한 능근취비能近取譬의 방법과 밀접한 관련이 있다. 먼 것은 가까운 것에서부터 깨달아가고 높은 것은 낮은 것에서부터 이루어가야 한다는 것이 능근취비의 방법이다.[21] 과거의 유학자들이 부모에 대한 효도를 강조한 것은 단순히 가부장 중심의 질서를 옹호했기 때문만이 아니라 그것을 모든 고상한 깨달음의 원천이라 간주했기 때문이다. 마음을 바로 세워 마침내 천명과 교감하는 데까지 나아가는 길도 가장 가깝고 일상적 실천의 대상인 부모사랑에서부터 출발해야 한다는 것이다.

유교적 주체가 예를 통해 선다[入於禮]면, 이는 정확히 예의 주관적 본질이 내면적 수직화의 원리인 경敬에 있기 때문이다.[22] 예를 익히고 실천하기 위한 일차적 조건은 경건함을 통해 내면을 바로 세우는 능력에 있다. 효는 일상 속에서 그런 직내의 능력을 쌓아가는 가장 구체적이면서도 효과적인 길에 해당한다. 호연지기浩然之氣를 기르는 방법을 곧음의 보존에서 찾은 맹자는[23] 천지를 덮는 기개도 내면적 수직화를 일상에서 실천하는 효행에서부터 쌓아가야 한다고 가르쳤다. 유가철학에서 효행을 통해 터득되는 경敬은 예의 주관적 본질이자 천명의 높이로 향하는 도야의 방법이다.[24] 요순堯舜 같은 성인이 되는 길도 효행의 실천에 있다는 것이다.[25]

유교적 실존주의

이런 관점에서 보면 선비정신을 계승하는 열암 박종홍(1903~1976)이 실존주의 전체를 '성실의 철학'으로 해석한 것은 우연이 아니다. 이때 성실은 독일어 Redlichkeit의 번역어인데, 이 용어는 원래 직直이나 곧음을 의미한다. 원어에 충실하자면 실존주의는 곧음의 철학 혹은 정직의 철학이 된다. 수직의 철학이라 해도 될 것이다. 원래 '곧음'이라 번역해야 할 것을 '성실'로 옮긴 것은 성誠과 경敬을 같은 것으로 간주해온 성리학 전통에서는 자연스러운 일이다. 정명도는 "성실은 하늘의 도道요 경건은 인사人事의 근본이니 경건은 곧 성실이다"[26]라고 했다. 경건과 성실이 같은 것[敬則誠]이라면, 경건은 직내의 원리이므로 내면적 곧음은 다시 성실과 같은 것이 될 수 있다. 박종홍은 Redlichkeit라는 말을 니체의 진리 개념을 정리하면서 처음 발견했고, 야스퍼스의 영향 아래 이 말의 의미를 자기 자신과의 일치로 받아들였다.

> 이처럼 일정한 형태를 가진 모든 진리가 소실된 것처럼 보일 때, 최후의 근거로서 남는 것은 성실이다. 성실은 언제나 나 자신에 대한 성실이다. 그것은 실존의 전제인 것이요, 그에 의하여 우리의 자기 존재의 생성이 비로소 가능하게 된다.[27]

니체철학에서 신적이거나 절대적인 것, 영원한 것은 모두 몰락한다. 사물을 대상화하여 고정된 틀에서 보려 하는 이론적 지식은 생성의 파도 속에 하염없이 난파한다. 그러나 그 파국의 바다에서도 가라앉지 않고 항해할 수 있는 방도가 있는데, 그것이 바로 곧음을 만들어가는 성실이다. 여기서 곧음이란 자기에 대한 자신의 일치, 무매개적이고 직접적인 일치를 말한다. 성실 속에서 일어나는 자기회귀적 일치는 매번 새로운 균형, 달라진 구심점을 만든다. 그렇기 때문에 곧음은 '실존의 전제'이자 '자기 존재의 생성'을 가져오는 원동력이 될 수 있다. 이런 박종홍의 해설은 곧음[直]을 내면성의 획득과 보존의 원리로 간주했던 유가사상을 현대적으로 옮기는 사례로 꼽을 만하다.

유가철학은 조화로운 공동체를 추구하던 농경문화의 산물이다. 반면 실존주의는 산업화가 초래한 인간 소외에 저항하는 도시의 철학이다. 그럼에도 불구하고 먼 거리에서 바라볼 때 유가철학과 실존주의는 닮은 점이 많다. 무엇보다 이론적 지식의 관점(추상적·객관적 관점)을 떠나 실천적 행동의 관점(구체적·주관적 관점)에서 인간에 접근한다는 점에서 그렇다. 지식의 문제("무엇을 알 것인가?")보다는 삶의 문제("어떻게 살 것인가?")에 집중하고, 3인칭의 관점으로 환원되지 않는 개인의 내적 체험을 중시한다는 점에서 둘은 다를 것이 없다. 그러나 이런 점을 명쾌하게 설명한 바 있는 정화열에 따르면,[28] 유가철학과 실존주의가 진정 가까워지는 것은 내면적 수직화가 외면적 수평화와 함께 맞물린다고 보는 대목, 다시 말해서 회귀적 자기관계가 타인과의 상호 주관적 관계와 병행한다는 사실을 강조하는 대목이다.

사실 경敬은 내면적 수직화의 원리이되 예禮의 주관적 본질에 속하고, 그런 한에서 상호 주관적 관계를 그리는 횡단선에 의해 조건화된다. 우리는 공자의 인仁이 충서忠恕로 풀이되는 대목에서도 이 점을 이미 확인했다. 인의 주관적 본질에 해당하는 충忠은 자기의 중심으로 돌아가는 내향적 운동이다. 인의 객관적 본질에 해당하는 서恕는 자신과 타인을 일치시키려는 외향적 운동이다. 그리고 충과 서는 서로 의존하고 제약하는 관계에 있는 까닭에 따로 분리할 수 없다. 『주역』이 언급하는 경건에 의한 직내의 운동 역시 의로움에 의한 방외方外의 운동과 병행한다. 맹자 또한 호연지기浩然之氣는 정직에 의해 길러지되 "반드시 의로움 및 도道와 짝을 이룬다"[29]고 했다. 직直은 언제나 의義와 맞물리되 동시에 도道와 짝을 이룬다. 도와 짝을 이룬다는 것은 어떤 추상적인 선을 따라 과거로부터 미래로 이어지는 천명과 관계한다는 것과 같다.

유가적 의미의 도道는 고독한 개인이 걷는 미로가 아니라 세상 사람과 함께 걸어야 할 큰길이다. 유가철학에서 수직적 내면성은 깊어지면 깊어질수록 대도大道에 가까워지므로 결코 타인과 분리된 폐쇄적 내면성으로 전락하지 않는다. 오히려 타인으로 열리고 세상 바깥으로 향한 원격감응의 역량을 획득한다. 『논어』의 "덕이 있는 사람은 외롭지 않고 반드시 이웃이 있다"[30]는 말 역시 이런 관점에서 새겨야 할 것이다. 덕이 있는 사람에게 이웃이 생기는 것은 외향적인 행동 때문이 아니라 내면적 정직과 더불어 열리는 대도에 참여하기 때문이다. 그러므로 유가철학은 키르케고르 식의 실존주의와는 결코 만날 수 없다. 타인과의 무한한 분리 속에 수직적 높이의 신과 단독적으로 관계하는 실존적 주체는 유가적 주체와는 정반대에 위치한다.

그러나 하이데거, 야스퍼스, 마르틴 부버 등이 그리는 실존적 주체는 사정이 다르다. 이들의 철학에서 실존적 주체는 자신의 깊이를 더해갈수록 타인과의 상호 의존성에 눈을 뜨게 된다. 자기 자신으로 돌아갈수록 타인으로 향한 의사소통 가능성을 획득한다. 그리고 마침내 개인적 실존은 사회적 공존Mit-Sein 속에, 사회적 공존은 개인적 실존 속에 뿌리내리고 있음을 발견한다. 만일 유교적 실존주의라는 것이 가능하다면, 그것은 오로지 이런 형태의 실존적 주체를 염두에 두면서 유가적 주체를 재해석할 때만 기대할 수 있을 것이다. 김수영을 유교적 실존주의자라 부를 수 있을지는 좀 더 저울질해보아야 할 것이다. 그러나 분명한 것은 김수영의 시적 주체도 야스퍼스의 실존적 주체처럼 바깥으로 멀어져가는 어떤 원격감응의 선과 내면적 중심을 여는 어떤 자기감응의 선이 교차하는 지점에 위치한다는 사실이다. 그리고 이것을 가장 멋지게 형상화하고 있는 작품은 앞에서 설명했던 것처럼 「먼 곳에서부터」(1961)다. "먼 곳에서부터/ 먼 곳으로/ 다시 몸이 아프다// 조용한 봄에서부터/ 조용한 봄으로/ 다시 내 몸이 아프다."

칸트의 도덕적 주체와 존경

「먼 곳에서부터」는 원격감응과 자기감응의 순환적 관계를 극적으로 연출한다. 먼저 봄에서 봄으로, 여자에게서 여자에게로 끊임없이 원격감응의 선이 이어진다. 그때 "먼 곳에서부터 먼 곳으로 다시 몸이 아프다." 과거와 미래를 오가는 원격감응의 선이 이어질 때마다 내 몸은 다시 어떤 자기감응 속에 놓이고, 그 반복적 자기감응 속에서 일정한 정서적 함량을 분비한다. 새로운 시간 속에 세계를 열어놓는 원격감응의 선에 의해 관통될 때마다 나는 '몸 하는 몸'이 된다. 그리고 그런 정서적 자기함량운동 속에서는 외부 대상으로 향한 수동적 종합의 역량이 조용히 자라난다.

먼 과거와 먼 미래 사이에 모종의 일관성을 부여하면서 원격감응은 세계의 개방성을 정향한다. 그런 원격감응을 좌표화하고, 그렇게 좌표화된 구도 안에서 외부 대상에 대한 능동적 관계를 정초하는 것이 '몸 하는 몸' 속에 자라나는 수동적 종합의 역량이다. 그러나 자기감응 속에 축적되는 수동적 종합의 역량은 능동적 대타관계를 정초하는가 하면 다시 새로운 원격감응의 원천으로 심화된다. 몸 하는 몸은 원격감응의 수신자이면서 발신자이고, 원격감응에 뿌리내리면서 원격감응의 뿌리가 된다. 자기감응과 원격감응은 어떤 정서적이고 수동적인 종합의 역량을 낳는 가운데 서로 응원하고 촉발한다.

이미 여러 번 강조한 바와 같이 공자의 인仁은 의사소통의 가능성을 여는 원격감응의 충동을 핵심으로 한다. 충忠과 서恕, 혹은 극기克己와 복례復禮는 각각 그런 원격감응 안에서 통합적으로 일어나는 어떤 자기감응과 대타감응에 해당한다. 충서忠恕의 충과 극기복례克己復禮의 극기는 인이 실현되기 위해 전제해야 하는 내면적 수직화의 운동이며, 이 점에서 가족적 질서(효제孝悌)의 원리인 경敬과 하나의 계열을 이룬다. 거경居敬은 직내의 원리, 내면적 주체성의 원리라는 점에서 충이나 극기와 다르지 않다.

이런 내면적 주체성의 계열은 『중용』의 첫 문단에서 또 다른 개념으로 연결된다. 그것이 바로 신독愼獨이다. 신독이란 홀로 있을 때 삼가는 것, 홀로 있으면서 자기 자신에게 정직한 것을 말한다. 은밀한 곳의 미세한 일에까지 자기 자신에게 정직하고자 하는 인간, 그런 성실한 주체가 『중용』이 일차적으로 제시하는 군자의 모습이다.[31] 이런 신독의 개념과 이어놓고 보면 유가적 주체의 이미지를 결정하는 경敬은 칸트의 윤리적 주체의 심장에 해당하는 존경의 개념과 견주어볼 만하다. 칸트는 '도덕법칙에 대한 존경'을 '유일한 선험적 정서'[32]라 했다. 선험적 정서라는 표현은 물론 따뜻한 얼음 같은 형용모순일 수 있다. 왜냐하면 정서는 일단 감각적 경험이 전제되어야 성립하는 것인데, 선험적이란 경험 이전에 있다는 것을 말하기 때문이다. 그렇다면 칸트의 윤리학은 왜 그런 경험 이전의 정서, 신체 없는 정서를 전제해야만 하는가?

이것은 칸트가 도덕적 자유의 가능성 범위를 순수 이성 안으로 제한했기 때문이다. 이미 언급했던 것처럼 서양적 의미의 자유는 독립성과 자율성을 전제한다. 칸트는 신체 때문에 발생하는 경향(본능, 욕구, 감각, 정서 등)은 어느 것이나 주체를 외부 의존적이고 타율적인 상태에 빠뜨린다고 보았다. 신체와 분리된 순수 이성만이 전적인 자발성과 자율성을 지킬 수 있고, 따라서 자유로운 도덕적 주체로 일어설 수 있다는 것이다. 칸트의 도덕적 주체는 모든 감성적 경향의 저편에 자리한다. 그곳은 본능이나 탐욕 같은 이기적 충동뿐만 아니라 자비, 연민, 동정 같은 이타적 감정도 인정되지 않는 회색의 세계다. 여기서 인정되는 것은 순수 이성의 상관항인 보편적 법칙이자 그 법칙에 의한 이성의 자기규정뿐이다. 순수 이성은 자율적으로 설정한 보편적 법칙을 통해 스스로 자기 자신을 규정하는 한에서 자유를 향유한다.

그런 도덕의 세계는 세속의 세계와 완전히 분리된 추상의 세계, 이상적 평면 위에서 펼쳐지는 허구적 모델에 불과하다. 그 모델 안에 설정된 도덕적 자아는 피와 살이 없는 것처럼 고통과 쾌락도 없다. 절망이 없는 것처럼 희망도 없다. 칸트의 도덕적 자아는 어떠한 핏기도 없는 그림자 주체, 살아있는 것도 아니면서 죽어 있는 것도 아닌 좀비 같은 주체로 전락할 수 있다. 칸트가 도덕적 주체의 중심에 도덕법칙에 대한 존경을 설정하고, 그것을 도덕적 판단의 '원동력'[33]이라 부른 것은 이런 위험성에 대처하기 위함이다. 즉 존경이라는 정서적 원동력(동기)에 의해 도덕적 주체는 자발적 충동이 뛰노는 주체가 된다는 것이다. 다만 주체가 이미 경험의 세계 저편에 존재하므로 활력의 원천인 존경이 선험적 정서일 수밖에 없는 것이다.

존경이 도덕적 삶의 원동력이 된다는 것은 유가철학에서도 마찬가지다. 유가철학에서 경敬은 효孝의 원동력일 뿐만 아니라 예禮

일반의 원동력이다. 경은 주요 덕들의 원동력일 뿐만 아니라 자기수양의 바탕이며, 모든 일처리에 임하는 본래적 태도에 해당한다.[34] 그렇기 때문에 공자의 인仁이 다면적이고 복합적인 덕이라면, 그것을 구성하는 다양한 요소들을 하나로 회집하는 구심점을 경에서 찾을 수도 있다.[35] 퇴계의 『성학십도』 또한 유학의 모든 가르침을 '경'이라는 한 글자로 압축하지 않았는가. 그러나 이것뿐이다. 존경을 도덕적 삶의 원동력이자 구심점으로 놓는다는 점에서 유가와 칸트는 일치하지만, 그 밖의 거의 모든 점에서 양편은 반대 방향으로 나아간다.

먼저 존경의 개념 자체부터 많이 다르다. 칸트의 존경은 도덕법칙으로 향하는 지향적 태도다. 반면 유가의 경敬은 특정한 지향의 대상과 맞물린다기보다 스스로 자기 자신의 틀을 잡아가는 어떤 마음의 상태나 분위기에 해당한다.[36] 이것은 거경居敬이라는 말이 암시하는 것이기도 하다. 경은 특정 대상에 한정된 관심이 아니라 대상 일반이 현상하는 본래적 차원(황홀의 차원)에 대한 믿음이자 그 믿음과 짝을 이루는 내적 자기조율이다. 그것은 일종의 예비적인 자기조율인데, 『주역』의 "경건함을 통해 내면을 곧게 한다(敬以直內)"는 말이 이 점을 설명한다. 경건함에 머문다는 것은 자신의 내면을 곧고 바르게 펴기 위한 자기조율의 상태에 있다는 것이다.

이때 곧고 바르게 편다는 것은 여러 의미를 지닌다. 때로는 휘고 비틀린 것을 바로잡는다는 것을, 때로는 더러운 것을 해소하거나 장애물을 제거한다는 것을, 때로는 거름을 뿌리듯 비옥하게 만든다는 것을 뜻한다. 그것은 특정한 대상에 대한 반응이 아니라 전혀 부끄러움이 없는 반응을 준비하는 자기함양이자 그런 예비적 함양을 위한 어떤 자기자극이다. 그러나 그 자기자극은 직접 능동적 자발성을 높이기 위한 자극이 결코 아니다. 그것은 오히려 전적인 수동성의 상태 속에 몰입하기 위한 자기자극이고, 이것이 거경이라는 말이 전하고자 한 원래의 뜻일 것이다. 거경은 자기의 주권을 스스로 버린 수동적 마음가짐 속에 머무는 것이고, 그 버려진 주권이 사물로 돌아가는 상태에 머무는 것이다.[37] 그런 거경 속에서 주체는 한편으로는 만물개상견萬物皆相見의 질서가 열리기를 기대하고, 다른 한편으로는 인仁이 함축하는 3중의 교감(대타감응, 자기감응, 원격감응)과 더불어 황홀의 차원이 열리기를 기대한다.

거경居敬과 시심詩心

거경의 상태는 근엄하고 엄숙한 분위기로만 각인되기 쉽다. 시에 대해 별로 호의적이지 않았던 성리학자의 이미지 아래에서는 더욱 그렇다. 그러나 그것은 수동적 종합의 역량이 자라나는 반듯한 내면성으로 돌아가 머문다는 것인데, 그런 머무름의 상태는 두 가지 점에서 시심詩心에 가깝다. 한편으로는 황홀의 차원을 영접한다는 점에서 그렇고, 다른 한편으로는 순수의 차원에 머문다는 점에서 그렇다. 주자는 거경을 1) 사욕을 제거하는 과정이자 2) 음악적 조화와 합일하는 과정, 3) 그리고 인仁을 체득하여 끓어오르는 듯 활기에 넘친 생의生意를 길러내는 방법으로 설명한다.[38] 공자는 『시경』 전체에 담긴 마음을 한마디로 일괄하여 '사무사思無邪'라 했다.[38] 무사無邪란 사욕에 의한 비틀림이 없고 치우침이 없다는 것, 다시 말해서 곧고 바르다는 뜻이다. 이렇게 놓고 보면 사욕을 환원하여 곧은 마음으로 돌아가는 거경은 시적인 마음에 머물 때 완성을 내다본다고 하겠다.

공자는 비틀림이 없는 마음과 수치를 아는 마음을 하나로 보았다. 『논어』에는 '유치차격有恥且格'[40]이라는 말이 나오는데, 이는 덕치를 베풀면 백성이 '부끄러움을 느껴 스스로 고친다'는 것을 뜻한다. 원문에 나오는 격格은 원래 '똑바로 자란 높은 나무'를 가리키는 글자였다. 이런 뜻이 발전하여 바르다, 바로잡다, 규칙이나 뼈대를 이루다, 곧바로 다다르다 같은 것을 의미하게 되었다. 이런 점을 따져보면 부끄러움을 아는 마음이 착한 마음이고, 착한 마음은 뒤틀린 데가 없는 마음, 혹은 뒤틀려도 스스로 바로잡는 마음이라 할 수 있다. 칸트의 존경은 법칙을 향한 마음이고, 그렇기 때문에 실수는 죄의식으로 이어진다. 반면 유가의 거경은 시심의 상태이고, 그렇기 때문에 오류는 수치심으로 이어진다. 죄의식은 의무를 다하려는 책임의식과 짝을 이루지만, 부끄러움은 맑은 마음의 상태를 유지하려는 자기정화의 능력과 같다. 그러나 이보다 더 큰 차이는 전제된 것이 단일 평면의 세계냐 이중 평면의 세계냐 하는 데 있다.

칸트의 윤리학에서 존경이 향하는 도덕법칙은 자연과 분리된 추상적 평면에 설정된다. 존경이 도덕적 정서라면, 그 정서는 자연의 저편에 머문다. 저편에 머물면서 이편의 마음과 대립하는 것이 칸트의 도덕심이다. 반면 유가의 거경은 자연과 대립하지 않는다. 세속과 분리된 장소에 자리하는 것도 아니다.[41] 오히려 자연과 일치를 이루면서 세속에 아름답게 거주하기 위한 조건이 거경이다. 거경은 본래적 의미의 처세處世와 동전의 양면처럼 함께 가는 개념이다. 초월적 법칙으로 향하는 칸트의 도덕적 주체는 자기의 내면에 깊이 침잠하여 현실적으로는 불가능한 이상적 공동체의 일원이 된다. 거경의 주체 또한 자기 내면으로 돌아가되 그것은 타인과의 조화로운 관계를 계속 넓혀가기 위한 대도大道로의 복귀다. 거경의 주체는 천명에 의지하여 과거의 이웃과 작별한다는 의미에서 고독한 주체다. 그러나 미래의 이웃을 불러들이고 그들과의 상호 교감 속에서 동행의 길을 열어간다는 점에서는 상호 주관적인 주체라 할 수 있다.

그러므로 거경의 주체는 쾌락주의자가 아닌 것처럼 금욕주의자도 아니다. 칸트의 윤리학에서 도덕적 주체는 자연이 선물하는 모든 쾌락을 외면한다. 도덕적 자유는 신체와의 모든 인연을 끊었을 때 허락되는 보상이다. 즐거움이나 행복에 대한 언급을 가급적 자제한다는 것이 칸트 윤리학의 특징이다. 반면 자연과 하나가 되려는 거경의 주체는 굳이 쾌락을 거부하지 않는다. 이 점을 인상적으로 표현하는 말이 '낙이불음樂而不淫'이다. 이것은 공자가 『시경』에 나오는 시를 논평하여 "즐거워하되 음란하지 않았고, 슬퍼하되 상처를 입지는 않았다"[42]고 한 데서 나온 말이다. 즐거움을 누리되 음란하거나 방탕으로 흐르지 않는 것이 시적인 마음이다. 시심에 머물 때 완성을 내다보는 거경의 주체는 도덕적 주체일 뿐만 아니라 정서를 향유하는 심미적 주체다. 그리고 인仁의 활력에 새롭게 관계하는 지점에 이를 때 마침내 황홀경을 맞이한다.

중용과 권도

"시를 통해 홍분을 얻고 예로 일어서며 음악으로 완성한다"[43]는 말도 이 점을 암시한다. 시를 통해 홍분을 얻는 것[興於詩]은 예의 세계로 가기 위한 출발점이다. 그것은 시를 통해 비틀림이 없는 생각[思無邪]에 이를 수 있기 때문이고, 바르고 정직한 마음에 머물 수 있기 때문이다. 경이직내敬以直內란 말이 가리키는 것처럼 정직한 마음에 머묻다는 것은 거경居敬과 같은 것이고, 경敬은 예의 주관적 본질에 속한다. 그러므로 시적인 흥분은 예로 가는 출발점일 뿐만 아니라 예로 일어서기[立於禮] 위한 원동력이라 할 수 있다. 시흥詩興을 통해 예의 세계로 진입한 주체는 거경 속에서 마침내 타인과 더불어 음악적 조화에 도달하고, 이로써 자기를 둘러싼 예의 질서를 완성한다[成於樂]. 음악적 조화 속에서 자기의 세계를 완성하는 주체, 그것이 황홀경의 자유를 얻은 거경의 주체다. 주자는 이 점을 '경즉화敬則和'라는 말로 압축했다.

> 예는 경敬을 위주로 하고 음악은 화和를 위주로 하되 이것은 운용상의 차이일 뿐 둘은 모두 하나의 마음에 근본을 두고 있으므로 동체同體를 이룬다. 그리하여 경敬과 화和는 역시 하나의 사태라 해야 옳거니와 경敬이 곧 화和이고 화和가 곧 있는 그대로의 경敬인 것이다.[44]

공자는 주체의 세 가지 형태를 아는 자[知之者], 좋아하는 자[好之者], 즐기는 자[樂之者]로 구별했다.[45] 아는 자는 예의 규칙 앞에 수동적인 학습의 주체다. 그는 우물 안의 개구리처럼 하나의 체계에 갇혀 있다. 좋아하는 자는 예의 규칙을 능동적으로 발휘하는 옹호의 주체다. 그는 다른 체계에 맞서 자신이 속한 체계를 적극적으로 지키는 것을 천명으로 안다. 즐기는 자는 기존의 형식에 변형을 가하여 모순적 상황을 타개하는 창조적 입법자다. 그는 복수의 체계를 횡단·통합하는 새로운 일관성을 수립한다. 공자는 그런 창조적 입법의 역량을 '권도權道'라 불렀다.[46] 권도란 기존의 규칙이 상황의 변화를 따라가지 못하여 진퇴양난에 봉착할 때 문제를 해결하는 임시

변통의 능력을 가리킨다. 가령 남녀가 유별하여 신체를 접촉하지 않는 것이 예절이지만, 형수가 물에 빠졌을 때는 손을 잡아 살려내는 것이 권도의 지혜다.[47]

시중時中의 지혜인 중용은 이런 창의적인 순발력을 전제한다. 권도의 능력이 없다면 결코 중용의 길은 유지될 수 없다. 중용의 길이 조화 속에서 완성된다면, 그 조화는 활력적 역동성을 생명으로 한다. 중용의 길은 차이와 대립을 끌어들여 활력적 역동성을 얻되 이것들이 움직이는 중심을 통해 균형을 이루어가도록 만드는 여정이다. 이 여정은 배타적인 체계를 횡단·통합하는 권도와 더불어 완성된다. 그러므로 맹자는 "가운데만 고집하고 [때와 장소에 따라 적절히] 권도를 사용할 줄 모른다면, 이는 한 가지만 고집하는 것과 마찬가지다"[48]라는 말로 중용과 권도의 맞물림 관계를 분명히 했다. 중용은 권도를 발휘하여 서로 다른 논리에 의해 엉클어진 현실에 새로운 일관성을 부여하는 지혜다. 중용의 지혜 속에서 도래하는 그 새로운 일관성을 김수영은 '움직이는 비애' 혹은 '움직이는 휴식'이라는 말로 표현한 바 있다.

비가 오고 있다
여보
움직이는 비애를 알고 있느냐

명령하고 결의하고
'평범하게 되는 일' 가운데에
해초처럼 나부껴서 밤을 모르고
언제나 새벽만을 향하고 있는

투명한 움직임의 비애를 알고 있느냐
여보
움직이는 비애를 알고 있느냐
……
여보
비는 움직임을 제하는 결의
움직이는 휴식
–「비」(1958) 부분[49]

9 설움의 미학, 수치의 윤리학: 불행한 의식을 넘어서

비가 그친 후 어느 날 —
나의 방안에 설움이 충만되어있는 것을 발견하였다

오고가는 것이 직선으로 혹은
대각선으로 맞닥뜨리는 것 같은 속에서
나의 설움은 유유히 자기의 시간을 찾아갔다

설움을 역류하는 야릇한 것만을 구태여 찾아서 헤매는 것은
우둔한 일인 줄 알면서
그것이 나의 생활이며 생명이며 정신이며 시대이며
밑바닥이라는 것을 믿었기 때문에 —
아아 그러나 지금 이 방안에는
오직 시간만이 있지 않으냐

–「방안에서 익어가는 설움」(1954) 부분

그리하여
피로도 내가 만드는 것
긍지도 내가 만드는 것
그러할 때면은 나의 몸은 항상
한 치를 더 자라는 꽃이 아니더냐
오늘은 필경 여러 가지를 합한 긍지의 날인가보다
암만 불러도 싫지 않은 긍지의 날인가보다
모든 설움이 합쳐지고 모든 것이 설움으로 돌아가는
긍지의 날인가보다
이것이 나의 날
내가 자라는 날인가보다
-「긍지의 날」(1955) 부분

설움의 미학

유가철학에서 거경居敬이 시심詩心과 상통한다면, 김수영의 작품세계에서 기본적인 시심은 비애나 설움에 있다. 설움은 어떤 먼 곳과의 교감을 전제한다. 그것은 원격감응 속에서 자신의 한계로 돌아가 있는 시적 주체의 실존적 기분이다. 설움은 시적 주체가 자신의 한계를 넘어서기 위해 자기를 자극하면서 분비하는 정서적 함량이다. 시적 주체는 그렇게 스스로 분비하는 정서에서 비로소 자신의 고유한 실체적 함량을 획득한다. 설움은 반복되는 원격감응—그리고 그것과 맞물린 자기감응—속에서 확장되어가는 시적 감수성(수동적 종합의 역량) 자체다. 이 점에서 그것은 거경에서 일어나는 직내直內의 운동과 비교해볼 수 있다. 왜냐하면 직내란 모든 능동적 의식이 전제하는 어떤 미발未發의 역량을 키우는 것과 같기 때문이다. 성리학의 미발지성未發之性은 능동적 의식을 배후에서 가능케 하는 수동적 종합의 역량이라 할 수 있다.

유가 전통에 입실入室의 경지라는 말이 있다.[1] 그것은 도야의 최고 수준을 가리키는 표현이다. 김수영의 작품세계에서 방은 시적 주체가 자신에 고유한 감수성을 전개시켜나가는 어떤 초월론적 공간(아이온의 공간)이라 할 수 있다. 위에서 인용된 「방안에서 익어가는 설움」의 첫 부분은 그런 초월론적 공간이 펼쳐지는 사건을 노래한다. "비가 그친 후 어느 날 ―/ 나의 방안에 설움이 충만되어있는 것을 발견하였다." 시적 사유의 잠재력이 충만하여 어떤 전도의 사건을 기다리고 있다는 것이다. 상식적 의미의 설움은 원통하고 슬픈 것을 말한다. 그것은 무기력하고 고통스러운 마음의 상태를 가리킨다. 반면 김수영에게서 설움은 시적 감수성 자체를 대변하는 긍정적 정서다. 시적 주체에 대해 설움의 취향은 '생활이며 생명이며 시대이며 밑바닥'이다. 설움의 추구는 시인에게 시인됨의 추구와 같다. 시인은 사유하므로 존재한다기보다 사유하기 전에 서러워하고, 서러우므로 비로소 존재한다.

이 점은 위의 두 번째 시 「긍지의 날」에서 좀 더 명확해진다. 설움이 자기긍정의 역량인 이유는 정확히 '긍지'라는 말로 설명된다. "모든 설움이 합쳐지고 모든 것이 설움으로 돌아가는/ 긍지의 날인가보다." 긍지는 어떤 만족감이되 바깥으로 뻗어가는 자기확신이다. 거기에는 부끄러움이 없다. 그런 긍지와 더불어 시인은 자신을 꽃으로 의식한다. "그러할 때면은 나의 몸은 항상/ 한 치를 더 자라는 꽃이 아니더냐." 긍지는 성장의 체험에서 비롯된다. 그것은 설움을 통과하면서 일어나는 성장이다. 이때 설움은 예감은 되고 있으나 아직 적합한 실현의 조건을 결여한, 그러나 그런 결여 때문에 계속 가열되고 증폭하는 변신의 잠재력이라 할 수 있다. 한 치의 성장은 한 줌의 설움을 삼킨 대가다. 성장은 어떤 한계의식인 설움 없이는 결코 일어나지 않는다. 설움은 성장의 원동력이자 시적 긍정의 바탕이다.

한 치를 더 자라는 꽃, 자신의 한계를 이겨내고 보란 듯이 색깔을 피워내는 꽃. 그런 꽃의 아름다움은 취약한 생존조건을 딛고 이루어낸 성취다. 그러나 성취는 짧다. 꽃은 얼마 가지 못해서 다시 시들어야 하는 운명에 있다. 다시 원래의 설움으로 돌아가야 하는 것이다. 그러나 설움으로 돌아간다는 것은 단순히 소멸한다는 것이 아니다. 그것은 어떤 잠재적 역량의 세계(미발未發의 세계)로 돌아간다는 것과 같다. 한 치를 더 자라는 꽃이 현실적으로 창작된 작품이라면, 설움으로 돌아간 꽃은 자신의 한계와 부딪힌 시적 감수성이자 그 한계를 넘어 새롭게 태어나려는 변신의 꿈이다. 새로운 작품은 그런 변신의 꿈에 의해 누적된 잠재적 역량이 충만하게 익어가면서 탄생한다. 김수영은 이런 순환을 다음과 같이 노래했다.

> 꽃 꽃 꽃
> 부끄러움을 모르는 꽃
> ……
> 네가 끊을 수 있는 것은 오직 생사生死의 선조線條뿐
> 그러나 그 비애에 찬 선조도 하나가 아니기에
> 너는 다시 부끄러움과 주저躊躇를 품고 숨가빠하는가
> 결합된 색깔은 모두가 엷은 것이지만

설움이 힘찬 미소와 더불어 관용과 자비로 통하는 곳에서
네가 사는 엷은 세계는 자유로운 것이기에
생기와 신중을 한 몸에 지니고

사실은 벌써 멸滅하여 있을 너의 꽃잎 위에
이중의 봉오리를 맺고 날개를 펴고
죽음 위에 죽음 위에 죽음을 거듭하리
구라중화九羅重花
–「구라중화」(1954)[2] 부분

여기서 풍성하게 피고 지기를 반복하는 꽃의 생애가 형상화되고 있다. '죽음 위에 죽음 위에 죽음을 거듭하는' 꽃의 생애는 부끄러움에서 부끄러움으로, 설움에서 설움으로 돌아가는 반복 운동이다. 그렇다면 부끄러움과 설움의 차이는 무엇인가? 부끄러움은 긍지의 반대말이다. 긍지는 부끄러움이 없는 떳떳한 마음이며, 이 점에서 부끄러움과 이항대립을 이룬다. 반면 설움은 부끄러움과 긍지를 모두 포괄한다. 설움은 어떤 한계의식과 맞물린다는 점에서 부끄러움과 통한다. 그러나 설움 속의 한계의식은 어떤 원격감응 속에서 일어나는 한계의식이며, 자신의 한계를 넘어서기 위한 자기감응으로 이어진다. 그러므로 설움은 결코 움츠러드는 감정도, 좌절의 감정도 아니다. 그것은 시적 주체가 일어서기 위해 먼저 있어야 하는 정서다. 시적 주체가 자기를 형성하면서 세계의 이미지를 생산하는 창조적 역량은 설움이 만드는 잠재적 깊이에서 형성된다. "설움이 힘찬 미소와 더불어 관용과 자비로 통하는 곳." 시적 주체는 바로 그런 곳에서 태어난다.

부끄러움의 힘

김수영의 작품세계를 관통하는 설움의 미학은 유가 전통에서 높이 평가되어온 수치심의 주제와 밀접한 관계가 있다.[3] 사실 김수영에게서 설움이 적극적이고 긍정적인 정서라면, 유가 전통에서는 부끄러움이 정확히 그런 자리에 있다. 김수영에게서 설움이 시적 감수성이자 실존적 기분을 드러내는 감정이라면, 유가 전통에서는 정확히 부끄러움이 도덕적 감수성 자체를 대변하는 위치에 있다. 이 점에서 부끄러움은 서양의 개인주의와 동아시아의 공동체주의가 문화적 차이를 드러내는 탁월한 주제에 속한다.

서양에서 부끄러움은 미성숙의 징표인 반면, 성숙한 도덕 감정은 죄의식에 의해 대변된다. 최근의 문화심리학이 밝힌 것처럼 서양의 개인주의 문화에서 성장한 주체는 수치심을 자아의 정체성을 파괴하는 부정적 정서로 받아들인다. 개인주의적 주체는 책임의식이 큰 만큼 자신의 권리와 주권을 중시한다. 그런 주체에게 수치심은 자아의 자율적 내면성이 손상되는 부정적 체험에 해당한다. 주체의 존엄성을 해치는 파괴적 감정이거나 열등한 정서로 평가되는 것이다. 반면 유교 문화권의 사람들에게 수치심은 파괴적 감정이 아니라 치유의 감정이고, 열등한 자기의식이 아니라 우월한 자기의식을 낳는다.[4]

박완서의 단편소설 「부끄러움을 가르칩니다」(1974)는 유교문화권에서 부끄러움이 질투의 대상이 될 만큼 소중한 감정임을 극적으로 표현한다. 청소년기에 한국전쟁을 겪은 이 소설의 등장인물들은 부끄러움을 모른다는 점에서는 모두 같다. 누구는 처음부터 부끄러움을 모르는 단순 무식한 성격이고, 누구는 허영과 과욕 때문에 뒤틀려 부끄러움을 잃어버렸다. 누구는 궁핍하고 참혹한 생활조건 속에서 부끄러움의 감각이 마비되었고, 누구는 직업 때문에 부끄러움을 잊게 되었다.

짧지만 여러 가지 기억과 긴박한 이야기가 오밀조밀 짜여가는 이 소설에서 인상적인 장면으로 세 대목을 꼽을 수 있다. 먼저 주변에 미군부대가 들어선 마을이 기지촌처럼 변해가는 와중에 주인공이 어머니와 싸우는 대목이다. 어머니는 줄줄이 달린 식구들의 생계를 위해 주인공인 딸에게 몸을 팔라고 강요한다. 그러다가 거절당하자 스스로 매춘부로 나섰다가 허망하게 돌아온다. 그리고 늙고 볼품없는 가슴을 풀어헤쳐 피가 나도록 벅벅 긁어대며 딸의 매정함을 한탄한다. 남달리 총명하고 부끄러움을 많이 타던 주인공은 이 순간의 충격으로 부끄러움의 감각을 상실한다.

두 번째로 눈여겨볼 대목은 주인공이 20년 만에 여고 동창생을 만나는 장면, 특히 주인공처럼 유별나게 부끄러움이 많아 유명했던 경희와 조우하는 장면이다. 경희는 웬만한 사람이면 알만한 부귀한 남편과 살면서 친구들의 부러움을 사고 있는데, 여전히 처녀 때처럼 곱고 수줍은 모습이란다. 반면 주인공은 세 번 결혼한 여자다. 처음에는 무식하고 교만한 중농의 후처로, 그다음에는 비비꼬인 성격에다가 아이들까지 딸린 지방대학 강사와 결혼했다. 마지막으로는 비밀과 허풍이 가득한 지금의 남편과 인연을 맺었는데, 그는 갑부의 꿈을 좇는 상인이다. 주인공은 경희를 기다리면서 '이 세상의 부끄럼 타는 마지막 인간'을 볼 수 있을까 하는 기대로 '강렬한 적개심'까지 일었다. 하지만 막상 그녀의 웃는 모습에서 어떤 세련된 포즈만을 보게 되면서 실망에 빠진다. 그녀의 아름다운 포즈는 '부끄러움의 알맹이'가 퇴화해버린 빈 껍질에 불과했다.

마지막으로 놓치지 말아야 하는 장면은 역시 단편소설답게 끝 부분에서 펼쳐진다. 이것은 주인공이 오래전 잃어버린 부끄러움을 되찾는 대목이다. 주인공은 경희와의 인연 때문에 서울 시내의 일어 학원을 다니게 된다. 그러다가 어느 날 학원을 나서다가 우연히 일본 관광객들을 안내하는 젊은 여자의 속삭임을 듣게 되는데, 이때 돌연 강렬한 부끄러움의 통증을 느낀다. "저 여러분, 이 근처부터 소매치기에 주의하십시오." 그것은 마비된 환자의 몸에 감각이 되살아나는 듯한 자랑스럽고 기쁨에 찬 통증이었다. 주인공은 자신의 내부를 환하게 밝히듯 찾아오는 그 부끄러움이 다른 사람들에게까지 멀리 퍼져가기를 바라며 이렇게 되뇐다.

> 내 주위에는 많은 학생들이 출렁이고 그들은 학교에서 배운 것만으로도 모자라 □□학원, ○○학관, ◇◇학원 등에서 별의별 지식을 다 배웠을 거다. 그러나 아무도 부끄럼은 안 가르쳤을 거다. 나는 각종 학원의 아크릴 간판의 밀림 사이에 "부끄러움을 가르칩니다", "부끄러움을 가르칩니다"라는 깃발을 펄러덩 펄러덩 휠휠 휘날리고 싶다. (……) 아아, 꼭 그래야 할 것 같다. 모처럼 돌아온 내 부끄러움이 나만의 것이어서는 안 될 것 같다.

이런 이야기 속에서 은연중 전제되고 있는 것은 부끄러움이 갖는 귀중한 가치다. 부끄러움이 인간성의 바탕이자 도덕적 감수성 자체라는 것이다. 여기서 부끄러움의 상실은 도덕성은 물론 인간성 자체의 상실과 다를 바 없다. 따라서 모든 교육은 부끄러움을 가르치는 것에서 시작하여 부끄러움을 가르치는 것으로 끝나야 한다는 것인데, 이런 이야기만큼 공맹孔孟의 가르침에 가까워지기는 어려울 것이다. 유교 전통에서 부끄러움은 사람을 사람답게 만들어주는 정서적 함량이자 정직의 정도를 측정하는 시금석이다.

그러므로 주인공은 잃어버렸던 부끄러움의 감각이 찾아올 때 행복감에 빠져든다. 마치 자연의 치유력을 되찾은 것처럼 감사한 마음에 벅차게 된다. 그리고 마침내 "부끄러움을 가르칩니다!"라는 깃발을 휘날리며 거리로 나서고 싶은 충동까지 일어난다. 어떤 숭고한 소명의식에 휩싸이기까지 하는 것이다. 그렇다면 부끄러움은 소설의 주인공이 바라는 것처럼 사람들에게 가르치거나 배울 수 있는 것일까? 부끄러움을 가르칠 수 있다면, 지식을 전달하는 것처럼 가르치면 되는 것일까? 이것이 박완서의 소설이 제기하는 물음이다. 이것은 부끄러움의 능력을 도덕적 자질과 거의 같은 것으로 보는 유교 전통에서는 도덕적 성품의 학습 가능성에 대한 물음과 같다. 도덕적 성품은 과연 교육을 통해 개선될 수 있는가?

윤동주의 「서시」에 대하여

부끄러움을 주제로 하는 국내의 시로는 윤동주의 「서시」가 대표적이다. 한국인이 가장 사랑하는 시 중의 하나로 꼽히는 이 작품에서도 부끄러움은 경건하고 정직한 마음의 징표와 같다.

죽는 날까지 하늘을 우러러
한 점 부끄러움이 없기를
잎새에 이는 바람에도
나는 괴로워했다.

별을 노래하는 마음으로
모든 죽어가는 것을 사랑해야지
그리고 나한테 주어진 길을
걸어가야겠다.
오늘 밤에도 별이 바람에 스치운다.

부끄러움이 인간의 도덕적 자기의식을 향도하는 근본 기분이라는 것은 이미 『성서』에서 읽을 수 있다. 창세기의 실낙원 신화에서 아담이 선악과善惡果를 먹자마자 겪게 되는 최초의 변화는 부끄러움을 느끼게 되었다는 데 있다. 그것은 알몸인 것에 대한 부끄러움이었다.[5] 선악과를 먹은 아담과 하와는 알몸이 부끄러워 무화과나무 잎을 엮어 앞을 가렸다. 이는 부끄러움이 단지 선과 악을 구별하는 능력만이 아님을 말한다. 우리는 여기서 부끄러움이 타인의 시선으로 자기 자신을 바라보는 능력의 소산임을 알 수 있다.[6] 부끄러움은 선악의 대립을 핵심으로 하는 도덕적 의식의 발로이자 타자의식과 맞물린 자기의식의 발로라 할 수 있다.

부끄러움의 감정에서 도덕적 자기의식의 단초를 찾는 것은 공맹孔孟의 윤리학에서도 마찬가지다. 공자는 법으로 다스리는 것보다 덕으로 다스리는 것이 우월한 정치임을 설명할 때 부끄러움을 끌어들였다. "정령으로 인도하고 형벌로 다스린다면 백성은 처벌은 모면할지라도 수치심이 없어지게 된다. 덕으로 인도하고 예로 다스린다면 백성은 수치심도 있게 되고 감화도 받게 된다."[7] 여기서 감화를 받는다는 것은 스스로 고치고 바로잡게 된다는 것과 같다. 부끄러움이야말로 자발적 판단과 행동의 조건이라는 것이다. 공자는 선비의 자질에 대해 묻는 자공에게 부끄러움을 아는 것을 첫째로 꼽았다.[8] 이 점은 맹자의 4단四端 이론에서 다시 강조된다. 맹자에 따르면 인간은 태어날 때부터 다른 사람을 차마 외면하지 못하는 마음[不忍人之心]을 갖고 있다. 그것은 바로 측은해하는 마음, 부끄러워하는 마음, 사양하거나 공경하는 마음, 그리고 시비를 분별하는 마음이다. 그리고 이 네 가지 심성은 각각 인仁, 의義, 예禮, 지智가 드러나는 최초의 계기다.[9]

이런 이론을 통해 맹자는 부끄러움이 선악 판단의 조건이자 자기개선의 바탕임을 강조한다. 부끄러움은 우리가 우리 자신의 의무를 스스로 깨닫고 그에 따라 능동적으로 행동하는 단초라는 것이다.[10] 단초라는 것은 외부로부터 주입되거나 2차적으로 파생된 것이 아님을 말한다. 단초는 원천적이고 순수한 어떤 것을 가리킨다. 공자 식으로 말하면 부끄러움은 마치 시심詩心처럼 비뚤어진 데가 없는 마음이고,[11] 이것이 도덕적 감수성의 기초를 이룬다. 윤동주로 돌아가서 보더라도 마찬가지다. 「서시」에서 부끄러움은 도덕적 감수성의 기초에 그치는 것이 아니라 시적 감수성 자체이기도 하다. 시를 쓰는 마음과 도덕적으로 살아가는 마음은 모두 부끄러움이라는 원초적 감정에 바탕을 두고 있다.

윤동주의 시에서 이 점보다 더 눈여겨보아야 할 것이 있다면, 그것은 부끄러움이 고립된 감정이 아니라는 사실이다. 부끄러움은 여기서 사랑과 짝을 이룬다. "별을 노래하는 마음으로/ 모든 죽어가는 것을 사랑해야지." 그렇다면 부끄러움과 사랑은 어떤 관계에 있는가? 부끄러움은 우리의 마음이 하늘로 향할 때 생기는 감정이다. "죽는 날까지 하늘을 우러러/ 한 점 부끄러움이 없기를." 하늘에는 별들이 높은 꿈과 이상처럼 반짝이고 있다. 반면 사랑은 대지 위로 수평적 구도에서 펼쳐지는 감정이다. 대지 위에는 바람에 일렁이는 잎새들과 같은 유한한 사물들이 서로 보살피며 살아가고 있다.

그런데 대지 위로 불던 바람은 언젠가부터 하늘의 높이에 닿아 별들마저 위협하고 있다. "오늘 밤에도 별이 바람에 스치운다." 이 마지막 구절의 의미는 여기에 있다. 이 대목은 꿈과 이상이 사라져가는 도덕적 암흑기를 암시한다. 때는 정치적 폭력이 대지 전체는 물론 하늘의 별에까지 미친 고통의 시기다. 시인은 언제 끝날지 모르는 절망의 어둠 속에서 새로운 희망이 자라날 희미한 가능성을 향해 의연히 발걸음을 옮긴다. "그리고 나한테 주어진 길을/ 걸어가야겠다." 그 길은 시대가 강제하는 회피 불가능한 길이되 정신의 내적 충동에 바탕을 둔 자발적 선택의 길이다. 함께 짝을 이루는 두 정서인 부끄러움과 사랑은 그 길 위를 걷는 자의 근본 기분이다.

시심詩心이나 도덕적 감수성이 이중적이라는 점은 공자에게서도 마찬가지다. 공자는 인仁을 애인愛人, 다시 말해서 타인에 대한 사랑이라 설명했다. 하지만 이때의 사랑은 살신성인殺身成仁의 노력과 맞물려 있다. 살신殺身이란 단지 자기 자신의 희생만을 가리키는 것이 아니다. 그것은 오히려 끊임없는 자기도야와 갱신을 의미한다. 타인에 대한 사랑은 그런 의미의 살신의 노력과 동전의 양면을 이룬다. 애인이 타인과의 관계에서 인仁을 실현하는 방도라면, 살신은 자기 자신과의 관계에서 인을 실현하는 방도다. 인은 주관적 차원과 객관적 차원을 동시에 거느리는 덕성이다. 공자가 안회에게 인仁을 극기복례克己復禮로 설명했을 때도 마찬가지다. 자기 자신을 이기고 예로 돌아가는 것이 인을 실현하는 지름길이라는 것인데, 이때 자기 자신을 이겨낸다는 의미의 극기克己와 예의 질서로 돌아간다는 의미의 복례復禮는 각각 인의 주관적 조건과 객관적 조건을 가리킨다. 공자의 인은 개인의 내면에서만 발휘되는 덕성도, 사회적 관계 속에서만 구현되는 덕성도 아니다. 그것은 개인의 내향적 자기관계와 외향적 사회관계 속에서 동시에 펼쳐지는 덕성이다.

이 점에서부터 박완서의 소설이 제기하는 문제에 대답할 수 있는 실마리를 찾을 수 있을 것이다. 부끄러움은 배울 수 있는가? 부끄러움으로 대변되는 도덕적 감수성은 가르칠 수 있는가? 가르칠 수 있다면 어떻게 가르쳐야 하는가? 윤동주의 시와 공자의 철학은 유사한 답변을 제시한다. 그 답변의 핵심은 올바른 사회적 관계에 대한 자각이 없다면 부끄러움을 느끼는 것이 불가능하거나 무의미하다는 데 있다. 왜 그런가? 그것은 부끄러움이 단순히 타인의 시선 앞에서 개인이 갖게 되는 주관적 심리상태에 그치는 것이 아니기 때문이다. 『성서』의 창세기로 돌아가서 말하자면, 부끄러움은 선과 악을 식별하는 능력만이 아니라 무엇이 옳고 그른지를 판단하는 능력을 전제한다. 부끄러움 속에서 감지되는 것은 좋음[善]만도 아니고 옳음[義]만도 아니다. 좋음과 옳음, 선과 정의를 동시에 식별할 줄 알아야 부끄러움의 감정이 일어날 수 있다.

맹자가 부끄러움을 인의예지仁義禮智라는 4덕 중에서 굳이 의義의 단초로 말한 것도 정확히 이 점과 관련된 이야기다. 의란 선악을 구별하는 능력임과 동시에 사회적 정의를 따르는 능력이다. 여기서 좋음과 옳음, 선善과 정의는 구별되지 않는다. 맹자의 주석가들은 보통 4단四端이 있고서야 비로소 4덕이 있을 수 있다는 식으로 설명한다. 가령 부끄러움이 있고서야 정의감이라는 사회적 덕성이 성립할 수 있다는 것이다. 그러나 양자는 동전의 양면처럼 서로를 지탱하는 관계에 있다. 부끄러움이 사회적 정의감의 조건인 것처럼 사회적 정의감이 부끄러움의 조건인 것이다. 박완서의 소설이 그려내고 있는 것처럼 한 개인이 부끄러움의 정서를 잃어버리거나 되찾는 것은 사회적 환경에 대한 작용과 반작용 속에서 일어나는 일이다. 그러므로 정의감을 비롯한 윤리-사회적 덕성이 결여되어 있을 때는 부끄러움의 정서로 돌아가서 그것을 회복할 수 있는 길을 찾아야 한다. 반면 부끄러움이 결여되어 있을 때는 윤리-사회적 덕성을 기르면서 그것을 되살릴 수 있는 길을 찾아야 한다.

윤동주의 「서시」로 돌아가서 설명하자면, 부끄러움의 감정을 회복하기 위해서는 사랑의 감정을 북돋워주어야 한다. "별을 노래하는 마음으로/ 모든 죽어가는 것을 사랑해야지." 별을 노래하는 마음이란 인간으로서 꿈꿀 수 있는 가장 높은 이상을 열망하는 마음이다. 그러므로 윤동주의 시에서 사랑은 단순히 타자에 대한 애착이나 보살핌에 그치지 않는다. 사랑은 여기서도 공자의 사랑처럼 도덕적 이념에 대한 자각과 그에 기초한 도야의 여정과 맞물려 있다. "그리고 나한테 주어진 길을/ 걸어가야겠다." 이 구절이 말하는 '나한테 주어진 길'은 정확히 공자가 살신殺身이나 극기克己라는 말로 가리킨 무한한 자기형성의 길에 해당한다.

덕의 윤리와 의무의 윤리

미학은 예술적 창조의 원리를 제시하지만, 그 원리를 안다고 해서 누구나 창조적인 능력을 발휘하는 것이 아니다. 마찬가지로 도덕적 성품이 무엇인지 자세히 안다 해도 도덕적 인간이 되는 것은 아니다. 도덕성은 제2의 천성처럼 몸에 밴 습관이 되어야 효력을 발휘한다. 그리스에서 '윤리ethos'라는 말은 원래 습관이나 습속을 의미하는 말이었다. 동서를 막론하고 고대의 윤리학은 이상적 인간을 목표로 도덕적 역량의 크기나 영혼의 사이즈를 기르는 습관을 가르쳤고, 이 점에서 '덕의 윤리'라 불린다.

덕의 윤리는 오로지 행위 속에서만 분비되는 정서, 오로지 행위를 통해서만 형성되는 성품과 습관, 그리고 오로지 실천 속에서만 싹트는 지혜에 뿌리를 둔다. 문제는 덕의 윤리가 근대사회에서 도태되거나 다른 종류의 윤리학에 자리를 내주기 쉽다는 점에 있다. 이는 무엇보다 이상적 인간의 모델이나 좋은 삶에 대한 이해가 문화적 전통마다 달라질 수 있기 때문이다. 근대화된 사회일수록 문화적 배경이 다른 사람들이 이합집산하기 마련이다. 이익사회에 참여하는 구성원들은 서로 다른 세계관을 가지기 쉽다. 이런 환경에서만큼은 구성원들이 인생의 최고 가치에 대해 의견일치를 이루기 어려울 것이다. "어떻게 살아야 하는가?"라는 물음 앞에서 그들이 원래 속했던 공동사회마다 서로 다른 답을 가지고 있을 것이기 때문이다. 종교, 문화, 교육적 배경이 다른 사람들이 모여 살수록 참다운 인간상을 묻고 인생의 궁극적 의미를 가르치는 이른바 최대 윤리학은 오늘날의 종교전쟁에서 볼 수 있는 것처럼 심각한 갈등의 원인이 되기 쉽다.

이익사회의 구성원들이 평화롭고 화목하게 사는 길은 이른바 최소 윤리학에 있다. 최소 윤리학은 아무리 문화적 배경이 천차만별이더라도 사회구성원이면 누구나 지켜야 할 최소의 보편적인 규칙이 무엇인지를 묻는 윤리학이다. 여기서 한 번 정해진 규칙은 예외없이 무조건 지켜야 한다. 최대 윤리학이 "나는 어떻게 살아야 하는가?"라는 물음의 주위를 돈다면, 최소 윤리학이 그 주위를 도는 문제는 "나는 무엇을 해야만 하는가?"에 있다. 그래서 최대 윤리학이 덕의 윤리라 불린다면, 최소 윤리학은 '의무의 윤리'라 불린다.[12]

근대의 최소 윤리학은 칸트에 의해 대변된다. "너의 행위의 준칙이 보편적 법칙이 될 수 있도록 의지하고 행동하라"는 칸트의 정언명법은 순수한 형식적 명령이다. 왜냐하면 도덕적 실천의 내용, 목적, 방향 등은 묻지 않고 모두 괄호 안에 묶어두기 때문이다. 칸트의 정언명법이 요구하는 것은 개인적 실천의 내용, 목적, 방향이 어떠하든 그런 실천이 모든 사람에게 일반화될 수 있는지 검토하라는 것이다. 가령 거짓말하는 일, 빌린 돈을 갚지 않는 일을 모든 사람에게 허용해도 되는가? 자살이 모든 사람에게 권유되어도 좋은가? 칸트의 윤리학은 모든 사람에게 언제 어디서나 보편적으로 반복·적용될 수 없다면 어떠한 행동—그리고 그 배후의 개인적 준칙—도 도덕적으로 정당화될 수 없음을 가르친다.

이런 최소 윤리학은 개인마다 달라질 수 있는 사적인 믿음과 문화적 취향을 보호해준다는 점에서 근대화된 사회에 어울린다. 직업의 분화가 활발하게 일어나는 근대화된 사회일수록 가치의 분화가 심화된다. 직업이 달라지면 세계관이 달라지고 인생관이 달라진다. 어떻게 군인과 학자 그리고 예술가가 똑같은 인간관을 가질 수 있겠는가? 게다가 직업의 귀천이 없는 곳에서는 더욱 그렇다. 직업이 평등하다는 것은 직업마다 요구하는 서로 다른 인간형 사이에 위계가 없다는 것과 같다. 근대사회가 개인의 자유를 최대한 존중해야 하는 이유는 여기에 있다. 개인의 인생관이나 세계관까지 떠맡으려는 최대 윤리학은 활발한 가치의 분화를 기본적 속성으로 하는 사회에서는 억압적 이데올로기로 경험되기 쉽다. 서로 다른 직업이나 삶의 목표를 가진 사람들에게 어떻게 하나의 동일한 인간상을 강요할 수 있단 말인가? 여기서는 부끄러움마저 모든 사람이 갖추어야 할 도덕적 감정이라 말하는 것도 조심스러워진다.

근대적 주체의 불행한 의식

이상의 장점에도 불구하고 의무의 윤리학은 많은 한계를 노출하고 있다. 먼저 "어떻게 살아야 하는가?" "나는 어떤 사람이 되어야 하는가?"라는 물음을 개인에게 방치한다는 문제가 있다. 덕의 윤리학에서는 중심적인 물음이 의무의 윤리학에서는 사적인 문제, 즉 사소한 문제로 전락한다. 그러나 삶의 문제, 인간됨의 문제가 어떻게 사소한 문제란 말인가? 그것을 한 고립된 개인이 감당할 수 있는 문제인가? 물론 직업적 신분이 확고하게 보장된 사회일수록 이런 물음은 저절로 해결되는 것인지 모른다. 왜냐하면 사물을 형성하는 노동의 현장은 동시에 자기를 형성해가는 성숙의 장소이기 때문이다. 인간은 노동을 통해 자신의 직업이 요구하는 인간형을 깨달아가고, 스스로 그런 인간형에 맞추어 단련해간다. 그러나 직업적 안정성이 흔들리자마자 "어떻게 살아야 하는가?"라는 물음은 개인에게 절박한 무게를 더해간다.

다른 한편 의무의 윤리학은 도덕법칙을 절대화하여 인간의 삶에 소원한 초월적 저편으로 옮겨놓는다. 가령 의무의 윤리학에서는 한번 거짓말을 하지 않기로 했으면 어떤 경우라도 거짓말은 금지된다. 자신의 거짓말로 주변 사람들의 목숨을 구할 수 있다 해도 마찬가지다. 이것은 도덕법칙이 모든 삶의 문맥과 분리되어 그 자체로 준수되어야 할 목적이 될 때 빚어지는 부조리다. 『논어』에는 자신의 아버지가 양을 훔친 사실을 증언한 아들이 등장하는 대목이 나온다. 이웃 나라의 재상이 그를 두고 정직한 사람이라 치켜세우자 공자는 이렇게 대답한다. "우리 마을의 정직한 사람은 이와 다릅니다. 아버지는 아들을 위해 숨겨주고 아들은 아버지를 위해 숨겨주는데 그

가운데 정직함이 있습니다."[13] 이런 공자의 대답에는 도덕법칙을 인간에게 낯선 괴물로 만들어버리는 형식주의 윤리학에 대한 거부감이 담겨 있다.

마지막으로 근대 의무의 윤리학은 감정의 문제를 배제한다는 문제가 있다. 가령 칸트에 따르면, 천성적으로 동정심이 풍부하여 남에게 자비를 베푸는 것은 착한 일이되 도덕적으로는 의미가 없다. 도덕적으로 의미 있는 행위는 '도덕법칙에 대한 존경'에서 나오되 그 존경은 모든 감성적 경향과 분리된 차원에 있어야 한다. 동정심을 포함한 모든 심리적 경향은 인간이 몸과 마음을 동시에 지니기 때문에 성립한다. 반면 도덕법칙에 대한 존경은 순수 이성으로서 갖는 정서, 몸 없이 분비되는 감정이다. 그러므로 칸트는 도덕법칙에 대한 존경을 '유일한 선험적 정서'[14]라 불렀다. 선험적 정서의 주체는 온기가 흐르는 구체적 정서의 주체가 아니라 육신과 분리된 순수 이성에 불과하다. 따라서 도덕교육은 정서교육과 아무런 관련이 없게 된다. 정서교육을 통해 도덕의 수준을 높이겠다는 생각은 포기될 수밖에 없다. 게다가 의무의 윤리학에서는 도덕적 인간이 된다는 것과 행복한 사람이 되는 것도 별개의 문제가 된다. 행복하다는 것은 즐거움이 넘친다는 것을 말한다. 인간적인 즐거움과 그것에 기초한 행복은 순수 신체적 존재자로서 누리는 쾌감도, 순수 영혼으로서 맛보는 쾌감도 아니다. 그것은 인간이 몸과 마음이 분리되지 않은 하나로서 향유하는 쾌감이다.[15]

고대의 윤리학을 대표하는 공자의 윤리학과 아리스토텔레스의 윤리학은 심신 일체의 존재자로서 인간이 행복하게 사는 길을 가리켰다. 그러나 근대 의무의 윤리학은 행복한 삶의 가능성과 씨름하는 일을 포기했다. 왜냐하면 선악의 기준을 삶의 저편에 자리한 법칙에 두었기 때문이다. 헤겔은 칸트적 유형의 윤리학을 '불행한 의식'의 윤리학이라 불렀다.[16] 왜냐하면 자아는 심신 일체의 개별자이면서 자신의 정체성을 초세간적 불변자(순수 영혼)에서 찾기 때문이다. 구체적 상황 속에 존재하는 감성적 충동의 담지자이면서 피안의 영원성과 하나가 되려는 계몽적 인간의 모든 노력은 실패로 돌아가고, 최후에 남는 것은 불행한 의식뿐이라는 것이다. 그 불행한 의식은 죄의식에 가깝다. 그것은 육체적 필요에서 나오는 사소한 행위들—가령 식사와 배설—에서마저 점점 커다란 죄의식에 빠져드는 신경증적 주체다.[17]

반면 유가의 윤리학은 '수치의 윤리학'이라 불릴 수 있다. 수치는 법(금지) 앞의 자기의식이 아니라 공동체(사회적 관계나 역할) 내의 자기의식이라는 점에서 불행한 의식과 구별된다. 헤겔의 논리로 설명한다면, 개별자는 아무런 매개 없이 보편자와 관계하고자 할 때 불행한 의식으로 전락한다. 그러나 부끄러운 의식은 보편자와 관계하되 공동체(사회적 정의)를 매개로 관계한다. 부끄러운 의식이 도달하려는 보편자는 공동체 속에서, 상호 주관적 관계 내에서 실현되는 역사적 보편자다. 그 밖에 불행한 의식이 옳음(정의)을 좋음(선) 위에 둔다면, 부끄러운 의식은 옳음과 좋음을, 나아가 아름다움을 하나로 파악한다. 왜냐하면 자신의 존재를 어떤 부단한 도야와 형성의 길에서 이해하기 때문이다. 부끄러운 의식은 자신의 이상적 이미지를 미래완료시제 속에 존재하는 어떤 예술작품 같은 것으로 간주한다.

오늘날 한국은 10년 이상 자살률 세계 1위라는 오명을 지키고 있다. 그러나 자살률이 늘어나고 우울증이 확산된다는 것은 한국만의 일이 아니다. 그것은 근대화된 도시라면 세계 도처에서 똑같이 관찰되는 추세다. 그런 추세의 배경에는 복합적인 원인이 작용하고 있을 테지만, 근대 윤리학의 무능과 실패도 커다란 몫을 차지할 것이다. 어떻게 살아야 하고 어떤 사람이 되어야 하는지의 문제를 개인의 사적인 문제로 방치한 것이 근대 윤리학이다. 도덕교육과 정서교육을 분리하고, 도덕의 문제와 행복의 문제를 별개로 놓은 것이 근대 윤리학이다. 근대 윤리학은 개별적 행위의 도덕적 정당화에 집중한 나머지 도덕적 동기화의 문제를 소홀히 했다. 인간의 다양하고 풍부한 도덕적 체험을 단지 의무와 금지사항을 중심으로만 협소하게 해석한다는 비판도 가능하다.[18]

카프카의 소설 「법 앞에서」가 그리고 있는 것처럼 근대 윤리학은 인간을 낯선 법의 노예로 만들었다. 도덕법칙을 인간을 위한 법이 아니라 법을 위한 법으로 만든 것이다. 오늘날 도시인의 우울은 많은 부분 참을 수 없이 무거워진 의무의 무게에서 온다. 언젠가부터 다시 덕의 윤리학에 대한 외침이 커졌던 이유는 여기에 있다. 서양에서는 이미 덕의 윤리학과 의무의 윤리학을 종합하여 제3의 윤리학으로 나아가려는 흐름이 갈수록 호응을 얻고 있다.[19] 의무에 대한 책임을 말하는 윤리학이 아니라 인간에 대한 책임을 말하는 윤리학이 필요하다는 목소리가 점점 더 커지고 있다. 시대는 불행한 의식의 윤리학이 아니라 행복한 의식의 윤리학을 부르고 있다.

그렇다면 약물을 대신해서 밝은 마음을 되찾아줄 윤리학은 어떻게 가능한가? 왜냐하면 아리스토텔레스의 윤리학이나 유가사상 같은 과거의 윤리학을 그대로 답습한다고 해서 문제가 해결되지는 않을 것이기 때문이다. 아마 길은 덕의 윤리학을 되살리되 현대의 조건 속에서 되살리는 데 있을 것이다. 현대의 조건은 새로움에 있다. 창의적이지 않은 것은 현대적이지 않다. 실천의 세계에서 고대인은 "어떻게 살아야 하는가?"라는 물음과 싸웠다. 이것은 공동체 안에서 타인과의 조화로운 삶을 추구하는 가운데 제기된 물음이었다. 근대인에게 던져진 일차적 물음은 "나는 무엇을 해야만 하는가?"였다. 이것은 상황 초과적인 최소 의무의 이행에 대한 요구였다. 반면 현대인에게 던져지는 일차적 물음은 "나는 무엇을 할 수 있는가?" 혹은 "나는 무엇이 될 수 있는가?"에 있다. 이것은 창의적인 변신의 가능성에 대한 물음이다. 고대의 덕의 윤리학, 특히 유가적 수치의 윤리학은 이런 문제 틀 안에서 다시 태어나야 할 것이다.

도덕적 쾌락과 최고선의 문제

일정한 집단에 소속되어 살던 과거의 인간은 그 집단의 규범을 내면화하는 가운데 자신의 정체성이나 실체적 안정성을 획득했다. 반면 오늘의 인간은 자신이 항구적으로 속할 수 있는 장소를 잃어버리기 시작했다. 추상적인 규칙이 지배하는 사회 전체는 이익추구의 정글로 변해가고 있는데, 그런 험한 사회로부터 개인을 보호하고 일정한 형태 안에 양육해주던 소단위 공동체나 제도적 울타리가 해체되고 있다. 개인에게 항구적인 보호막 같이 여겨지던 단체나 조직, 심지어 제도마저 단기적인 목적을 위해 생겨났다가 금세 사라지는 임시방편으로 전락하고 있다.[20] 오늘날 목도되는 가족 해체나 비정규직 노동자의 증가는 이런 보편적 경향이 현실화되는 여러 사례 중의 하나에 불과하다.

현대사회에서 개인은 타인과 무한히 새롭게 관계하거나 소통할 수 있게 된 것처럼 보이지만, 실질적으로는 상호 분리되어 고립의 상태에 빠지고 있다. 과거에는 가족, 학교, 직장 등과 같은 중간 단위의 공동체에서 해결해주던 문제를 개인마다 혼자서 해결해야 할 처지다. 고독한 개인은 쉽사리 쾌락주의에 빠지게 된다. 한없이 허락된 자율적 내면성은 방임과 자폐를 거듭하며 우울증에 노출된다. 도시의 정글에 내던져진 개인은 타인에 대한 신뢰보다는 불신에 익숙해진다. 평화는 조화에서 온다는 믿음 대신 소송과 논쟁에서 온다는 믿음이 찾아온다. 이런 것이 장소의 상실로 집약되는 현대적 인간의 운명이자 그가 겪어야 할 병이다. 이런 병은 세계화나 정보화로 집약되는 문명의 흐름 속에서 야기되는 구조적 증상이지만, 이런 시대일수록 개인은 건강한 주체의 형식을 찾으려 노력해야 한다.

그렇다면 우리 시대에 걸맞은 건강한 주체의 형식은 어디에 있는가? 이런 물음은 도덕적인 것과 즐거운 것을 하나로 수렴시킬 수 있는 가능성에 대한 문제로 좁혀볼 수 있다. 칸트는 도덕적인 것과 즐거운 것은 스토아적인 것과 에피쿠로스적인 것처럼 이율배반의 관계에 있다고 보았다. 도덕적이 되기 위해서는 쾌락을 포기해야 하고, 쾌락을 즐기기 위해서는 도덕을 포기해야 하는 것이 유한한 인간의 굴레라는 것이다.[21] 그럼에도 불구하고 이런 이율배반이 해소되지 않는다면, 그래서 도덕적인 것과 즐거운 것이 하나가 될 수 있다는 희망이 없다면 그 누구도 도덕성을 추구하려 들지 않을 것이다. 따라서 칸트는 도덕적인 것과 즐거운 것이 하나가 되는 사태를 최고선最高善으로 정의하고, 그것의 가능성을 위해 세 가지를 요청한다. 영혼의 불멸, 신의 존재, 그리고 — 도덕적 질서와 자연적 질서의 일치를 향한 — 역사의 무한한 진보가 그것이다.[22]

칸트의 요청이론은 결국 최고선이 현실의 역사(현상계) 안에서는 실현될 수 없다는 믿음에 근거한다. 물론 사회가 발전할수록 실제로 도덕적인 것과 즐거운 것의 거리는 점점 좁혀진다. 왜냐하면 양심을 지키는 사람이 그만큼 커다란 보상을 받기 때문이다. 반면 낙후한 사회일수록 도덕적인 사람은 실패하여 불행을 겪는다. 오히려 비도덕적인 사람이 승자가 되어 행복을 구가한다. 그만큼 양쪽의 거리가 멀어지는 것이다. 그러나 사회가 진보하여 도덕과 행복의 거리가 점점 좁혀지더라도 그 둘이 완전히 일치할 가능성은 경험의 세계에서는 결코 기대할 수 없다는 것이 칸트의 생각이다. 최고선은 오로지 인간이 육신에서 해방되어야 갈 수 있는 순수 예지계에서나 가능하다는 것이고, 그럴 가능성을 위해 영혼의 불멸 같은 몇 가지 전제가 요청된다는 것이다.

칸트가 말하는 최고선은 우리가 도덕적일수록 그것에 비례하여 쾌락과 기쁨이 펑펑 쏟아져야 하는 사태를 가리킨다. 그런 사태가 순수 영혼의 세계에서나 가능한 것이 아니라 역사적 현실 안에서 도래할 수 있다고 생각한 것은 헤겔이었다. 그가 절대지絶對知니 절대정신이니 하는 개념으로 가리킨 것도 정확히 그런 벅찬 미래가 도래할 가능성이었다. 헤겔만이 아니라 우리가 잠시 잊고 있던 김수영도 최고선의 역사 내적 도래의 가능성을 확고히 믿고 있었는데, 가령 「사랑의 변주곡」 마지막 부분이 이 점을 말해주고 있다.

> 아들아 너에게 광신을 가르치기 위한 것이 아니다
> 사랑을 알 때까지 자라라
> 인류의 종언의 날에
> 너의 술을 다 마시고 난 날에
> 미 대륙에서 석유가 고갈되는 날에
> 그렇게 먼 날까지 가기 전에 너의 가슴에
> 새겨둘 말을 너는 도시의 피로에서

배울 거다
이 단단한 고요함을 배울 거다
복사 씨가 사랑으로 만들어진 것이 아닌가 하고
의심할 거다!
복사 씨와 살구 씨가
한 번은 이렇게
사랑에 미쳐 날뛸 날이 올 거다!

그리고 그것은 아버지 같은 잘못된 시간의
그릇된 명상이 아닐 거다
–「사랑의 변주곡」(1967) 부분

"복사 씨와 살구 씨가/ 한 번은 이렇게/ 사랑에 미쳐 날뛸 날이 올 거다!" 이 구절에 나오는 복사 씨와 살구 씨는 주희의 도인桃仁과 행인杏仁을 옮긴 말이거니와[23] 그것이 사랑에 미쳐 날뛰는 모습은 최고선이 역사 안에서 실현되는 사건으로 읽을 수 있다. 물론 이때의 최고선을 서양적 관점에서만 바라볼 필요는 없을 것이다. 유가철학에도 서양의 최고선에 해당하는 개념을 찾을 수 있기 때문이다. 가령 『대학』의 지선至善과 『중용』의 중화中和 같은 것이 그것인데, 김수영의 시가 예고하는 사건은 중화 개념과 잘 어울린다고 하겠다.

> 희로애락喜怒哀樂의 감정이 아직 일어나지 않은 상태를 일러 중中이라 한다. 이런 감정이 일어나 모두 절도에 맞는 것을 일러 화和라 한다. 중은 천하의 가장 큰 뿌리이고, 화는 천하에 두루 통하는 도道다.[24]

이 대목을 기준으로 읽자면, 김수영의 복사 씨와 살구 씨는 희로애락의 감정이 잠재상태에 머물러 있는 '단단한 고요함'에 해당한다. "이 단단한 고요함을 배울 거다/ 복사 씨가 사랑으로 만들진 것이 아닌가 하고/ 의심할 거다!" 이 대목은 "희로애락의 감정이 아직 일어나지 않은 상태를 일러 중中이라 한다"는 문장과 공명한다. 반면 복사 씨와 살구 씨가 미쳐 날뛰는 모습은 잠재상태에 있던 희로애락의 감정이 폭발적인 역동성 안에서 만개하듯 실현되는 절차에 해당한다. 그것은 "이런 감정이 일어나 모두 절도에 맞는 것을 일러 화和라 한다"는 문장과 공명한다. 유가철학은 이런 중화가 실현되는 절정의 국면을 '대동大同'이라 부른다. 김수영의 「사랑의 변주곡」은 그런 대동의 도래를 예언하는 시라 할 수 있다. 즉 복사 씨와 살구 씨는 견고한 도덕성의 껍질 안에 무한한 희로애락과 도취의 힘을 간직하고 있다. 대동은 그 단단한 껍질을 깨고 나온 상호 감응의 충동이 세상천지에 향기를 품어내며 활짝 피어날 때 일어나는 사건이다. 그것은 칸트가 천상의 세계에서나 설정했던 최고선이 역사 속에서 펼쳐지는 사건이고, 헤겔이 역사의 서쪽에서나 기대했던 절대지가 동쪽에서 실현되는 사건이다.

춤추는 성인

감성적인 것과 초-감성적인 것을 엄격하게 나누는 플라톤-기독교주의 전통에서 도덕적인 것과 즐거운 것은 물과 기름처럼 배타적일 수밖에 없다. 그러나 감성적인 것과 초-감성적인 것을 씨앗과 꽃처럼 연속적인 것으로 보는 유가 전통에서 도덕적인 것과 즐거운 것은 처음부터 동면의 양면처럼 일체를 이룬다. 『논어』를 여는 첫 문장부터가 즐거울 낙樂 자를 연발하고 있다는 사실이 이 점을 대변한다.[25] 그것은 도덕적 실천과 체득, 그리고 거기서 비롯되는 사회적 호응의 기쁨에 대한 언명이다. 이런 언명은 공자가 인격의 음악적 완성[成於樂]이나 즐기는 주체[樂之者]에 대해 말하는 대목으로, 혹은 욕망과 규칙의 일치[從心所欲不逾矩]에 대해 말하는 대목으로 계속 이어진다.[26] 공자는 스스로 자신을 '즐거움으로 근심을 잊는 자'[27]로 묘사했다.

도덕적인 것과 쾌락적인 것이 상호 일치한다는 생각은 맹자에 와서 더욱 강조된다. 맹자는 생물학적 욕망을 압도하는 도덕적 욕망에 대해, 그리고 그것이 가져다주는 쾌락과 고통에 대해 자주 웅변을 토했다.[28] 그럴 때마다 일차적으로 강조되는 것은 인간과 동물의 차이이다. 서양에서 인간과 동물을 구별하는 가장 중요한 징표는 로고스logos에 있다. 반면 맹자에게 그 차이는 매우 작은데, 그 작은 차이를 만드는 것은 도덕적 감수성이다.[29] 인간성의 핵심인 도덕적 감수성은 다른 부분의 감각과 마찬가지로 그것에 고유한 쾌락의 대상을 가진다. 미각, 청각, 시각은 저마다 서로 다른 것에서 즐거움을 느낀다. 가령 미각은 고기를 맛보면 즐겁고, 시각은 아름다운 색이나 형태 앞에서 쾌감을 느낀다. 마찬가지로 도덕적 감수성은 인의예지仁義禮智라는 자신만의 특별한 쾌락의 원천을 가진다. "그러므로 올바른 도리와 의로움이 우리의 마음을 즐겁게 해주는 것은 마치 소나 양, 개나 돼지의 고기요리가 우리의 입을 즐겁게 해주는 것과 같다."[30]

도덕성이 쾌락의 원천이라는 맹자의 주장은 군자를 묘사할 때 강도를 더한다. 맹자에 따르면, 소인은 먹고 마시는 일처럼 신체적 쾌락을 위주로 살아간다. 반면 군자는 도덕성에 고유한 쾌락을 위주로 살아간다.[31] 도덕적 쾌락을 추구하다 보니 군자는 인의예지仁義禮智가 마음속에 깊숙이 뿌리내릴 뿐만 아니라 몸 전체를 통해 발현된다. “얼굴에 나타나고 등에서 나타나며 손과 발에 이르러서는 사지四肢의 움직임에서도 나타나므로 말하지 않아도 다른 사람들의 눈에 훤히 띄게 된다.”[32] 마음속 깊은 곳에서 인의예지가 화합하여 빛으로 변하고, 그 빛이 사지를 통해 바깥으로 뿜어나와 밝고 아름다운 모습을 현시한다. 그 발산하는 빛과 더불어 군자는 음악처럼 샘솟는 쾌감을 맛보게 되어 마침내 춤을 이기지 못한다. “즐거움이 저절로 생겨난다면 그것을 어찌 그만둘 수 있겠는가? 도저히 그만둘 수 없는 지경에까지 이르면, 자기도 모르는 사이에 손과 발이 덩실덩실 춤을 추게 된다.”[33]

헤겔은 프랑스혁명 당시 비극적 폭력을 빚어낸 자코뱅당의 이념적 과격성을 칸트적인 윤리학의 등장 배경으로 설명했다.[34] 프로이트와 라캉의 정신분석에서도 칸트의 정언명법은 죽음충동을 대리하는 초자아의 목소리로 해석되며, 그것의 역사적 귀결은 사드가 대변하는 가학적 공격성에 있다고 평가된다. 맹자의 윤리학이 어떤 증상을 드러낸다면, 이는 완전히 다른 방향에서 나타날 것이다. 그것은 아마 나르시시즘 같은 것일 텐데, 가령 다음과 같은 대목에서 이 점을 읽을 수 있다. “만물의 모든 이치가 나에게 구비되어 있다. 몸을 돌이켜 성실[誠]을 다한다면, 이보다 더 큰 즐거움은 없다.”[35]

우리는 앞에서 성誠과 성지誠之의 차이에 대해 논한 바 있다. 어떤 광활한 원격감응의 체계에 해당하는 성誠은 존재자의 존재로서 성기成己와 성물成物이라는 이중의 운동 속에 놓여 있다. 성기는 어떤 감응의 체계 자체가 만들어져가는 과정이다. 성물은 그런 감응의 체계 속에서 존재자가 생성 소멸하는 과정이다. 성誠이 하늘의 길이라면, 성지誠之는 하늘의 길에 동참하기 위한 인간의 길이다. 위의 인용문에서 맹자는 중용의 길인 성지誠之의 길이 낙지樂之의 길임을 말한다. 김수영의 온몸의 시학을 이런 성지 및 낙지의 길로부터 해석할 필요성은 앞에서 여러 번 언급된 바 있다. 즉 정신과 신체, 형식과 내용을 동시에 포괄하는 김수영의 온몸은 어떤 무한한 이행 속에 있다. 그것은 어떤 원격감응의 체계인 본체에 참여하기 위한 이행이다. '온몸에 의한 온몸의 이행'이라는 자기이행의 여정은 성지 및 낙지의 길을 현대적으로 번역할 만한 위치에 있다. 김수영의 「아픈 몸이」나 「시」 같은 작품은 이런 관점에서 읽어야 그 깊이를 충분히 드러낼 수 있을 것이다.

아픈 몸이
아프지 않을 때까지 가자
골목을 돌아서
베레모는 썼지만
또 골목을 돌아서
신이 찢어지고
온 몸에서 피는
빠르지도 더디지도 않게 흐르는데
또 골목을 돌아서
추위에 온 몸이
돌같이 감각을 잃어도
또 골목을 돌아서

아픈 몸이
아프지 않을 때는
그 무수한 골목이 없어질 때

(이제부터는
즐거운 골목
그 골목이
나를 돌리라
—아니 돌다 말리라)

–「아픈 몸이」(1961) 부분

어서 또 일을 해요 변화는 끝났소
편지봉투 모양으로 누렇게 결은
시간과 땅
수레를 털털거리게 하는 욕심의 돌
기름을 주라
어서 기름을 주라
털털거리는 수레에다는 기름을 주라
욕심은 끝났어
논도 얼어붙고
대숲 사이로 침입하는 무자비한 푸른 하늘

쉬었다 가든 거꾸로 가든 모로 가든
어서 또 가요 기름을 발랐으니 어서 또 가요
타마구를 발랐으니 어서 또 가요

미친 놈 뽄으로 어서 또 가요 변화는 끝났어요
어서 또 가요
실 같은 바람 따라 어서 또 가요
–「시」(1961) 부분

10 온몸의 춤: 스스로 도는 힘과 평면의 존재론

> 시는 온몸으로, 바로 온몸으로 밀고 나가는 것이다. 그것은 그림자를 의식하지 않는다. 그림자에조차도 의지하지 않는다. 시의 형식은 내용에 의지하지 않고 그 내용은 형식에 의지하지 않는다. 시는 그림자에조차도 의지하지 않는다. 시는 문화를 염두에 두지 않고, 민족을 염두에 두지 않고, 인류를 염두에 두지 않는다. 그러면서도 그것은 문화와 민족과 인류에 공헌하고 평화에 공헌한다. 바로 그처럼 형식은 내용이 되고 내용은 형식이 된다. 시는 온몸으로, 바로 온몸으로 밀고 나가는 것이다.[1]

온몸의 무용학으로

앞 장이 춤추는 성인의 이야기로 끝났으므로 지금부터는 온몸의 시학에서부터 현대적인 무용학을 끌어낼 가능성을 생각해보자. 사실 김수영의 시나 시론에는 춤을 생각해볼 수 있는 결정적인 계기들이 숨어 있다. 게다가 춤과 몸 사이의 분리 불가능한 관계를 생각할 때 온몸의 무용학을 내다본다는 것은 결코 과욕이 아닐 것이다. 춤은 몸에 의한, 몸을 위한, 몸의 움직임이다. 김수영의 시학을 끌고 가는 '온몸'의 개념은 몸에 의한 몸의 움직임이 어디까지 갈 수 있는지를 생각게 만드는 화두다. 물론 이 개념이 담고 있는 미학적 깊이는 아직 충분히 드러나지 않았다. 온몸의 시학은 씨앗이 뿌려지고 싹이 텄지만 충분히 성장하지 않았다. 거기서 어떤 열매가 열릴지는 그 나무를 가꾸는 자의 몫으로 남는다.

이런 점을 생각할 때 온몸의 시학에 대해 춤이 가지는 의미는 자못 크지 않을 수 없다. 몸의 예술인 무용과 그것에 관련된 이론적 담론들은 온몸의 개념이 발전하는 데 필요한 가장 중요한 자양의 원천일 것이다. 왜냐하면 몸에 관한 모든 생각과 추론은 결국 춤에 대한 이야기로 수렴·집약될 수밖에 없기 때문이다. 온몸의 개념은 몸이 구현할 수 있는 최대의 가능성을 가리킨다. 이 점에서 온몸은 춤과 동의어라 할 수 있다. 온몸은 춤추는 몸이 될 수밖에 없다. 거꾸로 춤은 온몸의 춤이 될 수밖에 없다. 왜냐하면 무용학적인 의미의 춤은 몸의 무한한 변형 가능성, 다형성, 전이 가능성을 입증하는 실험일 것이기 때문이다. 춤은 어떤 형상이나 코드에 종속되는 가운데 시작된다. 하지만 춤은 모든 형상과 코드에서 벗어나는 순간을 꿈꾼다. 춤은 '그림자에조차도 의지하지 않는' 온몸의 몸짓에 이르러 완성된다. 거꾸로 몸도 마찬가지다. 몸은 춤을 추지 않고는 온몸이 될 수 없다. 오로지 춤추는 몸만이 '그림자에조차도 의지하지 않는' 온몸이 될 수 있다. 온몸이 춤의 완성 조건인 것처럼 춤은 온몸의 탄생 조건이다.

그렇다면 우리는 이렇게 물을 수밖에 없다. 온몸의 시학에서 춤은 어떻게 이해되고 있는가? 춤과 온몸 사이의 상호 규정적 관계를 생각할 때 이런 물음은 당연히 "무용에서 온몸은 어떻게 이해되고 있는가?"라는 물음으로 보완되어야 한다. 춤에 대해 자유로운 몸이란 무엇인가? 이런 두 물음을 교차시키면서 우리가 궁극적으로 구해야 하는 것은 어떤 논리다. 온몸의 논리는 무엇인가? 온몸이 발걸음을 옮기며 춤추는 논리, 스스로 돌다 도약하고 다시 자기 자신으로 돌아가는—혹은 돌아가지 않는—논리는 무엇인가? 우리는 이번 장과 다음 장을 통해 이상의 두 문제—온몸의 춤 그리고 온몸의 논리에 대한 문제—를 차례로 다루어나가도록 하겠다. 첫 번째 물음은 온몸의 시학에서 전제되고 있는 춤의 본성에 있다. 이때 춤은 여전히 몸에 의한, 몸을 위한, 몸의 춤이다. 따라서 온몸의 시학이 춤을 생각한다는 것은 몸을 생각한다는 것과 같다. 온몸의 시학에서 춤에 대한 사유는 적어도 몸에 대한 사유와 구별되지 않는다. 거꾸로 몸에 대한 생각은 춤에 대한 생각으로 이어진다. 몸의 최고 가능성을 표현하는 것이 춤이기 때문이다. 그러므로 온몸의 시학에서 춤이 무엇인지 알기 위해서는 김수영이 춤에 대해 이야기하는 곳 못지않게 몸에 대해 이야기하는 곳도 들여다보아야 한다.

몸 하는 몸

김수영의 작품 중에서 몸이 언급되는 대목으로 다음과 같은 구절을 꼽을 수 있다.

전쟁의 모든 파괴 속에서
불사조 같이 살아난 너의 몸뚱아리—
우주의 파편 같이
혹은 혜성 같이 반짝이는
무수한 잔해 속에 담겨있는 또 이 무수한 몸뚱아리—들은
지금 무엇을 예의 연마하고 있는가
–「국립도서관」(1955) 부분

(……) 그때는 빌려드리려고 했어. 관용의 미덕—
그걸 할 수 있었어. 그것도 눈에 보였어. 엔카운터
속의 이오네스코까지도 희생할 수 있었어. 그게
무어란 말이야. 나는 그 이전에 있었어. 내 몸. 빛나는
몸.
–「엔카운터誌」(1966) 부분

동아시아 전통에서 몸은 정신과 구별되는 실체가 아니다. 몸은 언제나 정신과 더불어 하나의 실체를 이룬다. 동아시아인이 몸이라는 말로 개인적 인격을 지칭한 이유는 여기에 있다. 위의 두 시에는 동아시아의 신체이해가 고스란히 담겨 있다. 여기서 몸은 연마의 주체이되 기억의 주체로서 어떤 오래된 미래와 같다. "나는 그 이전에 있었어. 내 몸. 빛나는/ 몸." 이 구절에서 눈에 띄는 것은 나와 몸의 관계다. 나와 몸은 같은 것이면서 구별되는 것처럼 보인다. 나는《엔카운터》로 상징되는 서양문화의 첨단을 열망하고, 그것에 대한 지식을 재산으로 알고 있다. 반면 몸은 이 땅의 자궁에서 태어난 그대로의 무의식적 자아에 해당한다. 이 땅의 조건과 현실, 여기서 흐르는

전통에 뿌리박고 있는 신체적 자아는 구체적 보편자를 추구하는 정신을 말한다. 반면 나는 현실과 유리된, 다만 막연한 이상으로 남아 있는 어떤 추상적 보편자의 상관항이다.

"엔카운터/ 속의 이오네스코까지도 희생할 수 있었어. 그게/ 무어란 말인가." 이오네스코로 대변되는 현대 예술은 언제나 후진국의 시인에게 충격을 준다. 눈이 부시게 만들고 마음을 사로잡는다. 그러나 "그게/ 무어란 말인가. 나는 그 이전에 있었어. 내 몸. 빛나는/ 몸." 결국 시란 본연의 자기로 돌아갈 때만 쓸 수 있는 어떤 것이다. 예전부터 있었던 자기의 몸, 거기서 발산하는 빛만이 시의 원천이 될 수 있다. 이때 몸은 자신이 자라나고 기억하는 대지의 역사 속에서, '전쟁의 모든 파괴 속에서/ 불사조 같이 살아난' 몸이다. 죽음을 통과하면서 형질을 완전히 바꾼 숭고한 신체는 자연적 신체와 달리 빛을 발한다. 그것은 문명의 빛과는 구별되는, 문명의 빛보다 먼저 있었던 빛이다. 오로지 역사적 기억과 생존의 도식을 내면화한 몸만이 낼 수 있는 빛인 것이다. 자연에 없는 그 빛은 어떤 '연마' 속에서 처음 밝혀졌고, 어떤 도야 속에서만 꺼지지 않을 수 있다. 이때 연마는 전쟁의 파괴와 죽음의 공포를 통과한 과정이라 할 수 있다. 도야는 죽음의 공포에 의해 중성화된 신체를 삶을 긍정하고 미래를 환대하는 힘으로 바꾸어가는 절차라 할 수 있다.

연마든 도야든 그것은 몸이 자기 자신과 관계하는 특별한 방식이다. 연마나 도야 속에서 몸은 상승적 대자관계 속에 놓인다. 그것은 자신의 실체적 함량(수동적 종합의 역량)을 더해가는 자기자극의 운동에 다름 아니다. 몸은 그런 자기자극의 운동 속에서 빛을 발한다. 그것은 자연에도 없고 문명에도 없는 제3의 빛이다. 빛나는 몸의 자기함량 운동은 어떤 리듬 속에 있다. 리듬 속에 있는 몸은 보통 '몸짓'이라 불린다. 춤은 몸짓에서 시작된다. 그러나 몸은 몸짓을 하기 전에 몸을 한다. '몸 하는 몸.'[2] 그런 자기감응적인 몸이 김수영이 말하는 '빛나는 몸'이다. 어떤 회귀적 자기관계 속에 주기적으로 피를 흘리는 몸, 그 몸 하는 몸이 김수영이 말하는 온몸이다. 몸짓은 몸이 몸을 하면서 생기는 리듬과 더불어 그 리듬과 구별할 수 없는 어떤 신체적 도식과 더불어 탄생한다.

황홀한 몸짓

몸짓과 관련된 김수영의 작품들로는 다음과 같은 것이 있다.

고통의 영사판映寫板 뒤에 서서
어룽대며 변하여가는 찬란한 현실을 잡으려고
나는 어떠한 몸짓을 하여야 되는가
-「영사판」(1955) 부분

나는 일손을 멈추고 잠시 무엇을 생각하게 된다
—살아있는 보람이란 이것뿐이라고—
하루살이의 광무狂舞여

하루살이는 지금 나의 일을 방해한다
—나는 확실히 하루살이에게 졌다고 생각한다—
하루살이의 유희여

너의 모습과 너의 몸짓은
어쩌면 이렇게 자연스러우냐
소리 없이 가고 소리 없이 날으다가
되돌아오고 되돌아가는 무수한 하루살이
―그러나 나의 머리 위의 천장에서는 너의 소리가 들린다―
하루살이의 반복이여

불 옆으로 모여드는 하루살이여
벽을 사랑하는 하루살이여
감정을 잃어버린 시인에게로
모여드는 모여드는 하루살이여
―나의 시각을 쉬이게 하라―
하루살이의 황홀이여
–「하루살이」(1957) 전문

"하루살이의 광무여, 하루살이의 유희여! 하루살이의 반복이여, 하루살이의 황홀이여!" 이렇게 외치는 김수영에게 하루살이의 몸짓은 시적인 언어유희 자체를 대신하는 위치에 있다. 하루살이의 춤은 황홀경에 도달한 시적인 언어를 상징한다. 눈을 떼지 못할 정도로 유혹적인 하루살이의 광무 속에서 김수영은 자연 속에서 실현된 이상적인 시 자체를 본다. '하루살이의 황홀이여!' 김수영이 이렇게 외칠 때, 시인의 언어가 도달해야 할 황홀경이란 무엇인가? 그것은 니체가 음악적 사유나 디오니소스적 지혜 속에서 구하던 것, 하이데거가 시적인 사유 속에서 발견한 것과 다르지 않다.

황홀경은 먼저 주체와 객체가 서로 맞서고 대립하는 구도에서 벗어난 상태를 가리킨다. 황홀경에서는 주체와 객체가 서로 안에서 자기를 발견하고 상대편 안에서 자기와 일치한다. 각기 자기 안에서 타자를 만나고 타자 속에서 자기 자신으로 회귀한다. 다른 한편 황홀경은 새로운 공간의 탄생을 가리킨다. 하루살이의 광무 앞에서 시인은 그것의 배경이 되는 물리적 공간을 잊어버린다. 그리고 시적인 이념이 빛을 발하는 어떤 이상적 평면이 펼쳐지는 사건에 동참한다. 황홀경이란 사물과 공간의 외재적 관계가 내재적 관계로 전도된 상태다. 여기서 사물은 어떤 대자적 상승운동 속에서 외부적 공간의 구속력에서 벗어난다. 그리고 마침내 자기 내면에서부터 자기에게 고유한 지평을 펼쳐놓는다. 마지막으로 황홀경은 미래에 대한 믿음과 결부되어 있다. 미래에 대한 확신으로 이어지지 않는 황홀경은 어떤 결여나 쇠퇴를 의미한다. 건강을 회복할 때의 황홀경이 있으며, 여기서는 새로운 시작의 도래에 의해 기존의 기억이 무력해진다.

"너의 모습과 너의 몸짓은/ 어쩌면 이렇게 자연스러우냐." 하루살이의 황홀한 춤 앞에서 탄식하면서 김수영은 자신이 써야 할 시를 생각한다. 하루살이의 몸짓은 자신이 성취해야 할 시적인 몸짓이 무엇인지 말하고 있다. "나는 어떠한 몸짓을 하여야 되는가?" 이것은 "나는 어떤 시인이 되어야 하는가?" 혹은 "나는 어떻게 시를 써야 하는가?"라는 물음과 같다. 이 물음 안에서 하루살이의 춤은 시의 원형으로 이상화된다. 그러나 김수영만이 아니라 이미 많은 시인들이 춤을 모든 예술의 기원이나 모델로 간주했다. 가령 발레리가 쓴 그 유명한 무용론에서 춤은 시간의 형식을 창조하는 예술로 정의된다. 그리고 이 점에서 춤은 모든 예술의 원천에 있는 '어떤 일반 시학'으로 승격된다. 가령 시라는 예술은 춤이라는 일반 시학의 하위 범주에 속한다. 이는 시를 쓰거나 읊는 행위가 '언어적인 춤'[3]에 불과하다는 생각 때문이다.

철학자들 중에는 춤을 사유의 설명 모델로 간주하는 경우를 찾을 수 있다. 니체가 대표적이다. 최근에는 바디우가 니체에 기대어 이런 관점을 명료하게 정식화했다. 이런 관점에 따르면, 춤이야말로 사유가 무엇이 되어야 하는지를 가리키는 가장 탁월한 위치에 있다. 이는 춤이 사유의 이미지와 관련된 은유들—가령 '중력의 악령'에서 벗어난 새, 어린아이, 놀이, 샘, 공기—이 체계적으로 기입되는 장소이기 때문이다.[4] 그러나 춤이 이렇게 모든 예술의 기원이나 사유의 설명 모델로 이상화된다는 것은 서양 미학에서 무용이 겪어온 기나긴 소외의 역사를 생각할 때 역설적이라 하지 않을 수 없다. 무용은 아리스토텔레스에 의해 고대 미학이 수립될 때, 그리고 칸트에 의해 근대 미학이 출범할 때 예술의 체계 밖으로 밀려났다.

이런 소외의 배경에는 예술이 이야기 중심으로 정의(아리스토텔레스의 경우)되거나 춤이 연극의 일부로 간주되었다는 사실(칸트의 경우)이 자리한다. 그러나 이것은 무엇보다 신체나 감정을 경시하는 플라톤-기독교주의 전통이 낳은 당연한 귀결이라 할 수 있다. 춤이 20세기에 이르러서야 독자적인 예술의 장르로 인정받을 수 있었던 배경도 여기서 찾아야 한다. 몸에 대한 플라톤-기독교주의 전통의 편견이 해체되는 시점에서야 춤은 비로소 예술 체계의 일원으로 편입될 수 있었다. 김수영의 시학도 역시 동일한 문맥 안에 위치한다. 온몸의 시학은 몸의 복권으로 상징되는 현대 사상사의 일반적 흐름을 반영한다. 반영할 뿐만 아니라 동서東西의 전통을 화해시켜 미래로 데려갈 만한 미학적 가능성을 수태하고 있다.

스스로 도는 힘

이 점을 본격적으로 다루기 전에 몸짓과 관련된 김수영의 시들을 좀 더 읽어보도록 하자. 아래의 작품은 팽이의 몸짓과 춤을 그리고 있다.

> 영원히 나 자신을 고쳐가야 할 운명과 사명에 놓여 있는 이 밤에
> 나는 한사코 방심조차 하여서는 아니 될 터인데
> 팽이는 나를 비웃는 듯이 돌고 있다
> 비행기 프로펠러보다는 팽이가 기억에 멀고
> 강한 것보다는 약한 것이 더 많은 나의 착한 마음이기에
> 팽이는 지금 수천 년 전의 성인과 같이
> 내 앞에서 돈다
> 생각하면 서러운 것인데
> 너도 나도 스스로 도는 힘을 위하여
> 공통된 그 무엇을 위하여 울어서는 아니 된다는 듯이
> 서서 돌고 있는 것인가
> 팽이가 돈다
> 팽이가 돈다
> –「달나라 장난」(1953) 부분

팽이가 시인에게 성스러움을 상기시키면서 과시하는 것은 '스스로 도는 힘'이다. 스스로 돌아가는 팽이 앞에서 시인은 수천 년 전의 성인聖人을 생각하면서 설움에 빠져든다. (이때 시인은 자기 자신을 '영원히 자신을 고쳐가야 할 운명과 사명 앞에 놓여 있는' 주체로 의식한다.) 설움

은 김수영의 작품세계에서 각별한 감정이다. 정확히 그것은 일상적 세계의 경계에서 일어나는 정념이다. 존재적인 것과 시적인 것 사이의 경계에서 자유로 향한 희망과 좌절이 교차하면서 생기는 시적 정념인 것이다. 김수영에게 설움의 감정을 유발하는 자유는 이 작품에서 스스로 도는 힘으로 경험되고 있다. 여기서 스스로 돌아가는 힘은 특정 지역과 시대의 제약을 넘어선 보편성을 암시한다. 이것이 이 시에 나오는 '공통된 그 무엇'의 의미인데, 이는 다른 시를 우회하여 돌아가 보면 좀 더 분명해질 것이다.

물론 문제는 여전히 자유에 있다. 자유는 낙후한 나라의 지식인이 서양에서 배우는 최고의 정치-경제학적 이념이자 문화적 이념이다. 그런데 여기서 김수영이 최초로 발표한 시가 「공자의 생활난」(1945)임을 기억하자. 김수영은 처음부터 자신이 걸어가야 할 시인의 길을 공자가 갔던 성인의 길과 겹쳐서 생각했다. 그리고 지속적으로 서양적 문화의 핵심인 자유를 유가 전통에서부터 내려오는 인仁과 중용으로 번역할 가능성을 생각했다. 위의 시 「달나라 장난」은 이런 구도에서 읽어야 한다. 스스로 돌아가는 팽이, 그것은 현실에서 구현된 가장 탁월한 중용의 상징 아닌가? 팽이는 지금 중용의 춤을 추고 있는 것이 아닌가?

좀 더 일반적인 수준에서 이야기하자면, 온몸의 시학에서 시 쓰기의 가능성은 정확히 서양의 자유와 동양의 중용을 서로 옮겨놓을 가능성 안에서, 서구적 의미의 사랑과 유가적 의미의 사랑을 번역할 가능성 안에서 설정되고 있다. 이 시에서 자유와 인仁, 혹은 자유와 중용 사이의 차이는 제트기 프로펠러와 팽이 사이의 차이로 표상되고 있다. 제트기 프로펠러와 팽이는 스스로 돌아간다는 점에서는 같다. '스스로 돌아가는 힘'을 보여준다는 점에서 둘은 '공통된 그 무엇'을 지닌다. 1950년대의 김수영은 서구 기술문명의 총아에 해당하는 비행체에서 현존하는 자유의 원형을 보았다. 이것을 말해주는 것이 「헬리콥터」(1955)라는 작품이다. "사람이란 사람이 모두 고뇌하고 있는/ 어두운 대지를 차고 이륙하는 것이/ 이다지도 힘이 들지 않는다는 것을 처음 깨달은 것은/ 우매한 나라의 어린 시인들이었다." 이렇게 시작하는 시는 길게 이어지다가 다음과 같이 후반부를 맞는다.

헬리콥터여 너는 설운 동물이다

—자유
—비애

더 넓은 전망이 필요 없는 이 무제한의 시간 위에서
산도 없고 바다도 없고 진흙도 없고 진창도 없고 미련도 없이
앙상한 육체의 투명한 골격과 세포와 신경과 안구까지
모조리 노출 낙하시켜 가면서
안개처럼 가벼웁게 날아가는 과감한 너의 의사意思 속에는
남을 보기 전에 네 자신을 먼저 보이는
긍지와 선의가 있다
너의 조상들이 우리의 조상과 함께
손을 잡고 초동물의 세계 속에서 영위하던
자유의 정신의 아름다운 원형을
너는 또한 우리가 발견하고 규정하기 전에 가지고 있었으며
오늘에 네가 전하는 자유의 마지막 파편에

스스로 겸손의 침묵을 지켜가며 울고 있는 것이다.
–「헬리콥터」(1955) 부분

시적 상상력의 공기적 특질을 강조한 바슐라르에 따르면,[5] 시적으로 상상한다는 것은 공기처럼 가볍게 되는 것이다. 시적 이미지의 역량은 우리의 영혼을 가볍게 만들고 높이 들어 올리는 데 있다. 시적 사유의 본성은 새처럼 대지의 중력을 벗어나 하늘로 비상하는 데 있다. 이와 유사하게 김수영은 '풍선보다 가볍게 상승하는 헬리콥터'에서 '자유의 정신의 아름다운 원형'을 본다. 그것은 "너의 조상들이 우리의 조상과 함께/ 손을 잡고 초동물의 세계 속에서 영위하던/ 자유의 정신의 아름다운 원형"이다. 서양문명의 총아인 헬리콥터는 동양과 서양의 차이가 소멸하는 영원의 높이에서 자유의 이데아를 직접 현시하는 기계다. 반면 「달나라의 장난」에서는 플라톤적인 구도가 아니라 공자적인 구도에서 동서의 '공통된 그 무엇'이 중심에 놓인다. 그것은 영원의 높이로 상승하는 헬리콥터도, 숭고한 속도로 비행하는 제트 비행기도 아니다. 그것은 아무것도 모르고 장난하는 어린아이가 내던진 팽이다.

온몸의 춤

김수영은 스스로 도는 힘을 과시하며 돌아가는 단순한 팽이의 회전 앞에서 비행기 프로펠러 못지않게 형이상학적으로 상승하는 공기적 특질의 자유를 경험한다. 그리고 거기서 마침내 '수천 년 전의 성인'을 본다. 그렇다면 성인이란 누구인가? 성聖은 이耳와 정呈을 합쳐서 만든 글자다. 이耳는 귀가 잘 들려 사물의 이치에 잘 통한다는 것, 무엇이든 다 알고 있음을 가리킨다. 반면 정呈은 정확히 드러내다, 똑똑히 나타내다, 가리켜 보이다 등을 의미한다. 그리고 정程과 같이 척도, 단위, 규정 등의 의미로 쓰이기도 한다. 유가 전통에서 성인은 예의, 법률, 제도를 만들어 보통 사람들을 교화하는 능력의 소유자였다. 성인의 자질은 일차적으로 창조적 입법의 능력에 있다. 성인은 도구와 규칙, 제도를 고안하는 문명의 창조자이자 보통 사람들에게 삶의 의미와 방법을 가르치는 위대한 스승이다.

「공자의 생활난」(1945) 같은 작품에서 성인은 장난을 하는 자, 장난을 하면서 진부한 것에서 벗어나는 자, 진부한 것에서 벗어나기 위해 새로운 기준과 척도를 만들어내는 자다. '자[戒尺]'를 만드는 자, 자를 만들어 가지고 노는 자가 성인인 것이다.[6] 김수영이 어린아이의 팽이놀이에서 '달나라의 장난'을 보고 '스스로 도는 힘'을 과시하며 돌아가는 팽이에서 '수천 년 전의 성인'을 생각하는 배경에는 그의 작시作詩의 이념이 자리한다. 작시의 이념을 잊힌 성聖의 이념에서 찾았던 김수영은 그 숭고한 이념이 순진무구한 어린아이의 손끝에서 간단하게 구현되는 어처구니없는 사태 앞에서 절망의 탄식을 뱉어내고 있다.

'스스로 도는 힘'은 운동의 이유와 원인을 자기 바깥이 아니라 자기 안에 둔다. 서양철학사에서 반-기독교적인 세계상을 대변하는—따라서 중국적 세계관에 가장 근접해 있는—스피노자는 자연('신 또는 자연')을 힘으로, 자연의 힘('힘 즉 존재')을 자기원인으로 정의했다. 이것은 『주역』의 으뜸[元]이나 『중용』의 성실[誠]과 같이 존재의 부단한 창조적 역량을 정의하는 용어다. 온몸의 시학은 유가 전통과 이어져 있는 어떤 힘의 존재론을 전제한다. 그런 연관성 때문에 온몸의 시학은 스피노자와 그의 계승자인 니체, 나아가 들뢰즈의 존재론과 멀지 않은 곳에 있다. '스스로 도는 힘' 또는 자기원인적인 힘의 창조력을 번역하는 김수영의 공식은 '온몸에 의한 온몸의 이행'이다. "즉 온몸으로 동시에 온몸을 밀고 나가는 것이 되고, 이 말은 곧 온몸으로 바로 온몸을 밀고 나가는 것이 된다. 그런데 시의 사변에서 볼 때, 이러한 온몸에 의한 온몸의 이행이 사랑이라는 것을 알게 되고, 그것이 바로 시의 형식이라는 것을 알게 된다."[7] 김수영의 시학에서 사랑은 온몸에 의한 온몸의 이행이고, 그런 자기원인적이고 자기감응적인 이행의 모습을 김수영은 스스로 돌아가는 팽이에서 보았다.

> 도회 안에서 쫓겨 다니는 듯이 사는
> 나의 일이며
> 어느 소설보다도 신기로운 나의 생활이며
> 점잖이 앉은 나의 나이와 나이가 준 나의 무게를 생각하면서
> 정말 속임 없는 눈으로
> 지금 팽이가 도는 것을 본다
> 그러면 팽이가 까맣게 변하여 서서 있는 것이다
> -「달나라의 장난」(1953) 부분

"그러면 팽이가 까맣게 변하여 서서 있는 것이다." 이 구절이 자기원인적인 힘의 창조성을 건드리는 대목이다. 누워 있어야 했던 팽이는 스스로 돌면서 일어서고, 그 직립의 기적 속에서 까맣게 변한다. 누워 있을 때는 없던 속성을 창발적으로 발현하는 것이다. 그것은 속성이라기보다 어떤 평면이다. 그것은 물체의 세계와 정신의 세

계를 나누는 평면, 자연의 인과법칙과 관념적 인과법칙을 나누는 평면이다. 팽이는 지금 어떤 세계에 자리한다기보다 자신이 자리하는 이념적 공간을 스스로 창조하고 있다. 세계에 자리하면서 수용해야 했던 외부적 제약들에서 벗어나 자신에게 고유한 입법적 공간을 수립하는 것이다. 이것이 춤추는 몸, 다시 말해서 온몸이 꿈꾸는 순간이다. 춤은 '그림자에조차도 의지하지 않는' 몸짓에 이르러 비로소 절정에 이른다. 이런 절정의 사건은 김수영의 마지막 시 「풀」(1968)에서 바람보다 빨리 눕고 바람보다 먼저 일어서는 풀의 모습을 통해 다시 형상화된다.

풀이 눕는다
비를 몰아오는 동풍에 나부껴
풀은 눕고
드디어 울었다
날이 흐려서 더 울다가
다시 누웠다

풀이 눕는다
바람보다도 더 빨리 눕는다
바람보다도 더 빨리 울고
바람보다 먼저 일어난다

날이 흐리고 풀이 눕는다
발목까지
발밑까지 눕는다

바람보다 늦게 누워도
바람보다 먼저 일어나고
바람보다 늦게 울어도
바람보다 먼저 웃는다
날이 흐리고 풀뿌리가 눕는다
–「풀」(1968) 전문

이 시는 존재의 논리에서 순수 시적인 논리가 해방되는 과정을 그리고 있다. 우리는 여기서 사랑이 풍자와 해탈로 거듭나는 모습을 본다. 그것은 서러움이 시적인 성스러움에 도달하는 장면이다.[8] 이와 비교할 때「달나라의 장난」에서는 아직 존재론적인 것과 시적인 것이 구별되지 않는다. 구별되지 않을 뿐만 아니라 성스러움 자체가 그의 몸 저편에, 달나라 같은 별세계에 머물러 있다. 맹자는 "성인도 나와 동류다"[9]라는 말로 성스러움을 우리 자신 안에서 찾을 수 있는 가능성을 가르쳤다. 1950년대 초의 김수영은 아직 성스러움을 자기 자신의 몸에서, 온몸에 의한 온몸의 이행에서 찾을 줄 모른다. 성스러움은 마치 유대인의 신처럼, '아메리카 타임지誌의 고운 활자'[10]같은 어떤 신비의 장막 저편에 분리되어 있다. 성스러움은 '영원히 [자기] 자신을 고쳐가야 할 운명과 사명 앞에 놓여 있는' 시인에게는 멀리 떨어져 있는 어떤 열망의 대상일 뿐 지금 이곳에서 실현될 수 있는 어떤 것이 아닌 것이다.

아이온의 시간

「풀」에서는 모든 것이 달라진다. 이제 온몸의 춤은 저편 어딘가의 달나라 장난이 아니다. 그것은 대지에 뿌리박은 현실 속에서 추어야 하는 춤이다. 땅속에 뿌리내린 풀은 저편을 모른다. 풀은 저편을 꿈꾸는 것이 아니라 그것을 대지의 표면 위에 창조한다. 이 시에서 바람은 풀의 신체를 외재적으로 정향하고 코드화하는 힘이라 할 수 있다. 바람의 힘에 종속된 한에서 풀의 신체는 크로노스chronos의 시간 속에 있다. 크로노스의 시간이란 물리적 법칙에 의해 조직되는 시간이자 자연의 운동에 의해 측정되는 시간이다. 반면 바람보다 먼저 일어서고 바람보다 먼저 웃는 풀은 아이온aion의 시간 속에 있다. 아이온의 시간이란 물리적 법칙이나 운동에서 해방된 시간, 어떤 이념적 평면이 조직되어가는 시간이다. 들뢰즈나 바디우 같은 철학자는 두 시간을 각각 역사의 시간과 사건의 시간으로 구별한다.

사건의 시간 속에 있는 풀의 신체는 자신이 창조한 이념적 평면 속에서 점점 보이지 않게 된다. 자신이 스스로 조형해가는 문맥과 문법의 배후로 소멸해가는 것이다. "날이 흐리고 풀뿌리가 눕는다"라는 마지막 문장의 의미는 여기에 있다. 말라르메가 "여성 무용수는 춤추는 여자가 아니다la danseuse n'est pas une femme qui danse,"[11] 다시 말해서 춤추는 여성은 여자도 아니고 춤을 추지도 않는다고 말한 것도 이런 관점에서 해석되어야 한다. 온몸의 춤에 이르렀을 때 몸은 성별을 잃는다. 성별만이 아니라 자신의 정체성을 규정하던 모든 규정을 상실한다. 춤추는 몸은 이상적인 춤의 자기전개 속에 추상화되고, 춤 자체마저 자신이 조형해놓은 나타남의 문법 배후로 지워져간다. "날이 흐리고 풀뿌리가 눕는다." 풀은 그렇게 소멸해간다. 이것이 온몸의 춤이자 온몸의 사건이다. 그렇다면 온몸의 사건은 어떤 논리에 의해 일어나는가? 온몸은 어떤 논리에 따라 아이온의 춤에 도달하는가?

김수영이 바라본 팽이의 춤이나 풀의 춤을 생각하면, 그것은 3단계의 리듬과 맞물려 있음을 알 수 있다. 첫 번째 리듬은 대타자극hetero-affetion에서 온다. 두 번째 리듬은 대타자극이 대자적 자기자극auto-affection으로 전환되면서 시작된다. 마지막 세 번째 리듬은 이 두 종류의 자극이 어떤 원격자극tele-affection 속에서 통합될 때 일어난다. 이때 아이온의 평면이 펼쳐진다. 그리고 춤추는 몸이 사라지고 마침내 춤마저 사라지게 된다. 춤이 사라진다는 것은 운동이 사라진다는 것이고, 그것에 종속된 크로노스의 시간이 소멸한다는 것이다. 여기서는 어떤 사람이 춤을 춘다기보다 시간 자체가 춤을 춘다. 이제 춤을 추는 것은 시간 속에 흐르는 또 다른 시간, 아이온의 시간이다. 김수영의 작품들 중 아이온의 춤을 장면화하는 것으로는 다음과 같은 시가 있다.

하얀 종이가 옥색으로 노란 하드롱지가
이 세상에 없는 빛으로 변할 만큼 밝다
시간이 나비 모양으로 이 줄에서 저 줄로
춤을 추고
그 사이로
사월의 햇빛이 떨어졌다
이런 때면 매년 이 맘때쯤 듣는
병아리 우는 소리와
그의 원수인 쥐 소리를 혼동한다

어깨를 아프게 하는 것은
노후의 미덕이 아니다
내가 나를 잊어버리기 때문에
개울과 개울 사이에
하얀 모래를 골라 비둘기가 내려앉듯
시간이 내려앉는다
–「백지에서부터」(1962) 부분

이 시의 핵심은 어떤 전환 혹은 이행에 있다. 그것은 이 세상에 있는 빛에서 '이 세상에 없는 빛으로', 이 세상에 있는 시간에서 이 세상에 없는 시간으로 가는 이행이다. 이런 이행과 더불어 경험적 시간은 선험적 시간으로 전환된다. 시간은 경험적인 것에서 선험적인 것으로 옮아갈 뿐만 아니라 스스로 자기 자신을 자극하며 조직해간다. 그것이 아이온의 춤이다. "시간이 나비 모양으로 이 줄에서 저 줄로/ 춤을 추고/ 그 사이로/ 사월의 햇빛이 떨어졌다." 아이온의 춤 속에서 선험적 시간은 자기 자신을 조직해갈 뿐만 아니라 경험적 시간에 새로운 의미를 부여한다. 아이온의 춤이 그리는 오선지 위에서, 거기서 그려진 시간의 도식 사이에서 4월의 햇빛은 과거와 완전히 다르게 떨어진다. 과거와 완전히 다르게 나타나고 과거와 완전히 다르게 경험된다. 아이온의 춤은 경험적 시간을 새롭게 정초하면서 미래에 대한 확신을 불러일으킨다.

이런 전도, 자기조직, 정초 속에서 일어나는 것은 어떤 혼동과 망각이다. 무엇을 혼동하는가? "병아리 우는 소리와/ 그의 원수인 쥐 소리를 혼동한다." 이는 경험적 세계를 구획하는 모든 이항대립의 질서를 혼동한다는 것과 같다. 선험적 시간의 도식 안에서 병아리와 쥐, 남과 여, 안과 밖, 현전과 부재, 참과 거짓, 고통과 쾌락, 젊음과 늙음의 대립이 진공에 빠진다. 망각은 이런 진공 상태를 말한다. 진공 상태에서는 세상도 그것을 바라보는 사람도 자기를 잊어버린다. "내가 나를 잊어버리기 때문에/ 개울과 개울 사이/ 하얀 비둘기가 내려앉듯/ 시간이 내려앉는다." 이것이 선험적 시간의 도래, 미래를 정초하는 도래다. 도래하는 아이온의 시간 속에서 파롤parole의 목소리는 혼동되거나 무력해진다. 그 대신 랑그langue의 목소리가 말하기 시작한다. 소리도 없고 형체도 없는, 단지 순수 도식에 불과한 어떤 비가시적인 이미지가 바탕에 눕는다. 아이온의 춤은 평면을 사랑한다. 온몸의 춤은 비상한다기보다 내려앉고, 상승한다기보다 하강한다. 온몸의 사건은 이편과 저편, 경험적 평면과 선험적 평면이 하나로 겹쳐지는 사건이다. 무용학적 공간, 그리고 그것과 구별되지 않는 시적인 공간은 그런 겹침의 사건 속에서 탄생한다.

평면의 존재론

그러므로 김수영의 시에서 평면이 자주 등장하는 것은 우연이 아니다. 이미 「하루살이」(1957)에는 "벽을 사랑하는 하루살이여"라는 구절이 있었다. 이때 벽이란 하루살이의 황홀한 춤이 만들어내는 랑그의 평면을 가리킨다. 공시적인 랑그의 평면에는 성별의 구분이 없는 것처럼 시제時制의 구별이 없다. 능동과 수동의 구별을 비롯한 모든 양태적 구별은 인칭의 구별과 마찬가지로 아직 생겨나지 않았다. 경험적 세계는 중성적이고 공시적인 랑그의 평면 속에서 새롭게 나타나면서 과거와 다른 의미를 지니게 된다. 랑그의 평면은 말라르메가 말하는 '책의 공간'이나 블랑쇼가 말하는 '문학적 공간'과 크게 다르지 않다.

「누이의 방」(1961) 같은 시에 나오는 평면도 이런 관점에서 읽을 수 있다. "평면을 사랑하는/ 코스모스/ 역시 평면을 사랑하는/ 킴 노박의 사진과/ 국내 소설책들……/ 이런 것들이 정돈될 가치가 있는 것인가/ 누이야/ 이런 것들이 정돈될 가치가 있는 것인가." 옛날 책을 읽다 보면 '입실의 경지'라는 말과 마주친다. 그것은 학문이나 인격이 도달할 수 있는 최고의 경지를 말한다. '누이의 방'은 김수영에게 그런 입실의 경지와 유사한 의미를 지닌다. 그것은 대문자 시가 자기를 펼쳐가는 어떤 이상적인 공간이다. 온몸의 춤이 아이온의 시간을 불러들이는 춤이라면, 이 도래는 시적 공간의 탄생과 같다. 시적 공간, 그 이상적인 공간은 평면적이라는 특징을 지닌다. 그것은 중성적이고 추상적이라는 의미에서 평면적이다. 그러나 존재론의 관점에서는 다르게 새겨야 한다. 즉 평면성이란 내재성을 의미한다. 김수영의 시적 공간은 플라톤적 이원론과 그것이 전제하는 수직적 초월성을 부정한다는 점에서 내재적이다. 이 점을 위해 다음과 같은 시를 읽어보자.

앉아도 편편하고
서도 편편하고
누워도 편편하고
도회와 시골이 편편하고
시골과 도회가 편편하고
신문이 편편하고
시원하고

버스가 편편하고
시원하고
하수도가 편편하고
펌푸의 물이 시원하게 쏟아져 나온다고
어머니가 감탄하니 과연 시원하고
–「격문」(1961) 부분

『논어』에 나오는 "군자탄탕탕君子坦蕩蕩, 소인장척척小人長戚戚"[12]이라는 문장을 생각나게 하는 대목이다. 보통 이 문장은 "군자는 마음이 평온하고 너그러우며, 소인은 마음이 항상 근심으로 조마조마하다"로 옮긴다. 그러나 원문의 탄坦은 '평탄하다'라는 뜻이고, 탕蕩은 '물을 흘려 시원하게 쓸어내리다'라는 뜻이다. 원문에 충실하게 옮기면 군자는 마음이 편편하고 시원한데 소인은 그렇지 못하다는 이야기가 된다. 이런 것을 보면 김수영은 「격문」에서 유가적 주체의 이미지에 덧대어 자신의 초상을 그리고 있음을 짐작할 수 있다. 이 시의 제목에 해당하는 '격문'은 무언가를 널리 알리는 선언문과 같다. 김수영은 이 시에서 무엇을 선언하는가? 자신이 군자처럼 '자유를 찾은 진짜 시인'으로 다시 태어났음을 선언한다. 중용의 자유를 찾은 시인이 되었다는 것이다.

위의 인용 부분 다음을 인용해보자. "무엇보다도/ 내가 정말 시인이 됐으니 시원하고/ 인제 정말/ 진짜 시인이 될 수 있으니 시원하고/ 시원하다고 말하지 않아도 되니/ 이건 진짜 시원하고/ 이 시원함은 진짜이고/ 자유다." 자신에게 일어나는 성숙과 변화에 민감했던 김수영은 이 시에서 자신이 무언가 결정적인 문턱을 넘어 과거의 자신과 완전히 달라져 있음을 선포하고 있다. 이때가 김수영의 나이

마흔일 때이니 이 시는 불혹不惑의 단계를 기념하는 작품이라 할 수 있다. 그런데 불혹의 단계는 어떤 이유에서 '편편함=시원함=자유'의 체험과 등치될 수 있는가? 푸코는 『말과 사물』에서 르네상스시기를 '세계 산문의 시대'[13]라 했다. 이는 당시의 서양을 지배한 에피스테메(사고의 패러다임)의 특징을 부각하기 위한 명명이다. 푸코에 따르면 그 특징은 말과 사물이 서로 분리된 평면에 존재하는 것이 아니라 단일한 하나의 평면에 공존한다는 데 있다. 르네상스시대의 담론에서 말은 사물들 사이에, 사물은 말들 사이에 서로 똑같은 효력을 가지면서 존재했다. 이것은 『주역』에서 수數가 형상이나 이미지 속에 공존하는 것과 같다. 우리는 이런 세계상의 바탕을 '단일평면의 존재론'이라 명명할 수 있다.

고대로 올라갈수록 동아시아의 에피스테메는 단일 평면적인 것처럼 보인다. 그러나 여기서 서로 공존하는 것은 말과 사물이라기보다 개체와 보편자다. 중국적 세계관의 특징은 천하天下의 바깥을 설정하지 않는다는 데 있다. 플라톤의 이데아계나 기독교의 신국神國 같은 개념이 대변하는 것처럼 서양적 사유는 개체의 세계와 분리된 보편자의 세계를 설정하는 데 익숙하다. 우리는 그런 세계관을 '이중평면의 존재론'이라 부를 수 있다. 반면 동아시아의 세계관에서 보편자는 언제나 다른 개체들 사이에 존재한다. 추상성은 개체의 특수한 특질 위에서 발현되는 2차적 속성이다. 서양적 에피스테메의 특징이 존재론적 평면이 이중화된다는 데 있다면, 동아시아의 에피스테메에서 이중화되는 것은 존재론적 평면이 아니라 개체 자체다. 개체는 어떤 순환의 정점에서 보편자로 이중화된다.

자기감응의 논리

그렇다면 개체는 어떤 조건에서 보편자로서 이중화되는가? 김수영의 언어로 하자면, 개체가 '스스로 도는 힘'을 획득할 때 그런 사건이 일어난다. 스스로 돌아가는 힘을 상실하여 쓰러져 있는 팽이가 특수한 개체다. 반면 스스로 돌아가면서 똑바로 일어서고 이마에는 까만색이 생기는 팽이가 보편자로서 우뚝 선 개체다. 하지만 누워 있든 우뚝 서 있든 팽이는 언제나 동일한 평면에 있다. 이 점이 동아시아의 에피스테메를 구조화하는 중요한 특징이다. 우리는 앞의 3장에서 스스로 도는 힘에 의해 개체가 보편자로 이중화되는 절차를 '잉여 수반적 반복의 논리'라 불렀다. 잉여 수반적 반복의 논리는 온몸의 논리이기도 하다. 온몸의 논리에서 보편성이라는 잉여는 팽이가 돌아갈 때 이마에서 발현되는 까만색에 해당한다. 팽이는 누워 있다가 보편성의 빛을 발하는 가운데 우뚝 서고 그러다가 다시 바닥에 주저앉는다. 개체로서 보편성의 함량을 얻었다가 다시 개체로 돌아가기를 되풀이한다. 팽이에서 볼 수 있는 이런 잉여 수반적 반복의 논리는 동아시아의 개념 세계를 관통한다.

가령 이理와 기氣, 조리와 기질의 관계를 보자. 플라톤-기독교주의 전통에서 형상과 질료는 각기 보편과 특수를 대변하면서 상호 대립관계에 있다. 그러나 그와 유사한 개념쌍인 조리와 기질은 그렇지 않다. 조리는 어떤 영원한 본질이나 초월적 원리가 아니다. 그것은 기질이 팽이처럼 스스로 도는 힘을 얻을 때 생기는 창발적 사건이다. 기질은 생성소멸의 순환 속에서 조리를 낳고 다시 기질로 돌아간다. 성性과 정情, 도덕적 본성[四端]과 기질적 심성[七情]의 관계도 마찬가지다. 유사-선험적인 것처럼 보이는 도덕적 본성은 기질적 심성과 다른 뿌리에서 나오는 것이 아니다. 그것은 기질적 심성이 자신의 고유한 생애의 한 국면에서 낳는 2차적 속성이다. 기질적 심성은 어떤 상승적 자기함량 운동 속에 놓일 때 자신과 분리된 것처럼 보이는 도덕적 본성을 낳고 다시 기질적 심성으로 돌아간다.

그러므로 동아시아의 존재론적 평면에서 결례를 이루는 개념들은 서양의 평면에서처럼 서로 대립하지 않는다. 개념들은 이항대립이나 모순의 관계에 있는 것이 아니다. 오히려 서로 손님처럼 기다리고 보완하는 관계, 대대對待의 관계에 있다. 사물들이 대대의 관계 속에서 단일한 하나의 평면에 공존할 때는 재미있는 일이 벌어진다. 대립하는 것들 사이의 경계, 특히 선험과 경험의 경계나 보편과 특수의 경계가 매우 독특하게 그려진다. 헤겔의 논리학은 모순의 주위를 감돈다. 새로운 차원이 열리는 창발적 사건의 조건을 모순에서 찾기 때문이다. 그러나 이것은 훨씬 더 위대한 이야기의 전조에 불과하다. 헤겔 논리학의 독창성은 본질과 외양을 구별하는 경계선을 본질 자체 안으로 옮겨놓는 데 있다. 즉 본질과 외양은 따로 있지 않다. 본질은 외양으로 있고, 외양은 본질로 있다. 본질의 본질은 외양Schein에 있다. 외양을 띠고 나타난다는 것er-scheinen은 본질이 자신의 본질을 다하는 모습이다. 이것이 본질의 한계인데, 본질은 외양으로 나타나는 것 외에는 다른 존재방식을 가지지 못한다. 그러므로 현상적 외양의 이면이나 저편에 본질이 따로 있다는 믿음을 버려야 한다. 본질과 외양은 하나의 동일한 평면에 있다.

온몸의 논리에서도 본질과 외양은 서로 다른 장소에 떨어져 있지 않다. 마치 개체가 보편자로 이중화되는 것처럼 본질과 외양이 단일한 개체 안에서 식별 불가능해진다. 그러나 헤겔의 논리학에서 본질과 외양의 경계선이 본질 안으로 이동한다면, 온몸의 논리에서 그 경계선은 외양 안으로 이동한다. 헤겔의 논리학은 현상적 외양의 나타남(현-상)을 본질의 자기촉발적인 운동으로 서술한다. 그것이 '자기 관계적 차이die sich auf sich beziehende Differenz'[14]라는 이른바 '반성적 차이'의 운동이다. 반면 온몸의 논리는 본질다운 것을 현상적 개체에서 일어나는 자기함량 운동의 산물로 그린다. 이것은 주기론主氣論의 전통이나 실학의 전통에서 더욱 심화되는 경향이다.[15] 여기서 선험적인 것은 경험적인 것에 선행하거나 그것의 가능성을 조건짓는 위치에 있는 것이 아니다. 오히려 경험적인 것이 선험적인 것에 선행하면서 그것의 가능성을 조건짓는 위치에 있다. 이 점을 설명하는 것이 『중용』에 나오는 도끼의 비유다.

> 『시경』에 "도끼자루로 쓸 나무를 베는구나! 도끼자루로 쓸 나무를 베는구나! 도끼자루의 규칙은 멀리 있지 않다"고 했다. 도끼자루로 쓸 나무를 베면서 힐끔 쳐다보고는 오히려 멀리 있다고 생각한다. 그러므로 군자는 사람의 도를 가지고 사람들을 다스리다가 그들이 잘못된 점을 고치면 거기서 그친다.[16]

도끼자루의 원형을 찾되 먼 곳에 가서 찾지 말라는 것이다. 손에 쥔 도끼자루에서 찾으라는 것인데, 이 문장은 다음과 같은 공자의 말과 함께 배치되어 있다. "도道는 사람에게서 멀리 떨어져 있지 않다. 사람이 도를 행하면서 사람과 멀어지려 하니 이렇다면 도라 할 수 없다."[17] 우리는 『논어』에 나오는 인仁과 성聖도 동일한 사건의 논리에 따라 접근해야 한다. 인은 구체적인 인간과 별개로 존재하는 고정된 본질이 아니다. 하늘의 저편에 있다가 인간의 내면으로 자리를 옮긴 초월적 원리도 아니다. 공자적 의미의 인자함은 심리적 기질이 아닌 것처럼 선험적 자질도 아니다.[18] 그것은 예禮를 실천하는 개인이 어떤 창조적인 조형력을 획득할 때 뿜어내는 마술적인—그러나 일시적인—힘이다. 구체적인 개인은 그 마술적인 힘과 더불어 인간됨의 탁월한 사례로서 거듭난다. 그러나 우리는 어떻게 그런 창조적인 조형력(성스러움)에 도달할 수 있는가?

11 온몸의 논리: 3중의 감응과 사건의 차원

그는 재판관처럼 판단을 내리는 게 아니라
구제의 길이 없는 사물의 주위에 떨어지는
태양처럼 판단을 내린다
—월트 휘트먼
……
문명에 대항하는 비결은
당신 자신이 문명이 되는 것이다
미스터 리!
–「미스터 리에게」(1959) 부분

춤과 음악

어떻게 창조적인 조형력(성스러움)에 도달할 수 있는가? 김수영이 온몸의 시학을 통해 대답하고자 했던 최후의 물음은 여기에 있다. 이것은 결국 "온몸의 논리는 무엇인가?"라는 물음으로 첨예화된다. 이미 언급했던 것처럼 황홀경에 도달할 때 춤추는 몸은 춤의 자기전개 속에 추상화된다. 춤 자체마저 자신이 도식화하는 나타남의 문법 배후로 소멸해버린다. 이것이 경험적인 것에서 선험적인 것으로 반전되는 온몸의 춤이자 온몸의 사건이다. 그렇다면 온몸의 사건은 어떤 논리에 의해 일어나는가? 온몸은 어떤 논리에 따라 스스로 도는 힘을 얻어 아이온의 차원으로 이행하는가? 다시 말해서 대타감응은 어떻게 자기감응으로, 그리고 이 둘은 어떻게 원격감응 안에서 통합되는가? 이 물음에 답하기 전에 일단 온몸의 춤이 보여주는 마지막 특성에 주목해보자. 그 마지막 특성은 음악으로부터 분리되는 데 있다. 김수영은 이것을 다음과 같이 노래한다.

음악을 들으면 차茶밭의 앞뒤 시간이
가시처럼 생각된다 그리고 그 가시가
점점 더 똑똑해진다 동산에 걸린
새 달에 비친 나뭇가지처럼
세계를 배경으로 한 나의 사상처럼
죄어든 인생의 윤곽과 비밀처럼……
곡은 무용곡—모든 음악은 무용곡이다
오오 폐허의 질서여 수치의 개가凱歌여
–「반달」(1963) 부분

서양에서 춤이 자율적 예술로 자리를 잡아온 과정은 어떤 해방의 역사라 할 수 있다. 먼저 이야기와 연극에서 해방되어야 했고, 그다음에는 음악에서 해방되어야 했다. 그리고 마지막으로는 신체를 훈육하거나 예속하는 모든 종류의 문화적 코드에서 자유로울 가능성을 추구하기에 이르렀다. 무용은 이런 3중의 해방 속에서만 작품으로 성립하는 것은 결코 아닐 것이다. 이야기와 음악이 없어야 하며 아무런 코드가 없어야 한다는 것이 무용 작품의 조건인 것은 결코 아닐 것이다. 어쩌면 이야기를 반영하고 음악과 조화를 이루며 완벽하게 코드화된 몸짓일수록 '아름다운' 작품이 될 공산이 크다. 그러나 미학적 자율성이 문제일 때는 이야기가 달라진다. 다른 장르의 예술과 경합을 벌여야 하고, 이 경합이 때로 정치적 함축의 차원으로까지 이어질 때 무용은 자신의 최소 조건으로 돌아갈 수 있어야 한다. 무용은 필요할 때면 언제든지 이야기, 음악, 문화적 코드에서 동시에 벗어난 순수 신체의 가능성—온몸에 의한, 온몸을 위한, 온몸의 가능성—을 증명할 때만 자신의 자율적 위상과 존엄을 지킬 수 있을 것이다.

위의 시 「반달」은 무용이 음악에 예속되는 것이 아니라 음악을 지배하는 순간을 지나고 있다. "곡은 무용곡—모든 음악은 무용곡이다." 만일 무용과 음악이 어떤 경쟁 관계에 있다면, 경쟁의 관건은 예술의 원형이라는 위상에 있을 것이다. 아리스토텔레스는 춤을 이렇게 정의했다. "무용술은 멜로디 없이 리듬만을 가지고 모방한다. 사실 무용가는 리듬에 몸짓을 부여하면서 성격과 감정과 행동을 모방한다."[1] 이 구절에 등장하는 몸짓(제스처)이라는 말의 원어는 도식 skhèmata이다. 서양 최초의 정의에 따르면, 춤은 특정한 리듬에 부합하는 몸짓, 다시 말해서 신체도식과 같다. 춤은 특정한 리듬에 맞는 신체도식을 고안하여 성격이나 행동을 재현한다. 이런 정의에서 먼저 유념해야 하는 것은 성격mores과 리듬의 관계다.

아리스토텔레스 시대의 그리스인에게 예술 일반의 핵심적 기능은 성격(그리고 그것과 결부된 정념과 행동)을 모방하는 데 있었다. 그리고 성격은 리듬을 통해 가장 단순하고 순수한 형태로 표현된다. 리듬은 그 자체가 성격을 지니므로 직접적으로 성격을 재현한다. 이 점에서 리듬은 성격을 재현하는 모든 예술이 의존할 수밖에 없는 어떤 보편적 요소가 된다. 사실 아리스토텔레스가『시학』제1장에서 예술의 영역을 분류하고 각각을 정의할 때, 리듬은 모든 예술에 포함되는 공통의 요소로 꼽힌다. 그런데 춤은 음악과 마찬가지로 오로지 리듬에만 관계한다. 음악가의 과제는 리듬을 도식화하는 데 있다. 음악이란 소리를 통해 도식화된 리듬이다. 반면 무용가는 신체를 이용하여 리듬을 도식화한다. 무용은 리듬에 부합하는 신체도식이고, 그런 도식을 창조하여 성격을 재현한다.

이런 이유에서 춤은 음악과 더불어 당연히 예술의 원형이라는 지위를 두고 용쟁호투龍爭虎鬪의 싸움을 벌일 수 있었다. 시를 비롯한 모든 예술의 원천에 있는 보편적 예술로 간주될 법도 했다. 그러나 아리스토텔레스의『시학』에서는 결코 이런 일이 일어나지 않는다. 그것은 이 책에서 예술의 중심축이 바뀌었기 때문이다. 아리스토텔레스는 당대까지 내려온 오래된 상식을 뒤집고 시가 재현해야 할 최고의 과제를 성격에서 찾는 대신 이야기(플롯mythos)에서 찾았다. 이런 이유에서 무용은『시학』의 중심부에서 밀려나 가장자리에 위치하게 된다. 이 책에서는 무용을 대신해서 예술의 준거 모델로 승격되는 것은 그림이다. 그림은 리듬 없는 도식에 해당한다. 우리는 여기서 청각 우위의 문화가 시각 우위의 문화에 의해 대체된다는 것을 알 수 있다. 음악적 공간에 기초했던 예술관이 시각적 공간에 기초하게 된 셈이다.

이런 변화의 배후에는 소크라테스-플라톤이 가져온 거대한 전환이 자리한다. 그것은 시적 사유나 음악적 사유가 이론적 사유에 종속하게 되는 패러다임 전환이다. 청년 니체가 그토록 성토한 '소크라테스적 문화의 품'[2] 안에서 리듬과 선율, 그리고 이런 것들이 직접적으로 표현하는 성격은 과거와 같이 예술적 재현의 핵심적 과제가 될 수 없다. 리듬에 신체도식을 부여하면서 성격을 연출하는 무용은 결코 예술의 원형이 될 수 없다. 무용은 오히려 공연예술 일반과 함께 예술의 본령에서 추방된다. 이 점과 관련하여 주목해야 하는 것은 아리스토텔레스가 작품과 공연을 구별하고, 시인의 작업(글-짓기)과 배우의 연기(몸-짓기)를 대립시키는 대목이다. 여기서 예술의 본령은 공연 이전에, 무대 연출 이전에 자리한다. 오로지 시인이 지은 대본, 글로 된 작품만이 미학의 고유 영역으로 한정된다. 반면 무대 위에서 연출되는 모든 것, 즉 배우의 연기뿐만 아니라 무용도 작품의 종속적 부속물parergon로 전락한다.[3]

파에르곤의 논리

서양의 주지주의 전통에서 춤과 음악, 나아가 연극은 동병상린同病相隣의 관계에 있다. 니체가 소크라테스적 문화에 도전할 때 춤, 음악, 연극을 하나로 통합하는 바그너의 작품에 열광했던 것은 우연이 아니었다. 서양 예술사에서 무용이 음악과 연극으로부터 분리되어 자율적인 예술 장르로 인정되거나 안무가 독립적인 예술작품으로 평가된 것은 비교적 최근의 일이다. 춤은 한때 모든 예술의 원천이나 이상적 모델로 간주될 수도 있었지만, 예술철학이 등장하자마자 예술의 본령에서 추방되었다. 번듯한 예술로 대접받는 다른 장르에 종속되거나 예술의 변방을 배회하게 되었다. 이는 아리스토텔레스에 의해 고대 미학이 수립될 때만의 일이 아니다. 칸트에 의해 근대 미학이 정초될 때도 마찬가지다. 무용은 칸트 이전 시기의 예술론에서는 중요한 성찰의 대상이었지만, 『판단력 비판』의 예술 분류에서는 종적을 감춘다. 칸트를 잇는 셸링과 헤겔의 미학에서도 춤은 예술체계 어느 곳에도 속하지 않는다.

그럼에도 불구하고 재미있는 일이 벌어졌다. 미학에 의해 사망 선고를 받은 것처럼 보이는 무용은 간헐적으로 미학적 담론의 한복판으로 출몰했다. 출몰 방식은 두 가지로 구별해볼 수 있다. 먼저 죽음의 세계에서 복귀하는 유령처럼 나타나는 경우가 있다. 이때 춤은 기존의 미학적 분류체계를 어지럽히고 혼란에 빠뜨린다. 다른 한편 죽음을 극복한 불사조의 생명처럼 출현하는 경우가 있다. 자연적인 생명보다 숭고한 것이 죽음을 통과한 생명, 죽음을 견디고 이겨낸 생명이다. 죽었던 것으로 상정된 춤이 미학적 담론에서 다시 살아날 때는 초자연적인 생명인 것처럼 살아나기도 한다. 육신의 춤이 아니라 영혼의 춤으로, 시간의 춤이 아니라 영원의 춤으로 부활하는 것이다. 요컨대 예술의 경험적 현장에서 모든 권리를 포기해야 했던 무용은 예술의 선험적 지평 자체와 일체를 이루는 저편의 예술로 승화된다.[4]

춤이 미학적 담론 속에 유령처럼 나타나는 경우는 아리스토텔레스에게서 볼 수 있다. 이미 언급했던 것처럼 아리스토텔레스는 작시作詩의 핵심을 이야기(플롯)의 구성에 두었는데, 이야기를 만들어갈 때 시인이 참조해야 할 사항으로 도식을 꼽는다. "시인이 이야기를 구성하고 그것을 완결된 형식으로 표현할 수 있기 위해서는 가능한 실제 장면을 눈앞에 그려보아야 한다. (……) 또한 시인은 가능한 한 도식들skhèmata에 의존하여 이야기를 실연해보아야 한다."[5] 여기서 도식은 신체적 도식(몸짓)일 수도 있고, 언어적 표현의 도식(목소리)일 수 있다. 도식은 공연을 위해 원작(텍스트)에 덧붙여야 하는 것, 특히 감정과 정념을 살리기 위해 보충해야 하는 어떤 것이다. 여기에는 몸놀림이나 몸짓, 음성의 고저나 억양 같은 것이 포함된다. 도식은 신체적 자세와 언어적 표현의 형태, 그리고 무대연출을 위해 필요한 모든 것을 가리킨다.

위의 인용문에 따르면, 이런 신체-언어적 도식은 시인이 글의 뼈대를 만들어가기 위해 반드시 끌어들여야 하는 어떤 필수적인 요소다. 글짓기는 몸-짓기나 목-짓기에 의존할 때만 완성된 형식에 도달할 수 있다. 하지만 이렇게 말할 때 아리스토텔레스는 모순에 빠지는 것처럼 보인다. 왜냐하면 이미 무대연출과 관련된 모든 사항을 작시술의 영역 바깥으로 배제해놓았기 때문이다. 아리스토텔레스의 시학은 공연과 무관한, 공연 이전의 글쓰기 작업에 국한된다. 배우의 연기는 물론 무대 위의 춤까지 비극 작품의 바깥에 속한다. 그러나 글쓰기 작업 안으로 파헤치고 들어가던 철학자는 자신이 시학의 바깥으로 내몰았던 것과 다시 만난다. 글쓰기가 목-쓰기나 몸-쓰기와 함께 얽혀갈 수밖에 없는 사정과 마주치는 것이다. 여기서 시학의 안과 밖을 나누던 경계, 예술의 영역을 표시하던 경계가 출렁거릴 수밖에 없다.

칸트는 『판단력비판』에서 순수 미적 판단을 감각적 자극이나 경험적 만족과 구별한다.[6] 예술의 순수 내면과 그것에 부수하는 외적 요인을 나누기도 한다. 가령 그림의 액자 같은 것은 작품ergon이 아니라 장식물parergon에 속한다. 데리다는 이런 구별의 경계를 해체하여 파에르곤이 에르곤을 구성하는 환원 불가능한 보충물임을 보여주었다.[7] 주변 장식이 작품의 일부를 이루어 안과 밖의 경계가 애매하다는 것이다. 이런 파에르곤의 논리는 아리스토텔레스의 시학에도 적용할 수 있다. 그것은 시학의 한복판(글쓰기)에서 시학의 바깥으로 내몰렸던 것이 복귀할 때다. 그것은 정확히 작품의 외적 요소로 간주되던 도식들, 가령 무용가가 리듬에 맞추어 창조하는 신체적 도식이 글쓰기의 조건으로 덧붙여지는 경우다.

이런 것은 칸트의 『판단력비판』에서도 엿볼 수 있다. 이 책에서 예술을 체계적으로 분류하는 대목(51절)은 무용을 생략한다. 언어예술(웅변, 시), 조형예술(조각, 건축, 회화), 감각들의 유희(음악, 색채술)로 대별되는 예술의 체계에 무용의 자리는 없다. 있다면 다만 공식적인 체계에 부가되는 보조적 체계 속에 있다. 보조적 체계는 언어, 조형, 유희가 서로 뒤섞이는 장소에 해당한다(52절). 가령 연극, 노래, 가극 같은 것이 여기에 속한다. 무용도 이런 혼종 예술의 하나로 꼽힌다. 즉 무용은 조형(형태)과 유희의 결합에서 파생된다는 것이다. 칸트는 이런 종류의 결합과 혼종이 진행될수록 예술은 순수성을 잃어버리고 기예에 가까워진다고 본다. 이는 심미적 이념이 주는 쾌감에서 멀어지고 단지 오락적이고 감각적인 쾌감만을 주게 된다는 것과 같다.

춤과 사건의 차원

그러나 예술의 영역에서 멀리 추방될수록 춤은 형이상학적 신체를 얻고서 다시 나타난다. 예술의 경험적 현장에서 배제될수록 무용은 추상적 신체를 얻고 예술의 선험적 지평 자체와 일체를 이루게 된다. 김수영의 「반달」에 나오는 "곡은 무용곡—모든 음악은 무용곡이다"라는 대목도 이런 선험화의 역설을 반영한다. 이 문장의 배후에는 말라르메와 발레리같이 무용에서 시적 사유의 원천이나 시적 사유가 도달해야 할 이상적 모델을 찾으려 한 위대한 계보가 자리한다.

김수영은 노래하지 않는가. 무용은 '차밭의 앞뒤 시간'에 숨어 있는 '가시'라고. 이때 가시는 경험적 시간과 '세계' 그리고 '죄어든 인생'에 대해 그것을 구조화하는 어떤 선험적 '윤곽과 비밀'에 해당한다. 즉 무용은 아리스토텔레스가 정의한 것처럼 단지 리듬에 신체적 도식을 부여하는 것에 그치지 않는다. 오히려 시간, 세계, 인생 그리고 음악 전체에 대해 선험적 도식을 부여하는 위치에 있다. 따라서 춤과 리듬의 관계도 역전되어야 한다. 춤이 리듬을 재현하는 위치에 놓이는 것이 아니라 리듬이 춤을 재현하는 위치에 놓여야 하는 것이다. 이것은 춤이 리듬을 비롯한 경험적 현상 일반의 선험적 도식으로 승격되자마자 자연스럽게 따라나오는 귀결이다. 김수영의 시학에서 온몸의 춤은 어떤 경험적 몸짓에 그치는 것이 아니다. 그것은 시간과 세계가 현상하기 위해 전제해야 하는 최후의 선험적 도식을 분만하는 춤이다.

이 점을 좀 더 보완하기 위해 비교적 최근에 발표된 알랭 바디우의 무용론에 주목해보자. 니체와 말라르메의 무용론에 의지하여 바디우는 자신의 사건 개념에 부합하는 독자적인 무용론을 펼친다. 바디우의 무용론에서 가장 인상적인 언명을 찾자면, 그것은 분명히 "춤은 예술이 아니다"[8]라는 명제일 것이다. 이는 춤이 단순한 오락이라거나 오페라 같은 다른 예술 장르의 부속물이라는 것을 말하지 않는다. 그것은 오히려 춤이 경험적 차원에서 성립하는 그 어떤 예술의 영역에도 속하지 않는다는 것을 의미한다. 춤이 특정한 경험적 예술이 아니라면 무엇이란 말인가? 바디우는 이런 물음에 두 가지 방향에서 대답한다. 먼저 춤은 모든 경험적 예술의 가능성을 담보하는 배후의 차원, 다시 말해서 사선의 차원에 속한다. 다른 한편 춤은 사유의 은유 이상도 그 이하도 아니다. "춤은 사유의 은유로서 사유 자체 외의 다른 어느 것과도 관계 맺지 않는다."[9]

춤이 예술이 아니라는 논점은 말라르메의 무용론("여성 무용수는 춤추는 여자가 아니다")에 대한 주석에서 출발한다. 말라르메의 이념적 세계(책의 공간)는 경험적 예술 속에서 발생한다. 그러나 자신의 발생 원인에서 해방되어 자율적이고 자기충족적인 관계의 그물을 구축해간다. 그것은 형이하학의 세계에서 창발하는 형이상학적 표면과 같다. 경험의 세계에서 일어나는 어떤 선험적 표면장력이라 할 수도 있다. 들뢰즈나 바디우는 그런 표면장력의 발생을 '사건'이라 부른다. 춤은 사건인 한에서 춤일 수 있다는 관점에서 바디우는 춤을 지배하는 여섯 가지 원리를 제시한다. 공간의 필요성, 몸의 익명성, 성차의 편재성과 소멸, 자기 자신으로부터 벗어남, 벌거벗음, 절대적 시선 같은 것이 그것이다.[10]

이런 여섯 가지 원리는 모두 사건이 갖는 특성들과 연관되는데, 특히 사건이 갖는 중성적이고 비인격적인 성격, 추상적인 성격과 관련된다. 즉 사건은 시제(과거, 현재, 미래)도 없고, 양태(능동과 수동, 긍정과 부정)도 없다. 인칭(나, 너, 그, 우리)의 차이도 성적 차이(남성과 여성)도 없다. 이런 관점에서 춤을 보자면, 거기에는 성차가 있되 소멸해야 한다. 여성 무용수는 여자가 아니고, 남성 무용수는 남자가 아니어야 한다. 무용수의 몸은 익명의 신체, 비인격적 신체다. 무용수는 자신의 고유한 신체에서 벗어나 어떤 선험적이고 중성적인 차원으로 진입하여 어떤 절대적인 시선 앞에 놓인다. 춤추는 몸이 천박한 육체적 충동이나 성적 욕망의 대상에서 해방되어 어떤 순수 '사유체corps-pensée'로 거듭나는 것이다.[11]

이런 점을 강조할 때 바디우가 의도하는 것은 무용과 연극의 차이에 있다. 바그너는 무용, 연극, 음악, 시를 하나의 무대에 연출하는 음악극으로 세상을 사로잡았다. 바그너의 영향력에서 벗어날 때 니체는 연극에 종속된 예술을 천박한 예술, 타락한 예술로 비난했다. 바디우는 사건의 관점에서 이런 논쟁에 개입한다. 여기서 사건의 철학은 현대 추상예술에서 볼 수 있는 덜어냄의 미학이나 비형상의 미학과 맞물려 있다는 사실에 주목하자. 자코메티의 조각은 철사처럼 길게 늘어난 인물상을 보여준다. 거기에는 구체적인 신체가 지니는 모든 형태적 규정(성차, 피부색, 국적, 계급 등)이 지워져 있다. 사건의 철학은 모방의 논리에서 철저히 벗어난 그런 비형상l'informel의 세계에 대한 옹호다. 반면 연극은 그런 비형상적 세계의 반대편에서 펼쳐진다. 여기서는 모든 것이 구체성을 생산하는 모방에 의해, 규정을 생산하는 차이에 의해 전개된다. 연극은 덧붙임의 미학, 가산加算에 기초한 예술이다. 여기서는 특히 남녀의 구별과 둘 간의 사랑이 근간을 이룬다. 따라서 무용을 감산減産의 미학을 대표하는 예술로 간주하자마자 무용과 연극은 서로에 대해 반대쪽에 놓일 수밖에 없다.

물론 연극 중에는 비형상의 세계나 사건의 차원으로 발을 들여놓는 장르가 있다. 그것은 무언극이다. 무언극은 크로노스의 시간에 속하는 모든 규정이 제거된 어떤 침묵과 비형태의 시간, 아이온의 시간 속에서 펼쳐진다. 그렇기 때문에 들뢰즈는 사건의 윤리학을 '반-현실화의 윤리학'으로, 반-현실화의 윤리학을 '무언극의 윤리학'으로 정의했다.[12] 무언극은 소리가 없는 동작, 즉 음악마저 저버린 압축의 몸짓이다. 바디우가 무용과 연극을 대립시킬 뿐만 아니라 무용과 음악을 대립시키는 이유도 이런 데 있다. 사건의 철학에서 시간은 사건 이후에, 사건에 대한 명명 이후에 성립한다.

> 하지만 춤이 이름 '이전'의 사건의 은유라면, 춤은 이름만이 단절을 통해 만들어낼 수 있는 시간의 성질을 띨 수 없다. 춤은 시간적 규정으로부터 벗어나 있다. 그러므로 춤에는 시간 이전의, 전-시간적인 어떤 것이 있다. 그리고 이 전-시간적인 요소는 공간 속에서 역할을 하게 될 것이다. 춤은 공간 속에서 시간을 중단시킨다.[13]

춤과 영원회귀의 반복

이런 관점에서 바디우는 춤을 음악이나 리듬에 종속된 예술로 보는 관점과 완전히 결별한다. 그리고 춤을 오로지 공간만을 필요로 하는 예술, '공간에 매여 있는 유일한 예술'[14]로 간주한다. 바디우가 제시하는 무용의 원리 중 공간의 필요성이 첫 번째 자리를 차지하는 이유는 여기에 있다. 무용은 사건의 논리를 따르고, 그런 한에서 경험적 시간이나 역사적 시간과 분리된 어떤 초월론적 공간에 위치한다. 즉 "춤은 사유의 공간화를 상징한다."[15] 이런 바디우의 주장과 더불어 춤은 무대나 축제의 현장을 비롯한 모든 형이하학적 차원에서 벗어나 어떤 순수 형이상학적 차원으로 들어선다. 이런 형이상학적 변신이나 초월론적 상승은 서양의 고전 미학에 의해 예술의 체계 바깥으로 추방되었던 무용이 다시 그 체계 안으로 들어갈 수 있는 유일한 길인지 모른다.

김수영의 "곡은 무용곡—모든 음악은 무용곡이다"라는 문장도 이런 선험적 변신의 논리와 이어져 있다. 김수영은 말하지 않는가. 무용곡일 때만 음악은 음악일 수 있다고. 무용곡은 음악의 비밀일 뿐만 아니라 '세계를 배경으로 한 나의 사상'에 대해 그것을 가능하게 해주는 선험적 '윤곽과 비밀'이라고. 이제 우리는 아리스토텔레스나 칸트가 춤을 정의할 때와는 완전히 다른 쪽에 있다. 그것은 사건의 공간, 더 정확히 말해서 사유의 사건이 일어나는 공간이다. 들뢰즈와 바디우에게서 사건은 물리적 사태나 역사적 상황 속에서 그것과 단절을 이루는 형이상학적 차원이 성립하는 절차다. 그리고 이것은 새로운 사유의 가능성이 탄생하는 일과 구별되지 않는다. 따라서 춤이 사건의 논리를 따른다는 것은 순수 사유의 논리를 따른다는 것과 같다. 이런 관점에서 보면 "춤이란 무엇인가?"라는 물음은 "사유란 무엇인가?"라는 물음과 조금도 다르지 않다. 춤은 이제 예술이 아니라 사유와 유사한 어떤 것, 다시 말해서 사유의 은유가 된다. 사유의 은유가 아니라면 춤은 아무것도 아니라는 것이 바디우의 주장이다.

우리는 여기서 사유의 이미지와 춤의 이미지를 하나로 겹쳐서 보는 니체-들뢰즈의 관점이 과격화되는 것을 본다. 니체의 길을 따라 들뢰즈는 사유의 이미지만이 아니라 존재의 이미지까지 춤의 이미지와 겹쳐놓는다. 이때 춤은 어떤 반복이고, 반복은 어떤 도약이다. 어떤 도약인가? 그것은 "그 정도가 어떠하든 자신이 할 수 있는 것의 끝에까지 이르고 이로써 자신의 한계를 넘어서는 것"[16]이다. 이때 한계란 단순히 어떤 힘이 예속된 법칙이 아니다. 그것을 제약하는 장벽이나 그것을 끝나게 만드는 분리의 선 같은 것도 아니다. 그것은 오히려 사물이 자신의 모든 역량을 처음부터 다시 펼쳐가기 시작하는, 즉 새로운 변신이 일어나는 어떤 '출발점'[17]이다. 도약한다는 것은 그런 형태변화의 출발점으로 복귀하는 것이고, 이것이 영원회귀의 이론을 통해 니체가 말한 회귀의 원래 의미다.

들뢰즈가 여기에 덧붙여 말하는 것은 그 형태변화의 출발점에서는 사물의 형상이 극단화된다는 점이다. "되돌아오는 것은 오로지 극단적 형상들뿐이다. 크건 작건 상관없이 자신의 한계 안에서 자신을 펼쳐가는 형상, 자신의 역량의 끝까지 나아가는 가운데 자신을 스스로 변형하고 서로의 안으로 이행하는 극단적 형상들만이 되돌아온다."[18] 그렇다면 극단적 형상이란 무엇인가? 그것은 여전히 가산의 논리 대신 감산의 논리에 따라 이해되어야 할 그 무엇이다. 즉 극단적 형상의 극단성은 어떤 규정의 증가와 복잡화에서 오는 것이 아니다. 어떤 과장과 중첩의 결과도 아니다. 오히려 그것은 자신이 지녔던 가능한 모든 규정, 가능한 모든 습관과 기억, 가능한 모든 내용을 상실한다는 것과 같다. 사물에 대해 그런 상실은 죽음과 같다. 따라서 니체의 영원회귀는 죽음본능의 회귀와 같다.[19]

이때 죽음본능의 회귀는 마비 상태나 무기체로 돌아간다는 것을 말하지 않는다. 그것은 다만 에로스(리비도 에너지)가 모든 성적인 특성을 잃어버린다는 것, 탈성화脫性化의 운동 속에 놓인다는 것을 말한다. 그것은 추상적 사유에 봉사하는 중성적 에너지가 생성하는 절차에 해당한다. 도약이 변신의 문턱을 넘기 위해 극단적 형상으로 돌아가는 것이라면, 극단적 형상으로 돌아간다는 것의 의미는 정확히 여기에 있다. 그것은 성적 대상에 봉사하는 에로스가 모든 대상에 무차별하게 투입될 수 있는 무제약적 형상을 획득한다는 것이다. 이는 모든 구체적 내용과 특수한 규정의 저편으로 달아나는 '비-형상만을 긍정한다는 것'[20]과 같다. 그리고 들뢰즈의 시간이론으로 돌아가서 말하자면, 비-형상을 긍정한다는 것은 완전히 새로운 시간의 도래, 다시 말해서 아이온에 해당하는 미래를 맞이한다는 것이다.

그렇다면 어떻게 아이온의 시간을 맞이할 수 있는가? 이를 위해서는 세 가지 절차를 따라야 한다. 첫 번째 절차는 '결핍에 의한 반복'[21]이다. 가령 햄릿 같은 비극의 주인공에게 그가 감당해야 할 문제(아버지의 복수, 왕의 살해)는 처음에 감당하기 어려운 과제로 다가온다. 불가능해 보이는 과제 앞에서 자아는 아직 준비되지 않았으므로 방황과 좌절에 빠진다. 결핍에 의한 반복은 마주친 문제와 과거의 형상에 고착된 자아 사이의 비대칭 때문에 일어난다. 두 번째 절차는 '각운의 중단' 속에서 일어나는 어떤 '동등하게-되기'[22]에 있다. 자아는 여기서 문제의 해결(행위)에 필적하는 이상적 자아상을 내면화하는 가운데 변신의 시간을 통과한다. 이것은 마주친 문제와 자아의 형상이 대칭의 관계에 놓이는 절차다. 세 번째 마지막 절차는 아이온의 시간이 도래하는 '사건'[23]에 있다. 사건은 '과잉에 의한 반복'이라 불린다. 왜냐하면 행위가 성공하고 문제는 해결되지만, 그 과정에서 자아의 형상은 더 이상 존속할 수 없게 되기 때문이다. 사건 속에서 남는 것은 '생산물의 자율성, 작품의 독립성'[24]뿐이다. 결과는 그것을 생산한 주체와 무관하게 전개되는, 이제까지와는 완전히 다른 시간을 불러들인다. 반면 자아는 기존의 모든 형상을 잃어버린다. 과거의 습관과 기억을 포함한 모든 규정과 정체성을 상실한다. 추상화되는 것이다. 사건 속에서는 비-형상만이 돌아온다는 것은 이런 추상화를 두고 하는 말이다.

대타감응, 자기감응, 원격감응

여기서 다시 말라르메의 명제("여성 무용수는 춤추는 여자가 아니다")와 바디우의 명제("춤은 예술이 아니다")로 돌아가 보자. 이것들은 춤을 경험의 세계에서 끌고 나와 어떤 이념적인 세계 속으로 끌어들일 때 언명되는 명제들이다. 이념의 세계로 들어가기 위해 춤추는 몸은 마치 자코메티의 조각상처럼 구체적 규정성을 상실한 몸, 몸 이전의 몸이 되어야 한다. 춤은 예술의 자격을 버리고 명명할 수 없는 어떤 것이 되어야 한다. 그러나 앞에서 언급한 반복의 논리에 따르면, 무용수는 오로지 춤의 길을 통해서만 몸 이전의 몸으로 돌아갈 수 있다. 춤은 예술의 모든 가능성을 소진하여 한계에 이르고, 그 한계로서의 문턱을 지날 때만 예술과는 다른 것이 될 수 있다.

온몸의 시학이 겨냥하는 가장 중요한 문제도 여기에 있다. 온몸에 의한 온몸의 이행이라는 문제가 바로 그것이다. 김수영은 온몸의 자기이행을 여러 이름으로 부른다. 앞에서 이미 언급했던 것처럼 그것은 먼저 '사랑'[25]이라는 이름을 얻는다. 어떤 상승적 자기감응을 전제하고 자기회귀적인 함량운동 속에서 펼쳐지기 때문이다. 온몸에 의한 온몸의 이행이라는 자기이행은 몸 하는 몸의 연장선상에서 일어난다. 다른 한편 '자유의 이행'[26]이라 불리기도 한다. 왜냐하면 공동체가 제약하는 정치적 자유(내용)와 개인의 절대적 자유(형식)의 불균형을 넘어서기 위한 전략이기 때문이다. 온몸에 의한 온몸의 이행은 무제약적인 내면적 자유 속에서 유한한 정치적 자유가 확장된 형태로 재탄생하게 만드는 실천적 의지와 같다.

마지막으로 온몸에 의한 온몸의 이행은 '모험'이라 불리기도 한다. 이는 그것이 '무한대의 혼돈에의 접근'[27]을 의미하기 때문이다. 모든 예술이 황홀경을 향해 가는 불나방인 것처럼 온몸은 무제약적이고 절대적인 이념을 향해 간다. 그 절대적인 이념은 모든 '명석의 개진'이 무력해지는 어떤 무한대의 혼돈 속에 휩싸여 있다. 따라서 그 무한대의 혼돈으로 접근하는 온몸의 이행은 마침내 어떤 '모호성'[28] 안에서만 완성될 수 있다. 들뢰즈의 용어로 하면, 그 모호성은 과잉에 의한 반복에 해당한다. 생산물의 자율성만을 남기고 모든 것이 사라지거나 익명화되는 반복, 그 과잉의 반복 속에서만 온몸은 무한대의 혼돈을 통과할 수 있다. 그러나 좀 더 온몸의 시학에 친숙한 용어를 찾자면, 그 모호성은 원격감응의 모호성에 해당한다. 즉 온몸은 어떤 원격감응 안에서만 절대적 이념의 황홀경으로 접근할 수 있다. 우리는 「먼 곳에서부터」와 같은 시에서 원격감응에 의한 온몸의 자기이행이 장면화되고 있음을 본다.

먼 곳에서부터
먼 곳으로
다시 몸이 아프다

조용한 봄에서부터
조용한 봄으로
다시 내 몸이 아프다

여자에게서부터

여자에게로

능금꽃으로부터
능금꽃으로 ……

나도 모르는 사이에
내 몸이 아프다
–「먼 곳에서부터」(1961) 전문

우리는 앞에서 잉여 수반적 반복에 대해 언급하면서 그것이 대타감응, 자기감응, 원격감응이라는 세 단계의 논리적 절차를 밟으며 일어난다는 점을 지적했다. 대타감응은 외부의 원인에 의한 자극의 수용이다. 자기감응은 자기 자신을 원인으로 하는 감응이다. 원격감응은 세계의 도식을 생산하는 가운데 소멸과 재생을 반복해가는 자기감응이다. 자기감응은 대타감응을 수반하되 원격감응에 의해 심화(수동화)될 때만 그럴 수 있다. 대타감응은 내용의 확장으로 귀결되고, 자기감응은 내용에 상응하는 분절의 형식을 생산하며, 원격감응은 의미 생산의 기초인 세계의 도식을 분만한다. 대타감응은 현재적 시간의 종합을, 자기감응은 과거와 기억의 종합을, 원격감응은 미래적 시간의 종합을 끌고 간다.[29] "먼 곳에서부터/ 먼 곳으로/ 다시 몸이 아프다." 이것이 시공간적 범위를 무한히 확장해가는 원격감응 속에서 대타감응과 자기감응이 어떤 모호성 안에서 서로 엮이고 공명하는 사건이다. 온몸은 이런 원격감응의 모호성 안에서 나타남의 비밀로 접근한다. 우리는 이 원격감응의 모호성에 대해 다음과 같은 몇 가지 관점에서 주석을 붙일 수 있다.

1) 메를로퐁티의 관점. 원격감응의 모호성이나 양가성은 메를로퐁티의 '세계의 살chair du monde'이라는 개념, 그리고 이 개념의 핵심을 이루는 '교차반복chiasme'의 논리를 통해 설명해볼 수 있다. 교차반복이란 가역성과 같다. 몸, 특히 다른 몸과 관계하는 몸은 주체인 동시에 객체다. 능동이면서 수동이고, 안이면서 바깥이다. 몸은 끊임없이 다른 몸과 관계하기 위해 이런 대립적 이항의 한쪽에서 다른 쪽으로 자리를 바꾼다. 사르트르가 묘사했던 애무의 현상학에서 볼 수 있는 것처럼[30] 몸은 이런 가역적 전치를 통해 주객의 분리가 소멸되는 황홀경에 도달할 수 있다. 이것은 향외적 타자관계와 향내적 자기관계—편집적인 대타감응과 나르키소스적인 자기감응—가 새끼줄처럼 꼬이는 교차반복의 운동이다.

메를로퐁티는 가역성, 새끼줄 운동, 교차반복의 논리에 의해 정의되는 몸을 '살'이라 부른다. 그리고 살의 황홀경을 분만하는 교차반복의 논리를 세계 자체의 세계화 원리, 다시 말해서 존재 자체의 현상화 원리로 일반화할 수 있는 가능성과 싸웠다.[31] 이 철학자가 말하는 세계의 살은 무한히 확장되어가는 어떤 원격감응의 체계를 전제한다. 그 살은 바깥으로 향한 대타감응과 안으로 향한 자기감응이 끊임없이 교차하면서 지금-여기로 압축되는 사건이라 할 수 있다. 그런 사건에 놓일 때 몸은 통증을 느낀다("먼 곳에서부터/ 먼 곳으로/ 다시 몸이 아프다"). 과거에서 미래로 이어지는 추상적인 선에 따라 원격감응의 범위가 확장되기 때문이며, 그럴수록 몸으로서는 감당하기 어려워지기 때문이다. 몸은 이제 자신의 한계를 넘어 새로운 형태변화의 시련을 통과해야 한다.

2) 유가적 관점. 원격감응의 체계로서 자신을 드러내는 세계의 살은 불교의 연기법緣起法이 가리키는 존재론적 구조—혹은 그것을

상징하는 투명한 구슬그물(인드라 망)의 이미지—로 설명할 수 있다. 노장老莊철학이 세계의 존재론적 구조를 묘사할 때 끌어들이는 이미지, 가령 모든 이항대립의 질서를 하나로 묶어가는 새끼줄[繩繩]의 이미지나 천망天網의 이미지도 그것을 서술하는 출발점이 될 수 있다. 그러나 유가적 관점에서도 얼마든지 좋은 출발점을 찾을 수 있다. 청년 시절의 김수영은 시인의 이념과 성인聖人의 이념을 하나로 파악했다. 유가 전통에서 성인은 끝없는 도야의 여정이 완성되는 지점과 같다. 그 도야의 여정은 사물과 교감하는 능력이 점점 더 확장되는 과정이다. 성숙은 덕德의 중량에 의해, 덕의 중량은 교감과 소통의 범위에 의해 측정된다. 자기수양의 극치를 상징하는 성인은 세상 전체와 교통하는 원격감응의 주체다. 그러므로 『주역』에서 성인은 이렇게 묘사된다.

> 무릇 대인은 천지와 더불어 덕을 합하고, 일월과 더불어 밝음을 합하며, 사시와 더불어 순서를 합하고, 귀신과 더불어 길흉을 합하니 하늘에 앞서 해도 하늘이 어기지 아니하며, 하늘을 뒤따라 해도 하늘의 때를 받든다.[32]

이런 문장을 읽으면 김수영의 「풀」(1968)이 단지 『논어』에 나오는 풀과 바람의 비유[33]에만 의지하지 않는다는 것을 알 수 있다. 여기서 "바람보다 늦게 누워도/ 바람보다 먼저 일어나고/ 바람보다 늦게 울어도/ 바람보다 먼저 웃는다"는 이 시의 마지막 대목을 다시 기억하자. 이 문장이 가리키는 황홀경은 위의 인용문이 말하는 성인의 경지—"하늘에 앞서 해도 하늘이 어기지 아니하며, 하늘을 뒤따라 해도 하늘의 때를 받든다"는 경지—와 이어져 있다. 「풀」은 원격감응의 모호성 속에서 '무한대의 혼돈'으로 접근해가는 노래, '자유의 이행'을 연출하는 첨단의 노래라 할 수 있다. 그러나 동시에 그것은 오래된 동아시아적 의미의 자유에 대한 노래이기도 하다. 우리는 여기서 서양적 현대성과 동양적 태고성이 교차반복의 논리 속에서 결합되고, 드디어 원격감응의 모호성 속에서 수렴되는 사건을 본다. 그것은 온몸에 의한 온몸의 이행 속에서 주체와 객체의 거리, 나아가 동서의 시공간적 거리가 해소되는 사건이라 할 수 있다. 원격감응에 의한 온몸의 자기이행을 언급하는 대목은 『주역』이나 『논어』만이 아니라 『중용』에서도 찾을 수 있다. 그것은 유가의 존재 및 창조 개념을 대변하는 성誠의 의미를 개진하는 부분이다.

> 성誠은 사물의 처음이자 끝이다. 성이 아니면 어떠한 사물도 있을 수 없다. (……) 성은 스스로 자기 자신을 완성하는 것에 그치지 않는다. 그것은 사물을 완성하는 원인이기도 하다. 자기 자신을 완성하는 것은 인仁이고, 사물을 완성하는 것은 지知다.[34]

이 구절은 존재론적 형성의 논리[誠]가 대자적 자기형성의 논리[仁]와 대타적 타자형성의 논리[知]로 인수분해 되는 벡터임을 말하고 있다. 우리는 이 문장의 성誠을 원격감응의 논리에 해당하는 성聖으로 옮길 수 있고, 인仁과 지知를 각각 대자감응의 논리와 대타감응의 논리로 번역할 수 있을 것이다. 그리고 이로부터 온몸의 시학을 재구성할 수 있는 좌표를 얻을 수 있을 것이다. 사실 온몸의 시학은 어떤 대극적인 항들에 의해 조직된다. 심장과 머리, 사랑과 죽음, 해탈과 풍자, 예술성과 산문성, 개인의 자유와 정치적 자유, 형식과 내용 등이 그것이다. 온몸에 의한 온몸의 이행은 원격감응의 모호성 안에서 이런 대극적인 두 축을 통합하면서 무한대의 혼돈으로 접근하는 반복적 절차다. 그러나 이미 자신의 한계를 넘어선 그 과잉의 반복 끝에서 온몸은 형상을 잃어버리고 정체성을 잃어버려야 한다. 도래하는 미래에 압도되어 시간의 지평 아래로 쓰러져가야 한다. 「풀」의 마지막 문장이 말하는 것이 바로 이것이다. "날이 흐리고 풀뿌리가 눕는다."

온몸의 논리

온몸의 개념을 중심으로 하는 김수영의 시와 시학에는 춤에 대해 성찰할 수 있는 대목들이 산재해 있다. 우리는 이제까지 이런 대목들을 일정한 순서에 따라 정리하고 체계적으로 논평하는 가운데 어떤 일관된 춤의 관념에 도달코자 했다. 그리고 이를 바탕으로 새로운 무용론의 기초를 이룰 수 있는 온몸의 논리-형식적 특성을 끌어내보고자 했다. 여러 가지 상이한 관점을 지나온 이런 시도는 춤과 온몸의 개념 사이에서 성립하는 상호 함축적인 관계에서 출발했다. 즉 온몸은 몸에 의한 몸의 움직임이 도달할 수 있는 마지막 가능성을 암시한다. 춤은 몸의 무한한 변형 가능성과 다형화 가능성을 입증하는 예술적 실험이다. 그러므로 춤은 온몸의 춤이 될 수밖에 없고, 온몸은 춤추는 몸이 될 수밖에 없다. 그렇다면 온몸, 춤추는 몸이란 무엇인가? 온몸의 논리, 춤추는 몸의 논리는 어디에 있는가?

우리는 이제까지의 논의를 원격감응의 개념을 중심으로 압축하면서 이 두 가지 물음에 답할 수 있을 것이다. 김수영의 온몸은 단순히 신체의 전부를 말하지 않는다. 온몸은 한편으로 자기 자신 이외의 그 어떤 것에도 의지하지 않는 신체, 다시 말해서 오로지 자기 자신에게만 의지하는 신체다. 다른 한편으로 온몸은 고정된 신체가 아니라 움직이는 신체다. 자신의 한계에 이르기까지 자신의 전체로 자신의 전체를 밀고 나가는 신체, 그렇게 도달한 자신의 한계를 변신의 문턱처럼 넘기 위해 다시 자신의 전체를 실어 이행하는 신체가 온몸이다. 마지막으로 온몸은 물리적 신체에 그치지 않는다. 온몸은 과거와 미래를 잇는 어떤 원격감응 안에서 대타감응과 자기감응을 통합·조율하는 가운데 선험적 함량을 배가해간다. 그리고 마침내 어떤 형이상학적 신체로 다시 태어난다. 온몸은 여기서 세계가 나타나는 원근법이 재차 구조화되는 어떤 이념적 평면을 낳는다. 그런 의미에서 온몸은 항구적으로 고정된 형이상학적 신체라기보다는 이념적 신체를 낳고 다시 자기로 돌아가는 사건적 신체에 가깝다.

사건의 차원을 여는 온몸은 한편으로는 메를로퐁티의 살과 비교할 수 있고, 다른 한편으로는 아르토의 '기관 없는 신체'에 비교할 수 있다. 그리고 마지막으로는 유가적 의미의 성인의 신체와 비교해 볼 수 있다. 온몸은 먼저 메를로퐁티의 살처럼 주체와 객체의 대립을 비롯한 모든 이항대립의 논리가 만드는 거리를 가역성의 논리에 따라 스스로 해소하여 황홀경에 도달하는 몸이다. 다른 한편으로 온몸은 아르토의 기관 없는 신체처럼 자기 자신을 규정하던 모든 형식(서사, 코드, 음악)의 구속력에서 벗어나고자 한다. 온몸은 몸 이전의 몸으로, 세계 이전의 세계('무한대의 혼돈')로 접근하는 몸이다. 이때 온몸은 성별을 비롯한 모든 규정에서 벗어나 끊임없이 중성화되거나 추상화되어간다.

마지막으로 온몸은 유가 전통의 성인처럼 감응의 범위를 세계 전체로 확장해가는 신체다. 온몸은 그렇게 거듭 멀어지는 원격감응 속에서 세계(크로노스의 시간)가 다시 현상할 수 있는 순간(아이온의 시간)을 창출한다. 이때 온몸은 자신이 유발한 사건의 배후로 사라져야 할 운명에 처해 있다. 어떤 무한한 원격적 연락망 안에서 새로운 의미의 자장이 펼쳐지자마자 온몸은 어떤 고정된 포즈 속에서 자신이 입증했던 무한한 변형 가능성을, 그것이 불러들였던 과거와 미래를 모두 접어 압축하면서 소멸해간다. 유가철학은 범인들에게 가까운 것에서 깨달음을 얻어 먼 곳에 이르는 능근취비能近取譬의 방법을 가르친다.[35] 그러나 유가적 의미의 성인은 더 이상 능근취비의 방법에 종속되어 있지 않다. 천명과 교감하는 성인은 능근취비를 따르는 판단의 주체라기보다 오히려 능원취비能遠取譬의 방법을 따르는 주체다. 김수영은 먼 곳에 대한 깨달음이 가까운 곳으로 육박하는 능원취비의 사건—그리고 그런 사건을 가져오는 성인—을 휘트먼의 문장을 인용하여 표현했다.

> 그는 재판관처럼 판단을 내리는 게 아니라
> 구제의 길이 없는 사물의 주위에 떨어지는
> 태양처럼 판단을 내린다
> —월트 휘트먼
> ……
> 문명에 대항하는 비결은
> 당신 자신이 문명이 되는 것이다
> 미스터 리!
> –「미스터 리에게」(1959) 부분

주

1 공자의 생활난: 이중분기의 논리

1. 최하림, 『김수영 평전』(실천문학사, 2001), 116쪽: "「공자의 생활난」이 발표 직후부터 오늘까지 반세기를 두고 주목되는 것은 '나는 바로 보마'라는 6자 때문이라고 봐도 된다. 그 6자는 김수영의 모든 시의 정신이자 좌표가 되었으며, 그의 생애를 시류와 맞서서 싸우게 하였다."
2. 『논어』 이인 4-8: "朝聞道, 夕死可矣." 이 책에서 『논어』의 인용은 김형찬의 번역(홍익출판사, 1999)과 류종목의 번역(문학과지성사, 2000)에 많이 의지했다.
3. 『논어』 옹야 6-11: "한 그릇의 밥과 한 바가지의 물로 가난한 마을에 살게 되면 다른 사람들은 그 근심을 견디지 못하는데, 회는 그렇게 살면서도 자신의 즐거움을 바꾸지 않으니 훌륭하도다 회는!"
4. 『논어』 학이 1-1: "學而詩時習之, 不亦說乎."
5. 프로이트, 『쾌락원칙을 넘어서』, 4절 참조.
6. 설움의 주제는 이 책 10장에서 좀 더 자세히 다룰 예정이다.
7. 『주역』 설괘전 5: "離也者, 明也, 萬物皆相見, 南方之卦也." 이 문장이 암시하는 상호 객체적 시선은 이 책의 4장에서 상세히 다루어질 예정이다.
8. 『논어』 학이 1-2: "不好犯上而好作亂者, 未之有也."

9. 『논어』 태백 8-8: “興於詩, 立於禮, 成於樂.”
10. 『논어』 팔일 3-3: “人而不仁, 如禮何. 人而不仁, 如樂何.”
11. 『논어』 위정 2-2: “詩三百, 一言以蔽之, 日思無邪.”
12. 『예기』 22편 악기: “樂者爲同, 禮者爲異. 同則相親, 異則相敬. 樂勝則流, 禮勝則離. (……) 樂文同, 則上下和矣.”
13. 『주역』 건 대상전: “天行建, 君子以自彊不息.”
14. 『중용』 25-2/3: “誠者, 物之終始, 不誠無物. (……) 誠者, 非自成己而已也, 所以成物也. 成己仁也, 成物知也.”
15. 『중용』 25-3: “與性之德也, 合內外之道也, 故時措之宜也.”
16. 『논어』 자한 9-1: “子罕言利與命與仁.”
17. 선진시대의 인 개념의 역사에 대해서는 신정근, 『사람다움의 발견: 仁 사상의 역사와 그 문화』(이학사, 2005) 참조. 그 외 Wing-tsit Chan, “The Evolution of the Confucian Concept Jen,” in *Philosophy East and West*, 4:4 (1955), 295~319쪽 참조.
18. 『논어』 이인 4-15: “夫子之道, 忠恕而已矣.”
19. 『논어』 안연 12-1: “克己復禮爲仁. 一日克己復禮, 天下歸仁焉.”
20. 『논어』 헌문 14-35: “下學而上達.”
21. 『논어』 술이 7-6: “志於道, 據於德, 依於仁, 遊於藝.”
22. 『논어』 학이 1-1: “有朋自遠方來, 不亦樂乎.”
23. Norman Kutcher, “The Fifth Relationship: Dangerous Friendships in the Confucian Context,” in *American Historical Review*, 105:5 (2000), 1615~1629쪽 참조.
24. 『논어』 학이 1-2: “孝悌也者, 仁之本也.” 위정 2-21: “書云 ‘孝乎, 惟孝, 友于兄弟, 施於有政.’ 是亦爲政. 奚其爲爲政.” 동서의 우정 개념을 비교하는 글로는 Eric C. Mullis, “Confucius and Aristotle on the Goods of Friendship,” in *Dao: A Journal of Comparative Philosophy*, 9:3 (2010), 391~ 405쪽; Tim Connolly, “Friendship and Filial Piety: Relational Ethics in Aristotle and Early Confucianism,” in *Journal of Chinese Philosophy*, 39:1 (2012), 71~88쪽 참조.
25. 헤겔, 『역사철학강의』, 권기철 옮김(동서문화사, 2008), 125쪽: “중국사회의 일반원리를 파악할 필요가 있는데, 그것은 공동체 정신과 개인이 직접 일체화하고 있다는 점이다. 바꿔 말하면 인구밀도가 높은 곳에 널리 퍼져 있는 가족정신이 그 실체이다.”
26. 잉여 수반적 반복의 논리는 이 책 3장에서 다루어질 예정이다.
27. 이 점은 소포클레스의 『안티고네』에서 고대 그리스의 인륜적 질서 전체의

구성 원리를 연역하고자 한 헤겔의 해석에서 더욱 두드러진다. 헤겔, 『정신현상학』 Ⅵ장 A-a 참조.

28. 『논어』 학이 1-2: "其爲人也孝悌而好犯上者, 鮮矣." 위정 2-5: "孟懿者問孝, 子曰無違." 위정 2-5: "孟孫問孝於我, 我對曰無違."
29. 『논어』 위정 2-7: "今之孝子, 是謂能養. 至於犬馬, 皆能有養, 不敬, 何以別乎."
30. 『二程全書』 2권: "誠者天之道, 敬者人事之本, 敬則誠."
31. 프로이트는 그런 애매하고 이중적인 시선을 부정이나 배제와 구별하여 '부인Verneinung'이라 명명한 바 있다. 프로이트, 「부인」(1925) 참조. 국내 번역문은 박찬부 옮김, 『쾌락원칙을 넘어서』(열린책들, 1997)에 실려 있다. 라캉은 후일 신경증이 아버지의 인정에서, 정신병이 아버지의 배제에서, 도착증이 아버지의 부인에서 비롯된다고 보았다.

2 시인의 탄생: 김수영의 역사인식

1. 남묘는 현재 중앙대학교 인근 야산으로 옮겨진 것으로 알려져 있는데, 원래는 서울 용산구 도동1가 68번지에 위치해 있었다. 문살은 주칠朱漆 위에 금빛을 칠해서 문양이 선연하고 이국적 느낌이 강했다. 기둥에는 주련柱聯이 걸리고 위에는 큰 주렴珠簾을 말아 올려놓았다. 그러나 일제에 주권을 빼앗기고 1908년 「향사享祀 이전의 명」에 의해 관왕묘의 통폐합 및 훼철이 진행되었고, 서울의 관왕묘는 모두 동관왕묘에 합사되어 관제 제사가 중지되었다. 그리고 한국전쟁 때 건물이 모두 소실되었다가 1956년 재건했지만 옛 영화는 찾기 어렵게 되었다. 장경희, 「동관왕묘 소장유물 기초학술조사보고서」(종로구청, 2012), 30~32쪽 참조. 김수영은 어린 시절 서울 동대문 밖의 관우 장군을 모신 동묘東廟의 뜰을 놀이터처럼 자주 찾은 적이 있다고 한다. 「묘정의 노래」에서는 동묘가 남묘로 대체된 셈이다. 이상의 사실을 직접 조사·확인하여 상세히 가르쳐준 임채우 교수께 감사드린다. 조남호 교수는 「묘정의 노래」에 등장하는 '남묘'와 '주작성朱雀星' 같은 시어들이 일관되게 남쪽을 가리키고 있음을 깨닫게 해주었다.
2. 『김수영 전집 2』(민음사, 1981), 「연극하다가 시로 전향—나의 처녀작」(1965), 226쪽.
3. 김수영의 시 「절망」(1962) 중에서.
4. 『김수영 전집 2』, 「연극하다가 시로 전향—나의 처녀작」(1965), 230쪽.
5. 『김수영 전집 2』, 「죽음과 사랑의 대극은 시의 본수本髓」(1967), 407쪽.
6. 『김수영 전집 2』, 「시여, 침을 뱉어라」(1968), 250쪽.

7. 陳澧, 『한대사상사전』, 이연승 옮김(그물, 2013), 258~259쪽: "하휴의 『공양해고公羊解詁』에 말하기를, '(……) 묘廟라는 말은 모습貌을 뜻한다. 살아계실 때의 거동과 얼굴 모습을 생각하고 받든다'라고 했다."
8. 『논어』 술이 7-6: "志於道, 據於德, 依於仁, 遊於藝."
9. 『논어』 자한 9-6: "吾少也賤, 故多能鄙事."
10. 『사기』 47권 「공자세가」 1~5장 참조. 김기주 외 옮김, 『공자세가·중니제자열전』(예문서원, 2003).
11. 『논어』 헌문 14-35: "下學而上達."
12. 『논어』 자한 9-7: "吾不試, 故藝."
13. 『논어』 헌문 14-24: "古之學者爲己, 今之學者爲人."
14. 『논어』 위정 2-12: "君子不器."
15. 유명종, 『공자의 인간애』(현대미학사, 2001), 15~26쪽 참조
16. 『논어』 헌문 14-42: "修己以安人."
17. 낭만주의적 도야의 이념에 대한 상세한 논의는 졸저 『철학과 인문적 상상력』(문학과지성사, 2012), 3부 3장 「낭만주의 시대의 인문적 상상력과 사회적 상상력」 참조.
18. 『논어』 태백 8-8: "興於詩, 立於禮, 成於樂."
19. J. Sancery, *Confucius* (Paris: Cerf, 2009), 7장; H. G. 크릴, 『공자』, 이성규 옮김(지식산업사, 1997), 4~5장 참조.
20. 『논어』 옹야 6-13: "女爲君子儒, 無爲小人儒."
21. 자기 자신을 위한 배움, 위기지학爲己之學의 이념은 12세기 신유학의 부흥, 특히 주자 학문의 출발점이자 도달점이 된다. 시어도어 드 배리, 『중국의 자유 전통』, 표정훈 옮김(이산, 1998), 2~3장 참조. 이 책의 저자는 위기지학의 이념에서 중국적 자유주의 혹은 중국적 개인주의의 뿌리를 본다.
22. 『논어』 공야장 5-4 참조.
23. 졸저 『예술가를 위한 형이상학』(민음사, 1999), 5장 「철학과 시의 관계」 참조.
24. 『논어』 계씨 16-13: "不學詩, 無以言."
25. 『논어』 양화 17-9: "詩可以興, 可以觀, 可以群, 可以怨."
26. 『논어』 위정 2-2: "詩三百, 一言以蔽之, 曰思無邪."
27. 『논어』 자로 13-23: "君子和而不同." 『중용』 10-5: "故君子和而不流."
28. 『논어』 태백 8-8: "興於詩, 立於禮, 成於樂."
29. G. W. F. Hegel, "Das älteste Systemprogramm des deutschen Idealismus," *Frühe Schriften* (Frankfurt am Main: Suhrkamp, 1971), 235쪽: "마지막으로 모든 것을 통일하는 이념, 아름다움의 이념. (……) 나는 이제 이성의 최고 행위, 모든 이념들을 포괄하는 최고의 행위는 미적 행위임을 확신하고, 진眞과

선善은 오로지 미美 안에서만 형제가 된다는 것을 믿는다."

30. F. Schiller, Über die ästhetische Erziehung des Menschen in einer Reihe von Briefen, in *Sämtliche Werke* 5권(München: Hanser, 1959), 667쪽: "필요성이 이미 인간으로 하여금 사회를 구성하도록 하고, 이성이 사회적 행동의 원칙들을 그의 내면에 심어주었다면, 오로지 아름다움만이 그에게 사회적인 성격을 부여할 수 있습니다. [아름다움을 판단하는 능력인] 취미만이 조화를 사회 안으로 가져옵니다. 개인 안에서 조화를 이루어내기 때문입니다. 다른 모든 인식의 형식들은 인간을 분리시킵니다. 인간의 본질에서 감각적 부분이나 정신적 부분에만 배타적으로 근거하기 때문이지요. 오로지 미적인 인식의 형식만이 전체를 이루어냅니다. 그의 두 본성이 하나로 합쳐지기 때문입니다. 다른 모든 의사소통의 형식들은 사회를 분리시킵니다. 개별적인 구성원들의 개별적인 감수성이나 개별적인 능숙함에만 배타적으로, 그러니까 사람과 사람 사이를 구별해주는 것에만 관계하기 때문입니다. 미적인 의사소통만이 사회를 단합시킵니다. 모든 사람들의 공통점에 관계하기 때문입니다."
31. M. Heidegger, "…… dichterisch wohnet der Mensch ……" *Vorträge und Aufsätze* (Pfullingen: Neske, 1954), 181~198쪽.
32. G. W. F. Hegel, *Jenaer Realphilosophie* (Hamburg: Meiner, 1969), 251쪽.
33. 『논어』 이인 4-1: "里仁爲美. 擇不處仁, 焉得知."
34. 『논어』 학이 1-12: "禮之用, 和爲貴."
35. 『논어』 옹야 6-25, 안연 12-11, 자로 13-3 참조.
36. 『논어』 위정 2-4: "三十而立."
37. 『논어』 안연 12-11: "齊景公問政於孔子, 孔子對曰, 君君, 臣臣, 父父, 子子. 公曰, 善哉, 信如君不君, 臣不臣, 父不父, 子不子, 雖有粟, 吾得而食諸."
38. 『논어』 옹야 6-25: "觚不觚, 觚哉觚哉." 이 문장에 대한 상세한 분석과 설명은 Lim Tae-Seung, "Observance of Forms: An Aesthetic Analysis of *Analects* 6.25," in *Dao: A Journal of Comparative Philosophy*, 11: 2 (2012), 147~162쪽 참조. 이 논문은 공자의 정명이론이 함축하는 심미적 차원을 부각하는 데 일정한 성과를 거두었다.
39. 『논어』 술이 7-14: "不圖爲樂之至於斯也."
40. 아리스토텔레스, 『니코마코스 윤리학』, 199b 28 참조.
41. 아리스토텔레스, 『니코마코스 윤리학』, 1101a 1~6 참조.

3 사랑의 변주곡: 원격감응과 잉여 수반적 반복

1. 공자 이전의 인仁 개념에 대해서는 신정근, 『사람다움의 발견: 仁 사상의 역사와 그 문화』(이학사, 2005), 1부 3장 참조.
2. 공자와 플라톤의 사랑 개념을 비교하는 글로는 Hyun Höchsmann, "Love and the State in Plato and Confucius," in *Dao: A Journal of Comparative Philosophy*, 2:1(2002), 97~116쪽 참조.
3. 헤겔, 『기독교의 정신과 그 운명』 참조.
4. 『上蔡語錄』 1권: "仁者何也? 活者爲仁, 死者不仁. 今人身體痲痺, 不知痛癢, 謂之不仁. 桃杏之核可種而生者, 謂之桃仁杏仁, 言有生之意. 推此, 仁可見矣." 자세한 설명은 정상봉, 「주자의 인仁론」, 이남영 외 지음, 『세계와 인간에 대한 동양인의 사유』(천지, 2003), 323~351쪽 참조. 그 외 『주자어류』 53-47 맹자 3: "仁義禮智, 是未發底道理, 惻隱羞惡辭讓是非, 是已發底端倪. 如桃仁杏仁是仁, 到得萌芽却是惻隱." 즉 인仁 같은 사단四端은 복숭아 씨앗이나 은행 씨앗과 같고, 측은지심 같은 도덕감정은 그 씨앗에서 나온 싹과 같다는 것이다.
5. 헤겔, 『미학 강의』(Frankfurt am Main: Suhrkamp, 1970), 146쪽.
6. 헤겔, 『법철학』, 7절 보론.
7. 채인후, 『공자의 철학』, 천병돈 옮김(예문서원, 2000), 106쪽.
8. 『논어』 팔일 3-3: "人而不仁, 如禮何. 人而不仁, 如樂何."
9. 『논어』 안연 12-1: "克己復禮爲仁. 一日克己復禮, 天下歸仁焉."
10. 『논어』 팔일 3-8: "그림을 그리는 일은 먼저 흰 바탕을 마련해놓고 난 뒤에 한다. 이것은 예가 나중이라는 말씀입니까?(繪事後素, 禮後乎)"
11. 인仁과 예禮의 관계를 둘러싼 첨예한 논쟁에서 첫째 관점은 도구적instrumentalist 해석이라 불리고, 둘째 관점은 정의적definitionalist 해석이라 불린다. 예를 인의 실현을 위한 도구로 보는 것이 전자의 관점이고, 예를 인을 정의하는 절대적 위치에 있다고 보는 것이 후자의 관점이다. 이에 대해 Kwong-loi Shun, "Ren 仁 and Li 禮 in the *Analects*," in ed. Bryan W. Van Norden, *Confucius and the Analects* (Oxford: Oxford University Press, 2002), 53~72쪽 참조. 이 논문은 앞의 두 관점 사이의 제3의 관점으로 구성적constitutive 관점을 제시한다. 이것은 개념(문법)과 말하기의 관계나 결혼식(외적 및 형식적 절차)과 실제적인 결혼의 관계처럼 예를 인을 가능하게 하는 구성적 조건으로 해석하자는 제안이다. 이런 논점을 좀 더 발전시킨 논문으로 Chengyang Li, "Li as Cultural Grammar: On the Relation between Li and Jen in Confucius' *Analects*," in *Philosophy East and West*, 57: 3 (2007), 311~329쪽 참조. 이 논문은 예를 문화적 코드나 문법으로, 인을 그

문법이 완전히 숙달된 상태로 해석하자고 제안한다.

12. 『논어』 이인 4-12: "*放於利而行, 多怨.*" 신정근, 『사람다움의 발견: 仁 사상의 역사와 그 문화』, 376쪽 이하, 388쪽 이하 참조.

13. 이와 유사한 관점의 설명으로는 나성, 「유가 형이상학의 구조주의적 해석」, 이남영 외 지음, 『세계와 인간에 대한 동양인의 사유』(천지, 2003), 259~281쪽, 특히 279~280쪽 참조: "[유가철학에서] 체體와 용用 또는 형이상과 형이하 사이에는 긴장적 역학관계가 성립한다. 존재적ontically으로 볼 때 체體를 대표하는 인仁, 이理, 성性은 용用을 가리키는 예禮, 기氣, 정情보다 발생적으로 뒤지지만, 초월성을 갖는 전자는 현상성을 대표하는 후자와 질적 차이를 갖고 존재론적ontologically으로 앞선다. 따라서 유가철학에 대한 올바른 설명은 존재와 존재론에 관한 긴장적 역학 속에 성립한다." 아울러 Bongrae Seok, "Moral Psychology of Shame in Early Confucian Philosophy," in *Frontiers of Philosophy in China*, 10: 1 (2015), 21~57쪽, 특히 28쪽 이하 참조. 석봉래 교수는 야콥슨Jakopson과 투루베츠코이Trubetzkoy 같은 구조주의 언어학자가 제시한 유표Markedness이론을 도입하여 1) 죄책감과 이항대립을 이루는 수치심(유표적marked 수치심)과 2) 이항대립 이전의 원초적 수치심(무표적unmarked 수치심)을 구별한다. 구조주의의 유표이론에 따르면 남/여, 선/악, 흑/백, 행복/불행 등과 같이 서로 수평적으로 대립하는 이항 중 하나는 원래 이항 모두를 포괄하는 상위의 위치에 있었다. 그리고 이 상위의 무표적 개념에서 하위의 유표적(이항 대립적) 개념 쌍이 파생된다. 가령 행복은 자체 안에 불행을 포괄하는 무표적 개념이었다가 불행과 대립하는 유표적 개념으로 한정되는 분화의 단계를 거친다. 그리고 다시 원래의 포괄적인 무표적 개념으로 돌아간다.

14. 핑가레트는 이제는 고전이 된 공자론(*Confucius: The Secular as Sacred*, New York: Harper & Row, 1972)에서 오스틴의 수행적 언어이론을 적용하여 공자의 인仁(인간다움)을 거룩한 예식禮式의 수행 속에서 행위자로부터 발산되는 '벡터'나 '마술적인 힘'으로 해석했다. 허버트 핑가레트, 『공자의 철학』, 송영배 옮김(서광사, 1993), 93~94쪽: "예식에 정해진 바로 그 역할을 정말 참되게 해낸다고 느껴지는 그 사람이 예식을 올릴 때, 예식의 몸짓(혹은 마치 최면술사 같은 그 몸짓)으로부터 발산되어 나오는 것이라고 우리 모두가 느끼는 마술적 힘을 음미하는 것, 이것이 우리가 인에 대해 느껴야 하는 길이다. 그리고 인은 갈라져 있는 벡터들—완전한 충성심과 신의, 인간 존엄에 대한 완전한 존중 등—의 완전하게 집중된 힘이다. 이들 각각은 그 자체로 볼 때 내심의 상태가 아니라 본래적 의미의 덕—[예식을 올리는] 그 사람으로부터 발산되는 힘, 즉 인간다운 힘의 벡터 역량—이다." 그 외 6, 21, 24,

27쪽 참조. 핑가레트의 공자 해석을 둘러싼 여러 논쟁과 오해에 대해서는 Richard Reilly, "Fingarette on Moral Agency in the *Analects*," in *Philosophy East and West*, 62: 4 (2012), 529~544쪽 참조. 이 논문은 특히 핑가레트의 공자 해석이 스키너Skinner나 길버트 라일Gilbert Ryle 식의 행태주의behaviorism와는 완전히 무관하다는 점을 강조한다.

15. 『논어』 위령공 15-18: "君子義以爲質, 禮以行之."
16. 『논어』 이인 4-10: "君子之於天下也, 無適也, 無莫也, 義之與比."
17. 물론 공맹의 철학에서 인仁과 의義는 대립한다기보다 상보적 관계에 있다. 의가 인과 분리되어 도구적 합리성을 띠는 것은 묵가에서나 볼 수 있는 일이다. 이런 차이에 대하여 이승환, 『유가사상의 사회철학적 재조명』(고려대학교출판부, 1998), 4장 참조. 우리가 말하는 이중분기의 논리는 분기하는 두 항의 분리 불가능성과 상보적 관계를 전제한다.
18. 『예기』 8편 문왕세자: "樂所以脩內也, 禮所以脩外也."
19. 『중용』 20-5: "仁者人也, 親親爲大, 義者宜也, 尊賢爲大. 親親之殺, 尊賢之等, 禮所生也."
20. 『논어』 안연 12-1, 안연 12-22 참조.
21. 『논어』 이인 4-15, 『중용』 13-3 참조.
22. 『논어』 이인 4-15: "子曰, 參乎, 吾道一以貫之. 曾子曰, 唯. 子出, 門人問曰, 何謂也. 曾子曰, 夫子之道, 忠恕而已矣."
23. 『논어』 위령공 15-24: "其恕乎. 其所不欲, 勿施於人."
24. 『논어』 안연 12-2: "出門如見大賓, 使民如承大祭. 己所不欲, 勿施於人."
25. 『논어』 옹야 6-30: "夫仁者, 己欲立而立人, 其欲達而達人. 能近取譬, 可謂仁之方也已."
26. 충서忠恕를 고대 사회의 위계적 질서에 밀착하여 해석한다면, 충忠은 자기 자신보다 위에 있는 사람에 대한 태도라 할 수 있다. 반면 서恕는 자기 자신과 같거나 아래에 있는 사람에 대한 태도로 보아야 할 것이다. 핵심은 자기 자신이 원하지 않는 것을 다른 사람에게 행하지 않는 것, 혹은 자신이 원하는 것을 다른 사람에게 먼저 행하는 것인데, 문제는 이런 황금률이 윗사람의 경우와 아랫사람의 경우 서로 달라진다는 데 있다. 즉 충이란 자신이 아랫사람에게 바라는 대로 윗사람에게 대하는 것이다. 반면 서는 자신이 윗사람에게 바라는 대로 아랫사람에게 베푸는 것이 된다. 이에 대해서는 데이비드 S. 니비슨, 『유학의 갈림길』, 김민철 옮김(철학과현실사, 2006), 137쪽 참조.
27. 『논어』 학이 1-2: "孝悌也者, 其爲仁之本與." 『맹자』 고자하 12-2: "堯舜之道, 孝悌而已矣."
28. 『논어집주』 이인: "盡己之謂忠, 推己之謂恕." 주자의 충서 해석에 담긴 타자에

대한 '비관주의적 현실감각'에 대하여 조남호, 『주희: 중국철학의 중심』(태학사, 2004), 171~187쪽 참조.

29. 『중용』 1-4: "기쁨, 화남, 슬픔, 즐거움의 감정이 아직 일어나지 않은 상태를 중中이라 한다. 이러한 감정들이 일어나 모두 절도에 맞는 상태에 이른 것을 화和라 한다."

30. 『중용』 25-3: "성실은 스스로 자기 자신을 완성할 뿐만 아니라 사물을 완성하는 원인이다. 자신을 완성함은 인자함이고 사물을 완성함은 지혜로움이다. 성실함은 본성의 덕이며, 안과 바깥을 합하는도다."

31. 『논어』 안연 12-10: "主忠信, 徙義, 崇德也."

32. 물론 이와 다르게 해석하는 경우도 있다. 공자가 자공에게 설명한 것처럼 서恕는 자기 자신이 원하지 않는 것을 남에게 하지 말라는 명법이다. 그런데 서의 명법을 무차별하게 따르다 보면 엉뚱한 결과가 초래될 수 있다. 가령 재판관이 범법자의 의중을 존중하다 보면 그를 풀어주어야 하는 황당한 결과가 나올 수 있다. 이런 취약성 때문에 서의 명법은 충忠의 판단에 의해 검사·승인되어야 한다. 이때 충의 판단은 의義에 의해 대변되는 어떤 일반적 원리에 충실한 판단이다. H. Fingarette, "Following the 'One Thread' in the *Analects*," *Journal of the American Academy of Religion*, 47: 4 (1979), 373~405쪽 참조.

33. 플라톤, 『국가』 8권 549b.

34. 『논어』 팔일 3-3: "人而不仁, 如禮何. 人而不仁, 如樂何."

35. 『논어』 술이 7-32: "子與人歌而善, 必使反之, 而後和之."

36. 『주역』 건 문언전 6: "夫大人者, 與天地合其德, 與日月合其明, 與四時合其序, 與鬼神合其吉凶."

37. 우리와 약간 유사하게 인仁을 감통感通의 능력으로 해석하는 경우로는 Huaiyu Wang, "Ren and Gantong: Openness of Heart and the Root of Confucianism," in *Philosophy East and West*, 62: 4 (2012), 463~504쪽 참조. 이 논문은 고대 중국의 청동향로에 나타난 인仁 자가 희생제의 때 사용하는 지푸라기 인간모형에 있고, 이것의 역할이 조상과 후손 사이의 감통을 매개하는 데 있다는 점에서 출발한다.

38. 『논어』 자로 13-16: "近者說, 遠者來."

39. 『주역』 동인 단사: "同人, 柔得位得中而應乎乾, 曰同人. (……) 文明而建, 中正而應, 君子正也. 唯君子爲能通天下之志."

40. 두 번째 선의 인물은 다섯 번째 선의 인물과 교감하지 못하면 교류 범위가 같은 종족(일가)의 사람으로 제한된다. 그러므로 여기에는 "남과 함께하되 종족끼리만 하니 부끄러울 것이다(同人于宗, 吝)"라는 효사가 붙어 있다.

41. 『주역』 함 단사: "二氣感應以相與. 止而悅, 男下女 (……). 天地感而萬物化生, 聖人感人心而天下和平. 觀其所感, 而天地萬物之情可見矣."
42. 『중용』 22: "可以贊天地之化育, 則可以與天地參矣."
43. 『주역』 중부 효사: "鳴鶴在陰, 其子和之."
44. 『주역』 계사전상 7: "君子居其室, 出其言善, 則千里之外應之, 況其邇者乎. 居其室, 出其言不善, 則千里之外違之, 況其邇者乎." 이 대목에서부터 김수영의 '방'을 생각하자.
45. 『논어』 학이 1-1: "學而時習之, 不亦說乎. 有朋自遠方來, 不亦樂乎. 人不知而不慍, 不亦君子乎."
46. 『주역』 중부 단사: "豚魚吉, 信及豚魚也."
47. M. Merleau-Ponty, *Le visible et l'invisible*(Paris: Gallimard, 1964), 179~185쪽.
48. 『중용』 30-3: "萬物竝育而不相害, 道竝行而不相悖."

4 만물개상견: 반구의 논리와 상호 객체성의 질서

1. 전호근은 인仁이라는 글자의 유래를 이렇게 설명한다. "1993년에 발굴된 곽점 죽간에는 인仁 자가 사람의 몸을 뜻하는 신身 자 위에 있고 마음을 뜻하는 심心 자가 아래에 있는 모양으로 그려져 있다. 그런데 갑골문의 신身 자는 사람을 뜻하는 인人 자에 배가 불룩 나온 모양으로 임신한 여성의 몸을 그린 것이다. 따라서 인仁이라는 글자는 임신한 여성이 자신의 몸에 깃들어 있는 또 다른 생명, 태아를 생각하는 마음이라는 뜻이다. 함께 출토된 문헌에는 또 다른 모양의 인仁 자가 있는데, 위에 인人 자가 있고 아래에 심心 자가 있는 모양이다. '사람을 사랑하는 마음'으로 이해할 수 있다. 그런가 하면 후한 시대의 『설문해자』에는 천千 자가 위에 있고 심心 자가 아래에 있는 모양으로 인仁을 표기하고 있다. 이때의 인仁은 천 명의 사람을 사랑하는 마음, 곧 모든 사람을 사랑하는 마음이라는 뜻이다. 문자의 변화를 통해 인仁의 대상이 태아에서 모든 사람으로 확장된다는 사실을 확인할 수 있다." 「유학 전통의 보편성과 세계시민개념 재정립 가능성의 모색」, 『후마니타스 포럼』 1: 2 (2015), 102쪽.
2. 하버마스, 『의사소통행위이론』, 장춘익 옮김(나남, 2006), 제1권 참조.
3. 정호근, 「의사소통적 합리성과 권력 그리고 사회구성」, 장춘익 외 『하버마스의 사상』(나남, 1996), 123~146쪽 참조.
4. 『논어』 안연 12-13: "聽訟, 吾猶人也. 必也使無訟乎." 이 문장은 『대학』 전 4장에

서도 반복된다.

5. 집체정합集體整合과 정체쟁의正體爭議는 박동환의 3표론에서 중국적 사유와 서양적 사유를 압축적으로 정의하는 용어다. 박동환, 『안티호모에렉투스』(길, 2001), 5장 참조.
6. 『논어』 팔일 3-3: "人而不仁, 如禮何. 人而不仁, 如樂何."
7. 『논어』 술이 7-32: "子與人歌而善, 必使反之, 而後和之."
8. 『논어』 요왈 20-3: "不知命, 無以爲君子也."
9. 『논어』 학이 1-1: "學而時習之, 不亦說乎. 有朋自遠方來, 不亦樂乎. 人不知而不慍, 不亦君子乎."
10. 『논어』 옹야 6-30: "夫仁者, 己欲立而立人, 己欲達而達人. 能近取譬, 可謂仁之方也已."
11. 『주역』 설괘전 5: "離也者, 明也, 萬物皆相見, 南方之卦也."
12. 『논어』 학이 1-16: "不患人之不己知, 患不知人也."
13. 『논어』 이인 4-14: "不患無位, 患所以立. 不患莫己知, 求爲可知也."
14. 『논어』 헌문 14-30: "不患人之不己知, 患己不能也."
15. 『논어』 헌문 14-35: "莫我知也夫."
16. 『논어』 위령공 15-20: "君子疾沒世而名不稱焉."
17. Chad Hansen, "Freedom and Moral Responsibility in Confucian Ethics," in *Philosophy East and West*, 22: 2 (1972), 169~186쪽 참조. 그 외 프랑수아 줄리앙, 『맹자와 계몽철학자의 대화』, 허경 옮김(한울, 2004), 168~169쪽 참조.
18. 헤겔, 『정신현상학』 VI장 A-b 참조.
19. 『중용』 1-1: "天命之謂性, 率性之謂道, 修道之謂敎."
20. 『논어』 안연 12-2: "出門如見大賓, 使民如承大祭."
21. 仁이라는 글자에 대한 자세한 분석과 설명으로는 신정근, 『사람다움의 역사: 仁 사상의 역사와 그 문화』(이학사, 2005), 2부 2장 참조.
22. 『주역』 관 소상전: "觀我生, 觀民也. 觀己生, 志未平也." 여기에 왕필은 이런 주석을 붙였다. "'관아생'은 스스로 자신의 도를 보는 것이요, '관기생'은 백성에 보여지는 것이다." 『주역 왕필주』, 임채우 옮김(길, 2000), 175쪽 참조.
23. 『상서』 태서: "天視自我民視, 天聽自我民聽."
24. 『주역』 설괘전 5: "離也者, 明也, 萬物皆相見, 南方之卦也."
25. 『皇極經世書』 觀物外編 10-84: "以物觀物性也, 以我觀物情也. 性公而明, 情偏而暗."
26. 『皇極經世書』 觀物外編 12-19: "任我則情, 情則蔽, 蔽則昏矣. 因物則性, 性則神, 神則明矣." 소강절의 관물이론에 대한 설명으로 이창일, 『소강절의 철학』(심산, 2007), 373~434쪽 참조.

27. 노자의 『도덕경』(54장)에도 "가정은 가정으로 보고, 고을은 고을로 보며, 나라는 나라로 보고, 천하는 천하로 본다(以家觀家, 以鄕觀鄕, 以國觀國, 以天下觀天下)"라는 말이 있다. 서양에서 이물관물以物觀物의 관점과 상호 객체성의 질서에 근접한 철학자로는 베르그손이 있다. 베르그손은 『물질과 기억』(1896) 1부에서 행동의 세계를 온전히 서술하기 위해 사물을 관념이나 실재로 정의하는 전통(관념론과 실재론의 전통)에서 벗어나 이미지로 정의한다. 그리고 지각을 이미지들(신체 이미지와 물질 이미지) 사이의 작용과 반작용으로 보자고 제안한다. 그리고 이 작용과 반작용을 다시 이미지들이 서로 빛을 주고받는 관계로 풀이한다. 여기서 빛은 잠복해 있던 이미지에서부터 발산하여 뇌나 신경체계 같은 감광판에 걸려 밝은 이미지를 생산한다. 그러나 이것은 행동의 세계(유용성의 세계)를 설명하는 가설에 불과하다.
28. 『중용』 21-1: "自誠明, 謂之性. 自明誠, 謂之敎. 誠則明矣, 明則誠矣."
29. 『중용』 25-3: "誠者非自成己而已也, 所以成物也."
30. 『논어』 술이 7-8: "擧一隅不以三反隅, 則不復也."
31. 『논어』 위령공 15-21: "君子求諸己, 小人求諸人."
32. 『중용』 14-5: "射有似乎君子, 失諸正鵠, 反求諸其身."
33. H. Diels, *Die Fragmente der Vorsokratiker*(Bonn: Weidmann, 1974) 1권 89쪽.
34. M. Heidegger, *Holzwege*, 전집 5권(Frankfurt am Main: Klostermann, 2003), 347~350쪽, 355쪽 등 참조.
35. 박동환, 『안티호모에렉투스』(길, 2001), 36쪽. 그 외 40쪽: "구제기求諸己는 옛날 희랍의 시인과 철인들의 발견처럼 신이나 숙명의 타자로부터 자주적으로 분리되어가는 자기 자신의 발견을 의미하지 않는다. 오히려 자기의 운명에 대하여 한계를 내려주는 천天 또는 자기와 공존하는 타자의 소리에서 자기의 처신을 찾는 것이다. 말하자면 자기의 처신이 주체 독립적으로가 아니라 그 자신을 조건지우고 제약하는 환경 또는 타자에 정합 관계로 연루된 부분으로서 규정받는다. 개체로서의 자기와 자기를 둘러싼 조건으로서의 환경은 서로 분리할 수 없이 결합하여 하나의 집체를 이룬다."

5 예와 정명: 유가적 주체의 기원

1. 『김수영 전집 2』(민음사, 1981), 「시여, 침을 뱉어라」(1968), 250쪽.
2. 『논어』 안연 12-22: "樊遲問仁, 子曰愛人. 問知, 子曰知人."
3. 『논어』 위령공 15-9: "志士仁人, 無求生以害仁, 有殺身以成仁."

4. 『김수영 전집 2』,「시여, 침을 뱉어라」(1968), 252쪽: "정치적 자유를 인정하지 않는 사회에서는 개인의 자유도 인정하지 않는다. '내용'을 인정하지 않는 사회에서는 '형식'도 인정하지 않는 것이다."
5. 『김수영 전집 2』,「시여, 침을 뱉어라」(1968), 249쪽: "따라서 시를 쓴다는 것—즉 노래—이 시의 형식으로서의 예술성과 동의어가 되고, 시를 논한다는 것이 시의 내용으로서의 현실성과 동의어가 된다."
6. 『김수영 전집 2』,「시여, 침을 뱉어라」(1968), 249쪽과 252쪽.
7. 『김수영 전집 2』,「'죽음과 사랑'의 대극은 시의 본수本髓」(1967), 406~407쪽.
8. 『김수영 전집 2』,「시여, 침을 뱉어라」(1968), 251쪽.
9. 『김수영 전집 2』,「시여, 침을 뱉어라」(1968), 253~254쪽.
10. 『시경』 용풍 4-8: "相鼠有皮, 人而無儀. 人而無儀, 不死何爲."
11. John Kieschnick, "*Analects* 12.1 and the Commentarial Tradition," in *Journal of the American Oriental Society*, 112: 4 (1992), 567~576쪽 참조. 신정근,『사람다움의 발견: 仁 사상의 역사와 그 문화』(이학사, 2005), 403쪽 이하 참조.
12. 『예기』 10편 예기: "禮也者, 反本修古, 不忘其初者也." 『예기』 11편 교특생: "禮也者, 反其所自生." 『예기』 24편 제의: "君子反古復始, 不忘其所有生也." 박종천,『예, 3천년 동양을 지배하다』(글항아리, 2011) 72쪽, 208쪽 참조.
13. 『논어』 위정 2-11: "溫故而知新, 可以爲師矣."
14. 『논어』 자로 13-16: "近者說, 遠者來."
15. 헤겔,『정신현상학』 Ⅵ장 B 참조.
16. 헤겔,『정신철학』, 박병기·박구용 옮김(울산대학교 출판부, 2000), 410절 참조. 이 책은 헤겔의 『철학백과』(Enzyklopädie der philosophischen Wissenschaften, 1830) 제3부(377~577절)를 옮긴 것이다.
17. 헤겔,『정신철학』 410절, 226쪽: "습관이라는 형식은 정신활동의 모든 종류와 단계를 포괄한다. 직립이라는 개체의 가장 외면적인 규정은 개체의 의지에 의해 습관이 되어 있다. 이 규정은 항상 여전히 개체의 지속적인 의지의 사태인 직접적이고 무의식적인 자세다. (……) 마찬가지로 본다는 것 등도 구체적인 습관이다. 이런 습관은 감각, 의식, 직관, 오성 등의 수많은 규정을 하나의 단순한 행위 안에서 직접적으로 통일하는 것이다. 자기 자신의 순수한 지반에서 활동하는 완전히 자유로운 사유도 마찬가지로 습관과 능숙함을 필요로 한다. 사유는 직접성의 이런 형식에 의해 어떤 방해도 받지 않고 삼투된 나의 개별적 자기가 가지고 있는 소유물이 된다. 이런 습관에 의해 비로소 나는 생각하는 존재로서 나에 대해 실존한다."
18. 아리스토텔레스,『니코마코스 윤리학』, 이창우 외 옮김(이제이북스, 2006),

2권 1장, 51~53쪽.

19. 『논어』 양화 17-2: "性相近也, 習相遠也."
20. 헤겔, 『정신철학』 411절.
21. 『논어』 학이 1-15: "如切如磋, 如琢如磨."
22. 『논어』 공야장 5-4: "子曰女器也, 曰何器也, 曰瑚璉也."
23. 『장자』 양생주 3-3, 139쪽. 인용은 안동림의 번역(현암사, 1973)을 따른다.
24. 『장자』 양생주 3-4: "臣之所好者道也. 進乎技矣."
25. 『장자』 양생주 3-5. 장자의 유희 개념에 대해서는 김시천, 『노자의 칼, 장자의 방패』(책세상, 2013), 6장 「장자의 유遊」 참조.
26. 『장자』 양생주 3-4: "依乎天理."
27. S. Mallarmé, *Ballets* (1886), *Oeuvres complètes* (Paris: Gallimard, 1945), 304쪽: "la danseuse n'est pas une femme qui danse."
28. 『장자』 양생주 3-4.
29. 『장자』 양생주 3-4.
30. 『논어』 헌문 14-35: "下學而上達."
31. 『맹자』 진심하 14-5: "梓匠輪輿能與人規矩, 不能使人巧." 이 책에서 『맹자』의 인용은 주로 김학주의 번역(서울대학교출판문화원, 2013)과 박기봉의 번역(비봉출판사, 2005)에 많이 의지했다.
32. 『논어』 이인 4-25: "德不孤, 必有隣."
33. 『논어』 위령공 15-5. 이 문장은 종종 도가의 영향을 받은 후대의 유학자가 삽입한 것으로 의심된다. 요堯와 순舜이 이상화된 것은 전국시대 이후였고, 무위無爲를 공자 사상의 일부로 보기 어렵다는 이유 때문이다.
34. 『논어』 위정 2-1: "爲政以德, 譬如北辰, 居其所而衆星共之."
35. 『논어』 자로 13-6: "基身正, 不令而行."
36. 헤겔, 『정신철학』, 박병기·박구용 옮김(울산대학교 출판부, 2000), 410절, 225~226쪽: "숙련으로서의 습관에 있어서는 영혼의 추상적 존재가 대자적으로 확보되어야 할 뿐만 아니라 주관적 목적으로서 신체성 안에서 관철되어야 하며, 이런 신체성은 주관적 목적에 종속되고 완전히 관통되어야 한다. (……) 그런 방식으로 숙련에 있어 신체성은 관통되고 도구가 된다. 그 결과 마치 표상(예를 들어 일련의 악보)이 내 안에서 그런 것처럼 아무런 저항 없이 그리고 유동적으로 이 표상을 올바로 표현한다." 헤겔은 신체가 영혼에 의해 완전히 관철되는 도구가 되었을 때의 심신 관계를 '마술적 관계'라 칭한다. 같은 책, 같은 곳, 232쪽.
37. H. 핑가레트, 『공자의 철학: 서양에서 바라본 예禮에 대한 새로운 이해』, 송영배 옮김(서광사, 1993), 25쪽. 그 외에도 6, 21, 24, 27, 92, 94쪽 등 참조. 분

석철학의 수행언어이론에 기대어 공자의 예 개념을 명쾌하고 감동적으로 재해석하는 데 일정한 성공을 거둔 이 저작에서 저자는 공자의 인仁이나 그 밖의 덕성을 신성한 예식의 실천에서 뿜어나오는 '마술적인 힘magic power'으로 설명한다.

38. 『논어』 옹야 6-20: "知之者不如好之者, 好之者不如樂之者."
39. 『논어』 안연 12-11: "君君, 臣臣, 父父, 子子."
40. 프로이트 『토템과 타부』 6절, 『인간 모세와 유일신교』 세 번째 논문, 7~8절 참조.
41. 『중용』 16-3: "천하의 사람들에게 마음을 바르고 밝게 하고 엄숙하게 차려입고서 제사를 받들게 한다. 이렇게 한다면 도처에 충만하여 귀신이 자신의 머리 위에 있는 듯, 자신의 주변에 있는 듯하게 된다."
42. 헤겔, 『정신철학』 411절 보충, 236쪽.
43. 헤겔, 『정신철학』 411절 보충, 235쪽.
44. 『주역』 계사전상 7: "知崇禮卑, 崇效天卑法地."
45. 유가적 사유의 특징을 상세히 분석하는 글로는 졸고 「철학과 삶: 사유란 무엇인가?」, 유종호 외, 『예술과 삶에 대한 물음』(민음사, 2014), 162~242쪽 참조.
46. 『논어』 태백 8-8: "興於詩, 立於禮, 成於樂." 계씨 16-13: "不學禮, 無以立." 요왈 20-3: "無知禮, 無以立也."
47. 『주역』 계사전하 7: "履德之基也. (……) 謙德之柄也."
48. 『주역』 겸 괘사: "君子有終."
49. 『주역』 겸 단사: "天道虧盈而益謙, 地道變盈而流謙, 鬼神害盈而福謙, 人道惡盈而好謙, 謙尊而光, 卑而不可踰, 君子之終也."
50. 『주역』 겸 효사: "勞謙, 君子有終."
51. 『주역』 겸 대상전: "地中有山, 謙. 君子以裒多益寡, 稱物平施."

6 덕의 길, 학문의 길: 대도와 미로

1. 『논어』 안연 12-19: "君子之德風, 小人之德草. 草上之風, 必偃."
2. 가령 「적 2」(1965)에는 이런 대목이 등장한다. "날이 흐릴 때 정신의 집중이 생긴다/ 신의 아량이다 (……) 날이 흐릴 때면 너와 대한다/ 가장 가까운 적에 대한다." 김수영 시에서 흐린 날이 갖는 의미를 자세히 분석한 글로는 Young-Jun Lee, "Howling Plants and Animals: Kim Suyong's Sovereign Language and Rereading 'Grasses'," in *Harvard Journal of Asiatic Studies*,

72: 1 (2012), 101~139쪽 참조. 이영준 교수는 이 글에서 김수영의 「풀」에서 풀과 바람이 단순히 대립하는 것이 아니라 상호 친화적이며 어떤 교차반복chiasmus의 논리에 의해 통합되고 있음을 강조한다.

3. 졸저 『풍자와 해탈 혹은 사랑과 죽음: 김수영론』(민음사, 2000), 57~102쪽 참조.
4. 『주역』 계사전상 5: "一陰一陽之謂道. (……) 生生之謂易. 成象之謂乾, 效法之謂坤. 極數知來之謂占. 通變之謂事. 陰陽不測之謂神."
5. 『주역』 계사전상 11: "易有太極, 是生兩儀, 兩儀生四象, 四象生八卦."
6. 『주역』 계사전상 4: "故神无方而易无體."
7. 『주역』 계사전상 10: "易无思也, 无爲也, 寂然不動, 感而遂通天下之故."
8. 『논어』 태백 8-8: "興於詩, 立於禮, 成於樂."
9. Chad Hansen, *Language and Logic in Ancient China* (Ann Arbor: University of Michigan Press, 1983) 도입부 참조.
10. Shigehisa Kuriyama, "The Imagination of Winds," in *Body, Subject, and Power in China*, ed. A. Zito & T. E. Barlow (Chicago: University of Chicago Press, 1994), 31쪽 이하 참조. 그 밖에 동일한 저자의 책인 구리야마 시게히사, 『몸의 노래』, 정우진 외 옮김(이음, 2013) 참조.
11. 『논어』 위정 2-12: "君子不器."
12. 프로이트도 수치의 기원을 인류가 직립보행의 단계에 들어서면서 노출된 성기에 대한 방어 의식에서 찾는다. 반면 네 발로 걷는 동물은 성기가 자연히 보호되므로 수치심을 모른다는 것이다. 『문명 속의 불만』, 김석희 옮김(열린책들, 1997), 4절 285쪽 참조.
13. Jane Geaney, "Guarding Moral Boundaries," in *Philosophy East and West*, 54: 2 (2004) 113~42쪽 참조.
14. A. M. Olson, *Hegel and the Spirit: Philosophy as Pneumatology* (Princeton: Princeton University Press, 1992) 참조. 자크 데리다는 서양 형이상학의 전통—특히 언어와 관련된 음성중심주의phonocentrisme의 전통—을 숨결학pneumatologie으로 압축하고 이것을 자신의 문자학grammatologie과 대비시켰다. J. Derrida, *De la grammatologie* (Paris: Minuit, 1967), 29쪽 전후 참조.
15. 『도덕경』 51장: "道生之, 德畜之."
16. Ellen Marie Chen, "The Meaning of Te in the *Tao Te Ching*: an Examination of the Concept of Nature in Chinese Tradition," in *Philosophy East and West*, 23: 4 (1973), 457~470쪽 참조.
17. 『장자』 천지: "得物而生謂之德."

18. 『논어』 옹야 6-19: "人之生也直, 罔之生也幸而免."
19. 『도덕경』 28장: "…… 復歸於嬰兒 …… 復歸於無極 …… 復歸於樸."
20. 『주역』 곤 문언전 2: "君子, 敬以直內, 義以外方."
21. 『논어』 헌문 14-42: "修己以敬."
22. 『논어』 학이 1-2: "孝悌也者, 其爲仁之本與."
23. 『논어』 이인 4-18: "又敬不違."
24. 『논어』 자장 19-1: "士, 見危致命, 見得思義, 祭思敬."
25. 『논어』 위정 2-1: "爲政以德, 譬如北辰, 居其所而衆星共之."
26. 『논어』 위정 2-2: "詩三百, 一言以蔽之, 曰思無邪."
27. 이는 한나라 시대 동중서에서, 그리고 송나라 시대 신유학에서 두드러지게 나타난다. 각 경우에 대한 상세한 논의는 정상봉, 「주희의 인仁론」, 이남영 외 지음, 『세계와 인간에 대한 동양인의 사유』(천지, 2003), 323~351쪽 참조.
28. 『논어』 술이 7-6: "志於道, 據於德, 依於仁, 遊於藝."
29. G. Rudebusch, "Reconsidering Ren as Virtue and Benevolence," in *Journal of Chinese Philosophy*, 40: 3-4 (2013), 456~472쪽. 저자는 공자의 인仁을 덕의 일종인 이타적 도덕심이나 도덕적 역량으로 해석하는 경향에 반대하고, 그것을 인간성의 함양을 자기합목적적인 가치로서 추구하도록 이끄는 선도적 이념으로 해석한다.
30. 『도덕경』 38장: "故失道而後德, 失德而後仁, 失仁而後義, 失義而後禮."
31. D. S. 니비슨, 『유학의 갈림길』, 김민철 옮김(철학과현실사, 2006), 62~63쪽.
32. 『논어』 이인 4-11: "君子懷德, 小人懷土. 君子懷刑, 小人懷惠." 『논어』 이인 4-16: "君子喩於義, 小人喩於利." 『논어』 헌문 14-23: "君子上達, 小人下達." 『논어』 위령공 15-21: "君子求諸己, 小人求諸人."
33. 송영배, 『중국사회사상사』(한길사, 1986), 1장 참조.
34. 전국시대의 덕德 개념에 대한 상세한 분석과 설명으로는 장원태, 「전국시대 인성론의 형성과 전개에 관한 연구: 유가, 묵가, 법가를 중심으로」, 서울대학교 철학과 박사학위논문(2005), 2부 3장 참조. 장원태 교수는 여기서 덕의 개념을 '반응 능력'의 크기로 정의하고 '집단 내의 일체감 형성'이라는 문맥에서 접근한다.
35. 『논어』 안연 12-1: "爲仁由己." 그 외 『논어』 위령공 15-29: "사람이 도를 넓히는 것이지 도가 사람을 넓히는 것이 아니다(人能弘道, 非道弘人)."
36. 『논어』 위정 2-15: "學而不思則罔, 思而不學則殆." 그 외에 『논어』 양화 19-6: "博學而篤志, 切問而近思, 仁在其中矣."
37. 『논어』 위령공 15-31: "吾嘗終日不食, 終夜不寢以思, 無益, 不如學也."
38. 『논어』 위령공 15-27: "巧言亂德."

39. 『논어』 술이 7-1: "述而不作, 信而好古."
40. 공자의 대화와 소크라테스의 대화를 자세히 분석하는 글로는 W. Kubin, "Seit ein Gespräch Wir Sind (……). Zur Problematik des Dialogs in der Chinesischen und Griechen Philosophie. Ein Versuch," in ed. K-H Pohl & G. Wöhrle, *Form und Gehalt in Texten der Griechischen und Chinesischen Philosophie* (Stuttgart: Franz Steiner, 2011), 29~38쪽 참조.
41. 『논어』 위령공 15-22: "君子矜而不爭, 群而不黨."
42. 『논어』 팔일 3-7: "君子無所爭, 必也射乎."
43. 『논어』 공야장 5-27: "過而內自訟者." 그 외 『논어』 이인 4-17 참조.
44. 『논어』 위령공 15-21: "君子求諸己, 小人求諸人."
45. 『중용』 14-5: "射有似乎君子. 失諸正鵠, 反求諸己身." 오류의 원인을 자신으로 돌아가 찾는 반구反求의 정신은 소크라테스의 후계자들에게는 찾을 수 없는 어떤 것이다. 가령 아리스토텔레스도 활쏘기에 견주어 학문하는 태도를 설명한 적이 있지만, 그 설명은 완전히 다른 방향으로 흐른다. 활로 표적을 정확히 맞히기 위해서는 먼저 그 표적부터 무엇인지 정확히 알아야 한다. 마찬가지로 행복을 구한다면 행복이 무엇인지 자세히 검토해야 하고, 진리를 목표로 한다면 먼저 진리가 무엇인지 분명하게 정의할 수 있어야 한다는 것이다. 아리스토텔레스, 『니코마코스 윤리학』 1권 2장 참조.
46. 『논어』 위정 2-17: "유야, 안다는 것이 무엇인지 가르쳐줄까? 아는 것을 안다 하고 모르는 것을 모른다 하는 것, 이것이 아는 것이다." 『논어』 태백 8-5: "재능을 가지고 있는 사람이면서도 재능이 없는 사람에게 묻고, 학식이 많은 사람이면서도 학식이 적은 사람에게 물으며, 가지고 있으면서도 없는 것 같고, 가득 찼으면서도 텅 빈 것 같으며, 다른 사람이 자신의 마음을 거슬러도 따지고 보복하지 않는 일, 이런 일에 옛날에 내 친구가 힘을 기울인 적이 있었다."
47. 『중용』 10-3: "관대함과 부드러움으로 가르치고 무도한 행위에 보복하지 않는 것이 남방의 강함이다. 군자는 이런 입장을 취한다."
48. 가령 주자는 『근사록』(2권)에서 이렇게 썼다. "진실한 수양을 위한 공부를 하게 되면 반드시 의심을 하게 된다. 행동할 때 [성현의 가르침과] 일치하지 않는 경우가 생기게 되면, 그것이 바로 의심이 생기게 되는 시작이기 때문이다." 동아시아 사상사에서 회의의 위치에 대해서는 이용주, 『동아시아 근대사상론』(이학사, 2009), 58~59쪽 참조.
49. 『논어』 자한 9-29: "知者不惑, 仁者不憂, 勇者不懼." 그 외 『논어』 헌문 14-28 참조.
50. 『주역』 계사전상 11: "以通天下之志, 以定天下之業, 以斷天下之疑."
51. 『논어』 위령공 15-27.

52. 자세한 설명은 Paul Woodruff, "Socrates among the Sophists," in ed. S. Ahbel-Rappe and R. Kamtekar, *A Companion to Socrates*(Oxford: Blackwell Publishing, 2006), 36~47쪽 참조.
53. H. 핑가레트, 『공자의 철학: 서양에서 바라본 禮에 대한 새로운 이해』, 송영배 옮김(서광사, 1993), 2장 「갈림길 없는 오로지 하나의 도道」 참조.
54. 『논어』 술이 7-37: "君子坦蕩蕩, 小人長戚戚."
55. 두 철인을 비교하는 좋은 글로는 G. H. Mahood, "Socrates and Confucius. Moral Agents or Moral Philosophers?" in *Philosophy East and West*, 21: 2(1971), 177~188쪽 참조.
56. 『논어』 학이 1-6: "行有餘力, 則以學文."
57. 아리스토텔레스는 학문의 요체를 정의定義의 가능성에서 찾았고, 정의의 방법을 가르친 선구자를 소크라테스에서 찾았다. "소크라테스는 도덕적인 덕성tas ethikas aretas을 그의 과제로 삼았고, 그것들 각각을 전반적으로 정의하는 길을 찾으려 한 첫 번째 사람이었다. (……) 그는 합리적인 방식으로 그것이 무엇인가to ti esti를 물었다." 아리스토텔레스, 『형이상학』 13권 4장 1078b 17-30.
58. 소크라테스는 자신에게 죽음을 언도하는 법정에서 자신을 굽어보는 시인들에 맞서 다음과 같이 변론했다. "나는 인간에게 최고의 선은 날마다 덕과 그 밖의 다른 주제들을 놓고 토론하면서 시간을 보내는 것이라고 말하거니와 이런 주제들에 대해서는 여러분도 내가 나 자신은 물론 다른 사람들과 대화하고 검토하는 것을 들어본 적이 있을 것입니다. 그리고 나는 검토되지 않은 삶은 인간에게는 살 만한 가치가 없다고 말합니다. 하지만 여러분은 내가 말하는 것을 믿으려 하지 않는군요." 플라톤, 『변명』 38a 1-7.
59. 이 점과 관련된 연구동향에 대해서는 박규철, 『역사적 소크라테스와 등장인물 소크라테스』(동과서, 2003) 1장 참조.
60. 『논어』 자한 9-17: "子在川上曰, 逝者如斯夫, 不舍晝夜."

7 중용의 적과 친구들: 광자, 견자, 은자, 향원

1. 『중용』 30-3: "萬物竝育不相害, 道竝行而不相悖."
2. 중용과 조화의 밀접한 상관성을 다루는 뛰어난 글로는 Chenyang Li, "Zhongyong 中庸 as Grand Harmony: An Alternative Reading to Ames and Hall's Focusing the Familiar," in *Dao: A Journal of Comparative Philosophy*, 3: 2(2004), 173~188쪽 참조.

3. 『논어』 자로 13-21: "不得中行而與之, 必也狂狷乎."
4. 『주역』 중부 효사: "鳴鶴在陰, 其子和之. 我有好爵, 吾與爾靡之."
5. 『주역』 중부 단사와 효사: "信及豚魚也," "有孚攣如."
6. 『중용』 25-2: "誠者物之終始, 不誠無物."
7. 『중용』 25-3: "誠者非自成己而已也, 所以成物也."
8. 『중용』 20-18: "誠者不勉而中, 不思而得, 從容中道, 聖人也."
9. 『중용』 20-18: "誠者, 天之道也. 誠之者, 人之道也."
10. G. W. F. Hegel, *Phänomenologie des Geistes* (Hamburg: Meiner, 1952), 564쪽: "aus dem Kelche dieses Geisterreiches/ schaümt ihm sene Unendlichkeit."
11. 상세한 설명은 Norman Kutcher, "The Fifth Relationship: Dangerous Friendships in the Confucian Context," in *American Historical Review*, 105: 5 (2000), 1615~29쪽 참조.
12. J. Derrida, *Politique de l'amitié* (Paris: Galilée, 1996) 참조. 이 두꺼운 저작에서 데리다는 플라톤에서 블랑쇼에 이르는 서양 사상사의 전통을 따라가면서 차이 중심의 우정 개념이 등장하기까지의 역사를 해체론적으로 재구성하고, 이것에 기초하여 새로운 인민demos의 개념을 제시한다.
13. 『도덕경』 28장: "知其雄, 守其雌, (……) 復歸於嬰兒. 知其白, 守其黑, (……) 復歸於無極. 知其榮, 守其辱, (……) 復歸於樸."
14. 『논어』 위정 2-4: "七十而從心所欲不踰矩."
15. 『논어』 옹야 6-20: "知之者不如好之者, 好之者不如樂之者."
16. 『중용』 20-18: "誠者不勉而中, 不思而得, 從容中道, 聖人也. 誠之者, 擇善而固執之者也."
17. 중용을 사이버네틱스에서 말하는 '평형'과 흡사한 것으로 간주하는 김수중은 이렇게 정리한다. "中庸 개념을 현대적 시각에서 재해석하면, 中이란 어떤 시스템의 평형equilibrium이며 庸이란 그 항상성homeo-stasis을 나타낸다." 「중용과 중도: 두 가지의 사유 패러다임」, 이남영 외 지음, 『세계와 인간에 대한 동양인의 사유』(천지, 2003), 246쪽.
18. 『논어』 태백 8-2: "恭而無禮則勞, 愼而無禮則葸, 勇而無禮則亂, 直而無禮則絞."
19. 『논어』 요왈 20-2: "君子惠而不費, 勞而不怨, 欲而不貪, 泰而不驕, 威而不猛."
20. 『논어』 자로 13-23: "君子和而不同."
21. 장승구 외, 『중용의 덕과 합리성』(청계, 2004) 35~36쪽.
22. 칸트, 『순수이성비판』, B판 96~98쪽 참조.
23. 『논어』 옹야 6-29, 『중용』 7장, 9장, 11장.
24. 『맹자』 만장하 10-1, 『맹자』 고자상 11-7, 11-10.

25. 『중용집주』 중용장구 2: "中庸者, 不偏不倚, 無過不及, 以平常之理."
26. 『논어』 선진 11-16: "過猶不及."
27. 『논어』 자로 13-21: "不得中行而與之, 必也狂狷乎. 狂者進取, 狷者有所不爲也."
28. 『논어』 요왈 20-1: "堯曰, 咨, 爾舜! 天地曆數, 在爾躬, 允執其中."
29. 『논어』 자한 9-25: "毋友不如己者."
30. 『맹자집주』 진심장구하 14-37. 『주자어류』 43-51: "狂者, 知之過, 狷者, 行之過."
31. 헤겔 철학 전체, 특히 그의 변증법적 사유는 가소성의 사유로 집약될 수 있다. 가소성의 사유란 "딱딱하게 굳은 규정성" 혹은 "견고하게 굳어버린 사유를 유동성에 빠뜨리는die festen Gedanken in Flüssigkeit zu bringen" 상위의 사유를 가리킨다. 헤겔, 『정신현상학』(Hamboug: Meiner, 1952) 서문, 30쪽. 좀 더 자세하고 흥미로운 설명은 C. Malabou, *L'Avenir de Hegel* (Paris: Vrin, 1996); *La plasticité au soir de l'écriture* (Paris: Léo Scheer, 2005) 참조.
32. 헤겔, 『정신현상학』 VI장 C-c 참조.
33. 『논어』 헌문 14-32, 헌문 14-37, 헌문 14-38, 미자 18-5, 미자 18-6, 미자 18-7, 미자 18-8.
34. 『논어』 미자 18-6.
35. 『논어』 미자 18-7.
36. 헤겔, 『정신현상학』 VI장 A-b 참조.
37. W. Bauer, *China und die Hoffnung auf Glück. Paradies, Utopien, Idealvorstellungen* (München: Carl Hanser, 1971) 참조. 이 책의 저자는 중국의 종교적 전통이 개방적이고 진보적인 데 반해 유가 전통(특히 성리학)은 보수적이고 폐쇄적이어서 중국의 역사적 침체를 가져왔다고 본다. 이런 저자의 반-유가적 시각에 대한 비판적 논평으로 V. Rubin, "The End of Confucianism?" (1973), in ed. Xinzhong Yao & Wei-ming Tu, *Confucian Studies*, Vol. I (London: Routledge, 2011), 350~358쪽 참조.
38. 이사야 벌린, 『여우와 고슴도치』, 강두헌 옮김(애플북스, 2007) 참조.
39. 들뢰즈·과타리, 『안티 오이디푸스』, 김재인 옮김(민음사, 2015) 1장 참조.
40. 『중용』 4-1: "道之不行也, 我知之矣. 知者過之, 愚者不及也. 道之不明也, 我知之矣. 賢者過之, 不肖者不及也."
41. 배종호, 「공자의 중용사상」, 한국공자학회 엮음, 『공자사상과 현대』(思社研, 1985), 172쪽.
42. 『논어』 양화 17-13: "鄕原德之賊也."
43. 『맹자』 진심하 14-37.
44. 『맹자』 진심하 14-37.

45. 『예기』 28편 중니연거: "禮所以制中."

8 김수영의 선비정신: 직과 유교적 실존주의

1. 『김수영 전집 2』(민음사, 1981), 「연극하다가 시로 전향—나의 처녀작」(1965), 230쪽.
2. 『논어』 양화 17-8: "好直不好學, 其蔽也絞."
3. 『宋子年譜』: "天地之所以生萬物, 聖人之所以應萬物, 直而已." 이 구절에 대한 논평으로 유명종, 「공자의 직直 사상」, 한국공자학회 엮음 『공자사상과 현대』(思社硏, 1985), 197~209쪽 참조.
4. 『논어』 옹야 6-19: "人之生也直, 罔之生也幸而免."
5. 『논어』 태백 8-2: "곧기만 하고 예를 모르면 살벌해진다(直而無禮則絞)." 『논어』 태백 8-16: "일탈적이되 곧지 못하고 미련하되 성실하지 못하니 (……) 나는 이해할 수 없구나(狂而不直, 侗而不愿, …… 吾不知之矣)." 『논어』 양화 17-8: "용맹함을 좋아하면서 배우기를 좋아하지 않으면 그 폐단은 광폭해지는 것이다(好剛不好學, 其蔽也狂)." 『논어』 양화 17-16: "옛날의 광자狂者는 주견이 있어 자유분방하였으나 지금의 광자는 주견 없이 방탕하구나(古之狂也肆, 今之狂也蕩)."
6. 『논어』 태백 8-8: "興於詩, 立於禮, 成於樂."
7. 슬라보예 지젝, 『탈이데올로기 시대의 이데올로기』, 김상환 외 옮김 (철학과현실사, 2005), 제1강연 「실재의 열망, 가상의 열망」, 19~20쪽.
8. 『논어』 안연 12-20: "夫達也者, 質直而好義."
9. 송재소, 「학봉 김성일의 의리정신과 기행시에 나타난 검劍의 이미지」, 『한시미학과 역사적 진실』(창비, 2001), 152~183쪽 참조.
10. 『논어』 이인 4-1: "里仁爲美. 擇不處仁, 焉得知."
11. 『논어』 학이 1-2: "君子務本, 本立而道生. 孝悌也者, 其爲仁之本與."
12. 최근에 이 문제를 제기하여 격렬한 논쟁을 일으킨 사례로 Qingping Liu, "Confucianism and Corruption. An Analysis of Shun's Two Actions Described by Mencius," in *Dao: A Journal of Comparative Philosophy*, 6: 1 (2007), 1~19쪽 참조.
13. 『논어』 자로 13-18. 이런 답변은 공자 자신이 곧음의 화신으로 춘추에 기록했던 숙향叔向의 태도와 배치된다. 숙향은 법 앞에 노출된 자신의 형을 숨겨주지 않았고, 형이 저지른 세 번의 죄악을 감면하지 않았다(『춘추좌전』 昭公 14년). 이에 대해서는 유명종, 앞의 글, 199쪽 참조: "공자는 숙향처럼 직直으

로 종족적 폐쇄성을 돌파하려 하지 않고 오히려 직과 가족적 온정을 함께 살리려고 하지만, 충돌할 때는 온정이 앞서게 되었다."

14. 『맹자』 진심상 13-35.
15. 『논어』 위정 2-5.
16. 『논어』 학이 1-11, 이인 4-20, 자장 19-18 참조.
17. 『맹자』 만장상 9-3.
18. 『논어』 위정 2-7: "今之孝子, 是謂能養. 至於犬馬, 皆能有養, 不敬, 何以別乎."
19. 『논어』 이인 4-18.
20. 『주역』 곤 문언전 2: "君子敬以直內, 義以方外, 敬義立而德不孤." 이 문장은 앞에서 인용했던 『논어』(12-20)의 "무릇 통달했다는 것은 본바탕이 곧으면서 대의를 좋아한다는 것이다(夫達也者, 質直而好義)"와 함께 놓고 읽을 만하다.
21. 『논어』 옹야 6-30: "夫仁者, 己欲立而立人, 己欲達而達人. 能近取譬, 可謂仁之方也已." 『중용』 15-1: "君子之道, 辟如行遠必自邇, 辟如登高必自卑."
22. 『맹자』 이루하 8-28: "仁者愛人, 有禮者敬人."
23. 『맹자』 공손추상 3-2: "其爲氣也, 至大至剛, 以直養而無害, 則塞於天地之間."
24. 『논어』 헌문 14-42: "修己以敬."
25. 『맹자』 고자하 12-2: "堯舜之道, 孝悌而已矣."
26. 『二程全書』 2권: "誠者天之道, 敬者人事之本, 敬則誠."
27. 박종홍, 『철학개론강의』 전집 2권(민음사, 증보판, 1998), 99쪽. 이런 니체 해석에 야스퍼스가 미친 영향에 대해서는 백승영, 「창조의 철학과 힘의 철학: 열암 박종홍의 니체론」, 『철학사상』 제28호(2008년 5월), 97~129쪽, 특히 111~112쪽 참조.
28. Hwa Yol Jung, "Confucianism and Existentialism: Intersubjectivity as the Way of Man," in *Philosophy and Phenomenological Research*, 30: 2 (1969), 186~201쪽.
29. 『맹자』 공손추상 3-2: "其爲氣也, (……) 以直養而無害, (……) 配義與道."
30. 『논어』 4-25: "德不孤, 必有隣."
31. 『중용』 1-3: "莫見乎隱, 莫顯乎微, 故君子愼其獨也." 그러므로 유가 전통의 많은 문헌은 신독을 '성독誠獨'으로, 즉 '홀로 있을 때 성실을 다하는 것'으로 풀이했다. 이에 대하여 장원태, 「신독에 관한 고찰」, 『범한철학』(2011년 봄), 25~54쪽 참조.
32. 칸트, 『실천이성비판』, A판 130쪽: "그래서 도덕법칙에 대한 존경Achtung für moralische Gesetz은 이지적인 근거에서 생기는 감정이요, 이런 감정은 우리가 온전히 선천적으로 인식하는 유일한 감정이다."
33. 칸트, 『실천이성비판』, A판 139쪽. 원어는 Triebfeder.

34. 『논어』 학이 1-5: "敬事而信." 계씨 16-10: "事思敬."
35. 이 점에 대해서는 Luo Shirong, "Setting the Record Straight: Confucius' Notion of Ren," in *Dao: A Journal of Comparative Philosophy*, 11: 1 (2012), 39~52쪽 참조. 저자는 인仁 개념의 중심에 경敬을 둘 때 『논어』를 가장 일관적으로 해석할 수 있다고 본다.
36. 이런 차이에 대해 Shin Yee Chan, "The Confucian Notion of Jing 敬 (Respect)," in *Philosophy East and West*, 56: 2 (2006), 229~252쪽 참조. 이 논문은 특히 예와 경의 관계를 중시한다.
37. 이 점에서 거경은 도가의 무위자연의 태도나 선불교의 좌선과 큰 차이가 없다. 다만 성리학의 거경에는 무위의 측면 못지않게 작위의 측면이 있는 것도 사실이다. 최진덕 교수에 따르면, 성리학은 본체론의 연장선상에서는 '무위의 거경'을, 공부론(수양론)의 연장선상에서는 '작위의 거경'을 강조하는 비일관성을 노출한다. 「『심경주부』를 통해 본 경敬의 공부론: 이理의 본체론과의 괴리를 중심으로」, 한형조 외 지음, 『심경, 주자학의 마음 훈련 매뉴얼』(한국학중앙연구원, 2009), 111~168쪽 참조.
38. 『주자어류』 22-63 논어 4: "禮主於敬, 樂主於和, 此異用也. 皆本之於一心, 是同體也. 然敬與和亦只是一事. 敬則和, 和則自然敬." 『주자대전』 61권 書, 答林德久 7: "別紙所論敬爲求仁之要, 此論甚善. 所謂心無私慾卽是仁之全體, 亦是也. 但須識得此處便有本來生意, 融融洩洩氣象, 乃爲得之耳." 자세한 설명은 류인희, 『주자철학과 중국철학』(범학사, 1980), 183~186쪽 참조.
39. 『논어』 위정 2-2: "詩三百, 一言以蔽之, 曰思無邪."
40. 『논어』 위정 2-3: "道之以政, 齊之以刑, 民免而無恥. 道之以德, 齊之以禮, 有恥且格."
41. 이와 유사한 관점에서 공자와 칸트를 비교하는 글로는 Katrin Froese, "The Art of Becoming Human: Morality in Kant and Confucius, in *Dao: A Journal of Comparative Philosophy*, 7: 2 (2008), 257~268쪽 참조.
42. 『논어』 팔일 3-20: "樂而不淫, 哀而不傷."
43. 『논어』 태백 8-8: "興於詩, 立於禮, 成於樂."
44. 『주자어류』 22-63 논어 4: "禮主於敬, 樂主於和, 此異用也. 皆本之於一心, 是同體也. 然敬與和亦只是一事. 敬則和, 和則自然敬."
45. 『논어』 옹야 6-20: "知之者不如好之者, 好之者不如樂之者."
46. 『논어』 자한 9-30: "可與共學, 未可與適道. 加與適道, 未可與立. 可與立, 未可與權."
47. 『맹자』 이루상 7-17: "男女授受不親, 禮也. 嫂溺, 授之以手者, 權也."
48. 『맹자』 진심상 13-26: "執中無權, 有執一也."
49. 이 시에 나오는 '움직이는 비애'는 「장시 2」(1962)에 나오는 '무감각한 비애'

와 공명하는 표현이다. 다시 강조하자면, 김수영의 작품세계에서 비애, 설움, 정지, 휴식 등과 같은 단어들은 언제나 이분법적 대립의 질서(존재론적 질서)가 진공에 빠지는 경계나 그 경계에서 일어나는 시적인 도약의 사건(황홀경의 도래)을 암시한다.

9 설움의 미학, 수치의 윤리학: 불행한 의식을 넘어서

1. 『논어』 선진 11-15: "由也升堂矣, 未入於室也." 김수영은 방을 주제로 여러 편의 시를 썼다. 앞에서 인용한 「방안에 익어가는 설움」(1954) 외에도 「그 방을 생각하며」(1960), 「여편네 방에 와서」(1961), 「누이의 방」(1961), 그리고 "나비야 우리의 방으로 가자/ 어제의 시를 다시 쓰러가자"라는 문장이 나오는 「시」(1964)가 속한다. 지금 인용된 문장에서 '우리의 방'과 '어제의 시'는 유가 전통을 암시하는 것처럼 보인다.
2. 구라중화는 여름 꽃의 대명사로 불릴 만큼 화려하게 피는 글라디올러스를 가리킨다.
3. 최하림은 위에서 거론한 「방안에서 익어가는 설움」과 「구라중화」를 치욕을 노래하는 작품으로 읽는다. 이때 치욕에는 부끄러움, 설움, 울음소리, 애처로움이 모두 포함된다. 그는 또 김수영의 시에서 '밖으로 밀어내어 객관화시키려는 치욕'과 '씻어내려는 치욕'을 구분한다. 최하림, 『김수영 평전』(실천문학, 2001), 209~21쪽 참조. '씻어내려는 치욕'은 객관화되지 않아 계속 마음에 남는 치욕인데, 어쩌면 정확히 이것이 김수영이 '설움'이라는 말로 가리킨 것인지 모른다.
4. 유가철학의 관점에서 수치에 대한 최근의 심리학적 연구를 정리. 논평한 글로는 Bongrae Seok, "Moral Psychology of Shame in Early Confucian Philosophy," in *Frontiers of Philosophy in China*, 10: 1 (2015), 21~57쪽 참조. 수치심과 죄의식을 둘러싼 문화적 차이 및 철학적 논쟁을 정리한 글로는 임홍빈, 『수치심과 죄책감: 감정론의 한 시도』(바다출판사, 2013) 참조.
5. 『성서』 창세기 2-25, 3-7, 3-11.
6. 이 점에 대해서는 사르트르, 『존재와 무』, 정소성 옮김(동서문화사, 2009) 3부 1장 4절(「시선」) 참조. 가령 443쪽: "나에게 타자의 시선을 드러내 보이고, 이 시선의 말단에서 나 자신을 드러내 보이는 것은 부끄러움 또는 자부심이다. (……) 부끄러움은 '자기'에 대한 부끄러움이다. 부끄러움은 '나는 바로 타자가 시선을 향하고 판단하고 있는 이 대상으로 있다'는 것의 승인이다."
7. 『논어』 위정 2-3: "道之以政, 齊之以刑, 民免而無恥. 道之以德, 齊之以禮, 有恥且

格.”

8. 『논어』 자로 13-20: “其行有恥, 使於四方, 不辱君命.”
9. 『맹자』 공손추상 3-6, 고자상 11-6. 맹자는 하늘을 우러러 부끄러움이 없을 때를 군자의 세 가지 즐거움 중의 하나로 꼽았다. 『맹자』 진심상 13-20: “君子有三樂, (……) 仰不愧於天, 俯不怍於人, 二樂也.” 그 밖에 맹자의 ‘수오지심羞惡之心’은 (자신의 잘못을) 부끄러워하는 마음뿐만 아니라 (남의 잘못을) 미워하는 마음도 포함한다는 점에 유의하자.
10. 『맹자』 진심상 13-7: “不恥不若人, 何若人有.”
11. 『논어』 위정 2-2: “詩三百, 一言以蔽之, 曰思無邪.”
12. 덕의 윤리학과 의무의 윤리학의 차이 및 제3의 윤리학의 필요성에 대해서는 황경식, 『덕윤리의 현대적 해석』(아카넷, 2012) 참조.
13. 『논어』 자로 13-18.
14. 칸트, 『실천이성비판』 A판 130쪽.
15. 칸트는 도덕법칙에 대한 존경에서 오는 자유를 ‘자기 존재에 대한 소극적인 만족’으로, 그리고 이 소극적 만족을 ‘지성적인 만족’으로 간주했다. 『실천이성비판』 A판 212쪽 참조. 그리고 칸트에 따르면. “도덕은 본래 어떻게 우리 자신을 행복하게 만드는가에 관한 교설이 아니라 어떻게 우리는 행복을 누릴 만한 자격을 갖추어야 하는가에 대한 교설이다.” 『실천이성비판』, 백종현 옮김(아카넷, 2002), 271쪽(A판 234쪽).
16. 헤겔, 『정신현상학』 Ⅳ장 B-3. 같은 책 VI장 C-a에서 헤겔은 칸트의 윤리학을 ‘도덕적 세계관’이라 부르고, 이것이 전제하는 이원론(감성과 이성, 내용과 형식, 특수와 보편, 차안과 피안을 철저히 나누고 대립시키는 이원론) 때문에 빚어지는 다양한 모순을 지적한다.
17. 자세한 설명은 졸저 『철학과 인문적 상상력』(문학과지성사, 2012), 3부 3장 「헤겔의 불행한 의식과 인문적 주체」 참조.
18. 황경식, 『덕윤리의 현대적 해석』, 1부 1장, 3장, 5장 참조.
19. 이런 흐름을 대표하는 저작은 A. MacIntyre, *After Virtue. A Study in Moral Theory*(Notre Dame: University of Notre Dame Press, 1981) 이외에도 P. Ricoeur, *Soi-même comme un autre* (Paris: Seuil, 1990)이 있다. 이 저작에서 리쾨르는 칸트 식의 의무의 윤리를 아리스토텔레스 식의 덕의 윤리를 실현하기 위한 수단이나 방편의 자리에 놓는다.
20. 폴란드 출신의 사회학자 지그문트 바우만은 이런 현상의 구조적 원인을 분석하고 그 위험성을 ‘액체 근대’라는 개념으로 집약하여 세계적인 호응을 얻었다. 바우만, 『액체 근대』, 이일수 옮김(강, 2009) 참조.
21. 칸트, 『실천이성비판』 「순수 실천이성의 변증론」 2장 도입부 참조.

22. 칸트, 『실천이성비판』 「순수 실천이성의 변증론」 4~6절 참조.
23. 앞의 3장 「사랑의 변주곡」 참조.
24. 『중용』 1-4: "喜怒哀樂之未發, 謂之中, 發而皆中節, 謂之和. 中也者, 天下之大本也, 和之者, 天下之達道也."
25. 『논어』 학이 1-1: "學而時習之, 不亦說乎. 有朋自遠方來, 不亦樂乎." 공자와 맹자에서 도덕성과 즐거움의 밀접한 관계를 다루는 논문으로는 Yong Hwang, "Confucius and Mencius on the Motivation to Be Moral," in *Philosophy East and West*, 60: 1 (2010), 65~87쪽 참조.
26. 『논어』 위정 2-4, 옹야 6-20, 태백 8-8.
27. 『논어』 술이 7-19: "其爲人也, 發憤忘食, 樂以忘憂, 不知老之將至云爾." 『논어』 옹야 6-11에서 공자가 안회의 단표누항簞瓢陋巷과 안빈낙도安貧樂道를 칭찬한 것도 이런 연장선상에서 읽어야 한다.
28. 『맹자』 고자상 11-10이 대표적이다.
29. 『맹자』 이루하 8-19: "人之所以異於禽獸者幾希, 庶民去之, 君子存之."
30. 『맹자』 고자상 11-7.
31. 『맹자』 고자상 11-14, 11-15.
32. 『맹자』 진심상 13-21. 『주역』(곤 문언전 2)에도 군자의 몸 안에서부터 사지四肢로 뻗어나오는 아름다운 빛에 대해 언급한다. "君子黃中通理, 正位居體, 美在其中而暢於四肢."
33. 『맹자』 이루상 7-27.
34. 헤겔, 『정신현상학』 VI장 B-III.
35. 『맹자』 진심상 13-4: "萬物皆備於我矣. 反身而誠, 樂莫大焉."

10 온몸의 춤: 스스로 도는 힘과 평면의 존재론

1. 『김수영 전집 2』(민음사, 1981), 「시여, 침을 뱉어라」(1968), 253~254쪽.
2. 정진규, 『몸詩』(세계사, 1994) 참조. 몸이 몸을 한다는 것은 원래 여성의 월경月經과 관련된 말이다.
3. P. Valéry, *Philosophie de la danse*(1936), *Oeuvres I* (Paris: Gallimard, 1957), 1395~1396쪽, 1402쪽 참조. 정확히 말해서 발레리에게 춤은 '살아있는 존재자들의 행동을 다루는 어떤 일반 시학une poésie générale de l'action des êtres vivants'이다.
4. 알랭 바디우, 『비미학』, 장태순 옮김(이학사, 2010), 109~134쪽 참조.
5. 가스통 바슐라르, 『공기와 꿈』, 정영란 옮김(이학사, 2000) 참조.

6. 김수영은 1956년 「자(戒尺)」라는 시를 발표했다.
가벼운 무게가 하늘을
생각하게 하는
자의 우아는 무엇인가

무엇이든 재어볼 수 있는 마음은
아무것도 재지 못하는 마음

삶에 지친 자여
자를 보라
너의 무게를 알 것이다
7. 『김수영 전집 2』, 「시여, 침을 뱉어라」(1968), 250쪽.
8. 졸저 『풍자와 해탈 혹은 사랑과 죽음: 김수영론』(민음사, 2000), 100~102쪽 참조.
9. 『맹자』 고자상 11-7: "聖人, 與我同類者."
10. 와사瓦斯의 정치가여
너는 활자처럼 고웁다
내가 옛날 아메리카에서 돌아오던 길
뱃전에 머릴 대고 울던 것은 여인을 위해서가 아니다

오늘 또 활자를 본다
한없이 긴 활자의 연속을 보고
와사의 정치가들을 응시한다
– 김수영의 「아메리카 타임지」(1947) 부분
11. S. Mallarmé, *Ballets*(1886), *Oeuvres complètes* (Paris: Gallimard, 1945), 304쪽. 말라르메의 무용론을 우리와 유사한 관점에서 분석하는 사례로는 최근에 발표된 J. Rancière, "La danse de lumière," *Aisthesis. Scènes du régime esthétique de l'art* (Paris: Gallimard, 2011), 119~136쪽 참조. 가령 127쪽: "말라르메에 대하여 [현대 무용]이 보여주는 것은 (……) 새로운 허구의 관념이다. 이것에 따르면 이야기는 세계의 유희와 유비적 관계에 있는 요소 형상들의 유희에 의해 대체되어야 한다. (……) 새로운 허구, 그것은 어떤 형식들의 유희가 순수하게 펼쳐진다는 것 이외에는 아무것도 아니다. 이 형식들은 추상적이라 할 수 있다. 왜냐하면 어떠한 이야기도 들려주지 않기 때문이다. (……) 이제 모방되는 것, 각각의 사물에 대해 모방되는 것은 그 사물이 나타나는 사건이다."

12. 『논어』 술이 7-37.
13. 미셸 푸코, 『말과 사물』, 이규현 옮김(민음사, 2011), 2장 참조.
14. G. W. F. Hegel, *Wissenschaft der Logik II* (Frankfurt am Main: Suhrkamp, 1969), 22쪽 이하, 24쪽 이하, 46쪽 이하 참조.
15. 이미 고대부터 본성[性]을 해석하는 두 전통이 대립하고 있었다. 하나는 고자처럼 본성을 수평적인 구도에 놓고 일시적으로 살아있다가 다시 사라지는 것("生之謂性")으로 보는 것이다. 다른 하나는 맹자처럼 본성을 수직적 구도에 놓고 하늘과 천명으로 이어놓는 해석으로("盡心知性知天"), 여기서 본성은 선험화된다. 蔡仁厚, 『공자의 철학』, 천병돈 옮김(예문서원, 2000), 157, 161쪽 참조.
16. 『중용』 13-2: "詩云, 伐柯伐柯, 其則不遠. 執柯以伐柯, 睨而視之, 猶以爲遠. 故君子以人治人, 改而止."
17. 『중용』 13-1: "道不遠人. 人之爲道而遠人, 不可以爲道."
18. 이 점에서 우리는 공자의 인仁을 인심仁心으로 보는 맹자나 의리義理의 마음으로 새기는 주자의 해석에 반대한다. "안회는 그 마음이 석 달 동안 인仁에서 떠나지 않았지만, 그 나머지는 하루 또는 기껏해야 한 달 동안 인에 생각이 미칠 따름이다"(『논어』 옹야 6-7). 이 문장이 말하는 것처럼 인은 선험적이고 항구적으로 인간의 마음에 내재하는 속성이 아니다. 그것은 특정 조건에서 일시적으로 발생, 지속하는 어떤 사건적 속성이다.

11 온몸의 논리: 3중의 감응과 사건의 차원

1. Aristote, *La Poétique*, le texte grec avec une traduction et des notes de lecture par R. Dupont-Poc et J. Lallot (Paris: Seuil, 1980), 33쪽(1장 1447 b).
2. 니체, 『비극의 탄생』, 18절.
3. 이 점을 읽을 수 있는 대목은 다음과 같다. "언어적 표현에 관하여 말하자면, 이 분야의 한 영역은 말의 도식들skhèmata tès lexeôs에 대한 연구로 이루어진다. 이것들에 대한 지식은 배우의 기예에, 이 방면과 관련된 여타의 것을 다루는 기예에 속한다. 가령 명령, 기도, 진술, 위협, 질문, 대답, 그리고 이와 유사한 모든 것에 대한 연구가 그것이다. 이런 것들에 대해 알고 있든 모르고 있든 작시술은 이 때문에 하등의 주목할 만한 비난을 받지 않는다. (……) 이 문제는 시학이 아닌 다른 연구의 대상에 해당하므로 생략하기로 하자." Aristote, *La Poétique*, 101쪽(19장 1456 b). 번역자는 이 문장에 다음과 같은 주석을 붙였다. "언어적 도식에 관련된 문제를 배우의 기예로 돌리는 것은

정확히 무대연출spectacle을 시학의 영역 바깥으로 내모는 것과 같다. (……) 이런 평행관계는 훨씬 멀리 이른다. 즉 무대장식과 소품들, 그리고 넓은 의미의 연출자의 권한에 속하는 모든 것을 뒤로한다면, 이제 남는 것은 배우가 마치 기호들과 같이 텍스트에 덧붙이는 운동과 몸짓들이다. 그런데 몸짓과 관련된 도식들처럼 시학의 바깥으로 내쳐야 하는 것은 정확히 언어적 표현의 도식들이다." 같은 책, 312쪽 주석.

4. 이 점에 대한 체계적인 문제제기와 상세한 미학사적 연구로는 F. Pouillaude, *Le dèsoeuvrement chorégraphique: étude sur la notion d'oeuvre en danse* (Paris: J. Vrin, 2014) 참조. 이 책에서 저자는 무용과 관련된 철학자, 시인, 예술가들의 텍스트에 대한 정치한 분석과 현대 안무이론을 정교하게 교차시키고 있다.
5. Aristote, *La Poétique*, 17장 1455 a.
6. 칸트, 『판단력비판』, 14절 참조.
7. J. Derrida, *Vérité en peinture* (Paris: Flammarion, 1978), 68쪽 전후 참조. 좀 더 자세한 논의는 졸저 『예술가를 위한 형이상학』(민음사, 1999), 7장 참조.
8. 알랭 바디우, 『비미학』, 장태순 옮김(이학사, 2010), 132쪽.
9. 알랭 바디우, 『비미학』, 127쪽.
10. 알랭 바디우, 『비미학』, 120쪽.
11. 알랭 바디우, 『비미학』, 116쪽.
12. 질 들뢰즈, 『의미의 논리』, 이정우 옮김(한길사, 2008), 258, 277, 288쪽 참조. 그러나 정확히 말해서 들뢰즈에게 무언극은 감산의 논리가 가산의 논리로 전환될 때, 다시 말해서 압축의 논리를 따르는 두 번째 국면에서 절정에 이른다. 가령 253~254쪽 참조: "그리고 준원인[=무용수-배우]은 사건을 극한적으로 제한된 최소의 현재 안에, (……) 가장 정확하고 순간적인 순수 순간 안에 구현한다. 배우가 연기하는 인물은 미래 안에서 희망하거나 두려워하며, 과거 안에서 회상하거나 다시 매달린다. 반면 배우 자신은 순간 안에 머물러 있다. 배우가 재현한다는 것은 이런 의미에서다. 순간 안에서 작용하는 시간의 최소치를 아이온에 따라 생각할 수 있는 시간의 최대치와 상응시키는 것, 사건의 현실화를 혼합이 없는 어떤 하나의 현재에 제한하는 것, 순간을 그만큼 강도 높고 긴장되게 만들며, 한계지어지지 않은 미래와 과거를 표현할수록 그만큼 더 그것들을 순간적인 것으로 만드는 것, 이것이 재현의 사용법이다. 즉 더 이상 점쟁이가 아니라 무언극의 배우가 되는 것이다."(번역 수정)
13. 알랭 바디우, 『비미학』, 118쪽.
14. 알랭 바디우, 『비미학』, 121쪽.

15. 알랭 바디우, 『비미학』, 121쪽.
16. 질 들뢰즈, 『차이와 반복』, 김상환 옮김(민음사, 2002), 105쪽.
17. 질 들뢰즈, 『차이와 반복』, 105쪽.
18. 질 들뢰즈, 『차이와 반복』, 113쪽.
19. 질 들뢰즈, 『차이와 반복』, 254쪽 이하.
20. 질 들뢰즈, 『차이와 반복』, 260쪽.
21. 질 들뢰즈, 『차이와 반복』, 211쪽.
22. 질 들뢰즈, 『차이와 반복』, 210쪽.
23. 질 들뢰즈, 『차이와 반복』, 210쪽.
24. 질 들뢰즈, 『차이와 반복』, 212쪽.
25. 『김수영 전집 2』(민음사, 1981), 「시여, 침을 뱉어라」(1968), 250쪽.
26. 『김수영 전집 2』, 「시여, 침을 뱉어라」, 252쪽.
27. 『김수영 전집 2』, 「시여, 침을 뱉어라」, 249. 252쪽.
28. 『김수영 전집 2』, 「시여, 침을 뱉어라」, 249. 252쪽.
29. 들뢰즈는 세 가지 시간(현재, 과거, 미래)의 유래를 각각 연결connexion, 연접conjonction, 이접disjonction의 종합으로 설명한 적이 있다. 연결적 종합은 계열들의 성립(계열화)을, 연접적 종합은 계열들 간의 수렴과 공존(좌표화)을, 이접적 종합은 계열들 간의 발산(분지화)과 이념적 사건을 가져온다. 아마 무한대의 혼돈으로 가는 온몸의 자기이행은 이접적 종합을 조건으로 할 것이다. 이접적 종합에 대해서는 질 들뢰즈, 『의미의 논리』, 302쪽 참조: "무용수-배우는 (……) 다른 모든 사건과 소통하는 순수 사건을 추출해내며, 다른 모든 사건을 가로질러 그들과 더불어 자기 자신으로 돌아온다. 그는 이접을 가지고 하나의 종합으로 만든다. 그것은 전적으로 이접적인 것들을 긍정하고, 각각의 계열로 하여금 다른 계열 안에서 공명하게 만든다."(번역 수정)
30. 애무가 진행될수록 애무의 주체는 대상으로, 애무의 대상은 주체로 전도된다. 능동은 수동이 되고, 수동은 능동이 된다. 신체의 내면은 바깥으로, 바깥은 내면으로 전도된다. J.-P. Sartre, *L'être et le néant* (Paris: Gallimard, 1943), 440~447쪽 참조.
31. M. Merleau-Ponty, *Le visible et l'invisible* (Paris: Gallimard, 1964), 179~185, 224~225, 316~317쪽 참조. 좀 더 자세한 논의로는 졸저 『철학과 인문적 상상력』(문학과지성사, 2012), 1부 3장 「프로이트, 메를로퐁티, 그리고 새로운 신체 이미지」 참조.
32. 『주역』 건 문언전 6: "夫大人者, 與天地合其德, 與日月合其明, 與四時合其序, 與鬼神合其吉凶, 先天而天弗違, 後天而奉天時."

33. 『논어』 안연 12-19: "君子之德風, 小人之德草. 草上之風, 必偃."
34. 『중용』 25-2/3: "誠者物之終始,不誠無物. (……) 誠者非自成己而已也, 所以成物也. 成己仁也, 成物知也."
35. 『논어』 옹야 6-30: "夫仁者, 己欲立而立人, 其欲達而達人. 能近取譬, 可謂仁之方也已."

후기: 이촌에 사는 마음

나는 요즘 서울 이촌동에 살고 있다. '이촌二村'이란 명칭은 아마 한강 대교를 중심으로 동부와 서부로 나뉜 두 지역을 하나로 묶기 위해 나온 것이라 짐작된다. '두 마을'이란 뜻의 이름이 이번 저작의 성격과 어울리는 것 같아 한마디 덧붙인다. 이 책은 김수영론이면서 공자론이고 철학책이면서 문학책이다. 동서 전통의 개념들, 모더니즘과 유가 사상을 마주 세우거나 교차시킨다. 여기에서는 시학과 윤리학이 함께 얽혀가기도 한다. 원고를 집필해 온 동안 줄곧 두 동네를 지나다녔다. 이촌에 사는 마음으로 글을 써 온 것이다.

이런 마음은 몇 해 전 『철학과 인문적 상상력』(2012)을 출간할 때도 잠시 스치던 생각이었다. 이 저작을 내면서 각별한 믿음을 전하고 싶었다. 그것은 동서의 문화가 합류하는 시대를 지나 마침내 동서의 구별을 뛰어넘는 제3의 교양 세계가 열릴 날이 오리라는 믿음이다. 특히 2부와 4부는 그런 미래를 준비하는 마음으로 비교철학의 수준을 한 단계 끌어 올려보겠다는 의지를 담았다. 이런 점을 고려하면 이번 책은 4년 전 저작의 후속작이라 할 만하다. 그러나 이번의 것이 후속작이라면 무엇보다 16년 전에 출간된 『풍자와 해탈 혹은 사랑과 죽음』(2000)의 후속작이라 해야 한다. 그때의 것이 첫 번째 김수영론이고, 이 책은 그에 이은 두 번째 김수영론이기 때문이다.

첫 번째 김수영론은 출간 이후부터 지금까지 김수영 관련 출판물이나 학위논문에서 꾸준히 인용되고 있어 글을 쓰는 사람으로서 보람을 느끼고 있다. 국내에서 철학이 문학에 개입하는 최초의 본격 사례라고 치켜세울 때는 자긍심마저 들기도 했다. 그러나 30대의 열정이 써 내려간 당시의 원고들은 세부에서는 강했는지 몰라도 전체의 논리는 취약했다. 나무들을 보기에 바빠 숲을 제대로 보지 못한 셈이다. 이런 까닭에 책을 묶으면서 10년쯤 후에는 제2의 김수영론을 내겠노라 약속하기도 했다. 다소 늦어진 감은 있지만, 그때의 약속을 지킬 수 있게 되어 다행이라 여긴다. 당시의 약점이 이번 저작으로 완전히 만회되었는지는 독자의 판단에 맡기도록 하겠다.

돌이켜 생각해보면, 20대에 김수영에 꽂혔던 것은 당시의 젊음을 사로잡던 사회변혁의 열망과도 무관치 않았을 것이다. 그러나 개인적으로 김수영을 반복해서 읽게 된 것은 결국 몇 개의 시가 뿜어내는 마술적인 물음표 때문이었다. 가령 「먼 곳에서부터」(1961)는 들여다 볼 때마다 신선한 영감이 샘솟았다. 예상치 못한 광대한 시야가 눈앞에 열리기도 했다. 그러나 나의 철학적 언어가 가서 닿을 수 있는 것은 빈약한 일부에 불과했다. 개념의 손을 힘껏 뻗어 움켜지려 할수록 오히려 대부분의 생각들이 빠져나가 버렸다. 그러니 이 시 주변을 자주 맴돌 수밖에 없었고, 이번 저작에서도 자주 끌어들이는 시가 되었다.

한 가지 사례만 더 들자면, 이 책 첫 번째 장의 제목이 된 「공자의 생활난」(1945)을 꼽도록 하자. 이 시는 공자를 호명하는 문장('동무여')과 데카르트를 암시하는 표현('명석' '바로 보마')이 '줄넘기 작란' 같이 애매한 시어가 유발하는 혼돈 속에서 절묘하게 결합되어 있었다. 이것이 학문적 유년기의 나에게 던지던 물음은 "공자와 데카르트를 하나로 묶을 수 있는 논리는 어디에 있는가?"였다. 이것은 아마 답이 없을지도 모르는 엉뚱한 수수께끼일 수도 있다. 그러나 그 수수께끼와 씨름하는 과정에서 겪은 여러 번의 실패는 이제까지 나에게 철학적 성숙의 정도를 묻는 채찍질이 되었다. 그리고 시간이 흐를수록 데카르트는 점점 특정 시대를 살면서 특정 저작을 남긴 철학자에서 서양철학 일반을 대표하는 다형적인 얼굴로 변해갔다. 특히 이 책에서 그렇다. 여기서 데카르트는 소크라테스, 플라톤, 아리스토텔레스, 칸트, 헤겔을 압축하거나 예상하는 위치에 있다.

나는 원래 산만한 성격인데다가 이것을 읽다가 저것을 읽는 습관이어서 김수영의 황당한 수수께끼도 잊어먹기를 반복하는 가운데 자주 방치했었다. 그럼에도 가끔씩 기억을 되살려 그리 다시 돌아갈 수 있었던 데에는 우연도 많이 작용했다. 데카르트를 공부하러 파리에 갔을 때의 일인데, 기숙사에 함께 살던 어떤 프랑스 친구가 대뜸 물었다. "데카르트적 합리성은 어떤 점에서 유가적 합리성보다 우월한 것이지?" 평소 논쟁을 즐기는 기세등등한 정치학 전공 학생이었는데, 처음 만나서 말을 트자마자 바로 이런 질문을 던졌다. 네가 데카르트를 배우러 이렇게 먼데까지 온 이유는 너의 나라를 쫄딱 망하게 한 유교 문화를 청산하기 위해서가 아니냐는 투였다. 모멸감을 주는 질문에 반발심도 생겼지만 억눌렀다. 그리고 서로 다른 사상이나 문화를 두고 점수를 매기려한다는 것 자체가 그렇게 합리적인 태도가 아닌 것 같다고 얼버무리고 말았다.

그러나 어떤 일말의 자괴감이 남았다. 우리나라의 역사가 생각나서가 아니었다. 그 친구로서는 내가 한국에서 온 철학전공 학생이므로 공자를 잘 알고 있으리라 짐작했던 것인데, 정작 나는 그렇지 못했다. 나는 '유가적 합리성'이란 것이 무엇인지 짐작조차 할 수 없었다. 공자와 데카르트를 자신 있게 비교할 능력이 없었으며, 그래서 차라리 비교 자체를 회피했던 것이다. 나중에 김수영을 다시 읽어보니 이것은 죄악이나 마찬가지였다. 공자와 데카르트를 단순히 비교하는 것으로 그쳐서는 안 된다고 말하기 때문이다. 김수영은 두 사상이 상대에게 풍자나 해탈의 계기가 될 수 있을 때까지 나아가 보라 한다. 그것이 낙후한 이 땅의 시와 철학이 주권을 되찾을 유일한 길이라 역설한다.

나라가 많이 발전하여 김수영이 살았던 시대의 낙후성은 어느 정도 해소되었다. 그러나 그가 던진 명령은 오히려 절실함을 더해가고 있는 실정이다. 서세동점西勢東漸의 시기를 뒤로 하고 동서양립東西兩立의 시기를 지나는 오늘의 관점에서 그것은 예언적인 명령이라 하지 않을 수 없다. 왜냐하면 양립하는 것들은 상호 해체와 정돈의 단계를 거쳐야 비로소 미래를 맞이할 수 있기 때문이다. 상호 해체와 변형, 그에 따른 상호 정돈과 순화야말로 통합의 조건이다. 이때 상호 해체와 순화란 이전보다 확장된 보편성을 얻어가는 절차를 말한다. 통합은 상위의 보편성 안에서 일어날 때만 구조적 안정성을 얻을 수 있는 것이다.

서양에서 철학은 시와 과학을 어떻게 통합할 수 있을지를 고민하는 데까지 갔다. 그러나 동서고금의 철학이 끊임없이 조우하는 이 땅에서 철학은 동서의 교양을 어떻게 통합할 수 있을지를 함께 고민해야 한다. 이제와 겨우 깨닫게 된 것이지만, 김수영이 던진 "공자와 데카르트를 하나로 묶을 수 있는 논리는 어디에 있는가?"라는 수수께끼는 이런 관점에서 받아들여야 한다. 그것은 동아시아 사상사가 떠맡아야 할 어려운, 그러나 피할 수 없는, 동서 사상의 상호 해체와 순화라는 과제를 가리키고 있는 것이다. 이번의 저작은 확실히 정리된 결과보다는 앞으로 해결해야 할 숙제를 더 많이 남겼는지 모르겠지만, 적어도 김수영의 황당한 수수께끼와 계속 싸워갈 튼실한 입지를 구축했다는 것만으로도 나에게는 기념할 만한 성취로 남을 것이다.

천학비재한 내가 이 정도의 책이나마 쓸 수 있게 되기까지 동서 통합형 문제에 눈을 뜨고 여유가 생기는 대로 연습을 거듭하게 된 데에는 은사이신 박동환 선생님의 영향도 컸다. 이미 1980년 전후부터 동서 사상의 상호 해체라는 과제를 당신의 고유한 논리-존재론적 언어로 정식화하실 수 있었던 박동환 선생님은 2000년 전후에 3표론三表論으로 이 문제를 정리하신 바 있고, 지금도 이 문제에 대한 성찰을 이어가고 계신다. 정명환 교수님 덕분에 2004년부터 알게 된 고故 이마미치 도모노부今道友信 교수님도 인상적인 선례를 보여주셨다. 동서의 구별을 넘어서는 제3의 보편성에 대한 물음을 발전시켜 현대문명에 부합하는 새로운 윤리학을 모색하시던 그 분과의 반복된 만남은 내가 실천철학에 본격적인 관심을 갖는 계기가 되었다.

그 밖에 2008년부터 서울대학교 철학사상연구소에서 '동서 사상의 소통과 융합'이라는 주제로 소규모 연구단을 조직하여 2년 동안 운영해 본 경험에 이어 2012년 5월 출범한 고등과학원KIAS 초학제연구 프로그램의 일환으로 3년 동안 '동서 사유패러다임의 교차분석'이라는 주제로 연구단을 운영했던 경험은 비교철학에 관심을 지닌 사람으로서는 아무나 누리기 어려운 행운이자 축복이었다.

2014년 초부터 〈네이버 열린연단〉의 자문위원으로 일해 온 것도 나의 학문적 인생에서 빼놓을 수 없는 경력이 될 것이다. 김우창, 유종호, 최장집 교수님과 같이 훌륭한 선배학자들과 자주 만나면서 학문하는 자세에서부터 세상을 살아가는 태도에 이르기까지 음으로 양으로 좋은 영향을 받는 것은 물론이려니와 인문학에서 자연과학에 이르기까지 각 분야를 대표하는 전문가들과 빈번히 접하면서 좁아터진 학문적 시야를 넓혀가고 있기 때문이다. 내가 제3의 교양 세계에 대한 믿음을 굳건히 지킬 수 있었던 데에는 10여 년 전부터 인연을 맺어온 김영화 님의 후원도 컸다. 동아시아의 미래 인재상을 화두로 던지시고 동서 통합형 철학에 더욱 과감히 뛰어들 것을 권유하시는 이 분의 격려 덕택에 학문적 자극은 물론 커다란 용기를 얻곤 했다.

이번에 출간되는 책은 이런 여러 가지 만남과 경험에 뿌리내린다. 일일이 거명할 수 없지만, 이상의 복잡한 인연과 관련된 모든 분들에게 진심으로 감사드린다. 또한 이번 저작을 뒷받침해 준 이화여자대학교 이화인문과학원과 과학원을 대신해서 원고 제안에서부터 최종 출간에 이르기까지 일일이 신경을 써준 이찬웅 교수에게, 그리고 출판 전의 초고를 통독한 후 동양철학과 관련된 부분에 귀중한 자문의 말씀을 주신 임채우·조남호 두 교수님께, 그리고 색인을 만들어 준 엄태연 군과 서동교 군에게 고마운 마음을 전하며, 마지막으로 험한 원고를 깔끔한 책으로 만들어 준 북코리아에도 좋은 일이 많이 생기기를 바라면서 글을 맺는다.

2018년 8월 5일

한강 이촌동에서

김상환 씀

찾아보기

이름 찾기

ㄱ

ㄴ

ㄷ

ㄹ

ㅁ

ㅈ

개념 찾기

ㄱ

ㅅ

ㅈ

탈경계인문학 연구총서 발간에 부쳐

전지구적 자본주의와 국경을 넘나드는 이주의 확산, 새로운 매체의 출현과 생명공학의 발달 등으로 인해, 근대 인문학이 그어놓은 인간·지식·문화의 경계들은 빠르게 해체되고 있으며, 인문학은 이전과는 전혀 다른 새로운 문제들에 직면하고 있다. 이화인문과학원 탈경계인문학연구단은 이 새로운 현상을 '탈경계'라는 개념으로 포착하여 인문학의 새로운 패러다임으로 '탈경계인문학'을 제안하였다. 이 연구 아젠다는 2007년부터 한국연구재단의 〈인문한국HK 지원사업〉에 선정되어, 탈경계인문학의 구축과 확산을 위해 노력하고 있다.

'탈경계인문학'은 기존의 분과학문이나 지역적 사고로는 그 경계가 빠르게 재편되고 있는 현실 속의 다양한 인간 경험을 담아내기 어렵다는 문제의식에서 출발한다. 우리는 이 새로운 현상들을 조망하고 해석하기 위해 문학과 문화, 인간과 기계, 예술과 테크놀로지, 주체와 타자, 젠더, 텍스트와 현실, 지구와 지역의 경계를 넘어서는 연구 관점이 필요하다는 공동인식에 도달했다. 또한 인문학 연구의 대상을 텍스트로 국한하지 않고, 우리가 살아가고 있는 삶의 현장으로 확장할 필요가 있다고 보았다. 따라서 우리의 연구는 학제적·융합적이고, 지구지역적glocal이며, 탈경계적이다. 이러한 탈경계적 방법론을 통해 우리는 역동적 현실에 민감하게 반응하면서 기존 인문학의 분과를 넘나드는 탈경계인문학 이론을 생산하고자 한다.

본 연구총서는 탈경계인문학연구단의 연구 성과뿐만 아니라, 그 문제의식을 공유하는 다양한 연구자들의 성과를 한자리에 모아 탈경계인문학의 구축과 확산의 계기를 마련하기 위해 기획되었다.

이 총서를 통해 우리는 분과 학문의 경계를 넘나드는 학제적 시각에서 전통 인문학의 주제들을 재해석할 뿐만 아니라, 21세기 탈경계 문화 현상을 해석하고, 경계의 구성과 해체에 개입하는 권력을 비판적으로 성찰하는 열린 토론의 장을 이끌어 내고자 한다. 21세기 인문학의 새로운 패러다임을 구축하고 탈경계 문화 현상 속의 인간과 인간 경험의 전 영역을 아우르는 통합적 인문학 연구의 장을 만들어 내는 것, 우리의 삶의 현장과 유리되지 않는 역동적인 인문학의 위상을 정립하는 것, 대안 가치와 새로운 세계를 고민하는 인문학적 소통의 장을 만들어내는 것 그것이 탈경계인문학 연구총서를 내는 우리의 기대이다.

이화인문과학원 탈경계인문학연구단